从零到精通维修实战系列

电动自行车维修
从零基础到实战
（图解·视频·案例）

图说帮 编著

·北京·

内容提要

本书是一本专门讲解电动自行车结构、原理、维修方法和技能的图书。

本书以国家职业资格标准为指导，结合行业培训规范，依托典型案例全面、细致地介绍电动自行车维修的专业知识和实用技能。

本书内容包含电动自行车的种类、结构与选购、电动自行车的维修与检修工具、电动自行车电路基础、电动自行车检修指导、电动自行车电动机检修、电动自行车蓄电池检修、电动自行车控制器检修、电动自行车充电器检修、电动自行车电气部件检修、电动自行车机械部件检修、电动自行车综合检修案例等。

本书采用全彩图解的方式，讲解全面详细，理论和实践操作相结合，内容由浅入深，语言通俗易懂，非常方便读者学习。

另外，为了方便阅读，提升学习体验，本书采用微视频讲解互动的全新教学模式，在重要知识点相关图文的旁边附印了二维码。读者用手机扫描书中相关知识点的二维码，即可在手机上实时观看对应的教学视频。这不仅进一步方便了读者学习，而且大大提升了对本书内容的学习效率。

本书可供电动自行车维修人员学习使用，也可供职业院校、培训学校相关专业的师生和电子爱好者阅读。

图书在版编目（CIP）数据

电动自行车维修从零基础到实战：图解·视频·案例 / 图说帮编著. -- 北京：中国水利水电出版社，2024.11. -- ISBN 978-7-5226-2847-9

Ⅰ. U484.07

中国国家版本馆CIP数据核字第2024GB4396号

书　　名	电动自行车维修从零基础到实战（图解·视频·案例） DIANDONG ZIXINGCHE WEIXIU CONG LING JICHU DAO SHIZHAN（TUJIE·SHIPIN·ANLI）
作　　者	图说帮 编著
出版发行	中国水利水电出版社 （北京市海淀区玉渊潭南路 1 号 D座　100038） 网址：www.waterpub.com.cn E-mail：zhiboshangshu@163.com 电话：(010) 62572966-2205/2266/2201（营销中心）
经　　售	北京科水图书销售有限公司 电话：(010) 68545874、63202643 全国各地新华书店和相关出版物销售网点
排　　版	北京智博尚书文化传媒有限公司
印　　刷	河北文福旺印刷有限公司
规　　格	185mm×260mm　16开本　15.5印张　502千字
版　　次	2024年11月第1版　2024年11月第1次印刷
印　　数	0001—3000册
定　　价	98.00元

凡购买我社图书，如有缺页、倒页、脱页的，本社营销中心负责调换

版权所有·侵权必究

前言

本书以典型的电动自行车为例，从零基础开始，通过对不同品牌和型号电动自行车实拆、实测、实修的操作演示，全面、系统地讲解了电动自行车的结构、原理和各项必备的实用故障检修技能。

▌全新的知识技能体系

本书的编写目的是让读者能够在短时间内领会并掌握电动自行车维修的专业知识和操作技能。为此，编者根据相应的国家标准和行业规范，对电动自行车维修所需的专业知识技能构建了全新的框架。从零基础开始，通过大量的实例，全面系统地讲解电动自行车的结构、电路和工作原理。通过大量实战案例，生动演示专业拆卸、维修技能，真正让本书成为一本从理论学习逐步上升为实战应用的专业技能指导图书。

▌全新的内容诠释

本书在内容诠释方面极具"视觉冲击力"。整本图书采用彩色印刷，突出重点；内容由浅入深，循序渐进；按照行业培训特色将各知识技能整合成若干"项目模块"输出；知识技能的讲授充分发挥"图说"的特色，大量的结构原理图、效果图、实物照片图和操作演示拆解图相互补充；依托实战案例，通过以"图"代"解"，以"解"说"图"的形式向读者直观地传授电动自行车的实用维修技能，让读者能够轻松、快速、准确地领会、掌握。

▌全新的学习体验

本书开创了全新的学习体验模式，"模块化教学"+"多媒体图解"+"二维码微视频"构成了本书独有的学习特色。首先，在内容选取上，"图说帮"进行了大量的市场调研和资料汇总，根据知识内容的专业特点和行业岗位需求，将学习内容模块化分解。其次，以多媒体图解的方式输出给读者，让读者以"看"代"读"，以"练"代"学"。最后，为了获得更好的学习效果，本书充分考虑读者的学习习惯，在图书中增设了"二维码"学习方式。读者可以在书中很多知识技能旁边找到"二维码"，通过手机扫描二维码即可打开相关的"微视频"。微视频中有对图书相应内容的视频讲解，有对关键知识技能点的演示操作。全新的学习手段更加增强了读者自主学习的互动性，不仅提升了学习效率，也增强了学习的趣味性和效果。

当然，我们也一直在学习和探索专业的知识和技能，由于水平有限，编写时间仓促，书中难免会有一些疏漏，欢迎读者指正，也期待与您的交流。

图说帮
网址：http://www.chinadse.org
联系电话：022-83715667/13114807267
E-mail：chinadse@163.com
地址：天津市南开区榕苑路4号天发科技园8-1-401
邮编：300384

抖音号

全书视频

目录

前言

第1章 电动自行车的种类、结构与选购(1)

1.1 电动自行车的种类和结构【1】
  1.1.1 电动自行车的种类【1】
  1.1.2 电动自行车的结构【3】
    微视频讲解1 电动自行车的整车结构【3】
    微视频讲解2 电动自行车电气系统的结构【6】

1.2 电动自行车的选购【9】
  1.2.1 电动自行车的性能参数【9】
  1.2.2 电动自行车选购注意事项【10】

第2章 电动自行车的维修与检修工具(13)

2.1 电动自行车的维修工具【13】
  2.1.1 电动自行车的拆装工具【13】
  2.1.2 电动自行车的焊接工具【19】
    微视频讲解3 电烙铁的功能特点【19】
    微视频讲解4 热风焊机的特点与使用【19】
  2.1.3 电动自行车的清洁工具【22】
  2.1.4 电动自行车的日常养护工具【22】

2.2 电动自行车的检修工具【24】
  2.2.1 万用表【24】
    微视频讲解5 指针万用表的键钮分布【25】
    微视频讲解6 数字万用表的键钮分布【27】
  2.2.2 整车测试仪【28】
  2.2.3 蓄电池修复仪【29】

第3章 电动自行车电路基础(30)

3.1 电动自行车电路元器件【30】
  3.1.1 电动自行车电路中的基础元件【30】
    微视频讲解7 色环电阻器参数识读【31】
    微视频讲解8 直标法电容器的参数识读【34】
  3.1.2 电动自行车电路中的半导体器件【35】

3.2 电动自行车集成电路【37】

3.2.1 电动自行车电路中的三端稳压器【37】
3.2.2 电动自行车电路中的开关振荡集成电路【37】
3.2.3 电动自行车电路中的微处理器和电压比较器【38】
3.2.4 电动自行车电路中的电动机驱动控制器【38】
3.2.5 电动自行车电路中的电动机三相绕组驱动集成电路【38】

3.3 电动自行车电路功能部件【39】
3.3.1 电动自行车电路中的变压器【39】
3.3.2 电动自行车电路中的喇叭【39】
3.3.3 电动自行车电路中的电动机【40】
3.3.4 电动自行车电路中的传感器【40】

3.4 电动自行车电路识图【41】
3.4.1 电动自行车控制电路对照【41】
3.4.2 电动自行车充电电路对照【43】
3.4.3 电动自行车电路识图案例【44】

第4章 电动自行车检修指导(46)

4.1 电动自行车工作原理【46】
    4.1.1 电动自行车驱动原理【46】
        微视频讲解9 电动自行车的工作过程【46】
    4.1.2 电动自行车控制原理【49】

4.2 电动自行车故障特点【51】
    4.2.1 电动自行车机械故障特点【51】
    4.2.2 电动自行车电气故障特点【54】

4.3 电动自行车故障检修流程【56】
    4.3.1 电动自行车机械故障检修流程【56】
    4.3.2 电动自行车电气故障检修流程【58】

4.4 电动自行车检修注意事项【61】
    4.4.1 电动自行车拆装注意事项【61】
    4.4.2 电动自行车检测注意事项【64】

第5章 电动自行车电动机检修(65)

5.1 电动自行车电动机的结构【65】
    5.1.1 有刷直流电动机的结构【65】
        微视频讲解10 电动自行车的有刷直流电动机【65】
    5.1.2 无刷直流电动机的结构【69】
        微视频讲解11 电动自行车的无刷直流电动机【69】

5.2 电动自行车电动机的工作原理【71】
    5.2.1 有刷直流电动机的工作原理【71】
        微视频讲解12 有刷直流电动机的工作原理【72】

5.2.2 无刷直流电动机的工作原理【73】

　　微视频讲解13　无刷直流电动机的工作原理【74】

5.3 电动自行车电动机的拆卸【77】

　5.3.1 有刷直流电动机的拆卸【77】

　　微视频讲解14　有刷直流电动机的拆卸【77】

　5.3.2 无刷直流电动机的拆卸【79】

5.4 电动自行车电动机的检修【85】

　5.4.1 有刷直流电动机内部短路或断路故障的判断【85】

　5.4.2 有刷直流电动机电刷和电刷架的检修【86】

　5.4.3 有刷直流电动机换向器和转子绕组的检修【87】

　5.4.4 有刷直流电动机轴承和定子永磁体的检修【88】

　5.4.5 无刷直流电动机定子绕组的检测【90】

　　微视频讲解15　无刷直流电动机定子绕组的检测方法【90】

　5.4.6 无刷直流电动机霍尔元件的检测【91】

　　微视频讲解16　无刷直流电动机霍尔元件的检测方法【91】

　5.4.7 无刷直流电动机空载电流的检测【92】

　5.4.8 无刷直流电动机定子和转子的检修【93】

第6章　电动自行车蓄电池检修(94)

6.1 电动自行车蓄电池的结构【94】

　6.1.1 铅酸蓄电池的结构【94】

　　微视频讲解17　铅酸蓄电池的结构组成【95】

　6.1.2 锂离子蓄电池的结构【99】

6.2 电动自行车蓄电池的工作原理【101】

　6.2.1 铅酸蓄电池的工作原理【101】

　　微视频讲解18　铅酸单体蓄电池的内部结构【102】

　6.2.2 锂离子蓄电池的工作原理【103】

6.3 电动自行车蓄电池的故障检修【104】

　6.3.1 蓄电池电压的检测方法【104】

　　微视频讲解19　蓄电池内单体蓄电池电压的检测方法【105】

　6.3.2 蓄电池容量的检测方法【109】

　6.3.3 蓄电池安全阀和电解液的检测方法【109】

　6.3.4 蓄电池的修复【111】

　　微视频讲解20　蓄电池重组修复的方法【111】

　　微视频讲解21　蓄电池补水修复的方法【115】

6.4 电动自行车蓄电池的代换【121】

　6.4.1 蓄电池的整体代换方法【121】

　6.4.2 单体蓄电池的代换方法【124】

第7章 电动自行车控制器检修(126)

7.1 电动自行车控制器的结构【126】
    7.1.1 有刷直流电动机控制器的结构【126】
        微视频讲解22 电动自行车有刷直流电动机控制器的结构【126】
    7.1.2 无刷直流电动机控制器的结构【130】
        微视频讲解23 电动自行车无刷直流电动机控制器的结构【131】

7.2 电动自行车控制器的工作原理【134】
    7.2.1 有刷直流电动机控制器的工作原理【134】
    7.2.2 无刷直流电动机控制器的工作原理【138】

7.3 电动自行车控制器的故障检修【142】
    7.3.1 控制器电源输入电压的检测【142】
    7.3.2 控制器与转把之间控制信号的检测【142】
    7.3.3 控制器与闸把之间控制信号的检测【143】
    7.3.4 控制器与无刷直流电动机之间控制信号的检测【144】
        微视频讲解24 电动自行车控制器输入端刹车信号的检测方法【144】
    7.3.5 控制器中核心器件的检修【146】
        微视频讲解25 电动自行车控制器中三段稳压器的检测方法【147】

第8章 电动自行车充电器检修(151)

8.1 电动自行车充电器的结构【151】
    8.1.1 充电器的外部结构【151】
    8.1.2 充电器的内部结构【153】
        微视频讲解26 电动自行车充电器的结构【153】

8.2 电动自行车充电器的工作原理和电路分析【159】
    8.2.1 充电器的工作原理【159】
    8.2.2 充电器的电路分析【159】

8.3 充电器的故障检修【161】
    8.3.1 充电器整体的检修【161】
    8.3.2 充电器中主要元器件的检修【162】
        微视频讲解27 电动自行车充电器中开关振荡集成电路的检测方法【164】
        微视频讲解28 电动自行车充电器中开关晶体管的检测方法【165】

第9章 电动自行车电气部件检修(169)

9.1 电动自行车转把的检修【169】
    9.1.1 转把的结构【169】
        微视频讲解29 电动自行车转把的结构【170】
    9.1.2 转把的工作原理【172】
    9.1.3 转把的检修方法【172】
        微视频讲解30 电动自行车转把供电电压的检测方法【173】

9.1.4　转把的代换方法【175】
9.2　电动自行车闸把的检修【177】
 9.2.1　闸把的结构【177】
 9.2.2　闸把的工作原理【177】
 9.2.3　闸把的检修方法【178】
  微视频讲解31　电动自行车闸把的检测方法【179】
 9.2.4　闸把的代换方法【180】
9.3　电动自行车助力传感器的检修【182】
 9.3.1　助力传感器的结构【182】
 9.3.2　助力传感器的工作原理【183】
 9.3.3　助力传感器的检修方法【183】
 9.3.4　助力传感器的代换方法【185】
9.4　电动自行车指示仪表的检修【187】
 9.4.1　指示仪表的结构【187】
 9.4.2　指示仪表的工作原理【188】
 9.4.3　指示仪表的检测方法【189】
 9.4.4　指示仪表电路板的代换方法【191】
9.5　电动自行车电源锁的检修【192】
 9.5.1　电源锁的结构【192】
 9.5.2　电源锁的检测方法【193】
9.6　电动自行车报警系统的检修【194】
 9.6.1　报警系统的结构【194】
 9.6.2　报警系统的检测方法【195】
9.7　电动自行车车灯的检修【195】
 9.7.1　车灯的结构【195】
 9.7.2　车灯的工作原理【196】
 9.7.3　车灯的检测方法【196】

第10章　电动自行车机械部件检修(198)

10.1　电动自行车刹车装置的检修【198】
 10.1.1　刹车装置的结构【198】
 10.1.2　刹车装置的检修方法【200】
10.2　电动自行车链条的检修【202】
 10.2.1　链条的结构【202】
 10.2.2　链条的检修方法【202】
10.3　电动自行车车梯的检修【204】
 10.3.1　车梯的结构【204】
 10.3.2　车梯的检修方法【205】

第11章 电动自行车综合检修案例(206)

11.1 电动自行车控制失常故障检修案例【206】
    11.1.1 电动自行车速度失控故障检修案例【206】
    11.1.2 电动自行车"飞车"故障检修案例【209】
    11.1.3 电动自行车加电不启动故障检修案例【210】
    11.1.4 电动自行车电源正常,电动机不转动故障检修案例【212】

11.2 电动自行车骑行功能失常故障检修案例【216】
    11.2.1 无刷直流电动自行车行驶抖动故障检修案例【216】
    11.2.2 电动自行车骑行动力不足故障检修案例【218】
    11.2.3 电动自行车起步困难故障检修案例【221】
    11.2.4 电动自行车突然停止故障检修案例【224】

11.3 电动自行车供电能力或充电异常故障检修案例【225】
    11.3.1 电动自行车蓄电池续航能力差故障检修案例【225】
    11.3.2 电动自行车充电器不能浮充故障检修案例【229】

11.4 电动自行车部分功能失灵故障检修案例【232】
    11.4.1 电动自行车照明灯暗淡故障检修案例【232】
    11.4.2 电动自行车巡航功能失常故障检修案例【233】
    11.4.3 电动自行车喇叭不响故障检修案例【234】

第1章 电动自行车的种类、结构与选购

1.1 电动自行车的种类和结构

1.1.1 电动自行车的种类

电动自行车是以车载蓄电池作为辅助能源,具有脚踏骑行能力,能实现电助动或电驱动功能的两轮自行车。其种类多样,外形各异,可根据外形特点、电池类型等进行种类划分。

1 按外形特点分类

电动自行车是一种以铅酸蓄电池、锂离子电池等作为辅助能源,实现人力骑行、电动或电力助动等功能的特种自行车。根据电动自行车的外形特点可将电动自行车分为普通型、豪华型和摩托型三种类型,如图1-1所示。

普通型电动自行车结构简单,与自行车有很大的相似性

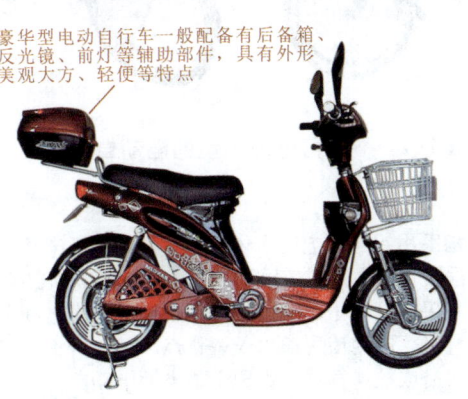

豪华型电动自行车一般配备有后备箱、反光镜、前灯等辅助部件,具有外形美观大方、轻便等特点

图1-1 电动自行车按外形特点分类

摩托型电动自行车具有豪华美观的外形设计

图1-1 电动自行车按外形特点分类（续）

普通型电动自行车具有结构简单、轻便的特点，从外形上看它与普通自行车很相似，且价格相对较低。豪华型电动自行车外观设计比较精美，且多数配备后备箱、反光镜、前灯等辅助部件，价格相对也较高。摩托型电动自行车也称为电动摩托，外形与燃油摩托车很相似，但其使用蓄电池作为电源，具有节能环保的特点。

2 按蓄电池类型分类

根据电动自行车采用的蓄电池类型的不同可将电动自行车分为铅酸蓄电池电动自行车和锂离子蓄电池电动自行车，如图1-2所示。

铅酸蓄电池电动自行车　　　　　　　锂离子蓄电池电动自行车

图1-2 不同蓄电池类型的电动自行车

铅酸蓄电池电动自行车是指采用铅酸蓄电池提供整车电源的一类电动自行车。该类电动自行车价格较低廉，可靠性高，行驶里程较长，是目前使用最为广泛的一类电动自行车。

锂离子蓄电池电动自行车是采用锂离子电池进行整车供电的一类电动自行车。该类电动自行车通常具有体积小、整车和电池重量轻、电池使用寿命长等优点，但其价格相对于铅酸蓄电池电动自行车来说较昂贵。随着相关技术的日益成熟和发展，锂离子蓄电池电动自行车价格有所下降，从而使该类电动自行车受到越来越多人的青睐。

根据《电动自行车安全技术规范》（GB17761—2018）中规定，电动自行车应当符合下列要求：
a）具有脚踏骑行能力；
b）具有电驱动或/和电助动功能；
c）电驱动行驶时，最高设计车速不超过25km/h；电助动行驶时，车速超过25km/h，电动机不得提供动力输出；
d）装配完整的电动自行车的整车质量小于或等于55kg；
e）蓄电池标称电压小于或等于48V；
f）电动机额定连续输出功率小于或等于400W。

在正常使用、合理可预见的误用以及故障情况下，电动自行车应当保证不会发生危险。危险包括但不限于以下情形：
a）产生的热量造成材料变质或人员烫伤；
b）在充电、行驶等过程中引起燃烧、爆炸、触电等；
c）因整车或部件发生断裂、松动、变形及运动干涉等情形而导致的人身伤害。

电动自行车脚踏骑行能力应当符合下列要求：
a）30min的脚踏骑行距离大于或等于5km；
b）两曲柄外侧面最大距离小于或等于300mm；
c）鞍座前端在水平方向位置不得超过中轴中心线。

电动自行车的软硬件均应当具有防篡改设计，防止擅自改装或改动最高车速、功率、电压、脚踏骑行能力。

电动自行车除符合本标准规定的安全要求外，其整车及部件（如：蓄电池、车载充电器等）还应当符合相关国家标准、行业标准的安全要求。

▶▶ 1.1.2 电动自行车的结构

1 机械系统

机械系统是指实现机械支撑和联动功能的部分，主要包括车架、车把、车梯、鞍座、前叉、脚蹬、链条、前后车轮、车筐、车闸等机械部件。图1-3就是电动自行车的典型机械系统。

图1-3 电动自行车的典型机械系统

(1) 电动自行车的承重部分。电动自行车的承重部分主要包括车架、前叉和鞍座，前叉和鞍座如图1-4所示。车架和鞍座是承受驾驶人员的重量，以及整个车体的零部件；前叉除了用来固定前轮外，还具有减震功能。

图1-4　前叉和鞍座

(2) 电动自行车的人力传动部分。电动自行车的脚蹬、主飞轮和链条属于人力传动部分，如图1-5所示。驾驶人员通过踩踏脚蹬带动主飞轮转动，主飞轮带动链条使后轮处的飞轮转动，从而带动后轮转动，推动电动自行车前进。

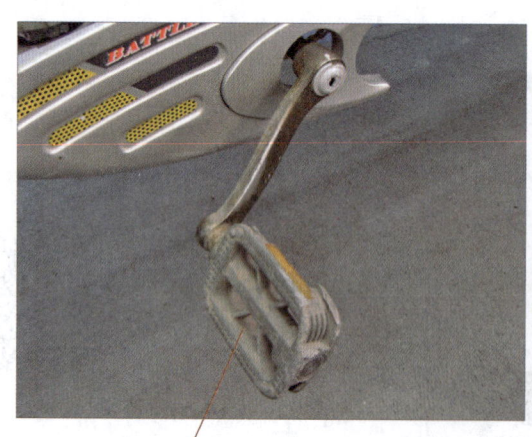

图1-5　脚蹬、主飞轮和链条

（3）电动自行车的制动部分。电动自行车的闸线和前、后车闸属于制动部分，前、后车闸如图1-6所示。前、后车闸受闸把控制，主要用来对电动自行车进行刹车，降低行驶速度。

图1-6　前、后车闸

电动自行车的前轮制动部分中的车闸可以分为钳形闸和轴闸两种，其外形如图1-7所示。钳形闸由机械杠杆、推杆和钢丝绳等构成，通过这些器件将增大闸皮与前轮轮圈间的摩擦力，使转动中的车轮停止。轴闸也称为抱闸、涨闸，是制动轴承的装置，其制动效果较好，而且使用寿命较长。

图1-7　钳形闸和轴闸

❷ 电路系统

电动自行车的电路系统包括电动机、控制器、蓄电池、转把、闸把、仪表盘、电源锁、车灯和充电器等部件，如图1-8所示。

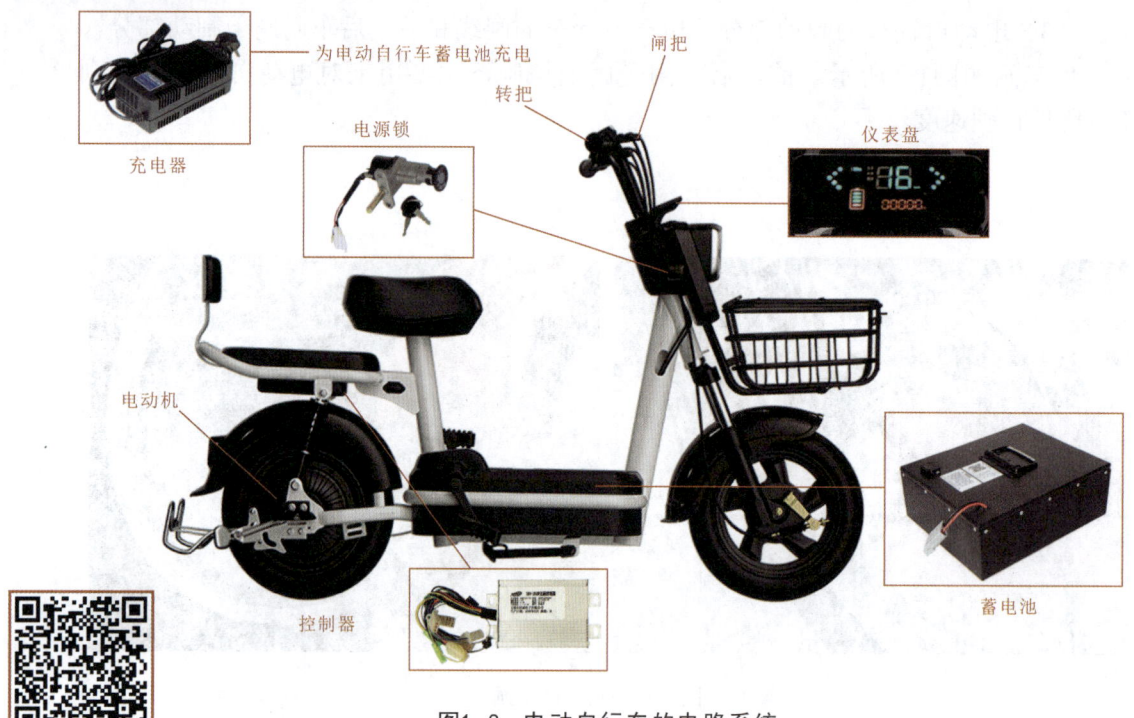

图1-8 电动自行车的电路系统

（1）控制器。电动自行车中的控制器也称为速度控制器，电动自行车中电动机的启动、运行、变速、定速和停止等工作状态均是由控制器进行控制的，这是控制器的基本功能。根据电动机的不同，控制器也被分为有刷直流电动机控制器和无刷直流电动机控制器两种，图1-9为常见控制器的实物外形。

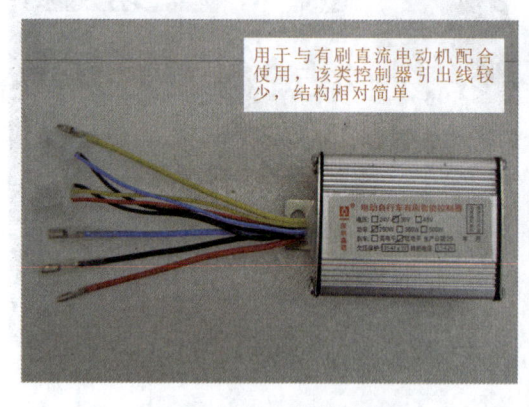

(a) 有刷直流电动机控制器

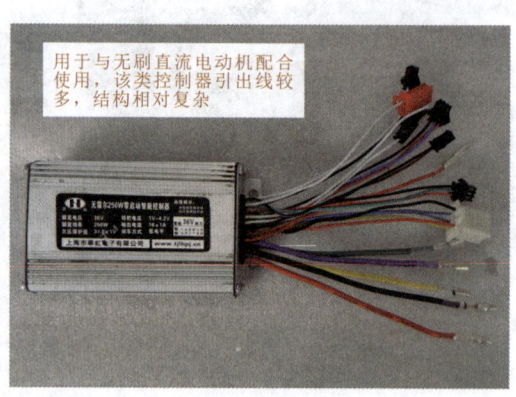

(b) 无刷直流电动机控制器

图1-9 电动自行车控制器

（2）蓄电池。蓄电池俗称电瓶，是一种储电的专用装置，它在电动自行车中的主要作用是为整机的所有电气部件供电。电动自行车中常用的蓄电池主要有铅酸蓄电池、锂离子蓄电池两种，如图1-10所示。

铅酸蓄电池　　　　　　　　　　　　　　　锂离子蓄电池

图1-10　电动自行车蓄电池

（3）充电器。充电器是电动自行车重要的配套器件，是专门为蓄电池进行充电的装置。其主要功能是将交流220 V电压转换成36 V或48 V左右的充电电压，从而为电动自行车的蓄电池充电。图1-11为电动自行车的充电器。

充电器将交流电转换成蓄电池所需要的直流电，为其进行充电，根据蓄电池的不同，充电器也可分为36V和48V两种充电器

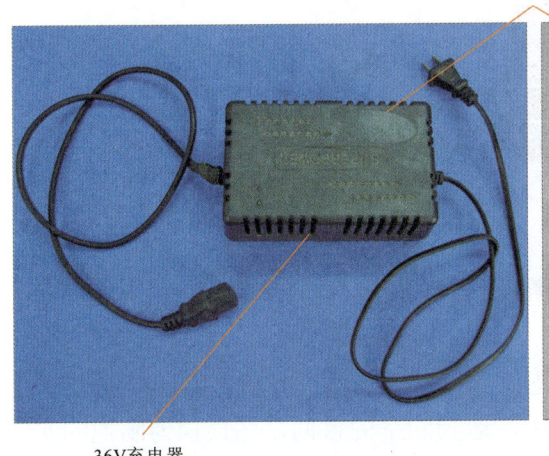

36V充电器　　　　　　　　　　　　　　　48V充电器

图1-11　电动自行车的充电器

根据充电器输出的直流电压值不同，充电器可分为36V和48V两种。此外，充电器也可以根据蓄电池的容量进行分类，例如36V/10Ah、36V/12Ah或48V/14Ah、48V/17Ah等。

（4）转把。转把是电动自行车控制、调节行驶速度的重要部件，所以又被称为调速转把。转把旋转的角度不同对应输出给控制器的信号也不同，控制器根据转把提供的信号控制电动机的转速。电动自行车的转把一般安装在车把的右手边，方便用户进行速度的调整。

根据转把内部使用的传感器不同，转把可以分为霍尔转把和光电转把两种。霍尔转把以霍尔元件作为传感器，光电转把以光电变换器作为传感器，图1-12为不同类型转把的实物外形。目前市场上多数转把采用霍尔元件作为传感器。

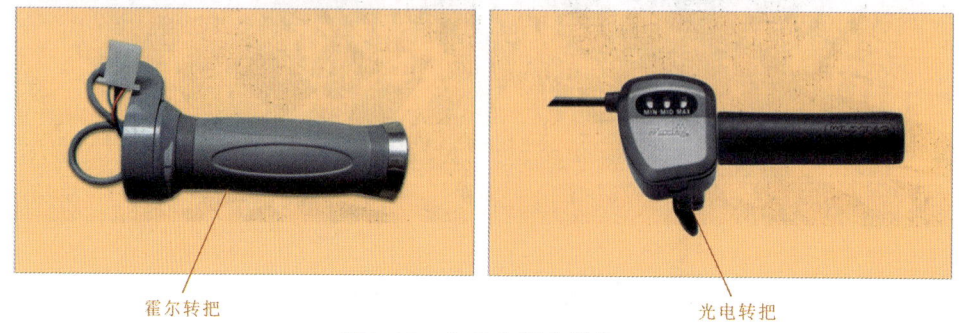

图1-12　电动自行车转把

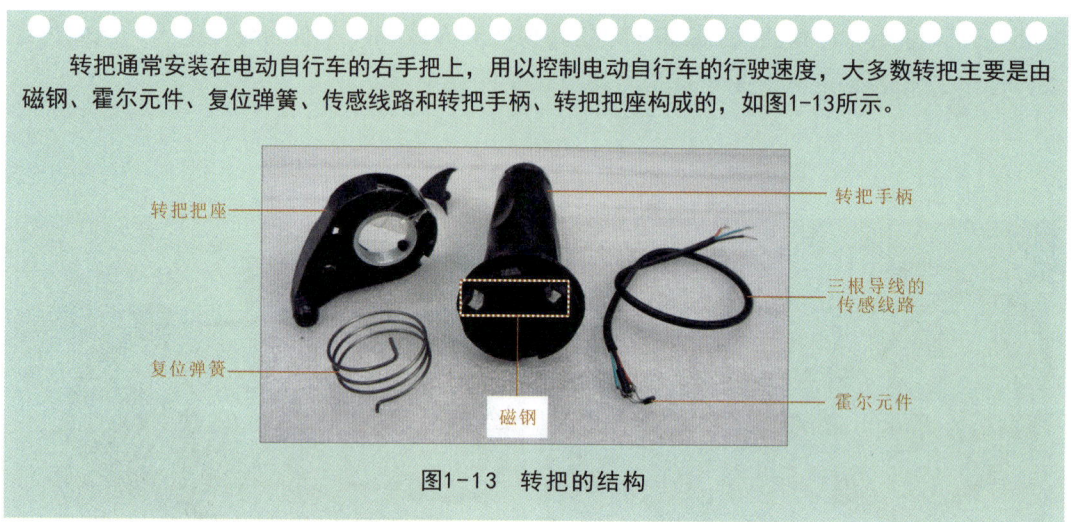

图1-13　转把的结构

（5）闸把。电动自行车中的闸把就是刹车闸把，既可进行机械刹车，也能产生电子制动信号，使控制器切断电动机的供电，达到刹车的目的，图1-14为闸把的实物外形。

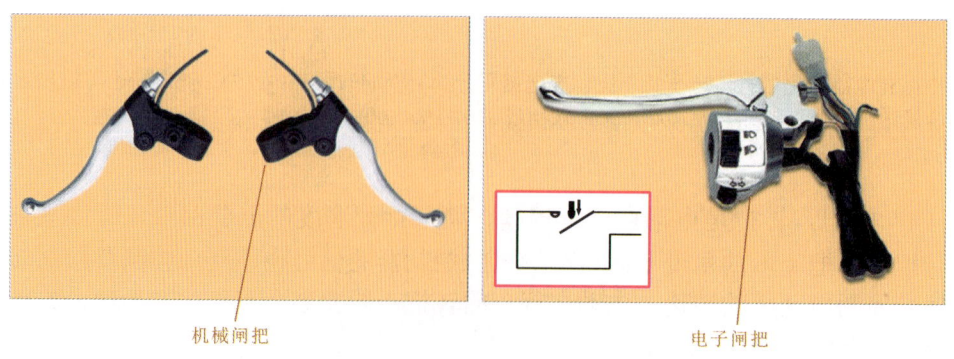

图1-14　电动自行车闸把

（6）仪表盘、车灯和电源锁

在电动自行车的电气部分中，除上述的主要电气器件外，还设有仪表盘、车灯、电源锁等，如图1-15所示。

仪表盘可用来指示剩余电量、行驶状态、行驶速度等信息

车灯用于在黑暗环境下行驶时辅助照明或指示转向

电源锁是电动自行车的整机供电控制开关，电源锁接通，蓄电池为整机供电；电源锁断开，整机不工作

仪表盘

车灯

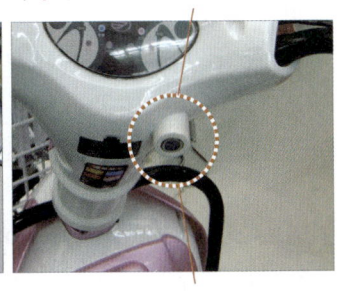
电源锁

图1-15　电动自行车仪表盘、车灯和电源锁

1.2　电动自行车的选购

1.2.1　电动自行车的性能参数

电动自行车整车性能参数直接反映了电动自行车的类型、品质及自身性能，主要包括车速、续行里程、整车重量、整车效率、电动机额定输出功率和最大输出功率。

1　车速

车速即单位时间内行驶的距离，单位为千米/小时（km/h）。最高车速V_{max}是指骑行者体重为75kg、风速不大于3m/s的标准条件下在平坦沥青或混凝土路面上所能达到的最高车速值。根据安全规范，电动自行车最高时速不得超过25km/h。

2　续行里程

续行里程是指将新电池充满电，让体重（或配重质量）为75kg的骑行者在平坦的公路上（无强风条件下）骑行，当骑至电池电压小于10.5 V/节时断电，得到的骑行里程称为电动自行车的续行里程。

续行里程的大小主要是由蓄电池的额定容量决定的。蓄电池的额定容量小，就会导致电动自行车的续行里程缩短。例如，一般36V/12Ah优质电池的电动自行车的续行里程都标称为45～60km；48V/12Ah的会更高一些。

> 续行里程是电动自行车的理想化参数，在实际使用过程中，实际续行能力与电动机效率、蓄电池容量和使用寿命关系密切，同时骑行者的体重、骑行者的习惯及经常行驶的路面状况，也都会影响实际的续行能力。如果电动自行车蓄电池的性能不良，电动自行车的续行能力会随蓄电池的老化而直线下降。

3 整车重量

整车重量也是选购电动自行车时的一个重要参考数据,特别是电动自行车蓄电池的重量。国家标准规定,电动自行车的整车重量不应超过55kg。

4 整车效率

电动自行车的整车效率是电动轮毂(电动机)效率、控制系统效率和机械转动损耗的综合体现,但主要取决于电动轮毂的效率。它可以反映出相同的电池、相同的骑行负载条件下骑行里程的长短。效率高则骑行里程长,效率低则骑行里程短。

5 电动机额定输出功率和最大输出功率

电动机的额定输出功率表示当电动机工作在这个功率点时,该电动机可以连续、可靠地运行。一般电动自行车电动机的额定功率可以是150W、180W或200W以上。

电动机最大输出功率是衡量电动自行车输出扭矩能力的关键指标。当外在负载较大时,电动自行车的工作电流达到最大值,输出功率也就达到最大值。

▶▶ 1.2.2 电动自行车选购注意事项

电动自行车使用非常便捷,目前市场占有率极大。其安全性更应重点关注。因此,在选购电动自行车时一定要选择正规厂商的产品,并核查电动自行车是否具备3C认证标志,如图1-16所示。

图1-16 电动自行车3C认证标志

> 3C证书的全称是"中国国家强制性产品认证证书",它相当于一个生产许可认证。电动自行车是纳入我国强制性产品认证目录的产品。这就意味着任何厂商生产的电动自行车都必须经过第三方授权实验室的检测和权威认证方能销售。这就保证了电动自行车的出厂安全。

选购电动自行车时要检查所购电动自行车的产品合格证。如图1-17所示,在电动自行车的产品合格证上详细标注了所购车辆的总体信息和产品合格证参数(3C证书的编号及发证日期也会详细标注在电动自行车产品合格证中)。

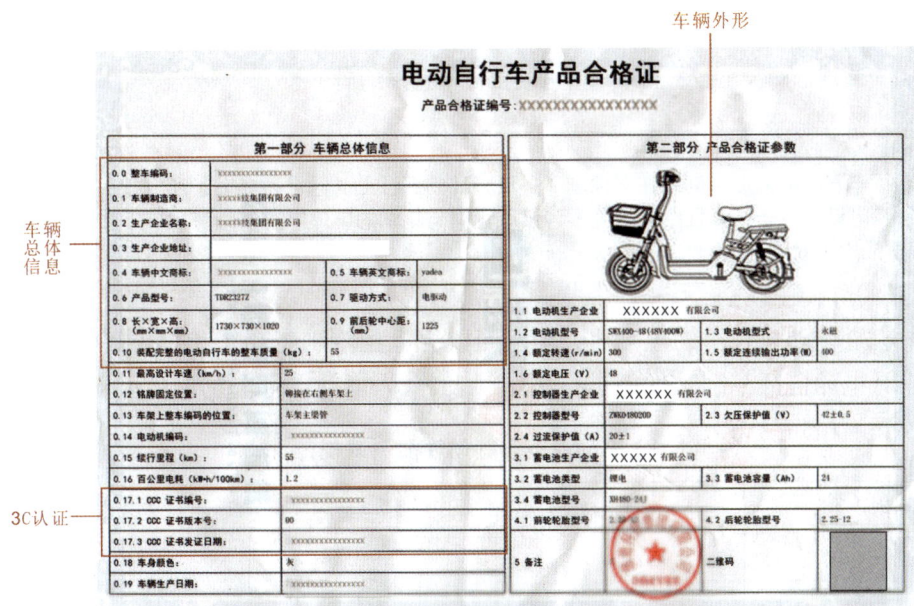

图1-17 电动自行车的产品合格证

根据产品合格证,详细核对所购电动自行车的参数信息。重点核查充电器、蓄电池、电动机等零部件信息。

所购买的电动自行车要符合以下电动自行车安全技术规范:

(1)当电动自行车电驱动行驶制动时,其电气控制系统应当具有使电动机断电的功能。

(2)电动自行车电路没有自行调整和改动的痕迹。特别是电动自行车的最高车速、功率、电压和脚踏骑行能力这几方面。

(3)电动自行车的电气控制系统应当具有过流保护功能和防失控保护功能。

(4)电动自行车的蓄电池应确保原装。若是选配的蓄电池一定要符合所购电动自行车的技术要求,并有3C认证证书和产品合格证。同时,产品合格证应明确标注蓄电池的重要参数信息。

(5)根据电动自行车的产品合格证,核查所购电动自行车的铭牌。铭牌应明确标注产品名称、型号、制造厂商或商标、制造日期等。

（6）根据电动自行车的产品合格证，核查所购电动自行车的整车编码。通常，整车编码位于车架本体不可分隔的醒目部位表面。每辆电动自行车都有唯一的整车编码。如图1-18所示，电动自行车的整车编码采用15位全数字代码结构。从左到右依次为企业代码、车种代码、生产年份代码和生产流水号代码。

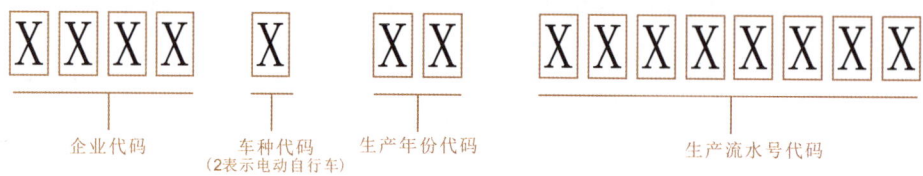

图1-18　电动自行车整车编码

> 电动自行车整车编码应当刻制在车架本体不可分隔的部位上（通常多在前管和中接头处）。编码刻制不得影响电动自行车强度且要易于观察和读取。编码刻制的字体字迹清晰可见。字体高度应当大于4mm，深度应大于或等于0.2mm。

（7）检查电动自行车的电动机，电动机外壳上应刻制有功率和电压等信息。

（8）对电动自行车制动性能进行测试。表1-1为电动自行车制动性能测试规范。

表1-1　电动自行车制动性能测试规范

试验环境条件	试验车速/(km/h)	车闸使用情况	制动距离/m
干态	25	单用后闸	≤15
		同时使用前后车闸	≤7
湿态	16	单用后闸	≤19
		同时使用前后车闸	≤9

（9）对电动自行车进行骑行测试，电动自行车应当有车速提示音：当行驶车速达到15km/h时应有持续提示音；音量约55～62dB（A）。

（10）电动自行车前后、侧向及脚蹬处应设计反射器，并且车辆前面和后面要安装车灯。

（11）检查电动自行车内部线路。所有电气导线应当捆扎成束、布置整齐；接插件应当牢固，无松脱；所有接线部位不能有裸露情况；与充电电源连接的系统中可能带电的部件，在任何情况下均应有适当的防护装置，以防人体直接触电。

（12）检查电动自行车蓄电池是否有篡改迹象。

> 根据规定，蓄电池固定在电池组盒内，与电池组盒侧壁最大间距小于或等于30mm，且不晃动。蓄电池盒没有撬动或重新黏合的迹象。电动自行车不应预留扩展车载蓄电池接口，也不能有外设蓄电池托架。

第2章 电动自行车的维修与检修工具

● 2.1 电动自行车维修工具

▶▶ 2.1.1 电动自行车的拆装工具

拆装电动自行车时，常会用到螺钉旋具、扳手、钳子等工具，这些工具是电动自行车拆装时必备的基础工具。

① 螺钉旋具

螺钉旋具俗称螺丝刀。它主要用于拆装电动自行车外壳、功能部件上的固定螺钉。图2-1为常用的螺钉旋具。电动自行车维修用的螺钉旋具主要有一字槽螺钉旋具、十字槽螺钉旋具和内六角螺钉旋具。其中，同类型的螺钉旋具又有多种规格尺寸，以满足不同拆卸需要。

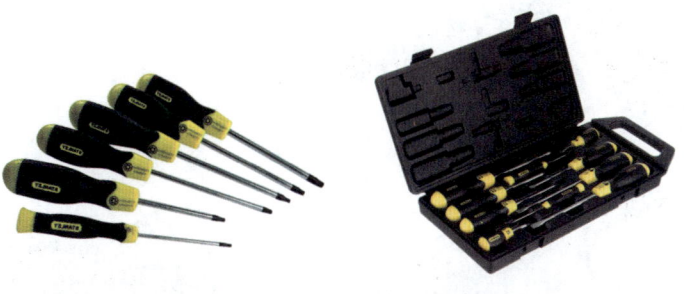

图2-1 常用的螺钉旋具

在电动自行车维修过程中，螺钉旋具主要用于拆装不同部位或部件的固定螺钉。

图2-2为螺钉旋具在电动自行车维修中的应用示例。在拆卸电动自行车外壳或功能部件时，应根据固定螺钉的类型、大小和位置，选择适合的螺钉旋具。

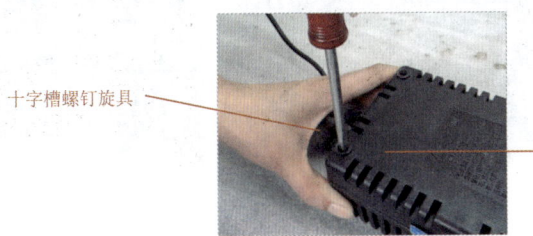

十字槽螺钉旋具

十字槽螺钉旋具通常用来拧下十字螺钉，不同尺寸的螺钉，需使用尺寸匹配的螺钉旋具进行拆卸

图2-2 螺钉旋具的应用示例

图2-2 螺钉旋具的应用示例(续)

图2-3为可更换刀头的螺钉旋具。这种螺钉旋具配有多种规格的刀头,可以根据需要随意更换。

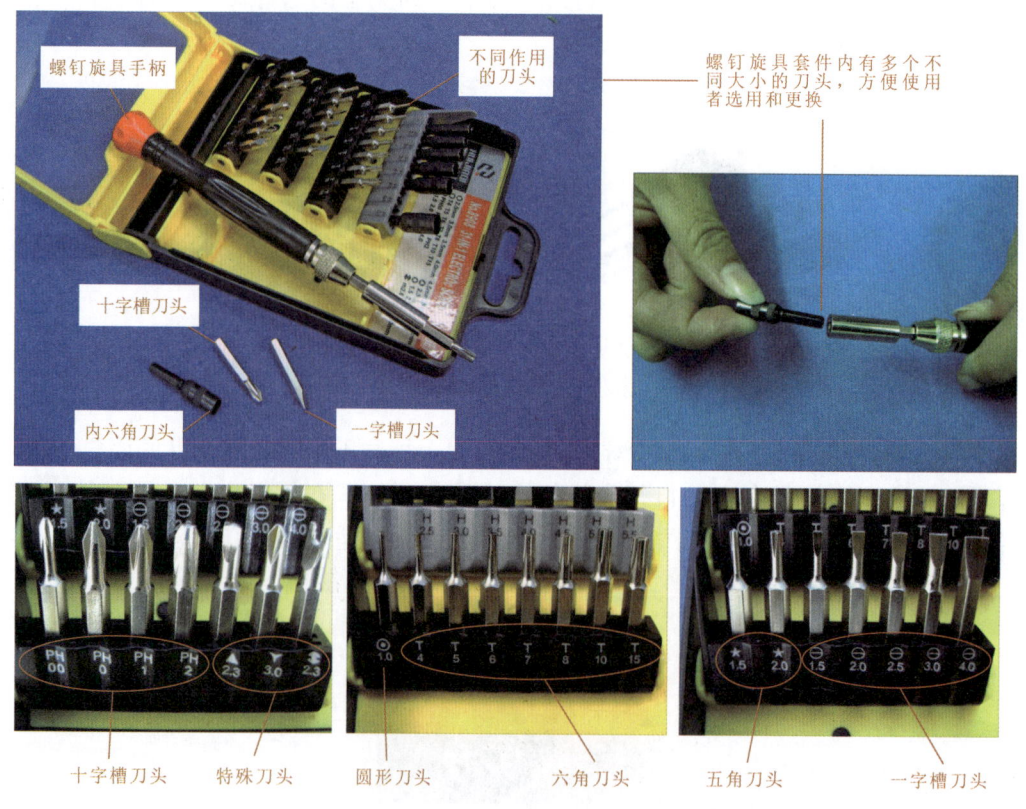

图2-3 可更换刀头的螺钉旋具

在对电动自行车进行拆卸时，要尽量采用规格合适的螺丝刀来拆卸螺钉，螺丝刀的尺寸不合适会损坏螺钉，给拆卸带来困难。需注意的是，尽量采用带有磁性的螺丝刀，以便于在拆卸和安装螺钉时使用。

2 扳手

扳手是用来紧固和拆装带有棱角的螺母或螺栓的工具。电动车维修中常用的扳手主要有活络扳手、开口扳手、梅花扳手、套筒扳手、内六角扳手和扒胎扳手等，其实物外形如图2-4所示。

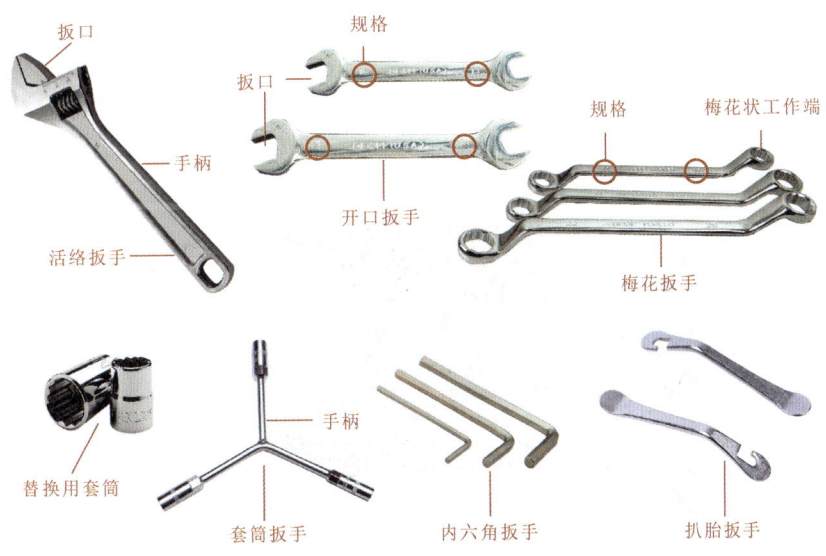

图2-4 常见扳手的实物外形

不同类型的扳手都有多种规格，在拆卸电动自行车功能部件时，应根据螺母的类型和大小，选择适合的扳手。图2-5为活络扳手的应用示例。活络扳手的开口宽度可在一定尺寸范围内进行调节，使用较灵活，以便对不同规格的螺栓或螺母进行调整或拆卸。

图2-5 活络扳手的应用示例

图2-6为开口扳手的应用示例。开口扳手的一端或两端有固定尺寸的开口，用来对固定尺寸的螺母或螺栓进行拆卸。

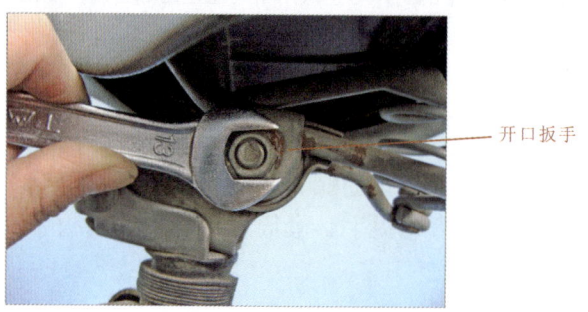

图2-6　开口扳手的应用示例

图2-7为内六角扳手的应用示例。内六角扳手是专门用来拆装内六角螺栓的工具。电动车中的闸把、转把多用内六角螺栓固定，拆装时需要借助内六角扳手松开或紧固这类螺母。

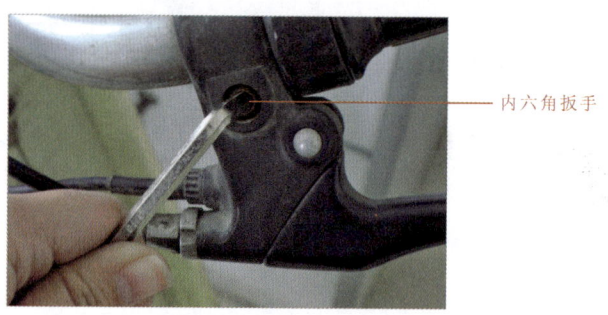

图2-7　内六角扳手的应用示例

图2-8为梅花扳手的应用示例。梅花扳手的两端有十二角孔的开口，适用于工作空间狭小、不能使用普通扳手的场合。

图2-8　梅花扳手的应用示例

图2-9为套筒扳手的应用示例。套筒扳手适用于拧转安装位置狭小或凹陷在部件深处的螺栓或螺母。维修电动车时，拆装中轴一般需用套筒扳手。

图2-9　套筒扳手的应用示例

图2-10为扒胎扳手的应用示例。扒胎扳手通常也称为扒胎撬棒，是一种将车外胎从电动车轮毂上卸下的拆卸工具。

图2-10　扒胎扳手的应用示例

3 钳子

如图2-11所示，电动自行车维修中常用的钳子主要有剥线钳、尖嘴钳、钢丝钳（也称老虎钳）和斜口钳（也称断线钳或偏口钳）等几种。

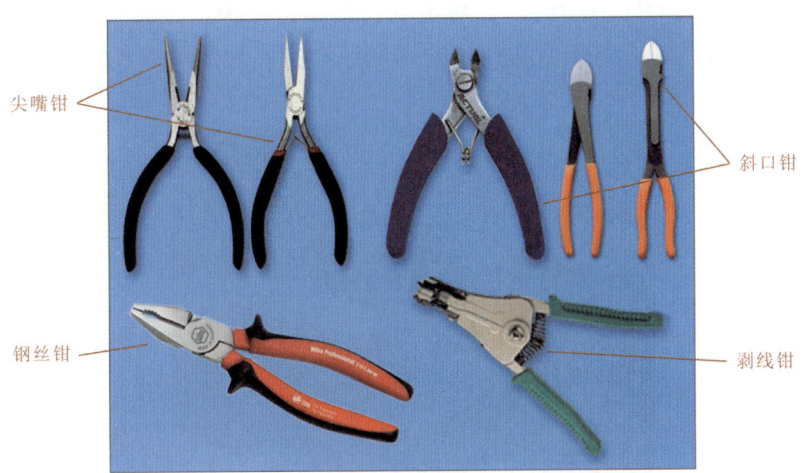

图2-11　常见的钳子

图2-12为剥线钳的应用示例。剥线钳的钳口槽并拢时呈圆形，通常是用来去除导线外壳绝缘层。

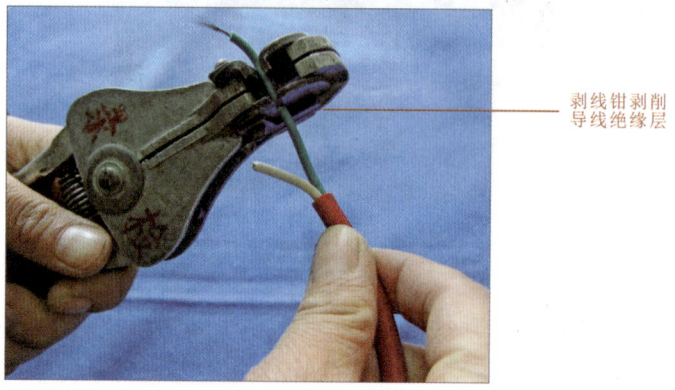

图2-12　剥线钳的应用示例

图2-13为钢丝钳的应用示例。钢丝钳多用于剪切电动自行车多余的金属扎线。

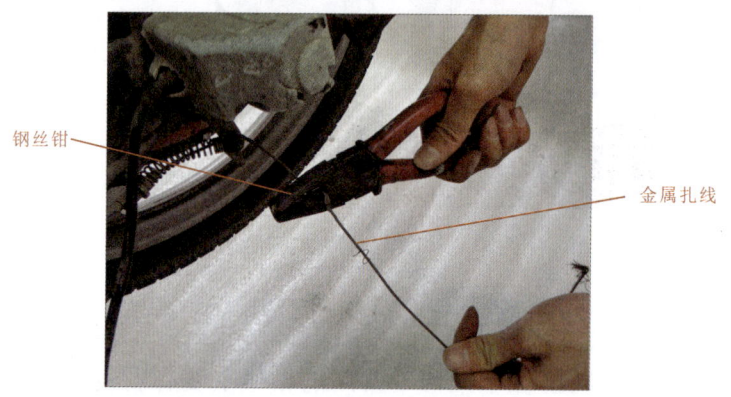

图2-13　钢丝钳的应用示例

图2-14为斜口钳的应用示例。在对电动自行车的线束、连接插件等进行拆卸时可使用斜口钳。使用时切忌用来剪切较粗的钢丝或铁制零件等，以免损坏钳口。

图2-14　斜口钳的应用示例

▶▶ 2.1.2 电动自行车的焊接工具

对电动自行车进行检修时，经常会遇到部件或元器件的拆卸与代换等问题，在此情况下，往往会用到焊接工具。

❶ 电烙铁及焊接辅助工具

如图2-15所示，在对电动自行车充电器电路板上的分立式元器件进行拆焊或焊接操作时，电烙铁和吸锡器是最常使用到的工具。

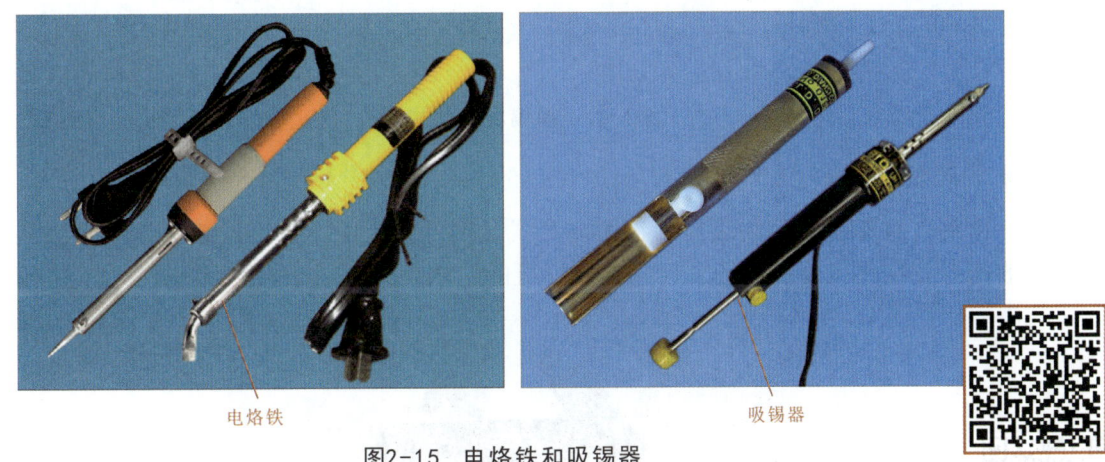

图2-15　电烙铁和吸锡器

图2-16为电烙铁的使用方法。电烙铁是手工焊接或拆焊的常用工具，使用时，用电烙铁加热焊锡物质（如焊锡丝或焊锡凝固体）使其熔化，对待焊的引线进行焊接或拆焊。

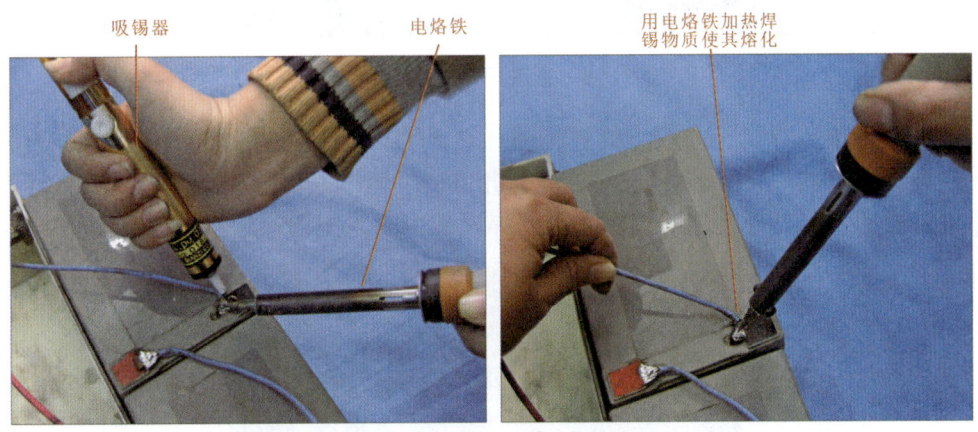

图2-16　电烙铁的使用方法

在对元件进行焊接的过程中，除了使用焊接工具外，还需使用一些辅助工具，如图2-17所示。其中焊锡丝在加热熔化后可覆盖在焊接部位上，形成牢固的焊点，而助焊剂可在焊接过程中使焊件上的金属氧化物或非金属杂质生成熔渣，并将所生成的熔渣覆盖在焊点表面以隔绝空气，从而提高焊接质量。

焊锡丝

助焊剂（松香）

图2-17 焊锡丝和助焊剂

2 热风焊机

电动自行车控制器中采用了很多贴片式元器件和集成电路，拆卸这类元器件时，一般需要使用热风焊机。图2-18为热风焊机的实物外形。

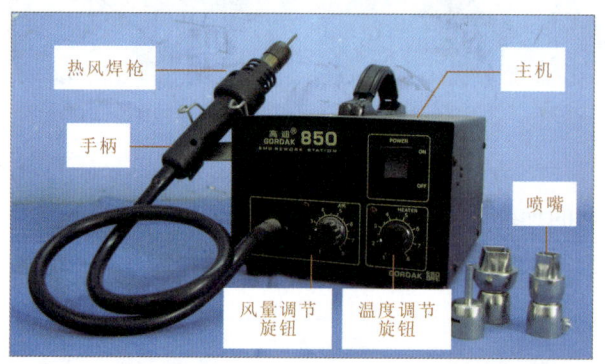

图2-18 热风焊机的实物外形

图2-19为热风焊机不同规格的焊枪嘴。热风焊机是专门用来拆焊、焊接贴片元件和贴片集成电路的焊接工具，它主要由主机和热风焊枪等部分构成，热风焊机配有不同形状的喷嘴，在进行元件的拆卸时根据焊接部位的大小选择适合的喷嘴即可。

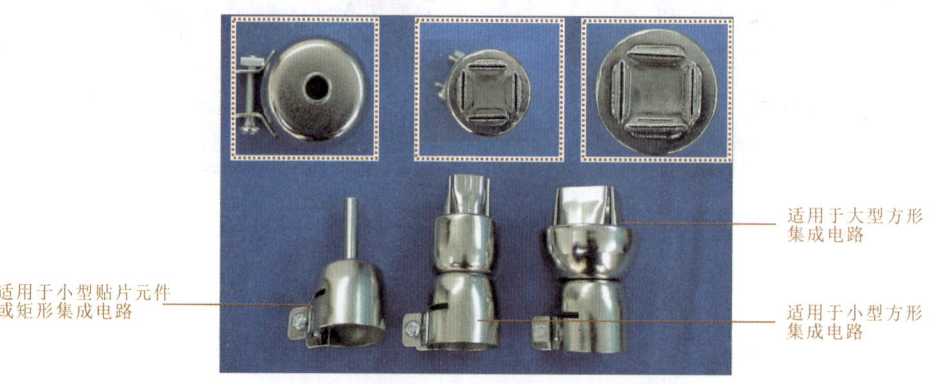

图2-19 热风焊机不同规格的焊枪嘴

图2-20为热风焊机的使用方法。使用前接通电源，根据需要调整温度和风量。将热风焊枪垂直对准需要拆卸元器件的焊点，来回移动均匀加热，风枪嘴不能与电路板接触，待元器件焊锡熔化后，即可取下。由于热风焊枪温度比电烙铁高，加热的面积也较大，因此为了避免在焊接待焊电子元件的引脚时影响到其他元器件，应在引脚较稀疏或电子元件排列不紧密的情况下使用。

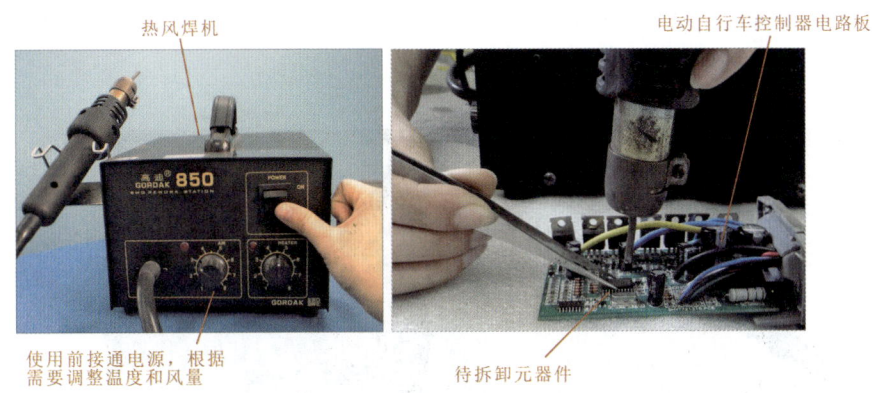

图2-20 热风焊机的使用方法

使用热风焊机拆卸/焊接元器件时，不同类型的元器件，需设置不同的风量及温度挡位，例如拆卸/焊接贴片电阻时，一般将温度调节钮调至5~6挡，风量调节钮调至1~2挡，具体设置如图2-21所示。

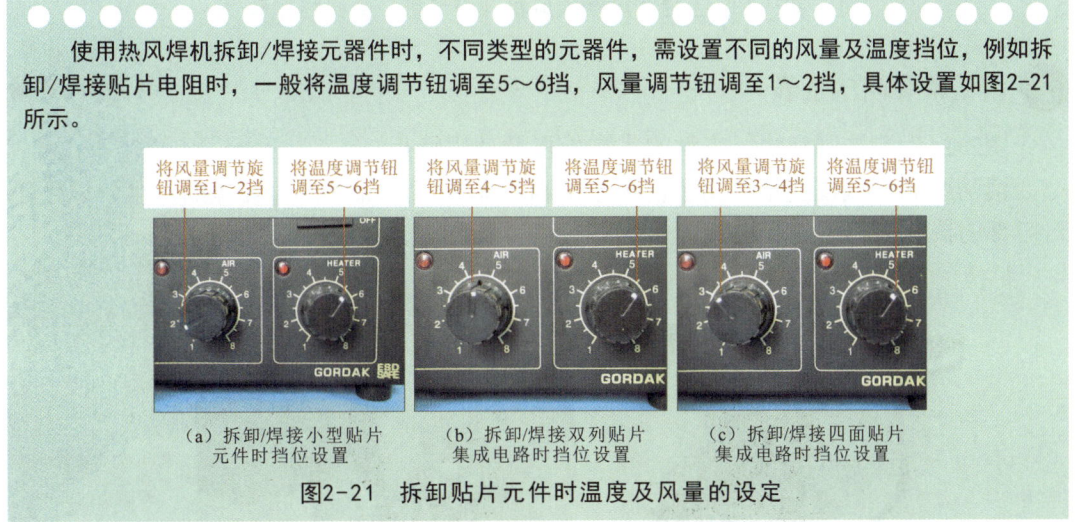

（a）拆卸/焊接小型贴片元件时挡位设置　　（b）拆卸/焊接双列贴片集成电路时挡位设置　　（c）拆卸/焊接四面贴片集成电路时挡位设置

图2-21 拆卸贴片元件时温度及风量的设定

除了热风焊机、电烙铁及焊接辅助工具外，维修电动自行车时，可能还会用到热熔胶枪和塑料焊枪，如图2-22所示。

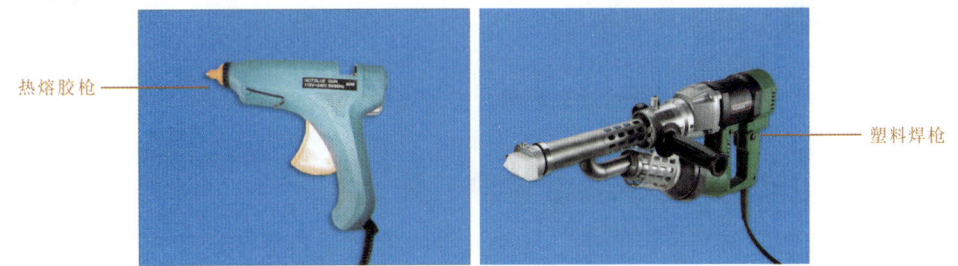

图2-22 热熔胶枪和塑料焊枪

▶▶ 2.1.3　电动自行车的清洁工具

电动自行车骑行时间过长，难免出现有泥土、灰尘、脏污的情况，遇此情况，需要使用清洁工具对电动自行车进行清洁，保证其骑行正常。

❶ 手提式电动吹风机（鼓风机）

手提式电动吹风机（鼓风机）主要是用于清理电动自行车外围大量的灰尘。图2-23为手提式电动吹风机（鼓风机）的实物外形。

图2-23　手提式电动吹风机（鼓风机）的实物外形

❷ 清洁刷和吹气皮囊

图2-24为清洁刷和吹气皮囊的实物外形及使用特点。

清洁刷和吹气皮囊主要用于清理电动自行车外围及部件内部轻微的灰尘，以便于对内部的器件或电路进行检修。

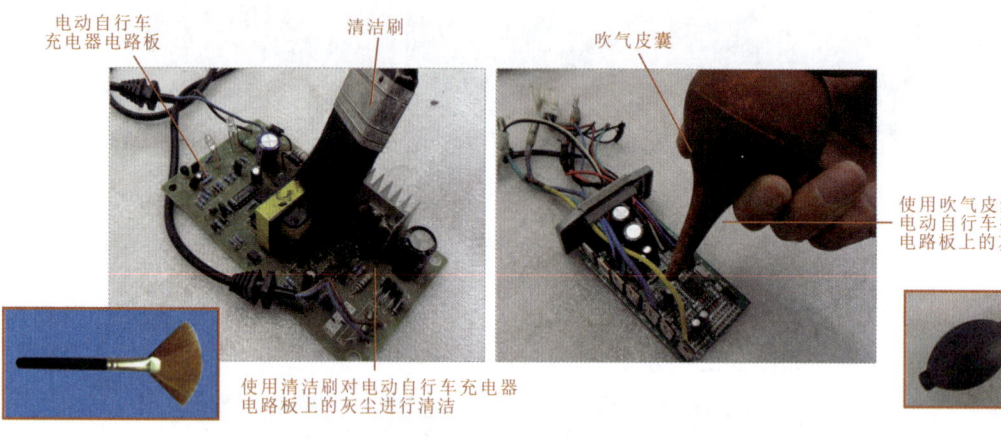

图2-24　清洁刷和吹气皮囊的实物外形及使用特点

▶▶ 2.1.4　电动自行车的日常养护工具

电动自行车在日常骑行过程中，应不定期地对电动自行车进行保养，因此电动自行车的一些保养工具也需要提前准备好，以备不时之需。

1 润滑硅脂和润滑油

润滑硅脂和润滑油主要用于对电动自行车齿轮、轴承、链条或交合处进行润滑，以减少摩擦。其中，润滑硅脂主要用于对电动自行车的齿轮、轴承、链条等进行润滑，在检修电动自行车之后，也可以对相应的部件进行保养，以防止其因缺少润滑油而出现磨损现象，从而影响使用寿命。图2-25为润滑硅脂和润滑油的实物外形及使用特点。

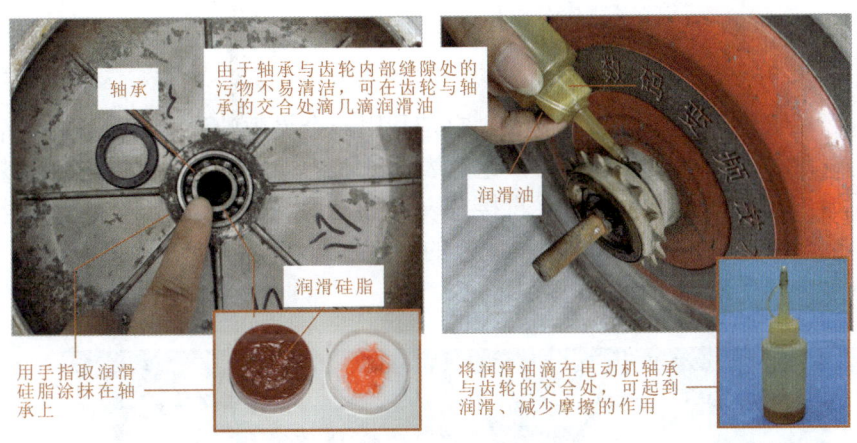

图2-25　润滑硅脂和润滑油的实物外形及使用特点

2 其他辅助工具

图2-26为电动自行车其他辅助工具。其中常用的有打气筒、剪刀、锤子、万能胶和车胎胶片等。

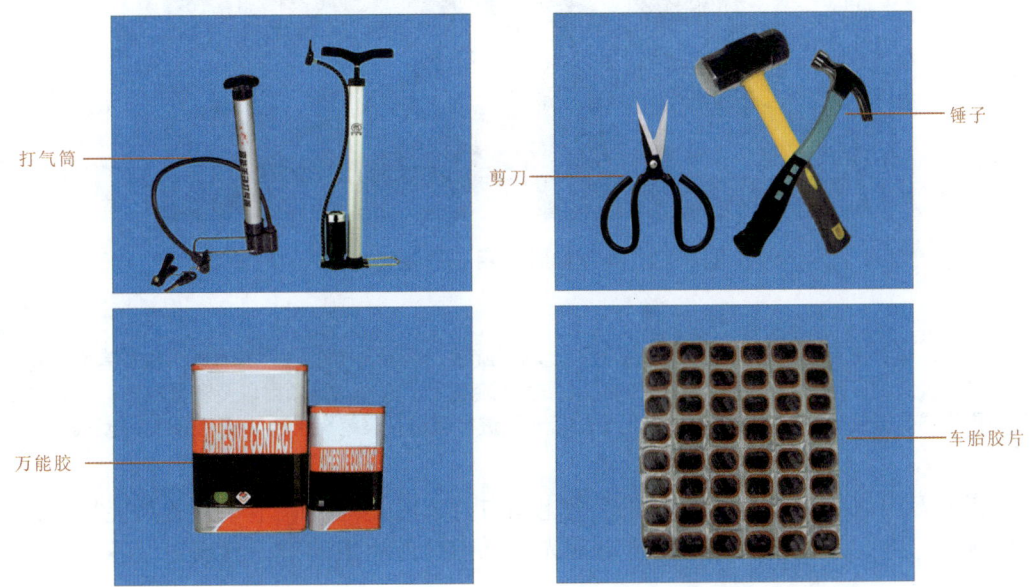

图2-26　电动自行车其他辅助工具

2.2 电动自行车的检修工具

▶▶ 2.2.1 万用表

万用表主要用于检测电动自行车中的控制电路的通断、电压、电路板上的电子器件和功能元件。根据检测特点及显示方式的不同,万用表可分为指针万用表和数字万用表两种。

1 指针万用表

指针万用表又称为模拟式万用表,它是利用一个灵敏的磁电式直流电流表(微安表)作为表盘。测量电动自行车时,通过表盘下面的功能旋钮设置不同的测量项目和挡位,并通过表盘指针指示的方式直接在表盘上显示测量的结果,其最大的特点是能够直观地检测出电流、电压、电阻等参数的变化过程和变化方向。

图2-27为典型指针万用表的基本结构。

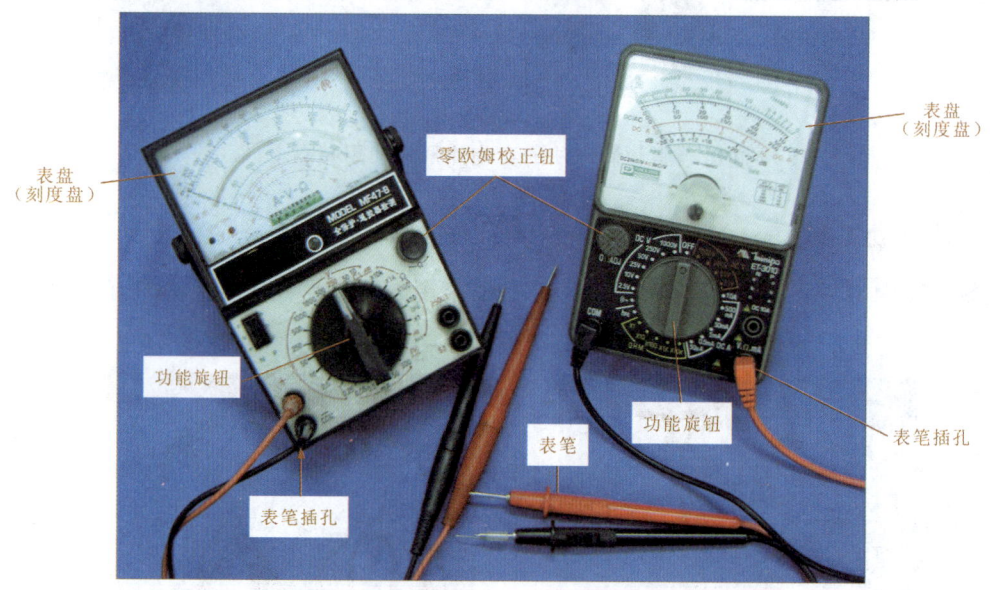

图2-27 典型指针万用表的基本结构

> 通常,指针万用表主要由表盘(刻度盘)、功能旋钮、零欧姆校正钮、表笔插孔和表笔等构成。其中,表盘(刻度盘)用于显示测量时的结果;功能旋钮用于选择测量项目以及测量挡位;零欧姆校正钮用于调节阻值检测精度;表笔插孔用于插接表笔进行测量;表笔用于连接被测器件或电路。

指针万用表的功能有很多,在检测电动自行车时是通过调节不同的功能挡位来实现检测的,因此在使用指针万用表前应先熟悉指针万用表的键钮分布以及各个键钮的功能。

图2-28为典型指针万用表的键钮分布图。

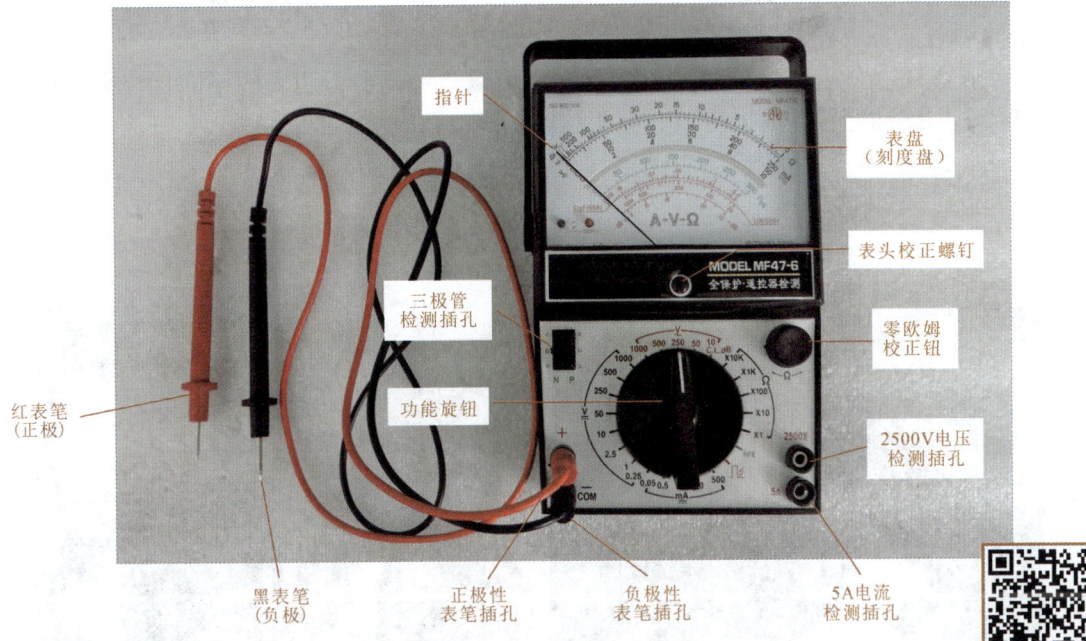

图2-28 典型指针万用表的键钮分布

指针万用表主要是由表盘（刻度盘）、指针、表头校正螺钉、功能旋钮、零欧姆校正钮、三极管检测插孔、（正/负极性）表笔插孔、2500V电压检测插孔、5A电流检测插孔以及（红/黑）表笔等组成。

（1）表盘（刻度盘）。表盘（刻度盘）位于指针万用表的最上方，由多条弧线构成，用于显示测量结果。由于指针万用表的功能很多，因此表盘上通常有许多刻度线和刻度值。

（2）表头校正螺钉。表头校正螺钉位于表盘下方的中央位置，用于指针万用表的机械调零，正常情况下，指针万用表的表笔开路时，表的指针应指在左侧零刻度线的位置。

（3）功能旋钮。功能旋钮位于指针万用表的主体位置（面板），在其四周标有测量功能和测量范围，通过旋转功能旋钮可选择不同的测量项目和测量挡位。

（4）零欧姆校正钮。零欧姆校正钮位于表盘下方，主要用于调整指针万用表测量电阻时的准确度，在使用指针万用表测量电阻前要进行零欧姆调整。

（5）三极管检测插孔。三极管检测插孔位于操作面板的左侧，它是专门用来对三极管的放大倍数hFE进行检测的，通常在三极管检测插孔的上方标记有"N"和"P"的文字标识。

（6）表笔插孔。通常在指针万用表的操作面板下面有2~4个插孔，用来与表笔相连（根据万用表型号的不同，表笔插孔的数量及位置也不尽相同）。指针万用表的每个插孔都用文字或符号进行标识。

（7）表笔。指针万用表的表笔分别使用红色和黑色标识，主要用于待测电路、元器件与指针万用表之间的连接。

在认识了指针万用表的基本结构后，就可以通过调整万用表的不同挡位来测量电动自行车电路和元器件的电压值、电阻值等。

图2-29为指针万用表检测电动自行车电路中元器件的应用操作。

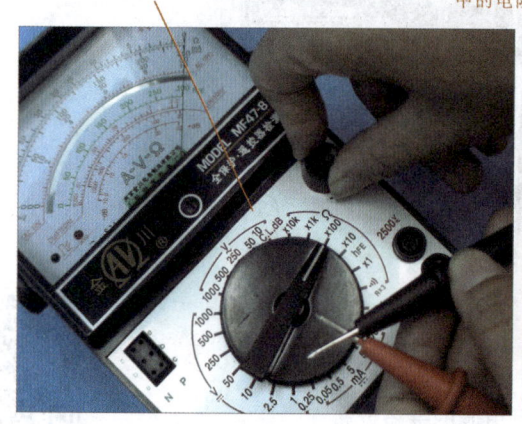
检测前调整量程并调零校正

将万用表红、黑表笔分别搭在充电器电路板中的电阻器引脚焊点上，检测电阻器的阻值

图2-29 指针万用表检测电动自行车电路中元器件的应用操作

2 数字万用表

数字万用表采用先进的数字显示技术。测量时，通过液晶显示屏下面的功能旋钮设置不同的测量项目和挡位，并通过液晶显示屏直接将所测量的电压、电流、电阻等结果显示出来，其最大的特点是显示清晰、直观、读取准确，既保证了读数的客观性，又符合人们的读数习惯。图2-30为典型数字万用表的基本结构。

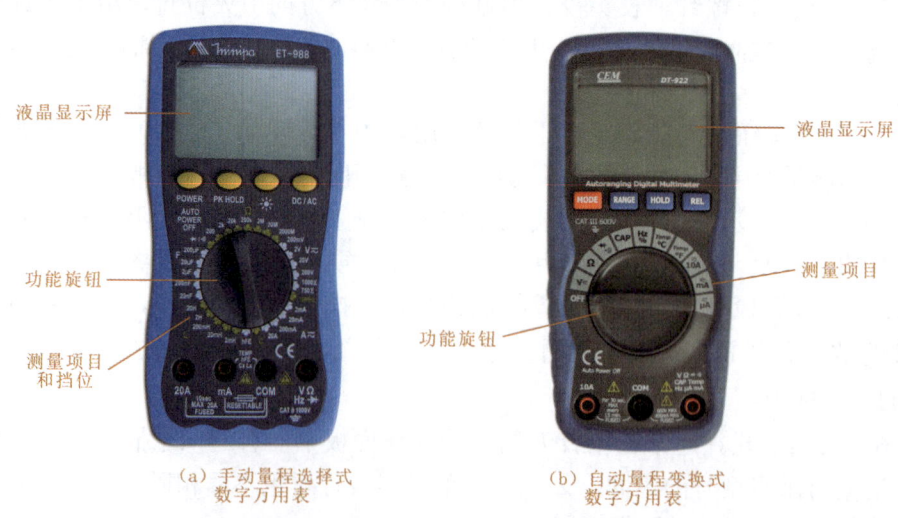

(a) 手动量程选择式数字万用表　　(b) 自动量程变换式数字万用表

图2-30 典型数字万用表的基本结构

数字万用表的功能有很多，在检测中主要通过调节不同的功能挡位来实现检测，因此在使用数字万用表前应先熟悉数字万用表的键钮分布以及各个键钮的功能。

图2-31为典型数字万用表的键钮分布。

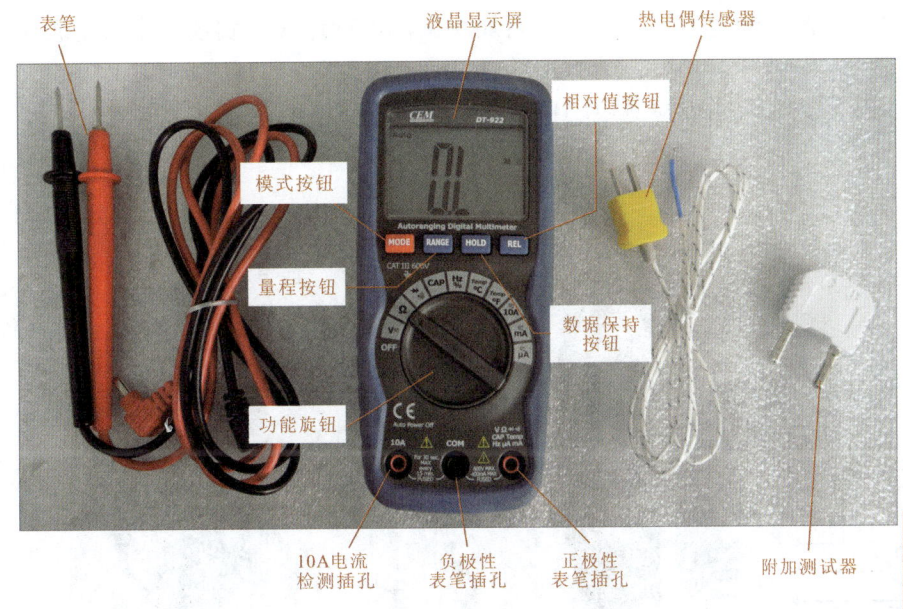

图2-31 典型数字万用表的键钮分布

数字万用表主要由液晶显示屏、功能旋钮、功能按钮（量程按钮、模式按钮、数据保持按钮、相对值按钮）、表笔插孔（10A电流检测插孔、正/负表笔插孔）、表笔、附加测试器、热电偶传感器等构成。

（1）液晶显示屏。液晶显示屏用于显示当前测量状态和最终测量数值，由于数字万用表的功能很多，因此液晶显示屏上有很多标识。

（2）功能旋钮。功能旋钮位于数字万用表的主体位置（面板），通过旋转功能旋钮可选择不同的测量项目和测量挡位。

（3）功能按钮（量程按钮、模式按钮、数据保持按钮、相对值按钮）。功能按钮位于数字万用表液晶显示屏与功能旋钮之间，测量时只需按动功能按钮，即可完成相关测量功能的切换和控制。

（4）表笔插孔。通常数字万用表的操作面板下面有2~4个插孔，用来与表笔相连（根据数字万用表型号的不同，表笔插孔的数量及位置也不尽相同）。数字万用表的每个插孔都用文字或符号进行标识。

（5）表笔。数字万用表的表笔分别使用红色和黑色标识，用于待测电路、元器件与数字万用表之间的连接。

（6）附加测试器。数字万用表配有一个附加测试器，其上设有插接元器件的插孔，主要用来代替表笔检测待测器件。检测时将附加测试器的正极（+）插脚插接在数字万用表的正极性插孔中，负极（-）插脚插接在数字万用表的负极性插孔中。

（7）热电偶传感器。数字万用表配有一个热电偶传感器，主要用来测量物体或环境温度。检测时通过万用表表笔或附加测试器进行连接，实现数字万用表对温度的测量。

图2-32为数字万用表检测电动自行车电动机的应用操作。

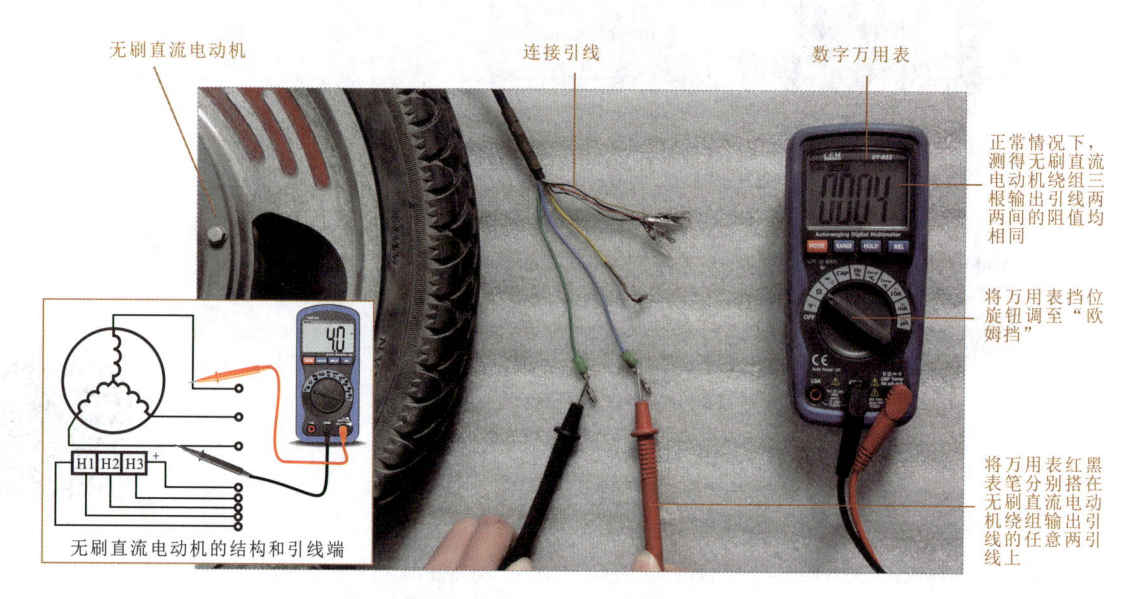

图2-32 数字万用表检测电动自行车电动机的应用操作

▶▶ 2.2.2 整车测试仪

电动自行车整车测试仪是从整车入手判断故障范围的一种检测设备，可对电动机、控制器、转把等进行检测，通过测试结果快速锁定故障范围，可有效提高电动车维修效率。图2-33为典型电动自行车整车测试仪。

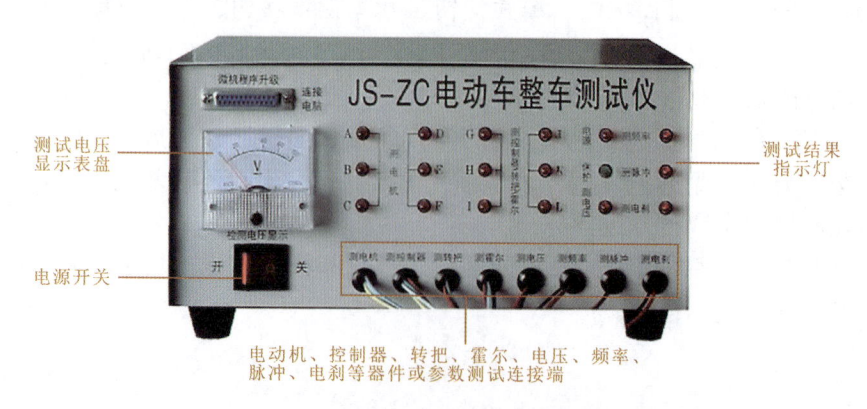

图2-33 典型电动自行车整车测试仪

目前，电动车维修市场上有多种电动车整车测试仪（维修仪或检测仪等），如无刷电动车维修仪、电动车全车故障检测仪、电动车修车宝等，不同品牌或类型的测试仪的使用方法不同，但测试功能相似，维修人员可从操作方便、测量准确、实用可靠方面入手，选配合适的维修工具。图2-34为不同类型的整车测试仪。

图2-34　不同类型的整车测试仪

▶▶ 2.2.3　蓄电池修复仪

蓄电池修复仪主要用于对电动自行车蓄电池性能的检测修复。目前，市场上蓄电池维修工具种类繁多，有蓄电池容量检测仪、铅酸蓄电池修复仪、蓄电池脉冲修复柜、蓄电池修复系统等。图2-35为不同种类的蓄电池维修工具。

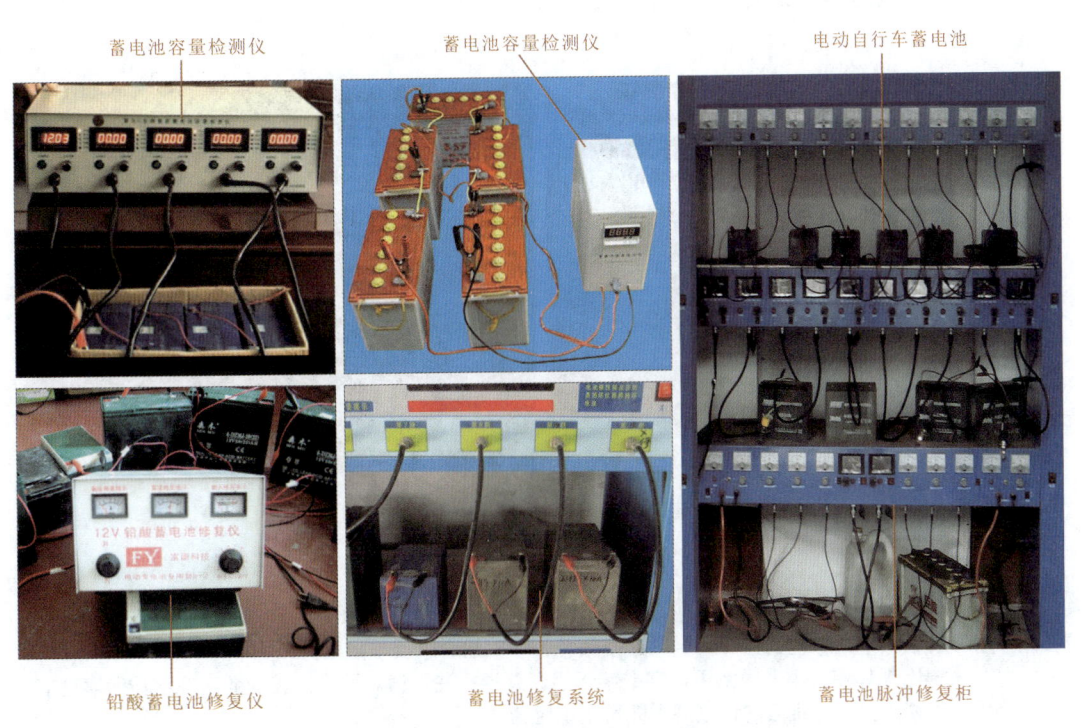

图2-35　不同种类的蓄电池维修工具

第3章
电动自行车电路基础

● 3.1 电动自行车电路元器件

▶▶ 3.1.1 电动自行车电路中的基础元件

电动自行车的电路元器件主要集中在仪表显示板、控制器和充电器中。在学习电动自行车电路检修之前首先要了解电路中的基础元件。

1 电阻器

电阻器是电动自行车电路板中最基本最常见的部件之一,在电路中主要起限流、分压等作用。电动自行车电路板中采用的电阻器主要有分立式电阻器和贴片式电阻器两种。图3-1为电动自行车电路板中常见的电阻器。维修人员可通过电阻器的外形来识别电阻器的种类。其中贴片式电阻器,形状类似扁平的小方块,两边焊有银白色的引脚;分立式电阻器是通过引脚插接在电路板中的。

图3-1 电动自行车电路板中常见的电阻器

通常,电动自行车中的分立式电阻器采用色环标识的方法标记自身的阻值,即在电阻器表面标记多条(4条或5条)不同颜色的色环,通过这些颜色色环的组合来反映阻值。

贴片式电阻器体积较小,通常用数字或字母组合直接标注阻值。不同位置的数字或字母所表达的含义不同,维修人员通过相应的识读规则即可了解阻值。

在电动自行车电路板中，分立式电阻器的阻值标注有4环标识法和5环标识法两种，具体的标识原则如图3-2所示。

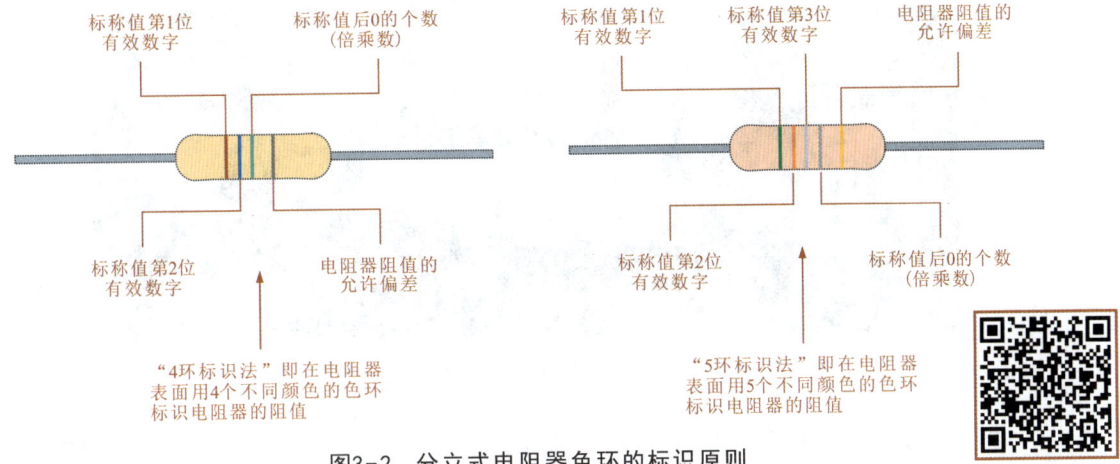

图3-2 分立式电阻器色环的标识原则

色环标识法规定，有效数字为电阻器阻值的起始数字，其第一个色环距电阻器的边缘较远。电阻器色环的颜色不同，所代表的意义也就不同，相同颜色的色环排列在不同位置时的意义也不同。色环标识法中各颜色的含义见表3-1。

表3-1 色环标识法中各颜色的含义

色环颜色	色环所处的排列位		
	有效数字	倍乘数	允许偏差/%
银色	—	10^{-2}	±10
金色	—	10^{-1}	±5
黑色	0	10^{0}	—
棕色	1	10^{1}	±1
红色	2	10^{2}	±2
橙色	3	10^{3}	
黄色	4	10^{4}	
绿色	5	10^{5}	±0.5
蓝色	6	10^{6}	±0.25
紫色	7	10^{7}	±0.1
灰色	8	10^{8}	
白色	9	10^{9}	
无色	—	—	±20

图3-3为电动自行车电路板中分立式电阻器的识读方法。分立式电阻器多采用色环标识法标记阻值，即通过色环的不同颜色和不同位置标记阻值。

图3-3所示的电阻器有4条色环标识，色环颜色依次为"棕黑红金"。棕色表示有效数字1；黑色表示有效数字0；红色表示倍乘数10^2；金色表示允许偏差±5%。

因此，该阻值标识为1×(1±5%)kΩ。

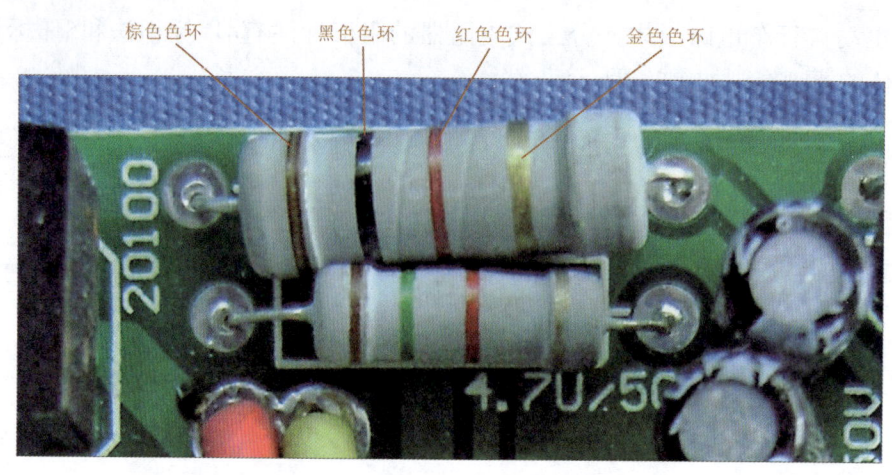

图3-3 电动自行车电路板中分立式电阻器的识读方法

图3-4为电动自行车电路板中贴片式电阻器的识读方法。贴片式电阻器体积较小,通常用字母或数字标识阻值。

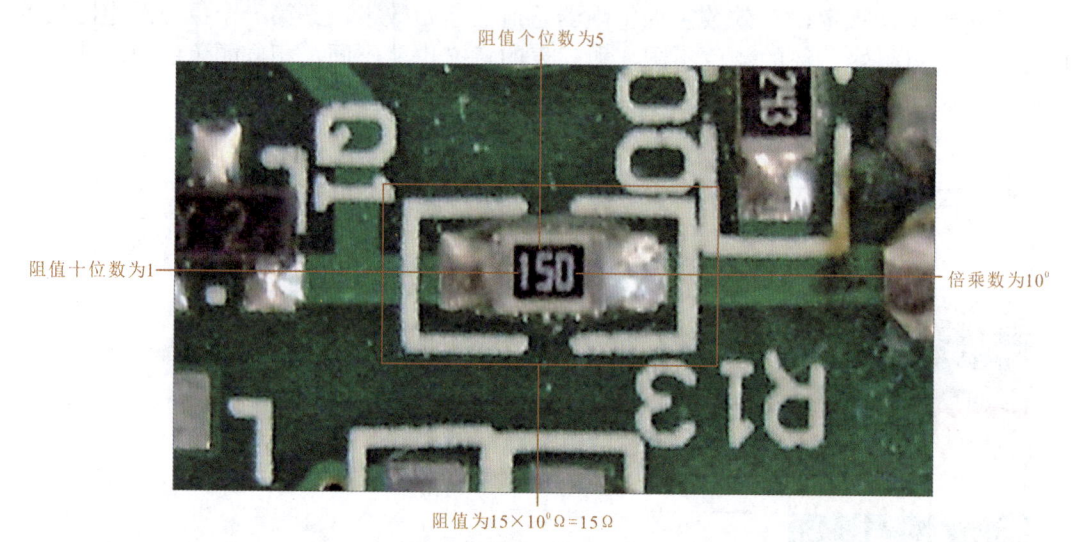

图3-4 电动自行车电路板中贴片式电阻器的识读方法

该贴片式电阻器的阻值通常用三位数字标识,前两位为有效数字,第三位表示倍乘数,图3-4所示的电阻器标有"150",其中第一个有效数"1"表示阻值的十位数是1;第二个有效数"5"表示阻值的个位数为5;第三个有效数"0"表示乘以10^0,即图3-4所示电阻器的阻值为15Ω。

贴片式电阻器字母标识倍乘数的含义见表3-2。

表3-2 贴片式电阻器字母标识倍乘数的含义

字母	A	B	C	D	E	F	G	H	X	Y	Z
倍乘数	10^0	10^1	10^2	10^3	10^4	10^5	10^6	10^7	10^{-1}	10^{-2}	10^{-3}

贴片式电阻器数字代码标识的含义见表3-3。

表3-3 贴片式电阻器数字代码标识的含义

代码	有效值	代码	有效值	代码	有效值	代码	有效值	代码	有效值	代码	有效值
01_	100	17_	147	33_	215	49_	316	65_	464	81_	681
02_	102	18_	150	34_	221	50_	324	66_	475	82_	698
03_	105	19_	154	35_	226	51_	332	67_	487	83_	715
04_	107	20_	158	36_	232	52_	340	68_	499	84_	732
05_	110	21_	162	37_	237	53_	348	69_	511	85_	750
06_	113	22_	165	38_	243	54_	357	70_	523	86_	768
07_	115	23_	169	39_	249	55_	365	71_	536	87_	787
08_	118	24_	174	40_	255	56_	374	72_	549	88_	806
09_	121	25_	178	41_	261	57_	383	73_	562	89_	852
10_	124	26_	182	42_	267	58_	392	74_	576	90_	845
11_	127	27_	187	43_	274	59_	402	75_	590	91_	866
12_	130	28_	191	44_	280	60_	412	76_	604	92_	887
13_	133	29_	196	45_	287	61_	422	77_	619	93_	909
14_	137	30_	200	46_	294	62_	432	78_	634	94_	931
15_	140	31_	205	47_	301	63_	442	79_	649	95_	953
16_	143	32_	210	48_	309	64_	453	80_	665	96_	976

❷ 电容器

电容器也是电动自行车电路板中常见的部件之一，在电路中主要起平滑滤波、耦合等作用。电动自行车电路板中采用的电容器主要有贴片式电容器和立式插脚电容器两种。图3-5为电动自行车电路板中常见的电容器。电容器可分为无极性电容器和有极性电容器（图3-6），电容器用字母"C"来标识。通常维修人员可通过电容器的外形来识别其种类。

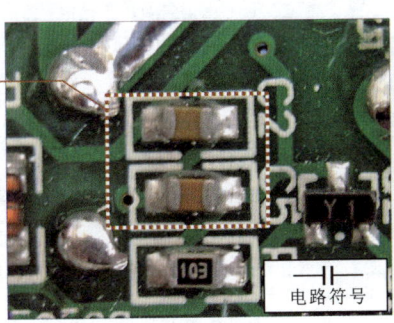

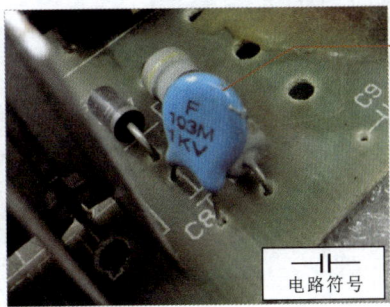

图3-5 贴片式电容器和立式插脚电容器

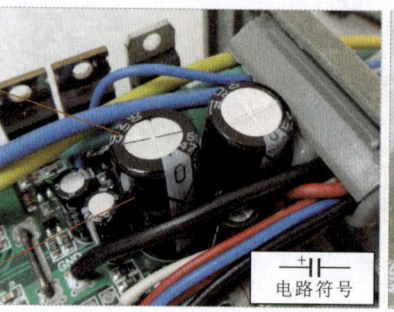

有极性电容器（铝电解电容器）体积小，容量大，适用于低频、低压电路中，例如电动自行车控制器中

无极性电容器稳定性好，损耗小，体积较大

有极性电容器

无极性电容器

电路符号

电路符号

图3-6 有极性电容器和无极性电容器

电容器的容量值一般都标注在电容器的外壳上。

图3-7（a）电容器外壳标注为"470V 63μF"，表示该电容器的容量值为63μF，耐压值为470V；图3-7（b）电容器外壳标注为"103M 1kV"，表示该电容器的容量值为"103"，即10^3pF=0.01μF，M代表允许偏差，1kV代表其耐压1000V。电解电容器外壳上标有"−"的一侧为负极，另一侧为正极。

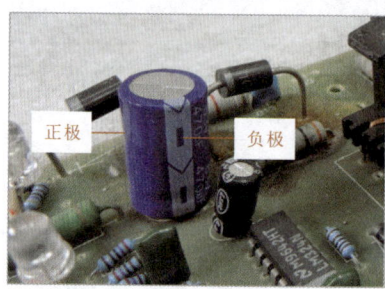

正极　　负极

电路符号

（a）有极性电容器　　（b）无极性电容器

图3-7 电容器容量值识读案例

电容器直标法中允许偏差字母的含义见表3-4。掌握这些符号对应的含义，便可顺利完成对直标电容器的识别。

表3-4 电容器直标法中允许偏差字母的含义

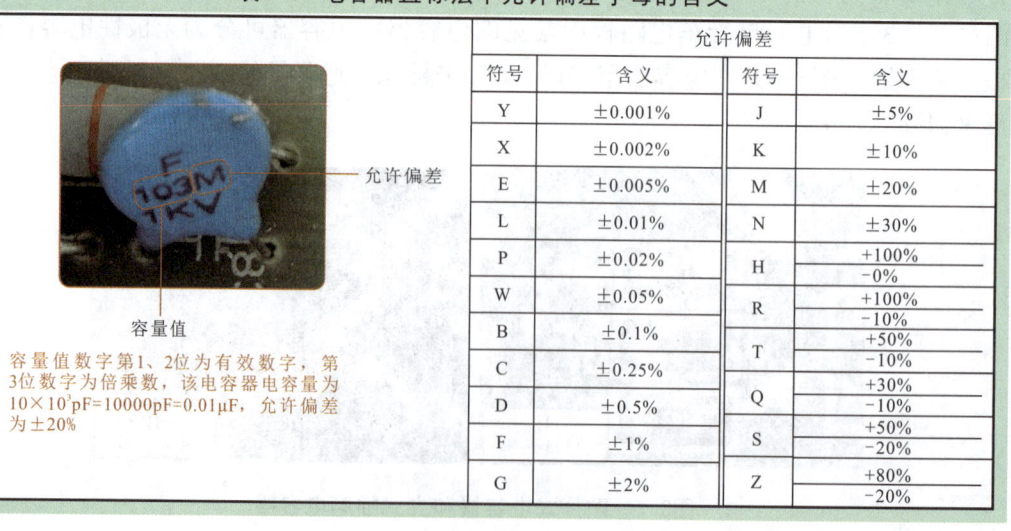

允许偏差

容量值

容量值数字第1、2位为有效数字，第3位数字为倍乘数，该电容器电容量为$10×10^3$pF=10000pF=0.01μF，允许偏差为±20%

符号	含义	符号	含义
Y	±0.001%	J	±5%
X	±0.002%	K	±10%
E	±0.005%	M	±20%
L	±0.01%	N	±30%
P	±0.02%	H	+100% −0%
W	±0.05%	R	+100% −10%
B	±0.1%	T	+50% −10%
C	±0.25%	Q	+30% −10%
D	±0.5%	S	+50% −20%
F	±1%	Z	+80% −20%
G	±2%		

3.1.2 电动自行车电路中的半导体器件

电动自行车电路中的半导体器件主要包括二极管、三极管和场效应晶体管。

1 二极管

二极管是电动自行车电路板中常见的半导体部件之一，在电路中主要起整流、稳压、检波等作用。

二极管的功能和种类较多，外形以及电路符号有很大差别，维修人员可通过外形及电路符号来识别种类，图3-8为电动自行车电路板中常见的二极管。

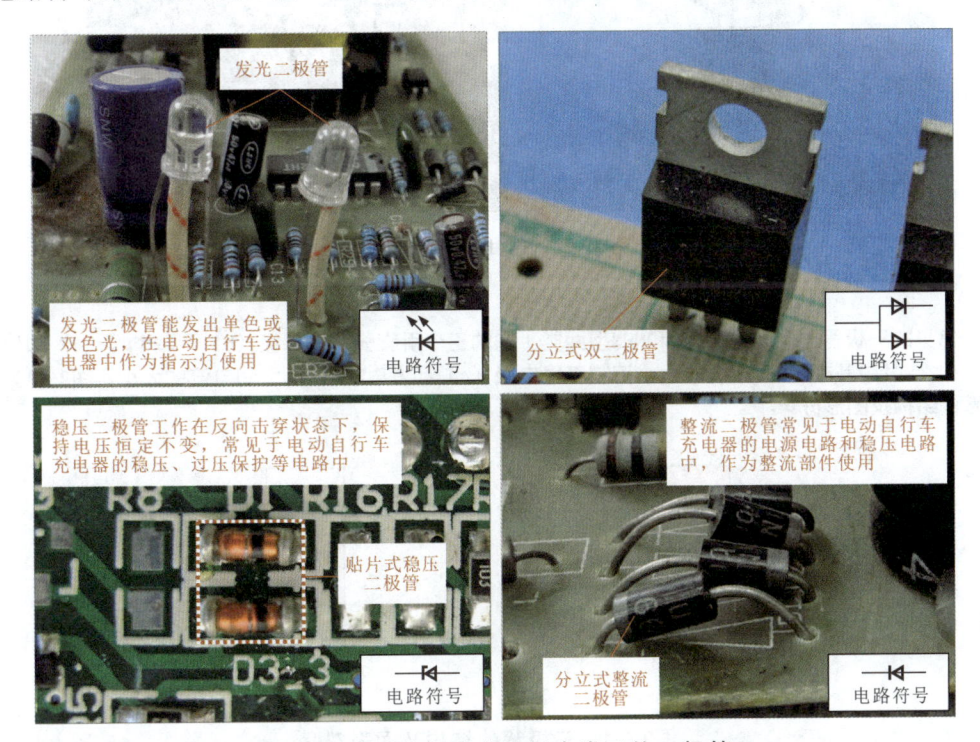

图3-8 电动自行车电路板中常见的二极管

二极管的正、负极，一般是通过外壳标识或电路板上的图形符号来判断，如外壳上有标记一侧为二极管的负极，另一侧为正极，如图3-9所示。另外有些电路板上，二极管的旁边标有二极管的图形符号，其中标有横线的一侧为负极，另一侧为正极。

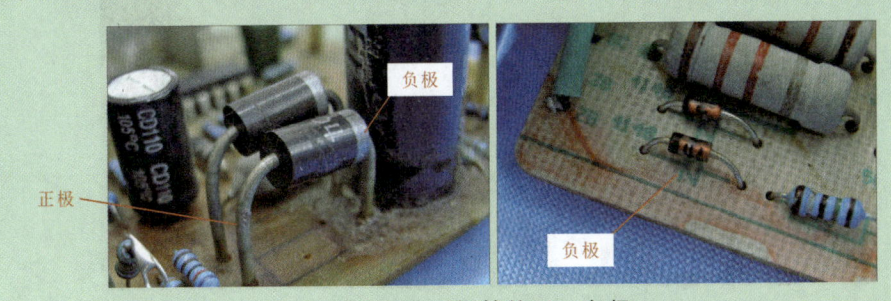

图3-9 二极管的正、负极

2 三极管

三极管是电动自行车电路中的重要元器件,在电路中主要起放大、开关等作用。在电动自行车电路板中三极管主要分为直立式三极管和贴片式三极管两种,常用字母"VT"或"Q"标识。图3-10为电动自行车电路板中常见的三极管。

图3-10 电动自行车电路板中常见的三极管

常见的三极管主要分为PNP型和NPN型两类。它的三个引脚分别为基极(b)、集电极(c)和发射极(e)。其中基极(b)电流的大小控制着集电极(c)和发射极(e)之间电流的大小。图3-11为三极管的结构及图形符号。

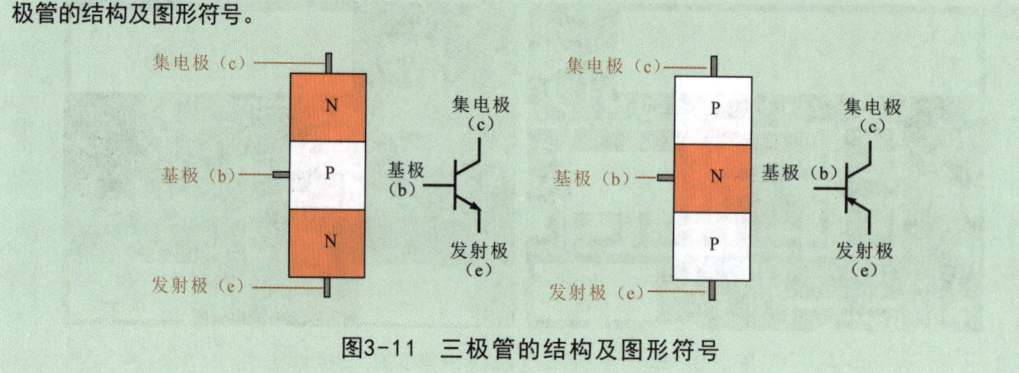

图3-11 三极管的结构及图形符号

3 场效应晶体管

图3-12为电动自行车电路板中常见的场效应晶体管。

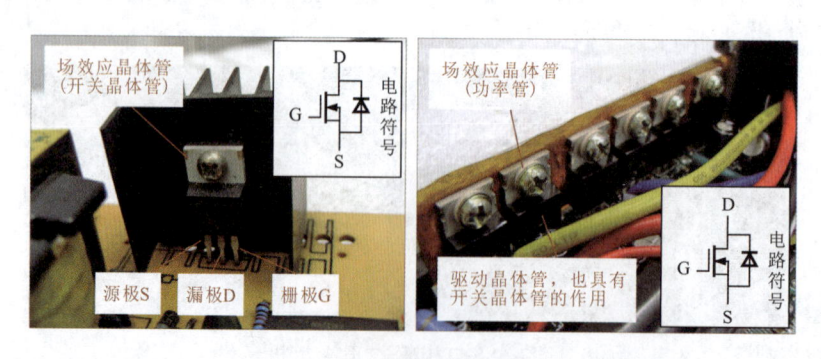

图3-12 电动自行车电路板中常见的场效应晶体管

标有字母G的引脚为场效应晶体管的栅极；标有字母S的引脚为场效应晶体管的源极；未标有字母的引脚为漏极（D）。

3.2 电动自行车集成电路

3.2.1 电动自行车电路中的三端稳压器

在电动自行车控制器电路中，三端稳压器是重要元件之一，主要用于将电池送来的36V或48V电压稳压后输出12V或5V电压，供给电路中其他元件，图3-13为典型三端稳压器的实物外形和电路符号。

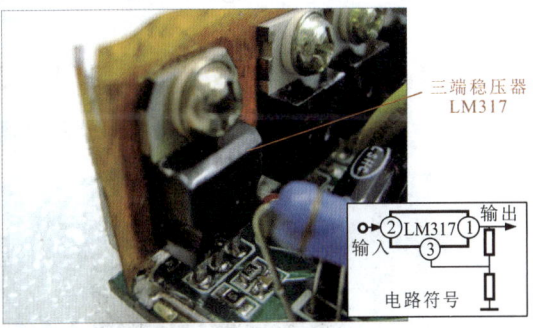

图3-13 典型三端稳压器的实物外形和电路符号

三端稳压器的外形与晶体三极管也很相似，通常可根据其表面的型号标识进行识别，电动自行车中采用的三端稳压器的型号主要有7805（78L05）、7806、7812、7815以及可调三端稳压器LM317、LM337等。

3.2.2 电动自行车电路中的开关振荡集成电路

图3-14为电动自行车充电器中开关振荡集成电路的实物外形。

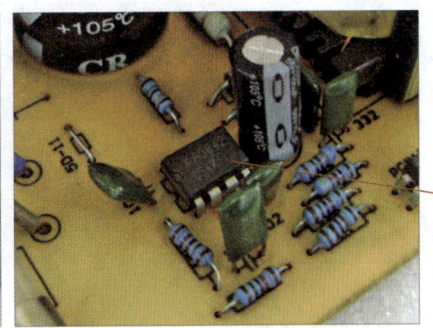

图3-14 电动自行车充电器中开关振荡集成电路的实物外形

▶▶ 3.2.3　电动自行车电路中的微处理器和电压比较器

图3-15为电动自行车电路中微处理器和电压比较器的实物外形。

图3-15　电动自行车电路中微处理器和电压比较器的实物外形

▶▶ 3.2.4　电动自行车电路中的电动机驱动控制器

图3-16为电动自行车电路中电动机驱动控制器的实物外形。

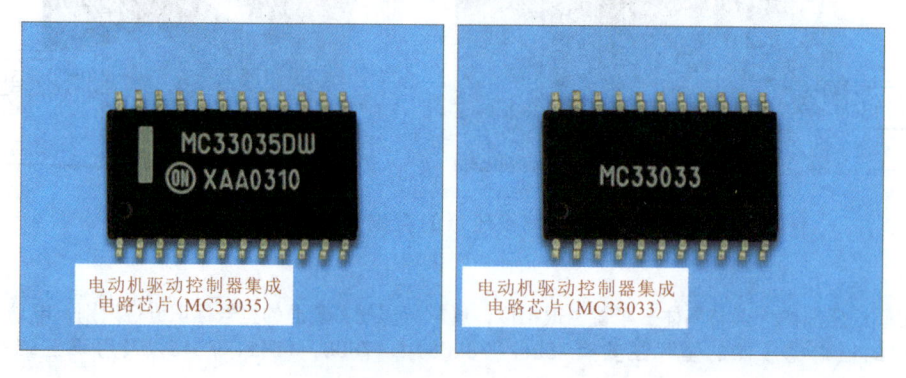

图3-16　电动自行车电路中电动机驱动控制器的实物外形

▶▶ 3.2.5　电动自行车电路中的电动机三相绕组驱动集成电路

图3-17为电动自行车电路中电动机三相绕组驱动集成电路的实物外形。

图3-17　电动自行车电路中电动机三相绕组驱动集成电路的实物外形

● 3.3 电动自行车电路功能部件

▶▶ 3.3.1 电动自行车电路中的变压器

在电动自行车电路板中常见的变压器为开关变压器。开关变压器是开关电源电路中具有明显特征的器件，它的初级绕组是开关振荡电路的一部分，次级输出的脉冲信号经整流滤波后变成直流电压，为蓄电池充电。维修人员可根据变压器的外形特点和安装位置进行识别，图3-18为电动自行车电路板中常见的开关变压器。

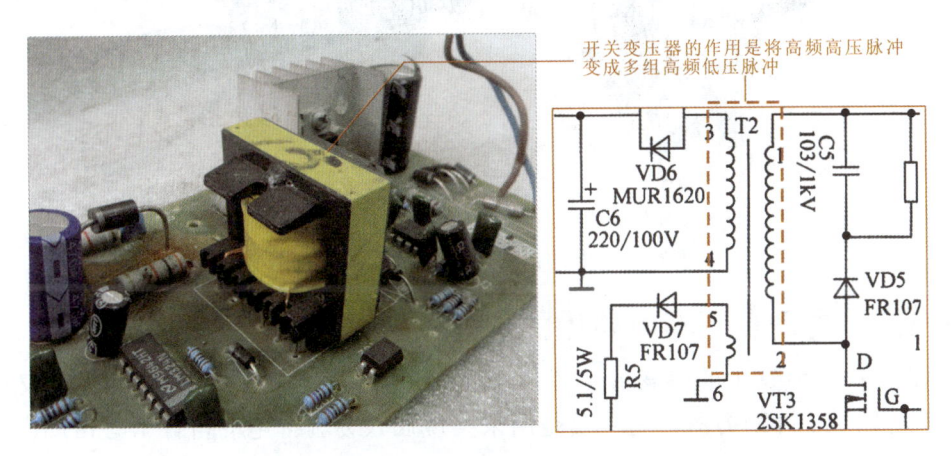

图3-18 电动自行车电路板中常见的开关变压器

> 开关变压器是一种脉冲变压器，可将高频高压脉冲变成多组高频低压脉冲，它的工作频率较高，通常为1～50kHz。

▶▶ 3.3.2 电动自行车电路中的喇叭

喇叭主要用于电动自行车行驶过程中提醒他人注意，以保证行车安全，通常与转向灯安装在一起，称为三合一喇叭，可以实现报警、转向和提醒功能。

图3-19为电动自行车喇叭的实物外形。有的电动自行车喇叭在三合一喇叭基础上加装了其他功能，称为四合一喇叭，即增加了倒车语音功能。

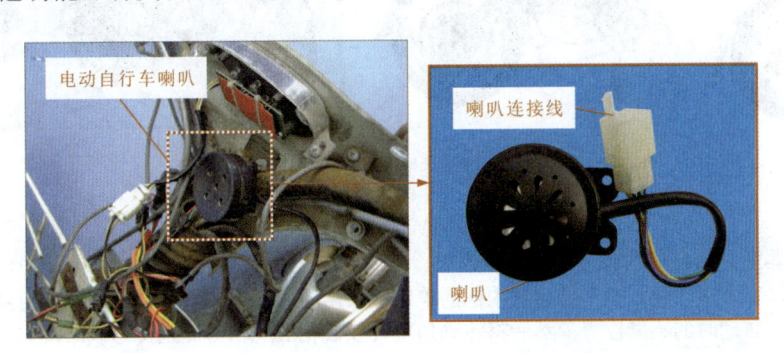

图3-19 电动自行车喇叭的实物外形

▶▶ 3.3.3 电动自行车电路中的电动机

电动自行车的电动机将蓄电池的电能转换成机械能，从而驱动电动车的后轮转动。目前，市场上流行的电动自行车的电动机主要包括有刷直流电动机和无刷直流电动机两种。图3-20为电动自行车电动机的实物外形。

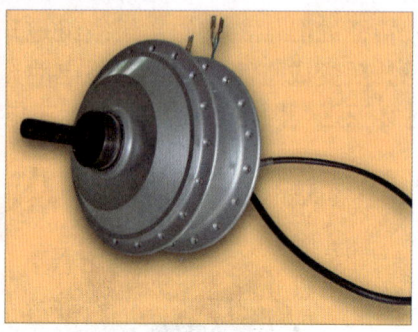

（a）有刷直流电动机　　　　　（b）无刷直流电动机

图3-20　电动自行车电动机的实物外形

▶▶ 3.3.4 电动自行车电路中的传感器

电动自行车电路中的传感器主要是指助力传感器。它是一种感应器件，又被称为1:1助力器或1+1助力器，它主要是用来实现在人力骑行电动自行车时帮助人省力的器件。

通常情况下，助力传感器安装在电动自行车的右侧中轴旁边，中轴上装有磁钢，当用人力脚踏骑行时磁钢随着中轴的转动，感应电平信号指令控制器给电动机供电，使电动机转动，图3-21为电动自行车的助力传感器及其位置。

助力传感器的传感器器件通常是以霍尔元件为主，主要是用来检测磁盘在转动时的不同位置

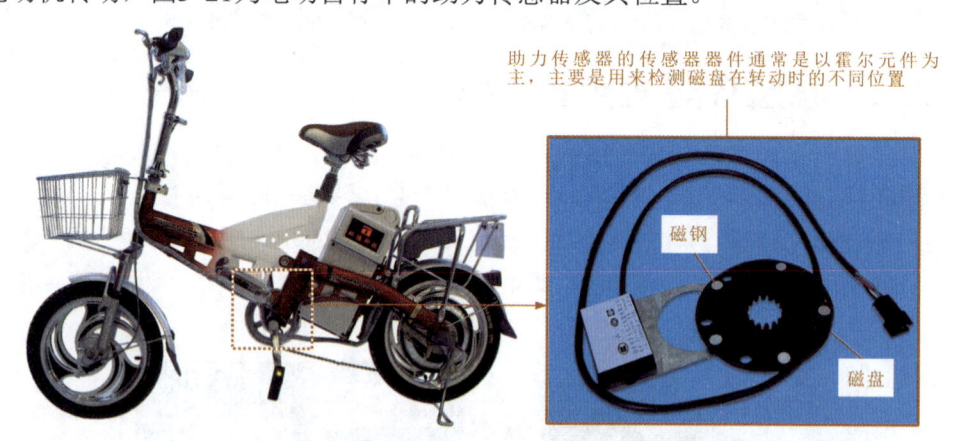

磁钢

磁盘

图3-21　电动自行车的助力传感器及其位置

> 助力传感器主要由传感器和磁盘等部分组成。其中，磁盘上会有5个磁钢，而在助力传感器内部采用霍尔元件作为传感器件。助力传感器内部的电路板采用防水密封的方式封装成一个组件，主要是用来检测磁盘在转动时的不同位置，然后将转动角度转换成相应的信号通过传感线路传送给控制器进行控制。

● 3.4 电动自行车电路识图

▶▶ 3.4.1 电动自行车控制电路对照

电动自行车中主要电气部件和各电路元件的关联在电路图中都是通过电路符号和线路展现的，因而在了解电气部件、电路元件与电路符号的对应关系时，应将电路图与实际机器中的部件对应起来，这样就可以看懂和了解每个元件在电路图中所起的作用，根据电路结构了解它的工作原理，进而为学习修理电动自行车奠定一定的基础。图3-22为典型36V无刷电动自行车的控制电路对照图。

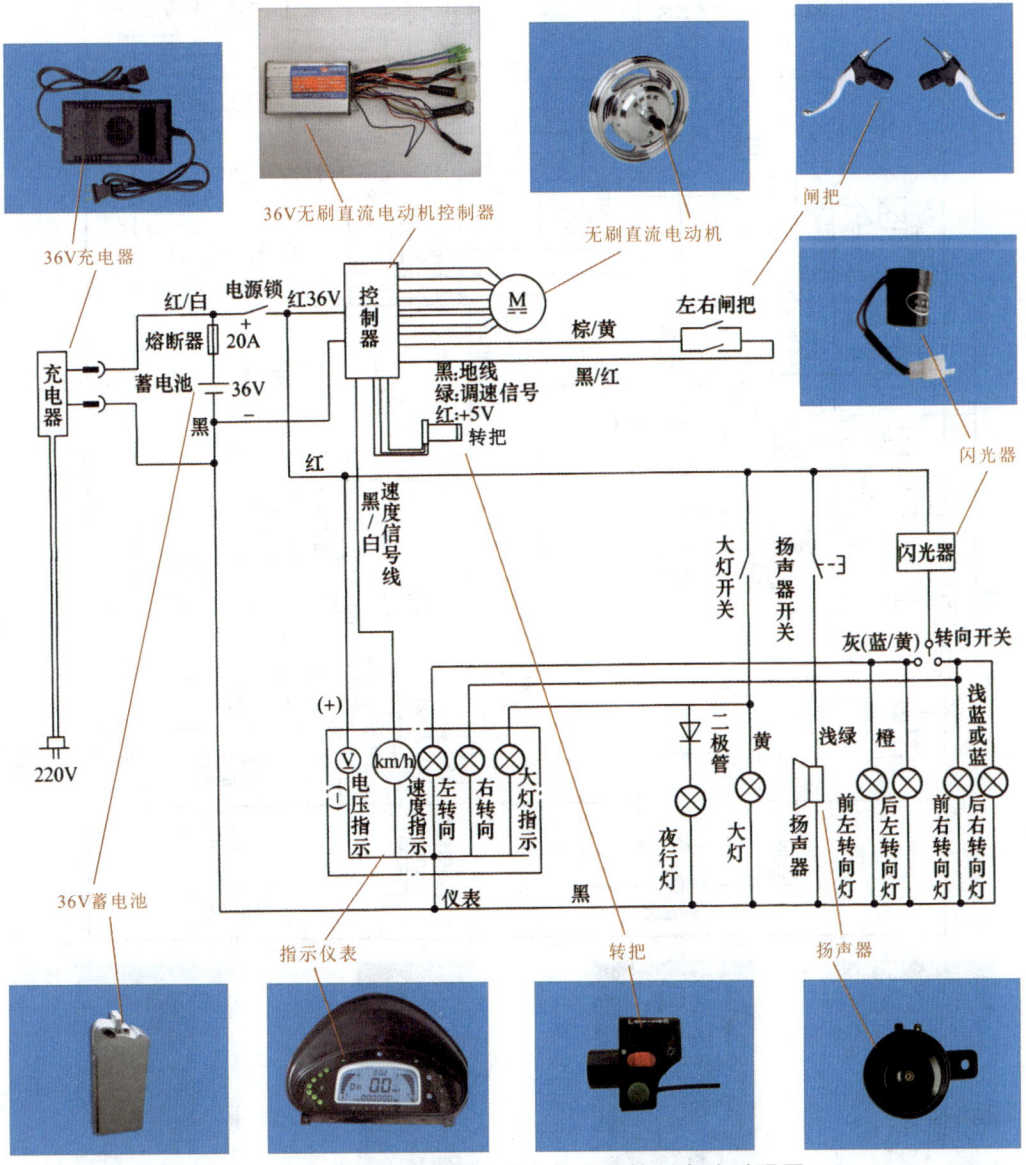

图3-22 典型36V无刷电动自行车的控制电路对照图

图3-23为典型电动自行车有刷直流电动机控制器电路图。

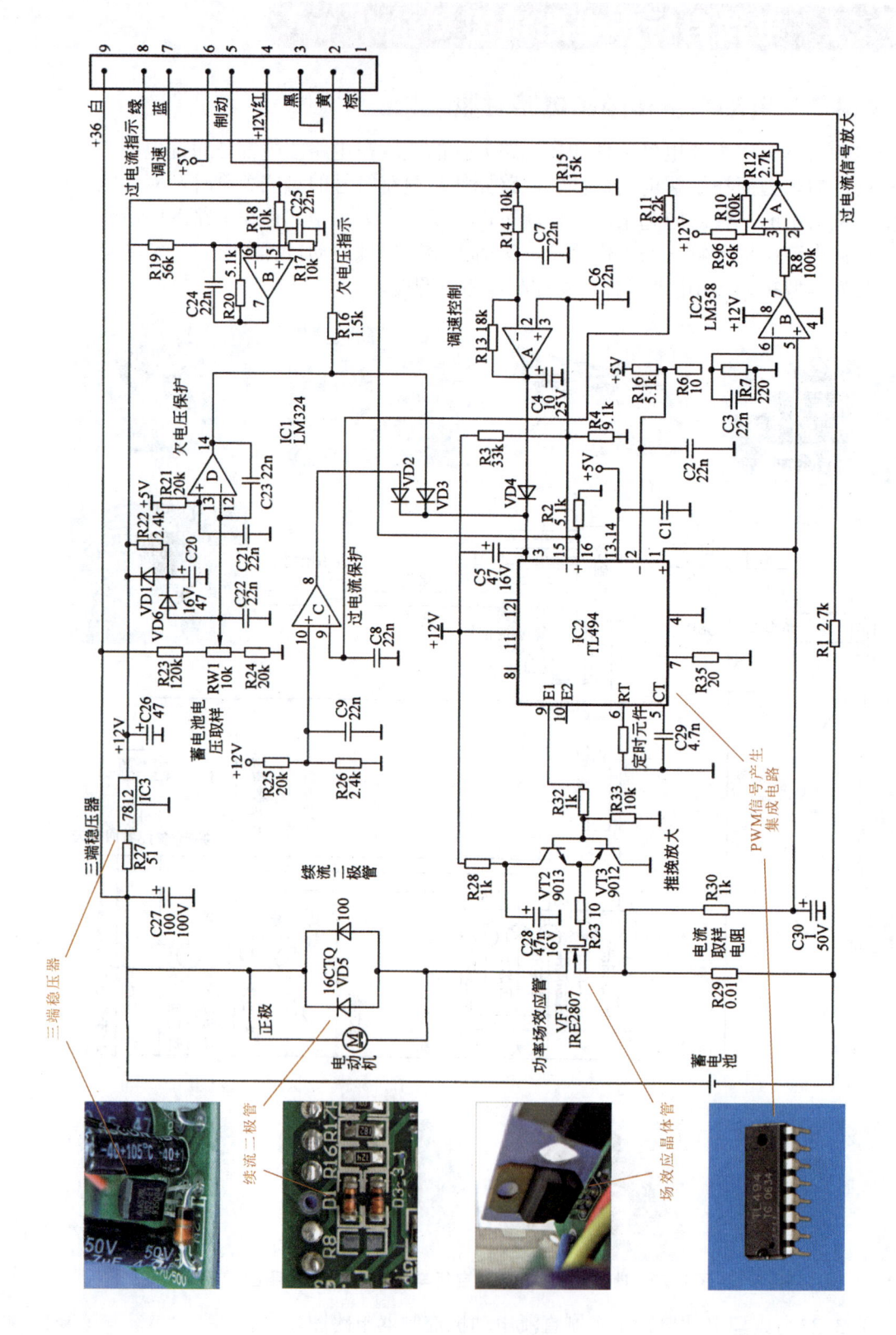

图3-23 典型电动自行车有刷直流电动机控制器电路图

3.4.2 电动自行车充电电路对照

图3-24为电动自行车充电电路对照图。电动自行车充电器电路采用的元器件很多，主要包括熔断器、滤波电容器、互感滤波器、桥式整流电路、变压器、发光二极管等。

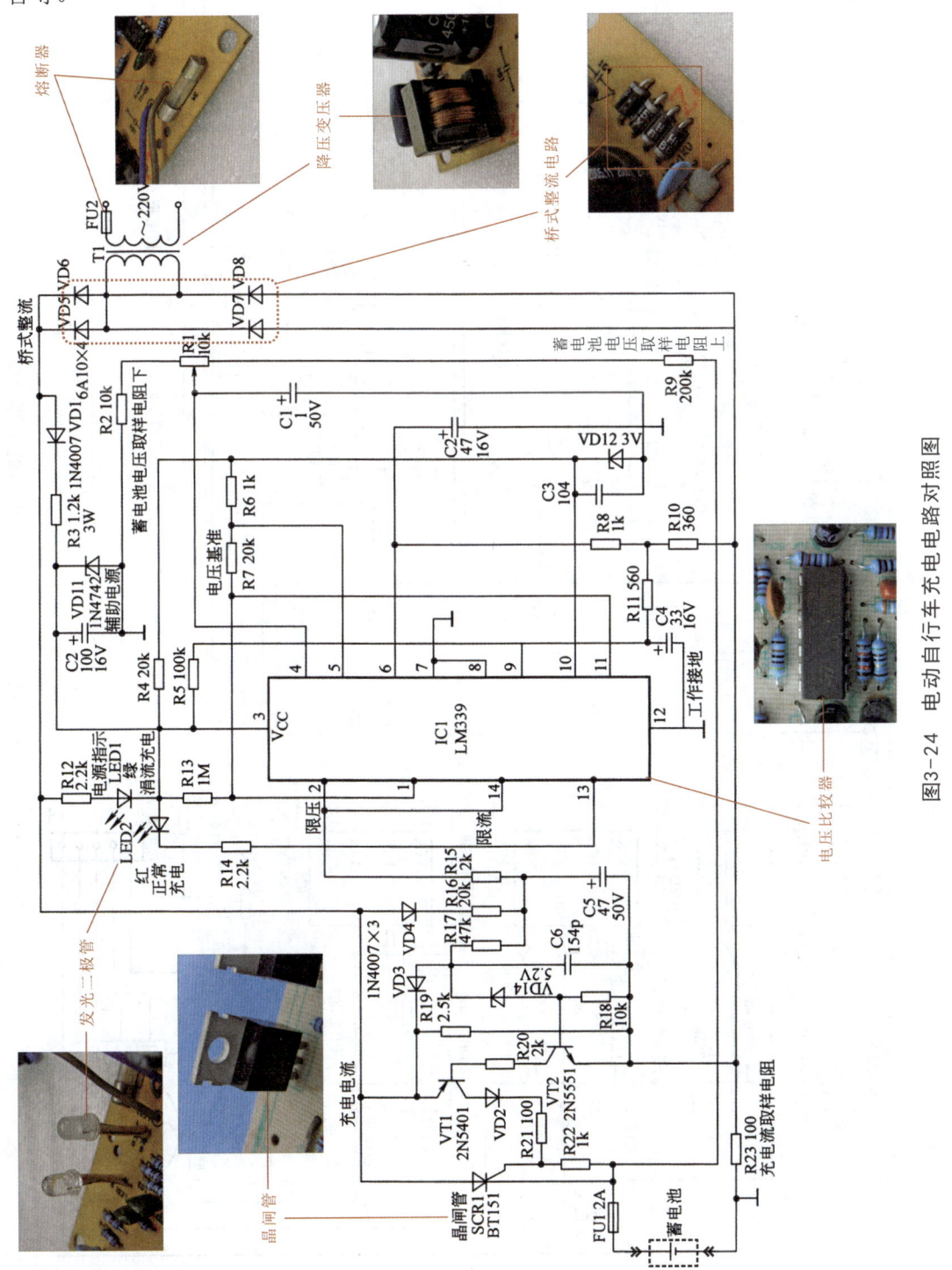

图3-24 电动自行车充电电路对照图

3.4.3 电动自行车电路识图案例

图3-25为电动自行车无刷直流电动机控制电路的识图案例。

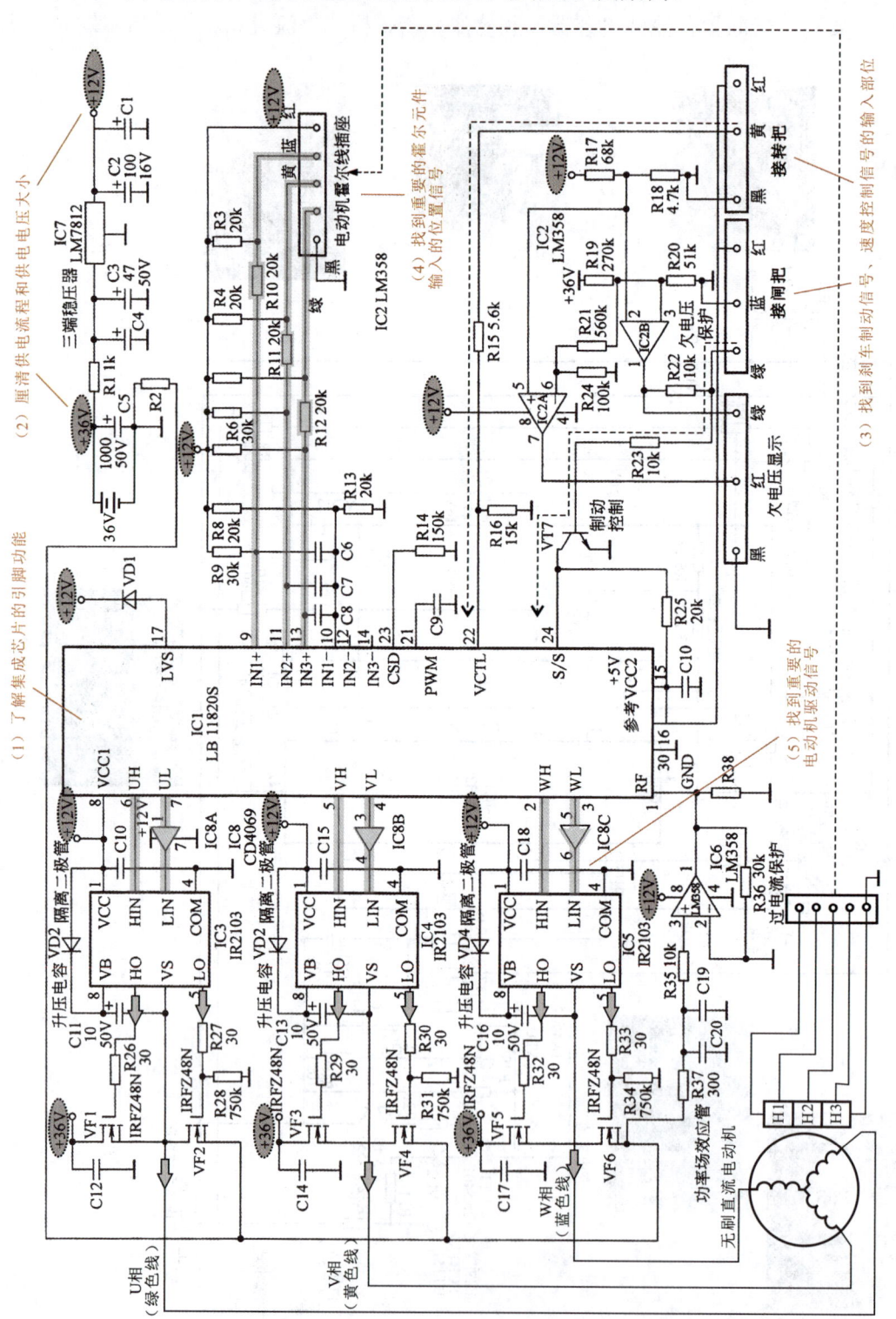

图3-25 电动自行车无刷直流电动机控制电路的识图案例

识读电路图时可遵循以下原则，有助于更快更准确地理解整机信号流程：
- 对于含有集成芯片的电路，可先从芯片的引脚功能入手。
- 从电源供电的流程入手，厘清电路中的供电线路。
- 找到关键部件的控制信号流程，大致掌握主要的信号关系。
- 识别驱动信号的流程，了解主要的驱动过程。

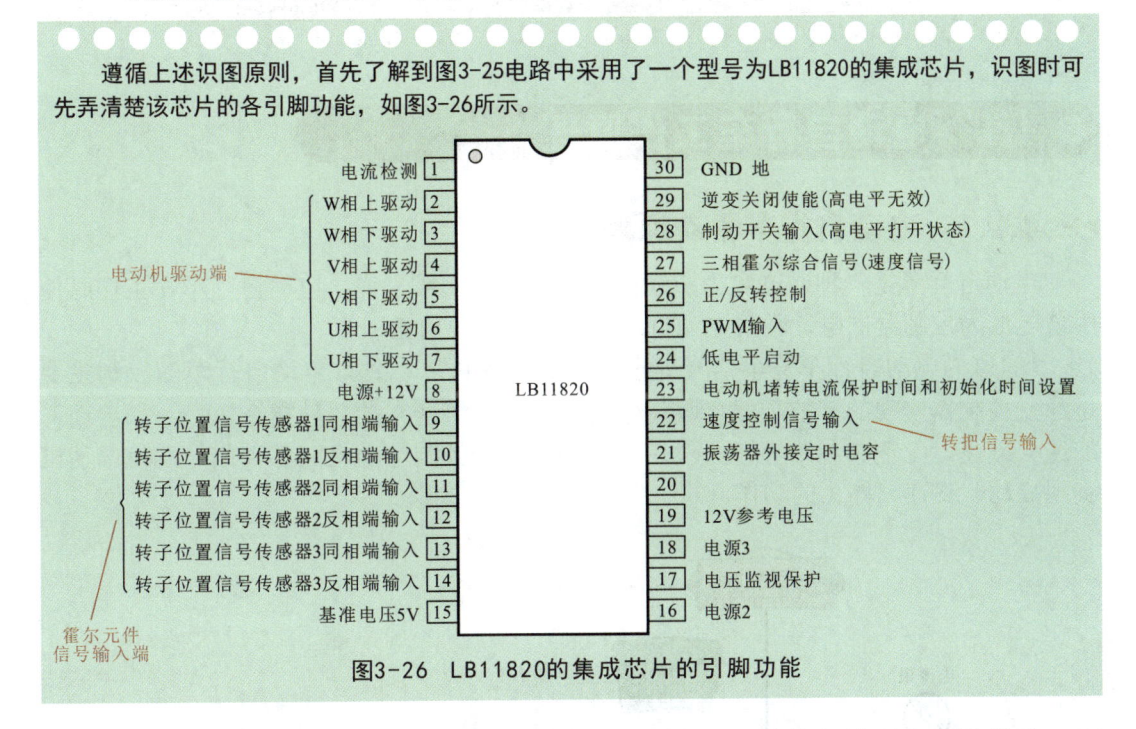

遵循上述识图原则，首先了解到图3-25电路中采用了一个型号为LB11820的集成芯片，识图时可先弄清楚该芯片的各引脚功能，如图3-26所示。

引脚	功能	引脚	功能
1	电流检测	30	GND 地
2	W相上驱动	29	逆变关闭使能(高电平无效)
3	W相下驱动	28	制动开关输入(高电平打开状态)
4	V相上驱动	27	三相霍尔综合信号(速度信号)
5	V相下驱动	26	正/反转控制
6	U相上驱动	25	PWM输入
7	U相下驱动	24	低电平启动
8	电源+12V	23	电动机堵转电流保护时间和初始化时间设置
9	转子位置信号传感器1同相端输入	22	速度控制信号输入
10	转子位置信号传感器1反相端输入	21	振荡器外接定时电容
11	转子位置信号传感器2同相端输入	20	
12	转子位置信号传感器2反相端输入	19	12V参考电压
13	转子位置信号传感器3同相端输入	18	电源3
14	转子位置信号传感器3反相端输入	17	电压监视保护
15	基准电压5V	16	电源2

电动机驱动端：2~7
霍尔元件信号输入端：9~14
转把信号输入：22

图3-26 LB11820的集成芯片的引脚功能

1）由图3-26很容易找到信号的输入端和输出端，顺着输入端引脚所连线路，可找到信号的来源，顺着输出端引脚所连线路即可找到信号的去向。

2）厘清电源供电流程。从电源供电的线路中可以看到，由电池输出的36V电压，经三端稳压器后输出12V直流电压，为电路中其他元件提供工作条件。同时电池直接为该电路中驱动无刷直流电动机线圈的三组功率场效应晶体管提供电压（36V直流电压）；而12V电压则为集成芯片IC1（LB11820）和三个驱动芯片IC3～IC5等提供工作电压。

3）找到控制信号线路的输入输出部位，如速度控制信号、刹车制动信号等的输入输出部位。

4）找到主要的信号线路。图3-25中灰色线部分为主要的信号流程，以控制芯片为核心，输入信号来自霍尔元件感知的位置信号，芯片将该信号处理后输出PWM控制信号，理顺该信号的同时，能够很容易掌握整个电路的主信号关系，对识读整个电路非常有帮助。

5）识别驱动信号。图3-25中由集成电路输出的三组PWM控制信号经三个驱动集成电路后分别输出用于驱动无刷直流电动机转动的信号，如图中的箭头所示，由此不难了解无刷直流电动机的驱动方式。

第4章 电动自行车检修指导

● 4.1 电动自行车工作原理

▶▶ 4.1.1 电动自行车驱动原理

电动自行车是一种通过电力驱动的交通工具。一般来说，电动自行车在工作时使用蓄电池为控制器供电，驱动电动机运转，实现行驶功能。

图4-1为电动自行车整车信号处理框图。从中可以看到，电动自行车的控制主要是通过控制器实现的。控制器接收调速转把、闸把等送来的各种指令信号（如启动、加速、减速、定速、刹车等），然后经过处理变为控制电动机的各种信号，使电动机实现启动、变速、停止的动作。

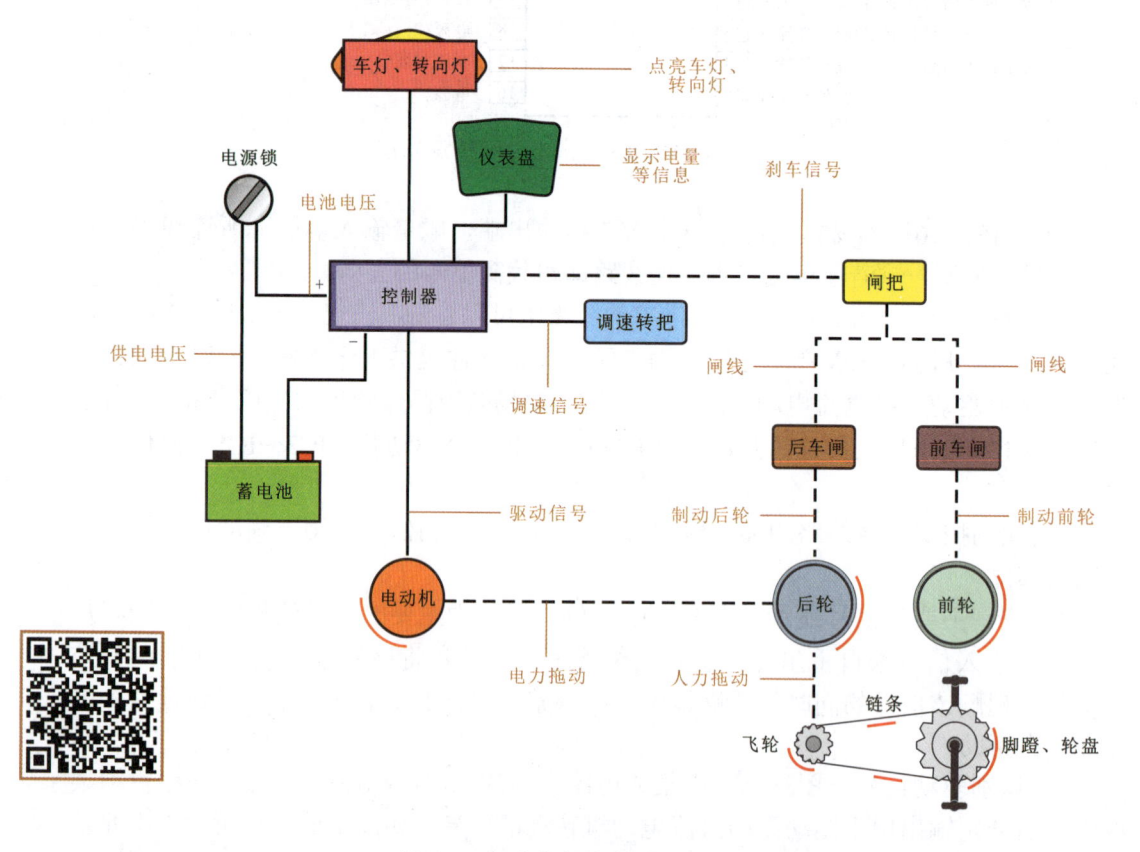

图4-1 电动自行车整车信号处理框图

使用钥匙打开电源锁，接通电源后，蓄电池输出供电电压送入控制器中，其中一路直接送到驱动和输出电路中；另一路经控制器内部稳压电路处理后，输出多路直流电压，为控制器内部电路、转把、闸把、霍尔元件、指示仪表等供电。

旋转转把，转把便会输出调速信号（直流电压）并送到控制器中，经控制器内部处理后，由驱动及输出电路输出驱动信号，驱动电动机三相绕组，使电动机旋转。当转把旋转幅度较大时，电动机绕组通过的电流变大，电动机转速提高；相反，电动机转速便会降低。

电动自行车正常行驶时，捏下闸把时，闸把中的触点动作，为电动自行车控制器输入断电信号，经断电处理，由控制芯片识别后，停止输出驱动信号，电动机失电，停止转动。同时，闸把拉动闸线，使电动自行车车闸收紧，电动自行车减速，直至停车。

仪表盘、车灯、喇叭均是通过控制器后再与供电电压连接的，与控制器并没有直接的控制关系。其中，仪表盘受电源锁控制；车灯、喇叭等分别由设置在闸把上的控制开关控制供电的通、断。

电动自行车采用的电动机分为有刷直流电动机和无刷直流电动机，相应的控制器也分为有刷直流电动机控制器和无刷直流电动机控制器。不同控制器的工作过程有所区别。图4-2为有刷直流电动机驱动式电动自行车的工作过程。

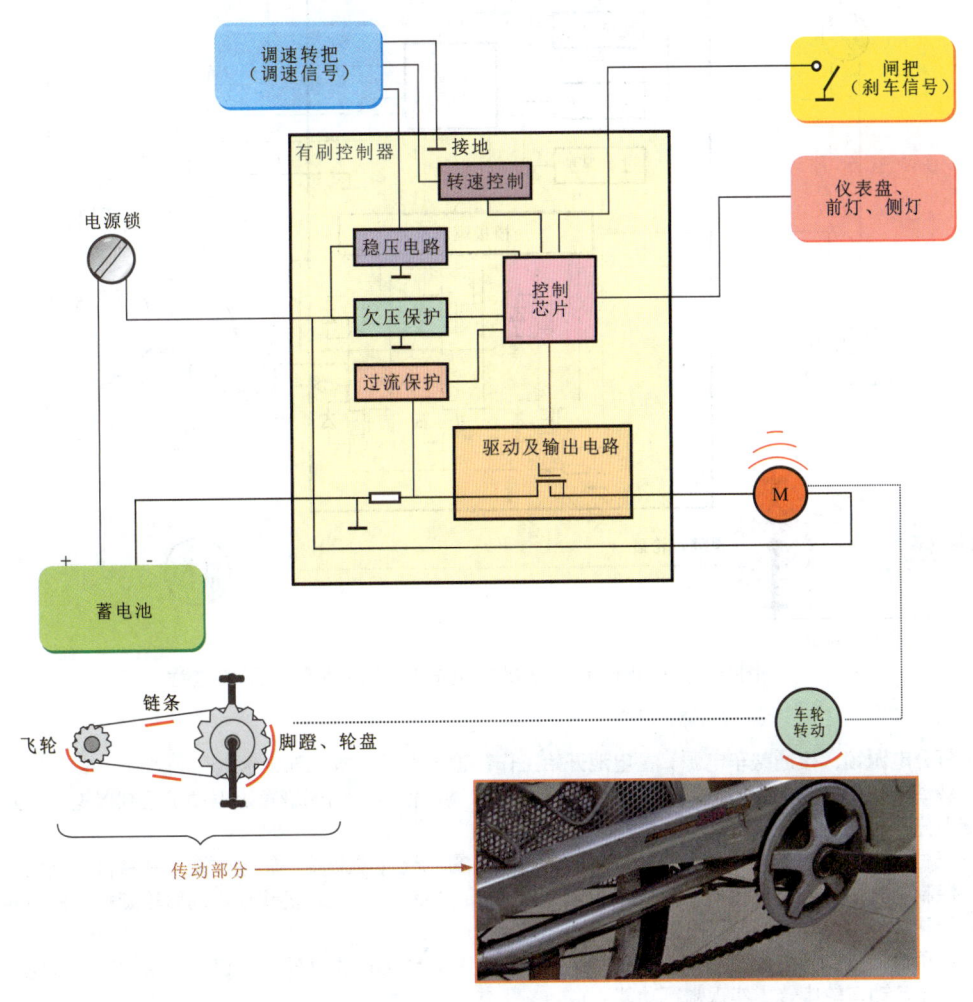

图4-2 有刷直流电动机驱动式电动自行车的工作过程

打开电源锁，接通整车电源。蓄电池开始工作，输出电压为电气部件供电。转动转把，为有刷控制器输入启动和调速信号。

有刷直流电动机控制器输出驱动信号驱动有刷直流电动机。有刷直流电动机在驱动信号的驱动下启动运转。有刷直流电动机安装在电动自行车的后轮上，电动机转动带动后轮旋转，即可实现自动行驶。

后轮的飞轮带动车轮旋转，实现骑行功能。使用机械传动部分骑行时，人通过对脚蹬用力，将转动力由主飞轮通过链条传给后轮的飞轮。后轮的飞轮带动车轮旋转，实现骑行功能。

图4-3为无刷直流电动机驱动式电动自行车的工作过程。

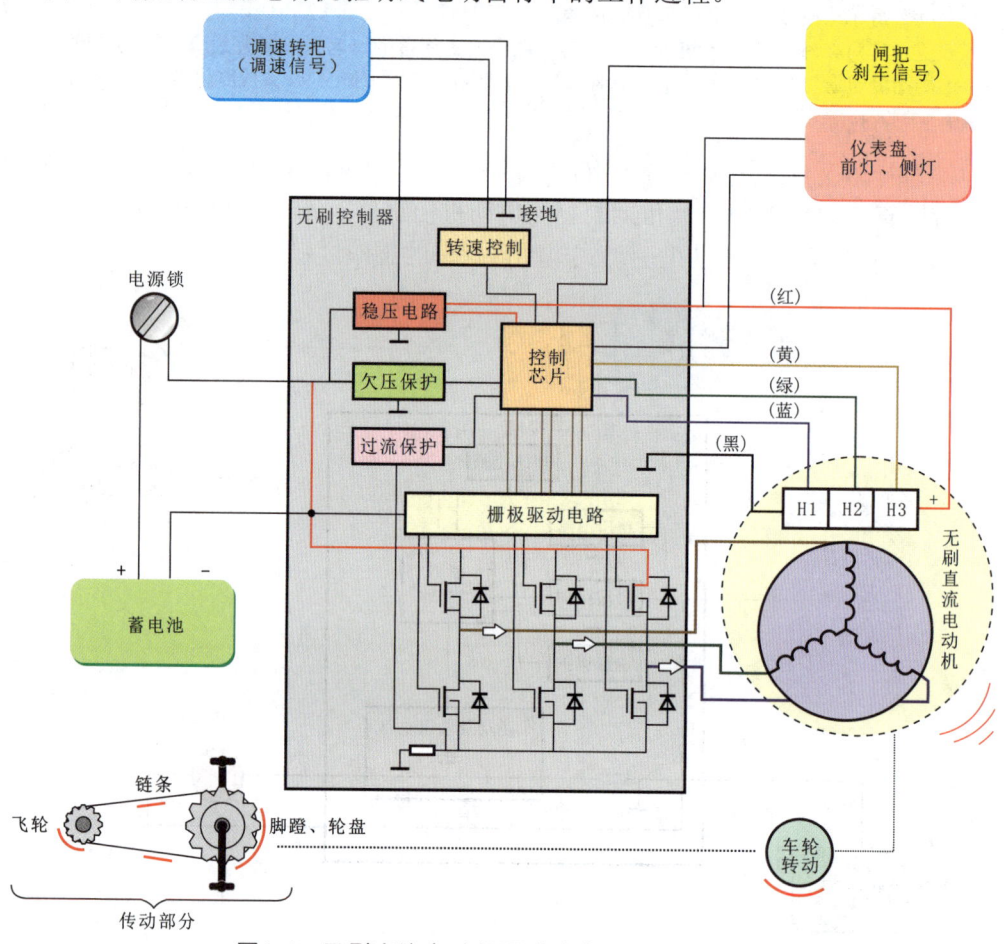

图4-3 无刷直流电动机驱动式电动自行车的工作过程

打开电源锁，接通整车电源。蓄电池开始工作，输出电压为电气部件供电。

转动转把，为无刷直流电动机控制器输入启动和调速信号。由无刷直流电动机控制器输出三路驱动信号分别驱动无刷直流电动机的三相绕组。

无刷直流电动机在驱动信号的驱动下启动运转。霍尔元件检测转子转动位置，并将检测到的信号送回控制电路中。无刷直流电动机安装在电动自行车的后轮上，电动机转动带动后轮旋转，即可实现自动行驶。

使用机械传动部分骑行时，人通过对脚蹬用力，将转动力由主飞轮通过链条传给后轮的飞轮。后轮的飞轮带动车轮旋转，实现骑行功能。

4.1.2 电动自行车控制原理

电动自行车的供电、调速、刹车等操作都是通过电路控制实现的。

1 电动自行车供电控制原理

电动自行车工作时，蓄电池直接与控制器连接，直流供电电压通过控制器内部稳压电路及相关保护电路，为其他电气部件供电。图4-4为电动自行车供电控制框图。

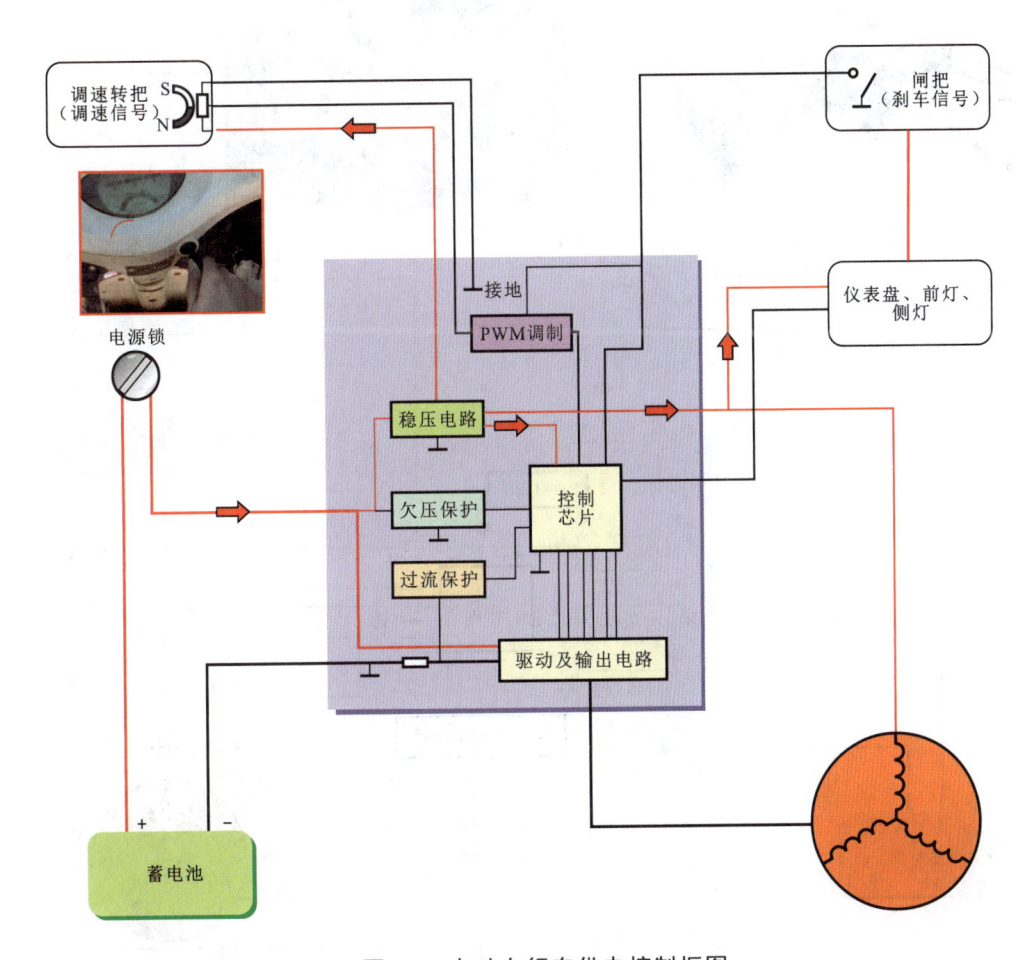

图4-4 电动自行车供电控制框图

使用钥匙打开电源锁，接通电源，蓄电池输出供电电压并送到控制器中，其中一路直接送到驱动和输出电路；另一路经控制器内部稳压电路处理后输出多路直流电压，为控制器内部电路、调速转把、闸把、仪表盘、车灯、喇叭等供电。

> 打开电源锁，接通电源后，控制器内部的主要器件获得供电电压，进入准备工作状态。闸把、仪表盘、前灯、侧灯获得供电电压，进入准备工作状态；转把得到供电电压，进入准备工作状态；电动机获得供电电压，进入准备工作状态。

2 电动自行车调速控制原理

图4-5为电动自行车调速控制框图。可以看到，旋转调速转把时，转把便会输出调速信号（直流电压）并送到控制器中，经控制器内部处理后，由驱动及输出电路输出驱动信号，驱动电动机绕组，使电动机旋转。

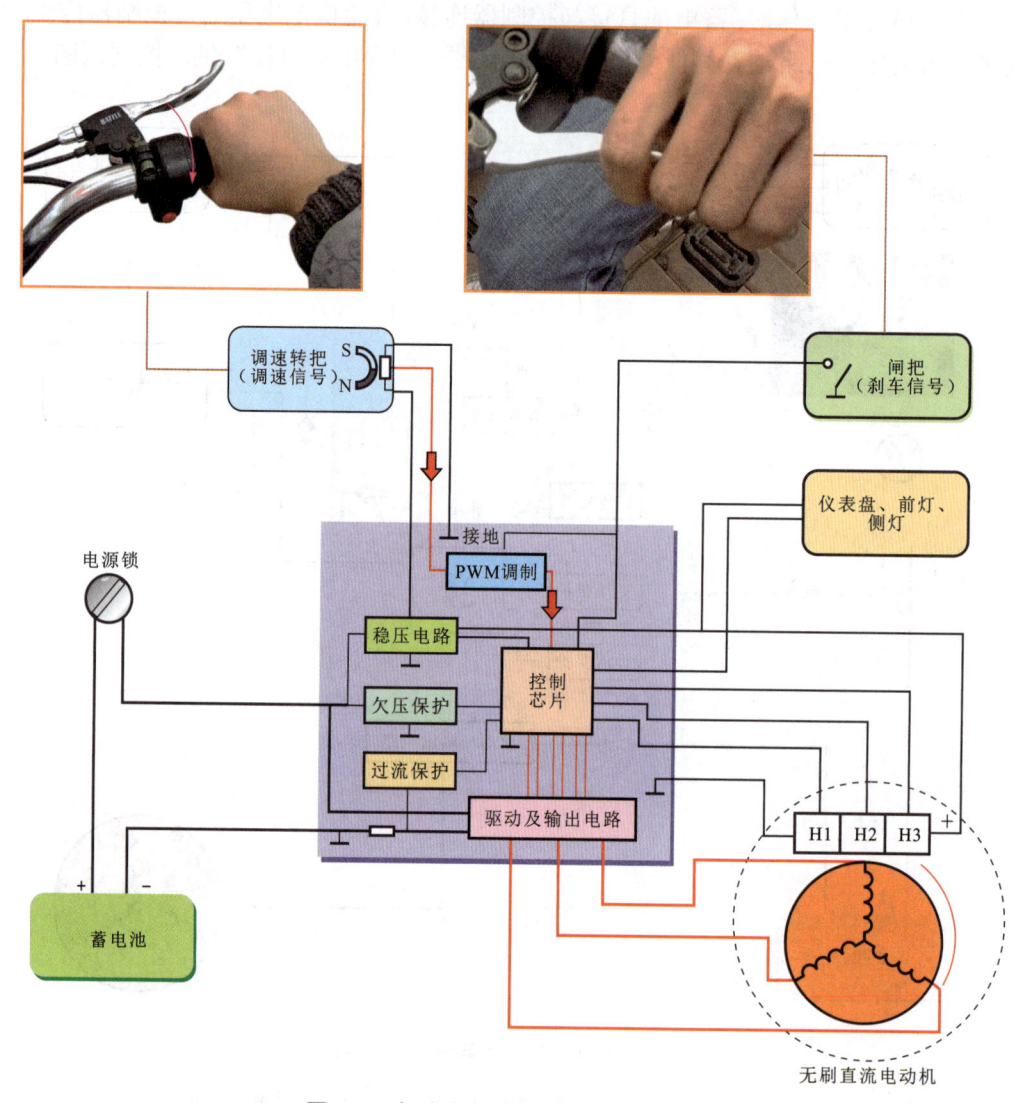

图4-5 电动自行车调速控制框图

旋转转把，转把将调速信号送到控制器中。调速信号经控制器内部处理后，由驱动及输出电路输出驱动信号。电动机三相绕组获得驱动信号后旋转。

当转把旋至最大角度时，电动机达到最高转速，实现高速行驶；相反，当需要减速或变速时，松开转把并轻轻旋动（解除定速功能），转把实时地将调速信号送往控制器，控制器根据接收到的调速信号输出相应的驱动信号，控制电动机转速降低或变化，实现电动自行车的减速或变速控制。

4.2 电动自行车故障特点

4.2.1 电动自行车机械故障特点

电动自行车的机械类故障主要指电动自行车因机械系统异常而引发的故障。车把、脚蹬、中轴、链条、车闸、车梯、挡泥板、车轮、车胎等部件异常，是电动自行车常见的机械类故障。

1 车把故障

电动自行车的车把出现故障多表现为车把"发飘"、转向不灵活、有"吱吱"异响等，如图4-6所示。

握住车把时，车把"发飘"

转动车把时，车把发出"吱吱"异响声

转向时车把不灵活

图4-6 车把故障

2 脚蹬和中轴故障

脚蹬和中轴不良，通常会造成骑行过程中有"蹬空"感并带有刺耳异响等，如图4-7所示。

踩动脚蹬人力行驶时，中轴发出刺耳异响

踩动脚蹬时，明显感觉中轴晃动或有蹬空的感觉

图4-7 脚蹬和中轴故障

❸ 链条故障

链条锈蚀严重常常会引起骑行过程中掉链或断裂等故障，如图4-8所示。

骑行过程中，链条从飞轮处掉下

骑行过程中，链条断裂

图4-8 链条故障

❹ 车闸故障

电动自行车的车闸分为前车闸和后车闸两部分。其中，前车闸不良通常会引起前轮刹车不灵活的故障；后车闸不良通常会引起后轮刹车不良或后轮抱死无法转动等故障，如图4-9所示。

捏动电动自行车后闸时不能良好制动，有时会出现后轮抱死现象

捏动电动自行车前闸时感觉较吃力，不能良好地制动

图4-9 车闸故障

第4章 电动自行车检修指导

5 车梯故障

车梯不良，通常会造成电动自行车无法支撑或支撑不稳等故障，如图4-10所示。

电动自行车车梯不能支撑起车体

使用车梯支撑电动自行车时，电动自行车支撑不稳

图4-10 车梯故障

6 挡泥板和车轮故障

电动自行车的挡泥板分为前挡泥板和后挡泥板两部分，故障多表现为挡泥板与车轮摩擦、有异响等。车轮的主要故障表现为轮胎气压不足、车条松动或断裂、车轮变形及摇摆不定等，如图4-11所示。

推动或骑行电动自行车时，挡泥板与车轮摩擦，有异响

电动自行车的车条松动或断裂

电动自行车的车轮变形，引起车轮左右摆动

电动自行车的轮胎气压不足

图4-11 挡泥板和车轮故障

53

▶▶ 4.2.2 电动自行车电气故障特点

电动自行车的电气故障主要指电动自行车因电气系统异常而引发的故障。仪表盘、控制器、电动机、调速转把、蓄电池、充电器等电气部件异常，是电动自行车常见的电气故障。

❶ 仪表盘故障

仪表盘是电动自行车整车工作状态的指示部件。该部分故障主要表现为指示仪表中指示灯不亮、所有指示功能失常，如图4-12所示。

指示灯不亮，但电动自行车的电动机控制正常，能行驶

指示灯不亮，电动自行车的电动机控制也失常

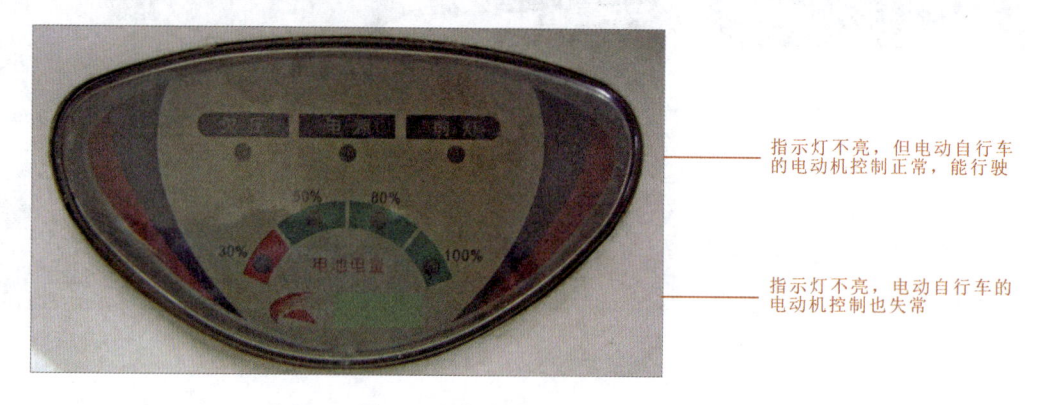

图4-12 仪表盘故障

❷ 控制器故障

控制器是电动自行车电气系统的核心部分。控制器故障通常会引起电动自行车不启动、"飞车"、车速不稳、通电烧蓄电池等，如图4-13所示。

控制器失常引起电动自行车不启动（电动机不转）

控制器失常引起电动自行车"飞车"故障

控制器失常引起电动自行车通电烧蓄电池

"飞车"故障是指接通电源锁、未旋动转把时车便向前"冲"，或行车过程中未用转把调速，但出现突然加速的现象

控制器失常引起电动自行车车速不稳

图4-13 控制器故障

❸ 电动机故障

电动机故障的主要表现为不运转、行车过程中明显晃动、噪声大、短时间内严重过热、爬坡困难等，如图4-14所示。

打开电动自行车电源锁后，旋动调速转把，电动机不运转

电动自行车在平坦道路上骑行正常，但爬坡时电动机响声较大，速度明显降低

电动机运行正常，但行驶起来后轮出现明显的晃动

电动机运转正常，但运转一段时间后电动机过热

电动自行车骑行正常，但骑行过程中后轮出现过大的噪声

图4-14　电动机故障

❹ 蓄电池故障

蓄电池的故障表现为通电后指示仪表无任何显示、电动自行车行驶里程明显缩短、电动自行车不启动、耗电过快、充不进电等，如图4-15所示。

电动自行车行驶里程明显缩短或持续行驶时间缩短

接通电源，转动调速转把，电动自行车不启动

电动自行车放置一段时间后，蓄电池电量下降明显甚至完全无电

蓄电池与充电器连接后，不能充电

电动自行车通电后，指示仪表无任何显示

图4-15　蓄电池故障

5 充电器故障

充电器的故障主要表现为电源指示灯和充电指示灯不亮、工作时发热严重或有异常响声、充不进电、状态指示灯发暗且闪烁、指示灯不转换等，如图4-16所示。

接通电源和蓄电池后，充电器指示灯均不亮

充电器连接电池后充不进电

充电器发热严重或有异响

电源指示灯亮，充电指示灯不亮

电源和充电指示灯均亮，但充满电后指示灯不转换

使用充电器充电时，指示灯发暗且闪烁

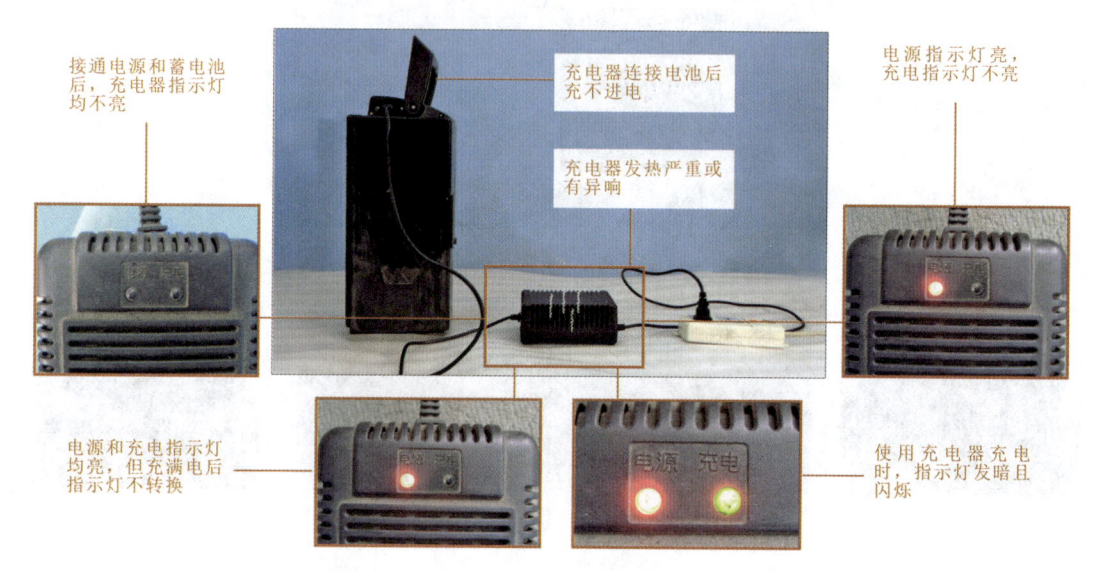

图4-16 充电器故障

4.3 电动自行车故障检修流程

4.3.1 电动自行车机械故障检修流程

电动自行车的机械系统出现故障时，将直接对电动自行车的行驶造成影响。由于不同的故障需要检修的部件不同，检修方法也不相同。

1 中轴转动时发出"咯吱"异响的故障检修流程

踩动电动自行车的脚蹬行驶时，中轴部分发出"咯吱"的噪声，并能明显感觉到中轴被摩擦，该故障是由于中轴缺油以致磨损严重、钢珠损坏引起的，中轴转动时发出"咯吱"异响的故障检修流程如图4-17所示。

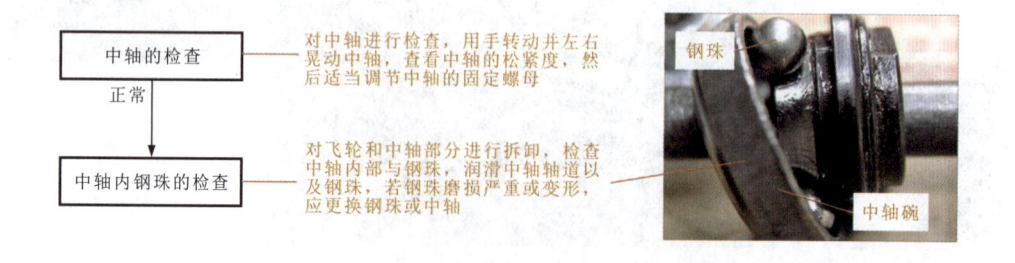

中轴的检查 → 对中轴进行检查，用手转动并左右晃动中轴，查看中轴的松紧度，然后适当调节中轴的固定螺母

正常 ↓

中轴内钢珠的检查 → 对飞轮和中轴部分进行拆卸，检查中轴内部与钢珠，润滑中轴道以及钢珠，若钢珠磨损严重或变形，应更换钢珠或中轴

钢珠

中轴碗

图4-17 中轴转动时发出"咯吱"异响的故障检修流程

❷ 车把晃动、转向不灵活的故障检修流程

电动自行车在使用过程中，车把常会出现晃动、转向不灵活的问题，该类故障可能是由前轮轮胎气压过低、前叉调整螺母过紧或松动、前叉轴承或钢珠磨损严重等引起的，车把晃动、转向不灵活的故障检修流程如图4-18所示。

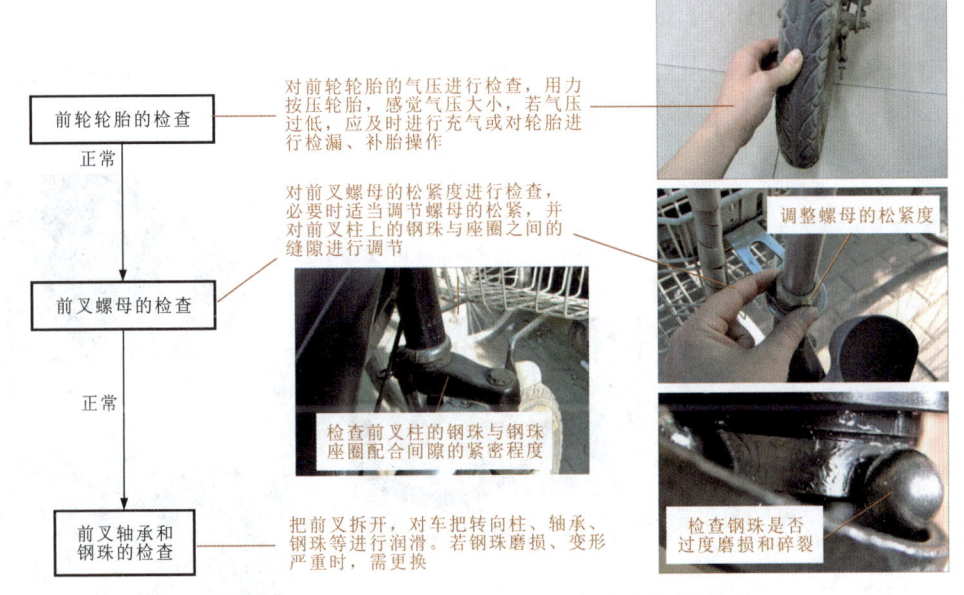

前轮轮胎的检查 → 正常
- 对前轮轮胎的气压进行检查，用力按压轮胎，感觉气压大小，若气压过低，应及时进行充气或对轮胎进行检漏、补胎操作

前叉螺母的检查 → 正常
- 对前叉螺母的松紧度进行检查，必要时适当调节螺母的松紧，并对前叉柱上的钢珠与座圈之间的缝隙进行调节
- 调整螺母的松紧度
- 检查前叉柱的钢珠与钢珠座圈配合间隙的紧密程度

前叉轴承和钢珠的检查
- 把前叉拆开，对车把转向柱、轴承、钢珠等进行润滑。若钢珠磨损、变形严重时，需更换
- 检查钢珠是否过度磨损和碎裂

图4-18 车把晃动、转向不灵活的故障检修流程

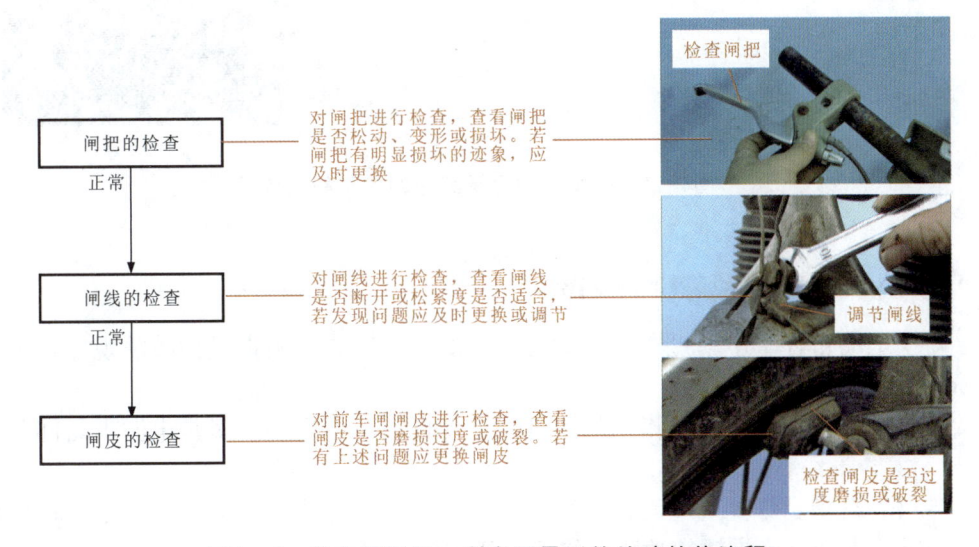

❸ 前车闸过紧、刹车不灵活的故障检修流程

电动自行车行驶过程中，按动前闸把时感觉闸线过松，刹车效果不明显，或按动闸把时，车闸过紧，有明显的摩擦刹车声。该故障多是由前闸闸线、闸皮磨损严重引起的，前车闸过紧、刹车不灵活的故障检修流程如图4-19所示。

闸把的检查 → 正常
- 对闸把进行检查，查看闸把是否松动、变形或损坏。若闸把有明显损坏的迹象，应及时更换
- 检查闸把

闸线的检查 → 正常
- 对闸线进行检查，查看闸线是否断开或松紧度是否适合，若发现问题应及时更换或调节
- 调节闸线

闸皮的检查
- 对前车闸闸皮进行检查，查看闸皮是否磨损过度或破裂。若有上述问题应更换闸皮
- 检查闸皮是否过度磨损或破裂

图4-19 前车闸过紧、刹车不灵活的故障检修流程

▶▶ 4.3.2 电动自行车电气故障检修流程

电动自行车的电路系统出现故障时，造成的故障现象较多，引起故障的原因也不再单一，根据其故障特点，从故障表现中寻找检修线索，是检修该类故障的一条捷径。

❶ 行驶里程严重缩短的故障检修流程

电动自行车行驶里程严重缩短多为蓄电池、控制器、电动机方面出现了问题，行驶里程严重缩短的故障检修流程如图4-20所示。

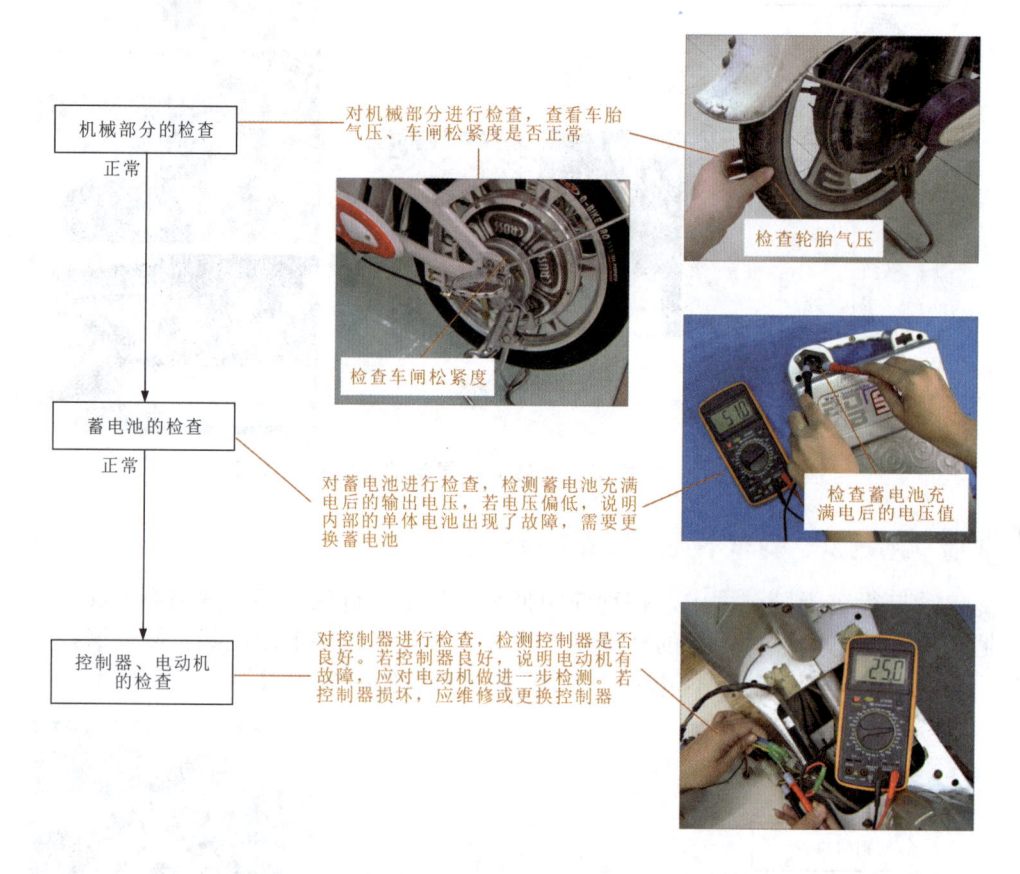

图4-20 行驶里程严重缩短的故障检修流程

❷ 电动机不旋转的故障检修流程

对于电动自行车电动机不能启动旋转的故障，需要先根据具体故障现象初步判断故障范围。

若打开电源锁后仪表盘指示灯不亮，电动自行车不启动，多是电源电路部分发生故障。

若仪表盘指示灯亮，电动自行车不启动，多是控制器、电动机、闸把、转把部分发生故障，电动机不旋转的故障检修流程如图4-21所示。

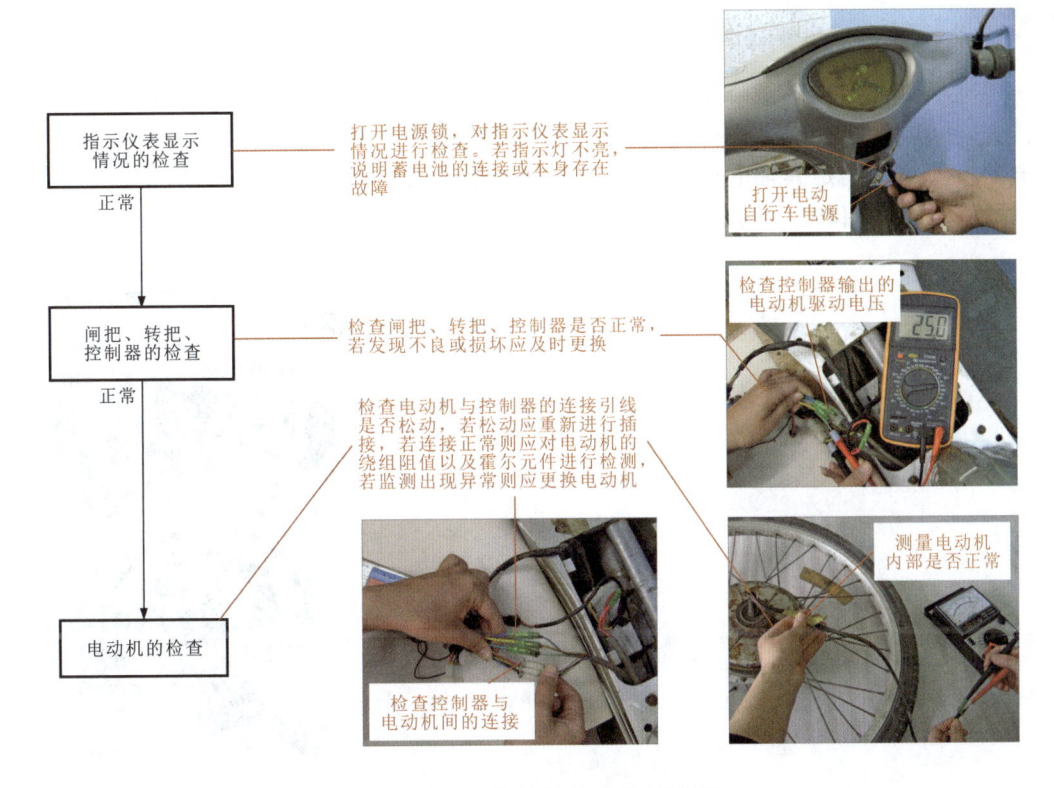

图4-21　电动机不旋转的故障检修流程

3 "飞车"故障的检修流程

电动自行车打开电源后，电动机自动高速运转，且不受控制的故障称为"飞车"故障，该故障是由于控制器内部的功率管击穿短路、转把损坏等原因引起的，"飞车"故障的检修流程如图4-22所示。

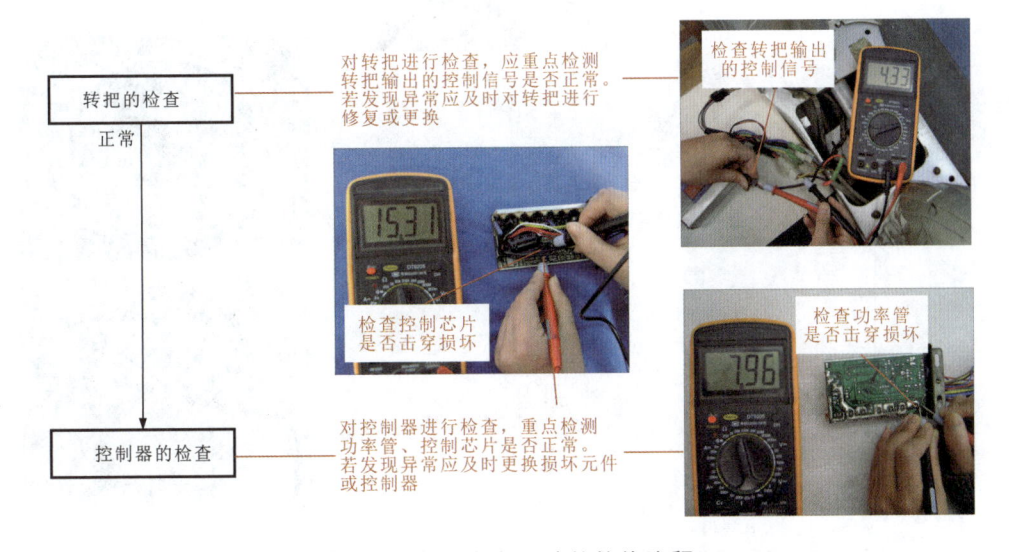

图4-22　"飞车"故障的检修流程

4 电动机噪声过大的故障检修流程

电动机噪声过大的故障多是由电动机本身异常引起的，对该故障进行检修前，需要首先判断电动机的类型，即是有刷直流电动机还是无刷直流电动机，根据不同类型的电动机的结构制定具体的检修计划。有刷直流电动机和无刷直流电动机噪声过大的故障检修流程如图4-23所示。

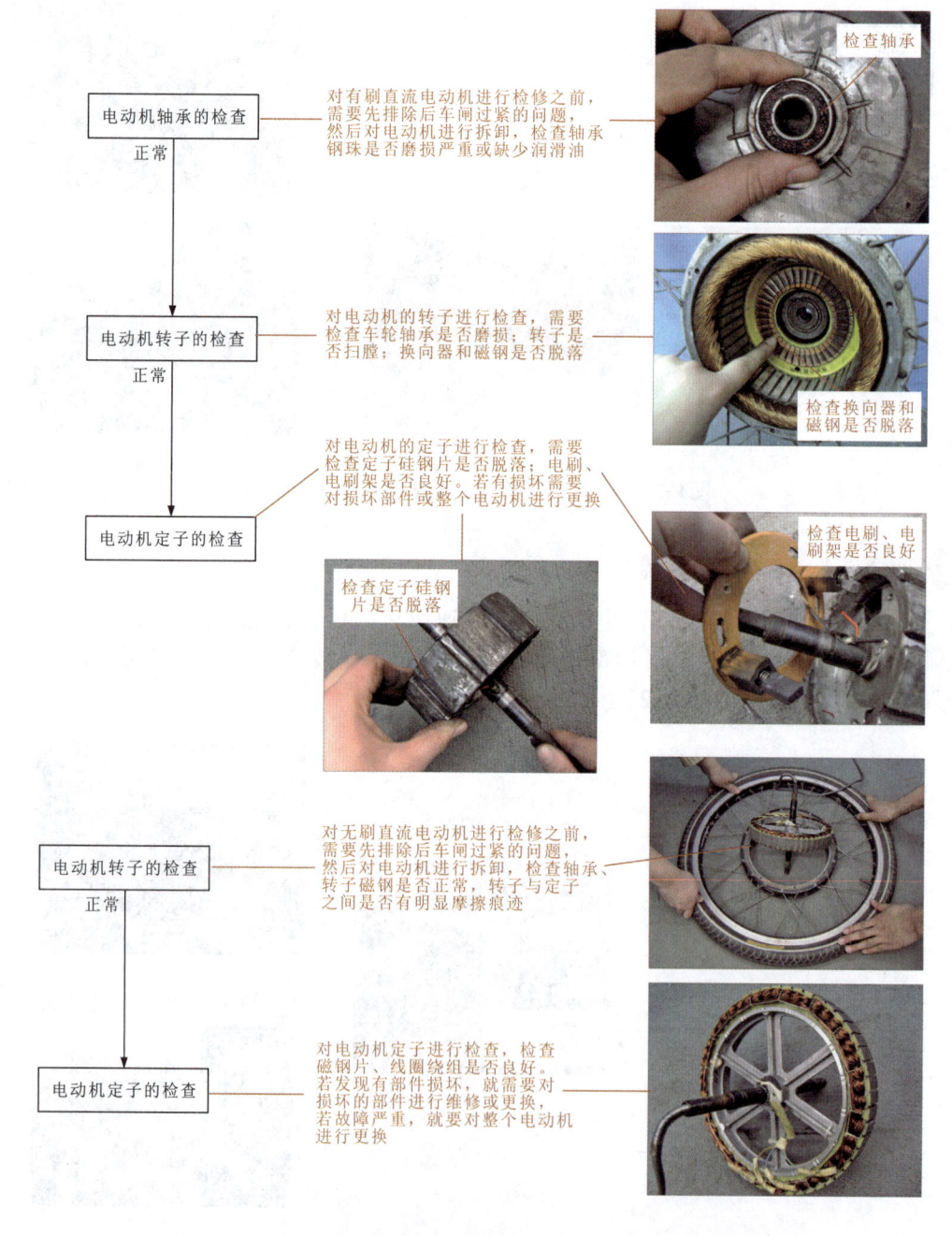

电动机轴承的检查 → 正常
- 对有刷直流电动机进行检修之前，需要先排除后车闸过紧的问题，然后对电动机进行拆卸，检查轴承钢珠是否磨损严重或缺少润滑油（检查轴承）

电动机转子的检查 → 正常
- 对电动机的转子进行检查，需要检查车轮轴承是否磨损；转子是否扫膛；换向器和磁钢是否脱落（检查换向器和磁钢是否脱落）

电动机定子的检查
- 对电动机的定子进行检查，需要检查定子硅钢片是否脱落；电刷、电刷架是否良好。若有损坏需要对损坏部件或整个电动机进行更换（检查定子硅钢片是否脱落；检查电刷、电刷架是否良好）

电动机转子的检查 → 正常
- 对无刷直流电动机进行检修之前，需要先排除后车闸过紧的问题，然后对电动机进行拆卸，检查轴承、转子磁钢是否正常，转子与定子之间是否有明显摩擦痕迹

电动机定子的检查
- 对电动机定子进行检查，检查磁钢片、线圈绕组是否良好。若发现有部件损坏，就需要对损坏的部件进行维修或更换，若故障严重，就要对整个电动机进行更换

图4-23 有刷直流电动机和无刷直流电动机噪声过大的故障检修流程

4.4 电动自行车检修注意事项

4.4.1 电动自行车拆装注意事项

维修人员在对电动自行车进行拆装时，一定要注意操作规范性，以免因操作不当而造成损失和设备损坏。

电动自行车各部件在拆卸前应先判断该部件的固定、连接方式再进行拆卸。常见的连接方式有螺钉固定、接插件连接和焊接固定，如图4-24所示。

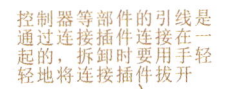

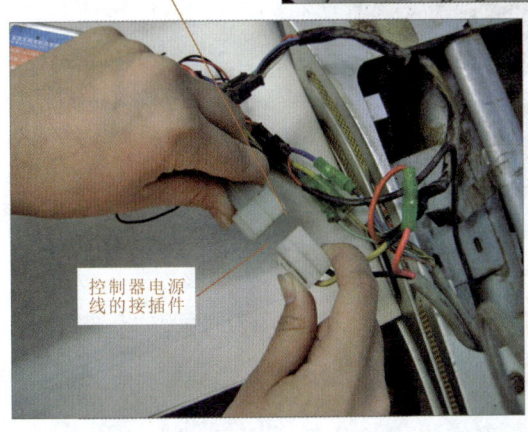

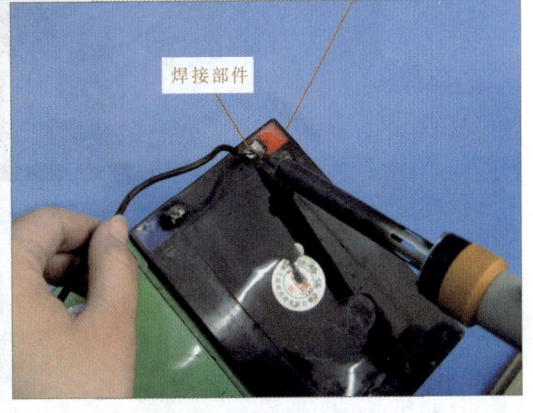

图4-24 螺钉固定、接插件连接和焊接固定的电动自行车部件

> 为了美观，很多电动自行车固定螺钉上方都会用卡扣进行固定，因此拆卸时，还需将部件的卡扣松开。同时值得注意的是，在拆下电动自行车电路板时，要确保所有的螺钉都已拆下，且焊接处已焊开、接插件已拔下。

在对电动自行车单体蓄电池进行拆卸时，由于其内部的电解液为稀释后的硫酸，所以在操作时还应注意避免这种腐蚀性液体对人身体和车体的损伤，不能使用有机溶剂清洗蓄电池外壳。图4-25为电动自行车单体蓄电池内部构造示意图。

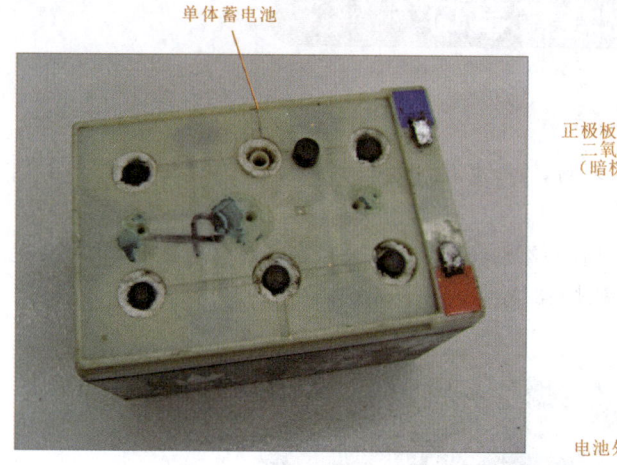

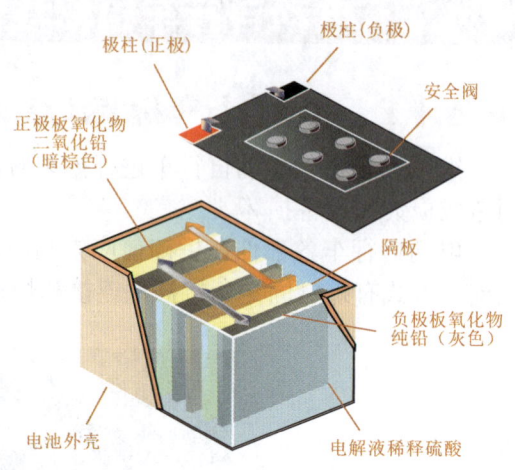

图4-25 电动自行车单体蓄电池内部构造示意图

在维修电动自行车时不得用湿手触摸电动自行车的电气元器件，也不可用湿布擦拭电路板上的灰尘，以免因短路损坏元器件，如图4-26所示。

图4-26 注意防水防潮

在维修电动自行车时拆卸由螺钉固定的元件时应选择刀口大小适宜的螺丝刀将固定螺钉拧下；在拆卸卡扣固定的部件时应先轻轻试探，确认卡扣方向后再进行拆卸。

拆卸电动自行车的电路部分时，要注意连接引线的位置，不要用力拉拽连接引线，以免将引线拉断，如图4-27所示。

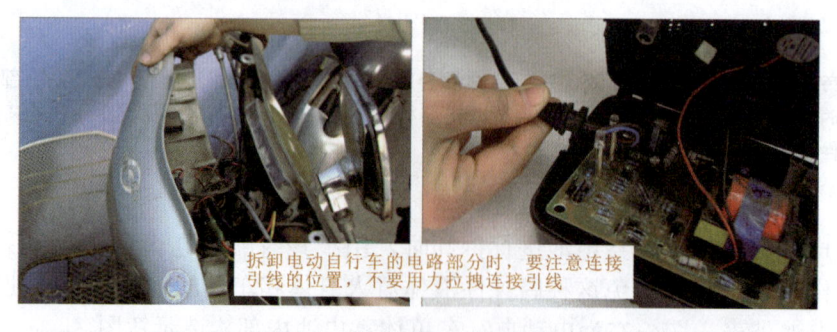

图4-27 注意电动自行车电路部分的连接引线

在维修电动自行车时，若发现有故障元件，要对其更换，必须采用同型号的元件，最好找就近地区专业维修站帮助或查阅有关资料，寻找替代用的元器件，即使是替代的元器件，主要参数也必须一致。图4-28为电动自行车充电器电路板上的元器件及其型号。

图4-28 电动自行车充电器电路板上的元器件及其型号

安装电动自行车时要注意零部件的安装顺序，且应保证各部件连接固定牢固，以免因部件松动造成损伤，如图4-29所示。重新安装完毕后，应对电动自行车整体进行初步调整和检测，防止重装不当造成严重磨损，影响电动自行车的使用。

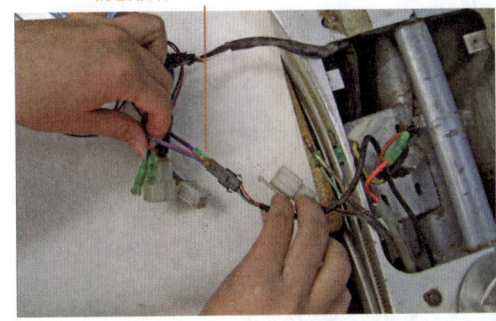

图4-29 不要漏装零部件

使用热风焊机或电烙铁对电动自行车部件进行焊接时，由于设备是在通电的情况下使用且温度很高，检修人员在使用工具时要注意安全，以免被烫伤，工具使用完毕后要放在架子上并切断电源，防止高温引起火灾，如图4-30所示。

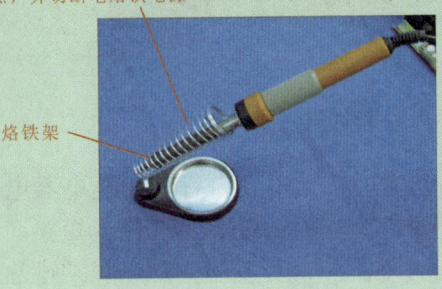

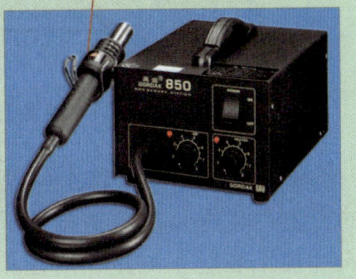

图4-30 安全使用焊接工具

▶▶ 4.4.2 电动自行车检测注意事项

对电动自行车进行检测时，要注意仪器、仪表、焊接工具以及电动自行车部件的安全操作，以免造成设备的损坏。

（1）在检测电动自行车电路前，应先除尘。有时电动自行车的故障是由于电路板上的元器件引脚脏污造成的，因此在检测已积满灰尘的电动自行车时，应先除尘清洁，清洁时可使用吹气皮囊。有些元器件安装紧密，不宜清理，可以使用防静电刷或清洁机对这些部位进行进一步清理。

（2）在检测蓄电池时，应注意安全。检测蓄电池时，注意不能使蓄电池的正负端短路，以免发生危险。

（3）在检测充电器电路时，应注意安全。在检修充电器电路的过程中，为了防止触电，可在接线板与市电（交流220V）之间连接隔离变压器。隔离变压器是1∶1的交流变压器，一次侧与二次侧电路不相连，只通过交流磁场使二次侧感应输出220V电压，这样便与交流火线隔离开了，可以保护检测人员和设备的安全，如图4-31所示。

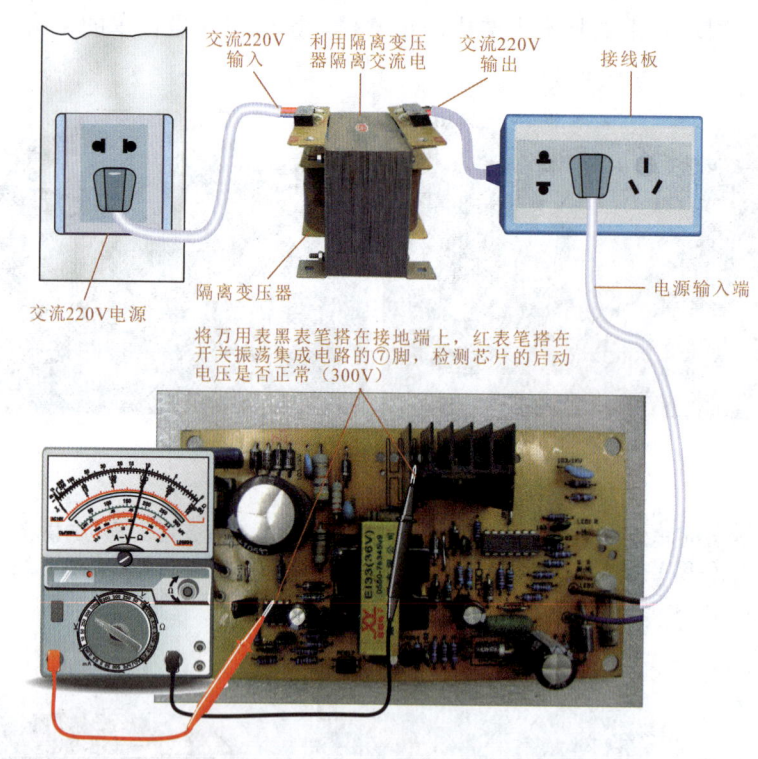

图4-31 检测充电器电路时，注意安全

（4）检测电路板时，注意不要使电路短路。电动自行车的充电器电路中有很多引脚密集的元器件，在使用仪表检测元器件数据时，注意不要使其短路。可以使用大头针或缝衣针加工表笔来测量引脚密集的元器件。若发现冒烟、异常过热且闻到焦臭味等现象时，应立即关机检查。

第5章
电动自行车电动机检修

● 5.1 电动自行车电动机的结构

▶▶ 5.1.1 有刷直流电动机的结构

有刷直流电动机是指内部带有电刷和换向器的一类电动机,它的主要特点是通过内部电刷和换向器实现电能供给和转换。有刷直流电动机一般只有两根或三根供电引线。图5-1为电动自行车有刷直流电动机的引线。

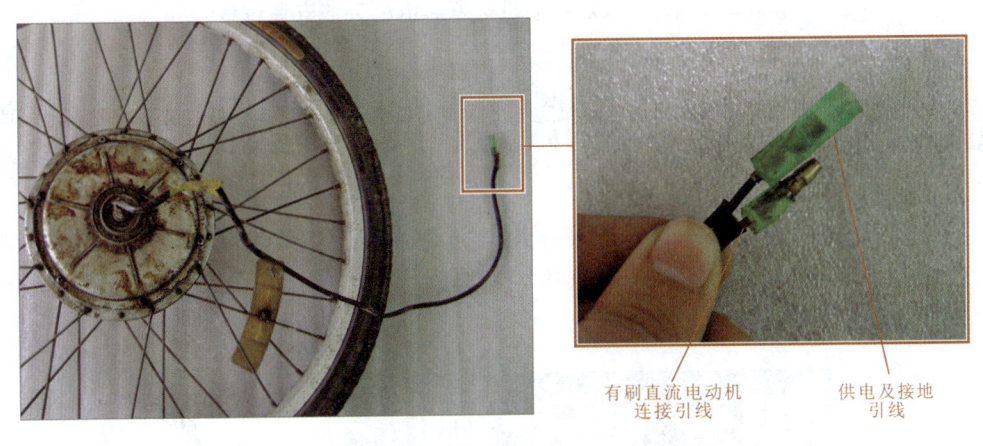

图5-1 电动自行车有刷直流电动机的引线

图5-2为电动自行车有刷直流电动机的内部结构。可以看到,有刷直流电动机主要是由电刷组件、换向器、定子、转子、轴承和两侧端盖等构成的。

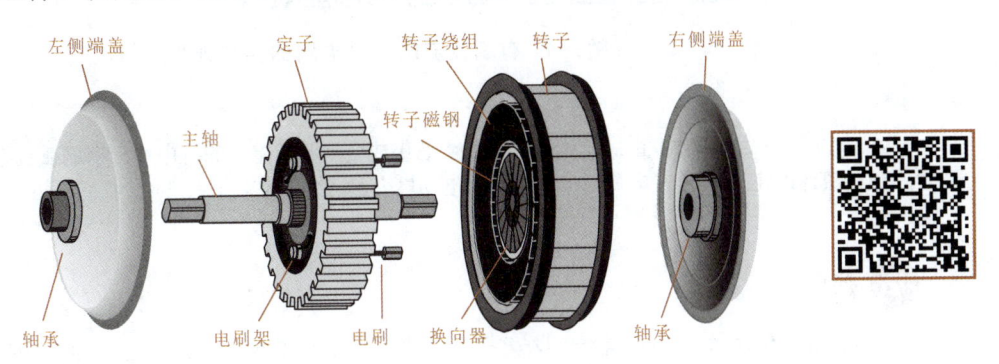

图5-2 电动自行车有刷直流电动机的内部结构

1 电刷组件

电刷组件是有刷直流电动机的核心部件，通常包括电刷、压力弹簧、电刷架等部分。图5-3为有刷直流电动机电刷和电刷架的安装位置。

定子前视图　　　　　　　　定子后视图

电刷　　　　　　　　电刷架

图5-3　有刷直流电动机电刷和电刷架的安装位置

> 电刷通过电刷架固定在有刷直流电动机定子上。有刷直流电动机供电引线连接到电刷架上，再经电刷架与电刷引线连接。

将电刷从电刷架上取下，然后将电刷与压力弹簧连接后由电刷架固定在电动机定子上，通过弹簧的压力作用与换向器接触，作为导入、导出电流的滑动接触体。图5-4为有刷直流电动机电刷的实物外形。

电刷　　　压力弹簧

连接端子　压力弹簧　供电引线　　换向器

图5-4　有刷直流电动机电刷的实物外形

> 电动自行车有刷直流电动机中的电刷是由石墨或金属石墨组成的导电块，有刷直流电动机与控制器连接的引线直接连接在电刷上，由电刷为电动机内部绕组供电。

2 换向器

如图5-5所示，换向器一般安装在有刷直流电动机的转子上，是一种与转子绕组相连的导电环，与电刷配合工作以实现电动机绕组中电流方向的变化。

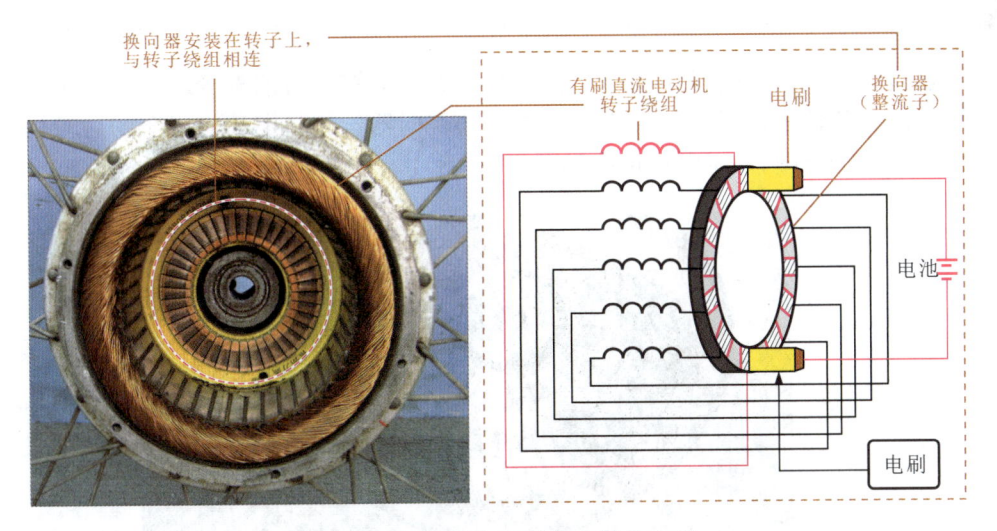

图5-5 有刷直流电动机中的换向器

有刷直流电动机中的电刷通过压力弹簧接触到换向器，也就是说电刷和换向器是靠弹性压力互相接触向转子绕组传送电流的。

❸ 定子

如图5-6所示，有刷直流电动机的定子是指在电动机运转状态中固定不动的部分，它主要由电动机轴、定子永磁铁（磁钢片）、衔铁等部分组成。

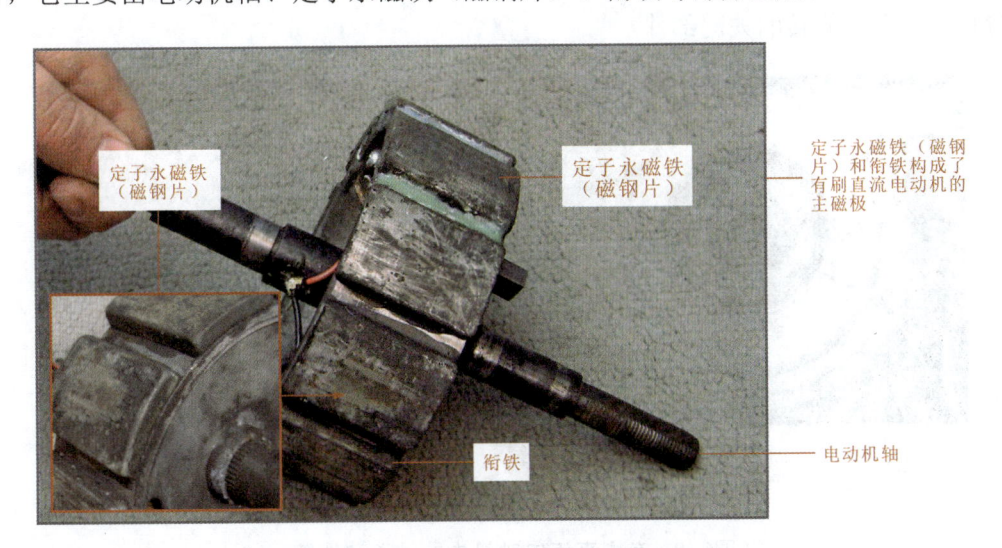

图5-6 有刷直流电动机中的定子

定子永磁铁（磁钢片）和衔铁构成了有刷直流电动机的主磁极，其作用是建立主磁场，形成磁场环境。

❹ 转子

有刷直流电动机的转子是指电动机运转状态下能够旋转的部分,它主要由转子磁钢、转子铁芯和转子绕组等部分构成,通常与换向器一起与电动自行车的后轮构成一个整体。图5-7为有刷直流电动机中的转子。

转子——转子绕组

转子安装在电动自行车后轮上,是电动自行车行驶时发生转动的部分

后轮——转子磁钢

图5-7 有刷直流电动机中的转子

转子绕组按一定规则嵌放在转子磁钢槽内,它是有刷直流电动机产生感应电动势形成电磁转矩进行能量转换的部分。

❺ 轴承和端盖

图5-8为有刷直流电动机中的轴承和端盖,通常轴承位于两侧端盖中间部分,是支撑电动机转子旋转的关键部件。

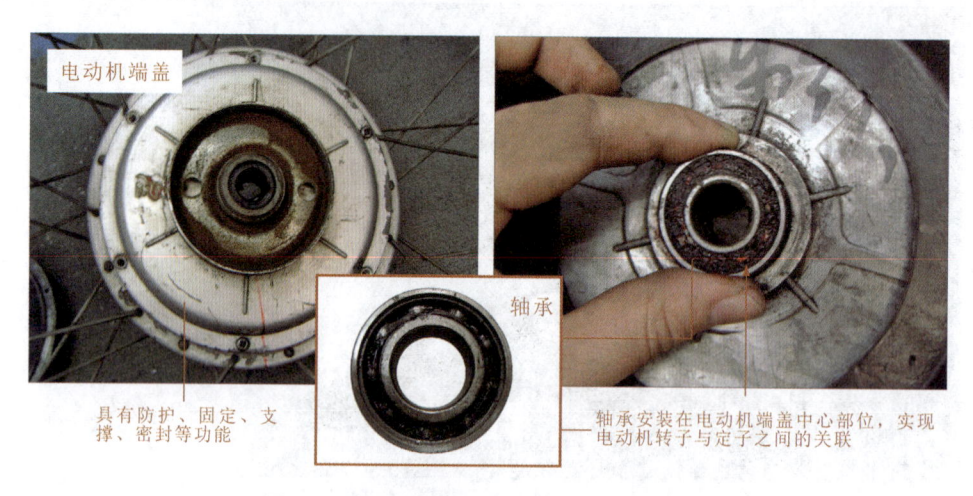

电动机端盖

轴承

具有防护、固定、支撑、密封等功能

轴承安装在电动机端盖中心部位,实现电动机转子与定子之间的关联

图5-8 有刷直流电动机中的轴承和端盖

轴承是有刷直流电动机中转子与定子关联部件,它是支撑电动自行车电动机主轴的关键部件;两侧端盖使电动机内部形成一个密封空间,防止雨水、杂物进入电动机内部。

▶▶ 5.1.2 无刷直流电动机的结构

无刷直流电动机是指无电刷和换向器的一类电动机,它的内部不包含电刷和换向器等部件,直接通过定子、转子等实现电能到机械能的转换。如图5-9所示,无刷直流电动机的连接引线有八根,其中三根为电动机三相绕组供电引线,另外五根为霍尔元件输出引线。

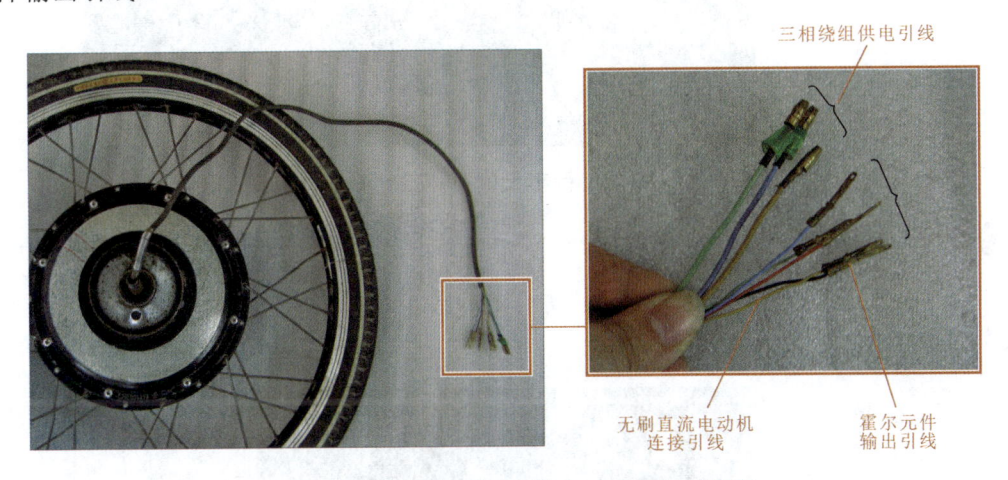

图5-9 电动自行车无刷直流电动机的连接引线

图5-10为无刷直流电动机的内部结构。可以看到,无刷直流电动机主要是由定子、转子、霍尔元件、轴承和两侧端盖等构成的。

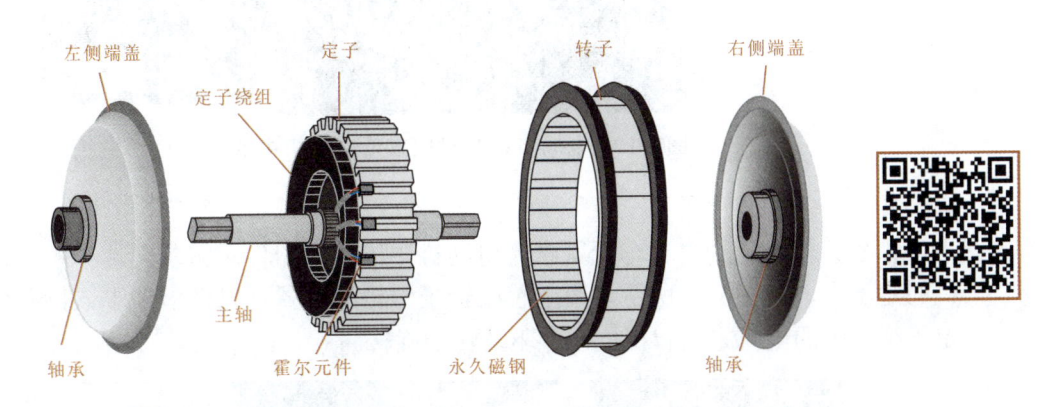

图5-10 无刷直流电动机的内部结构

> 无刷直流电动机以电子组件和传感器取代了机械电刷和整流子,具有结构简单、无机械磨损、运行可靠、调速精度高、效率高、启动转矩高等优点。

❶ 定子

如图5-11所示,无刷直流电动机的定子主要由电动机轴、定子铁芯、定子绕组等部分组成。

图5-11 电动自行车无刷直流电动机中的定子

2 转子

图5-12为电动自行车无刷直流电动机中的转子，可以看到，该类电动机转子是由永久磁钢制成的。

图5-12 电动自行车无刷直流电动机中的转子

3 霍尔元件

霍尔元件是电动自行车无刷直流电动机中的传感器件。霍尔元件一般固定在电动机的定子上，如图5-13所示，用于感应转子磁极的位置，以便借助于该位置信号控制定子绕组中的电流方向和相位，并驱动转子旋转。

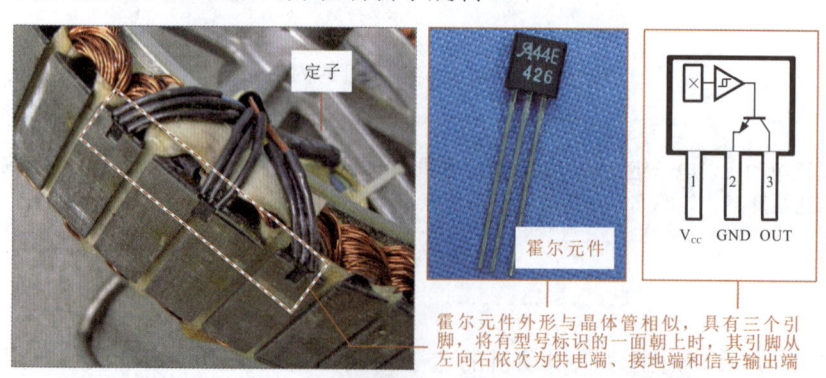

图5-13 电动自行车无刷直流电动机中的霍尔元件

电动自行车无刷直流电动机中一般设有3个霍尔元件，每个霍尔元件有3个引脚，分别为供电端、信号端和接地端。在无刷直流电动机中，3个霍尔元件的供电端共用1根供电引线（红色线），接地端共用1根接地引线（黑色线），信号端分别为3根信号线（黄、绿、蓝线），因此共引出5根连接线，与控制器连接。图5-14为无刷直流电动机中霍尔元件的引脚关系。

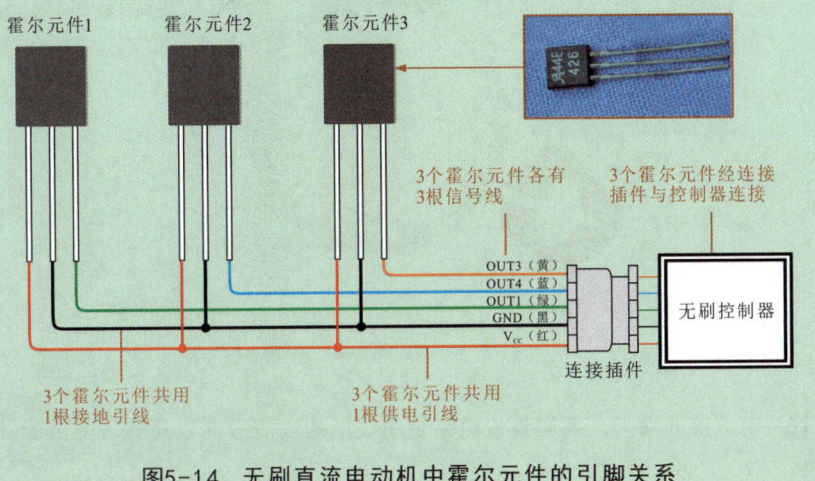

图5-14 无刷直流电动机中霍尔元件的引脚关系

5.2 电动自行车电动机的工作原理

5.2.1 有刷直流电动机的工作原理

图5-15为有刷直流电动机各主要部件的关系图。有刷直流电动机工作时，转子绕组和换向器旋转，定子永磁体及电刷不转，转子绕组中的电流是电刷与换向器靠压力弹簧互相接触传送的；转子绕组电流方向的交替变化是随电动机转动的换向器以及与其相关的电刷完成的。

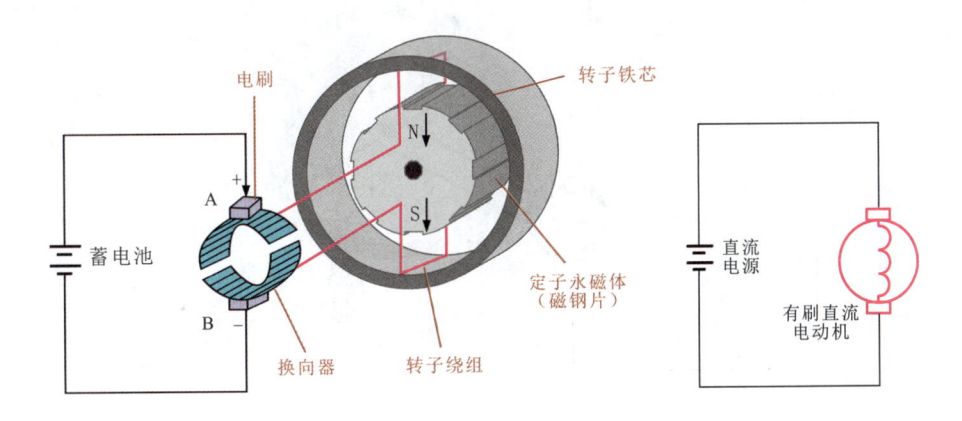

图5-15 有刷直流电动机各主要部件的关系

将有刷直流电动机接通直流电源时，直流电源的正负极通过电刷、换向器与电动机的转子绕组接通，图5-16为电源接通瞬间，有刷直流电动机中线圈的电流方向以及转子受力旋转方向。

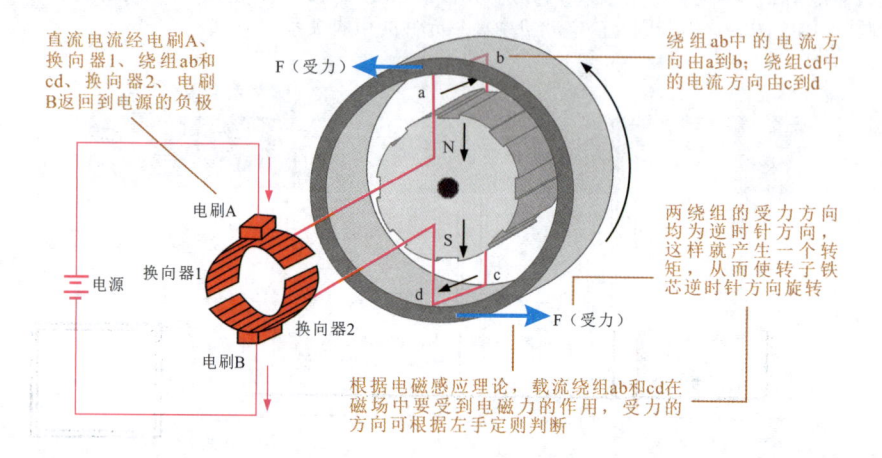

图5-16　电源接通瞬间，有刷直流电动机中线圈的电流方向以及转子受力旋转方向

有刷直流电动机电源接通瞬间，直流电源的正、负两极通过电刷A和B与电动机的转子绕组接通，直流电流经电刷A、换向器1、绕组ab和cd、换向器2、电刷B返回到电源的负极。根据电磁感应理论，载流绕组ab和cd在磁场中要受到电磁力的作用。

根据左手定则，由于绕组ab中的电流方向由a到b，而绕组cd中的电流方向由c到d，因此，两者的受力方向均为逆时针方向。这样就产生一个转矩，从而使电枢（转子）逆时针方向旋转。

图5-17为有刷直流电动机转子转过90°时的工作过程。当有刷直流电动机转子转过90°时，两个绕组边处于磁场物理中性面，且电刷不与换向器接触，绕组中没有电流流过，$F=0$，转矩消失。

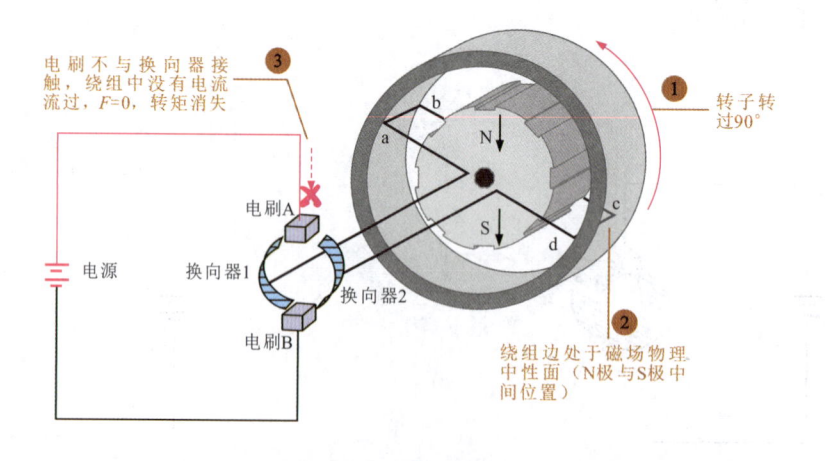

图5-17　有刷直流电动机转子转过90°时的工作过程

图5-18为有刷直流电动机转子再经90°旋转的工作过程。由于机械惯性的作用，有刷直流电动机的转子将冲过一个角度（90°），这时绕组中又有电流流过，此时直流电流经电刷A、换向器2、绕组dc和ba、换向器1、电刷B返回到电源的负极。

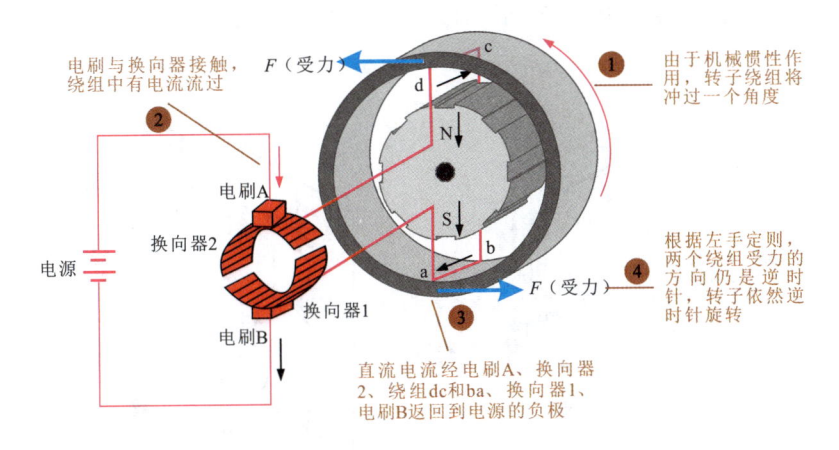

图5-18 有刷直流电动机转子再经90°旋转的工作过程

由此可见，一个绕组从一个磁极范围经过中性面到了相对的异性磁极范围时，通过绕组的电流方向已改变一次，因此转子的转动方向保持不变。改变绕组中电流方向是靠换向器和电刷来完成的。

▶▶ 5.2.2　无刷直流电动机的工作原理

图5-19为无刷直流电动机的工作原理示意图。无刷直流电动机的转子是由永久磁钢构成的，它在圆周上设有多对磁极（N、S）。绕组绕制在定子上，当接通直流电源时，电源为定子绕组供电，转子磁极受到定子磁场的作用而产生转矩并旋转。

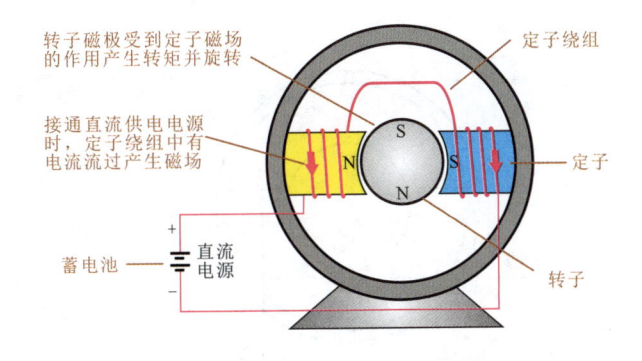

图5-19 无刷直流电动机的工作原理示意图

无刷直流电动机定子绕组必须根据转子磁极的方位切换其中电流的方向，才能使转子连续旋转，因此在无刷直流电动机内必须设置一个转子磁极位置的传感器，这种传感器通常采用霍尔元件。

霍尔元件是一种磁感应传感器,它可以检测磁场的极性,将磁场的极性变成电信号的极性,定子绕组中的激励电流根据霍尔元件的信号进行切换就可以形成旋转磁场,驱动永磁转子旋转。

图5-20为无刷直流电动机中霍尔元件及绕组线圈的工作过程。

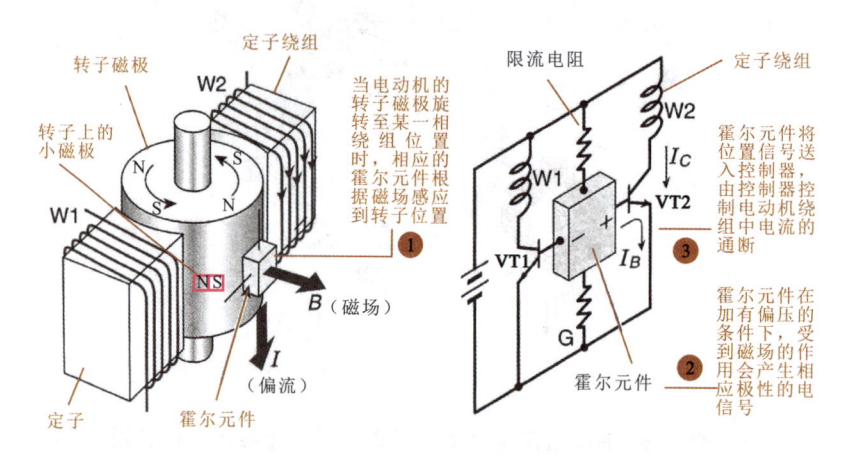

图5-20 无刷直流电动机中霍尔元件及绕组线圈的工作过程

霍尔元件上下经限流电阻接到电源上,有偏流I流过,这种情况,如受到磁场(B)的作用,霍尔元件的左右会输出极性相反的电压,使VT1截止、VT2导通。VT1截止,W1无电流;VT2导通,W2有电流,其所产生的磁场会吸引转子磁极逆时针旋转。

霍尔元件安装在无刷直流电动机靠近转子磁极的位置,输出端分别加到两个晶体三极管的基极上,用于输出极性相反的电压,控制晶体三极管导通与截止状态,从而控制绕组中的电流,使其绕组产生磁场吸引转子连续运转。

图5-21为霍尔元件靠近转子S极时转子绕组中电流及转子的转动方向。

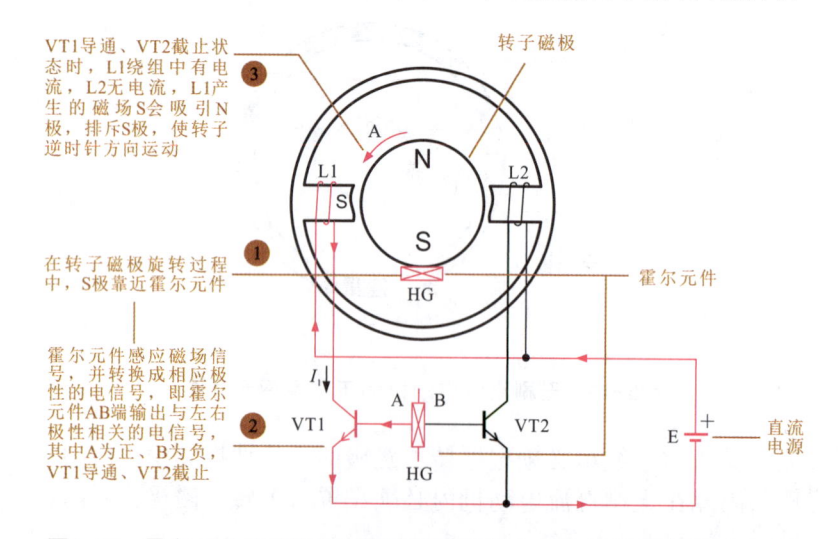

图5-21 霍尔元件靠近转子S极时转子绕组中电流及转子的转动方向

当转子转动90°时，霍尔元件处于中性位置，如图5-22所示，此时无输出，两个三极管都截止，但电动机的转子会因惯性而继续转动。

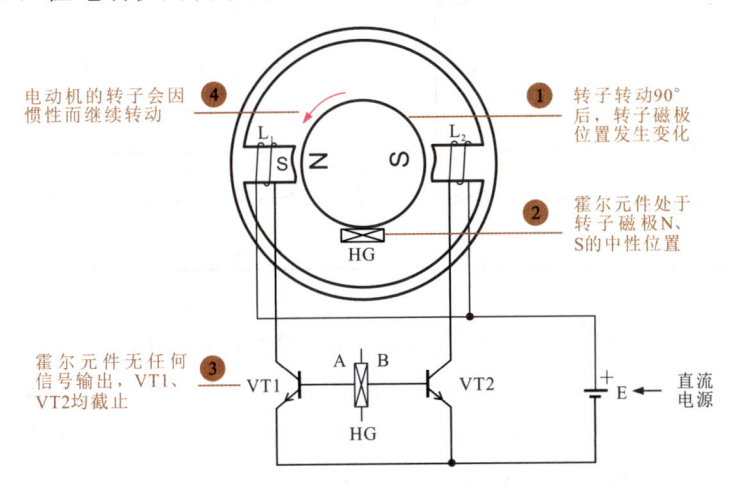

图5-22　霍尔元件处于中性位置时转子绕组中电流及转子的转动方向

当转子N极转到霍尔元件的位置时，霍尔元件靠近转子N极，如图5-23所示，此时霍尔元件受到与前次相反的磁极作用，霍尔元件的输出B为正、A为负，则VT2导通，L2中有电流，产生磁极为S，S极吸引转子的N极，则转子继续逆时针转动，这样就可以连续旋转起来。

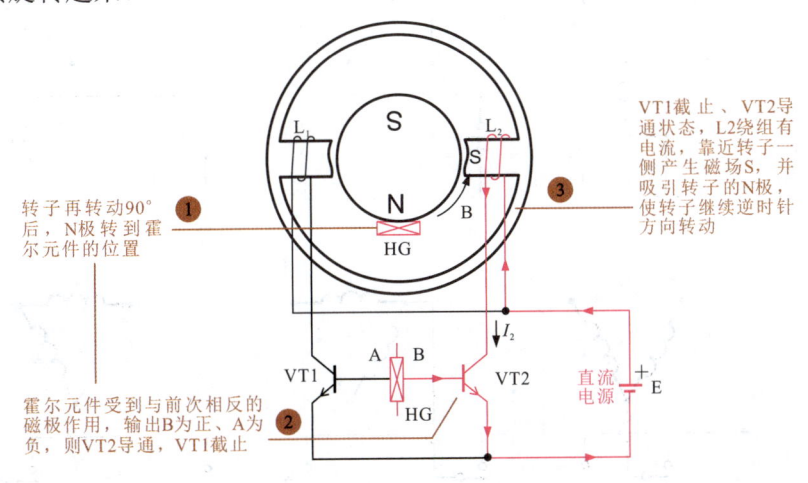

图5-23　霍尔元件靠近转子N极时转子绕组中电流及转子的转动方向

无刷直流电动机的结构中有两个死点（区），即当转子N、S极之间的位置为中性点，在此位置霍尔元件感受不到磁场，因而无输出，则定子绕组也会无电流，电动机只能靠惯性转动，如果恰巧电动机停在此位置，则会无法启动。为了克服上述问题，在电动自行车中多采用双极性三相半波通电方式对无刷直流电动机进行控制。

双极性无刷直流电动机中定子绕组的结构和连接方式有两种，如图5-24所示，其中图5-24（a）为三角形连接方式，图5-24（b）为星形连接方式。

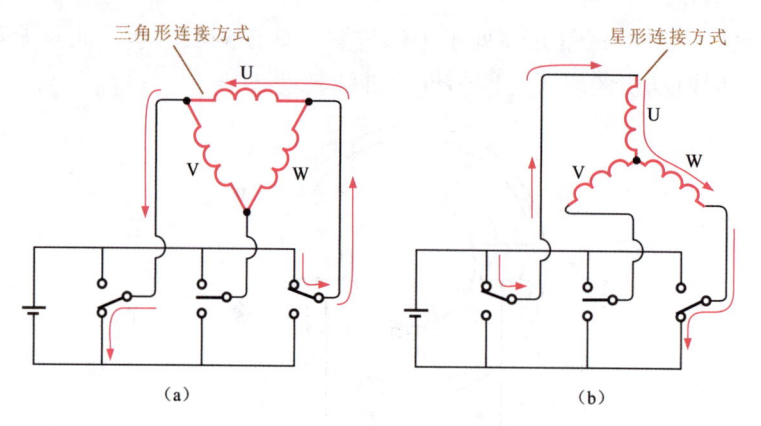

图5-24 双极性无刷直流电动机中定子绕组的结构和连接方式

双极性控制方式的无刷直流电动机，通过切换开关，可以使定子绕组中的电流循环导通，并形成旋转磁场。所谓双极性是指绕组中的电流方向在电子开关的控制下可双向流动，单极性绕组中的电流只能单向流动。

图5-25为三角形绕组结构的双极性无刷直流电动机的工作过程。通过切换开关，可以使定子绕组中的电流循环导通，并形成旋转磁场。从图中可以看到循环一周的开关状态和电流通路。

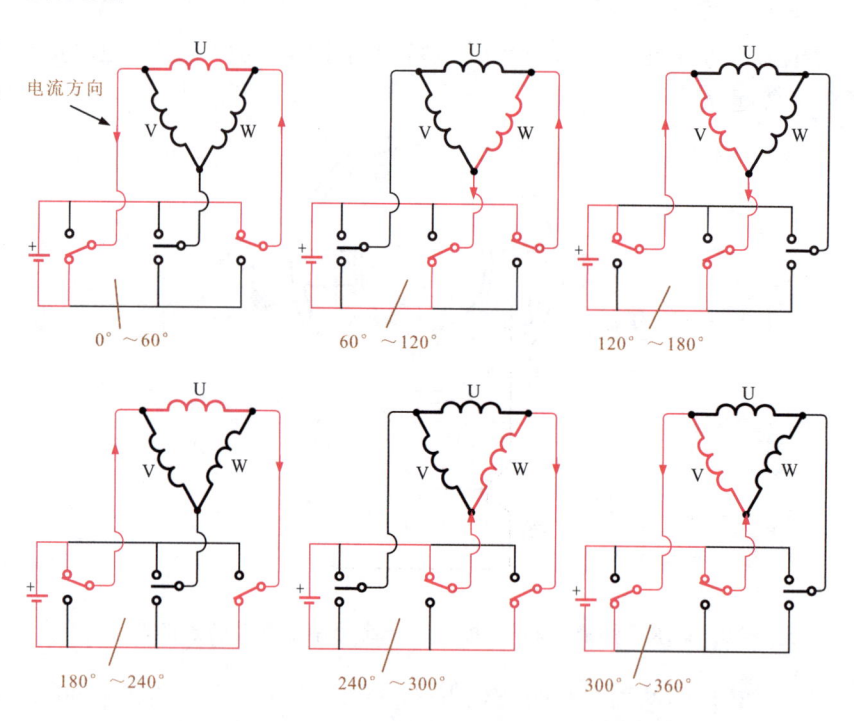

图5-25 三角形绕组结构的双极性无刷直流电动机的工作过程

无刷直流电动机中的开关通常是由场效应晶体管构成的（控制器中）。为了实现开关有序的变换，必须有一套控制驱动电路的方法。

图5-26为采用双极性控制方式的无刷直流电动机的驱动过程。

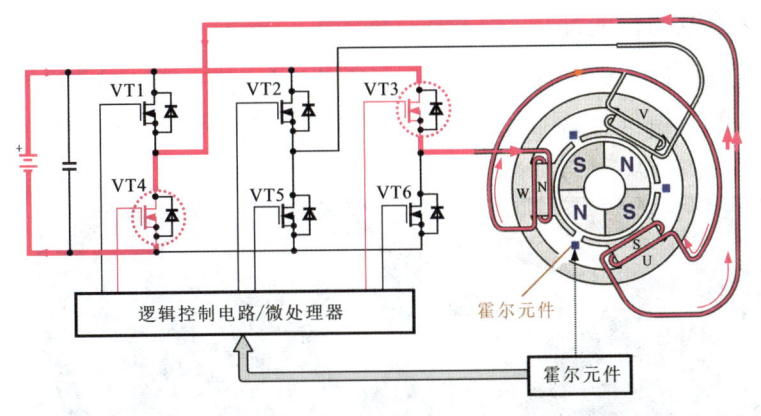

图5-26 采用双极性控制方式的无刷直流电动机的驱动过程

> 无刷直流电动机在初始状态时，VT3、VT4导通，定子磁极U绕组形成S极，定子磁极W绕组形成N极，定子磁场对转子磁极产生作用，转子逆时针转动；转子转动120°后，VT1、VT5由截止变为导通，绕组V处的磁场变为S极，绕组U处的磁场变为N极，转子继续按逆时针方向旋转120°。

● 5.3 电动自行车电动机的拆卸

▶▶ 5.3.1 有刷直流电动机的拆卸

在对有刷直流电动机进行拆卸时，应先将带有有刷直流电动机的后轮从电动自行车上拆卸下来，以方便后面对有刷直流电动机的进一步拆卸，如图5-27所示。

图5-27 从电动自行车上拆下的带有有刷直流电动机的后轮

将有刷直流电动机从电动自行车上拆下后，便可按照有刷直流电动机的拆卸流程对其进行拆卸操作了。

1 拆卸有刷直流电动机的端盖

端盖用于封闭和固定有刷直流电动机内部的定子和转子，对端盖进行拆卸时，应首先在前、后端盖上做好拆卸标记，然后将端盖上的固定螺钉拧下。具体操作如图5-28所示。

图5-28 在前、后端盖上做好拆卸标记并拆卸固定螺钉

按图5-29所示，撬动后端盖取下有刷直流电动机的后端盖。操作时将两个一字槽螺钉旋具分别插入后端盖两端内进行撬动。将后端盖从有刷直流电动机上取下，注意不要损坏引线。

图5-29 取下有刷直流电动机的后端盖

2 拆卸有刷直流电动机的定子和转子

将有刷直流电动机的后端盖取下后，便可看到有刷直流电动机内部的定子和转子。按图5-30所示，在后轮圆周均匀用力，分离有刷直流电动机的定子和转子。

图5-30 分离有刷直流电动机的定子和转子

按图5-31所示，拧下位于定子上的电刷架固定螺钉，取下电刷架和电刷。

图5-31　取下电刷架和电刷

▶▶ 5.3.2　无刷直流电动机的拆卸

无刷直流电动机安装在电动自行车的后轮上。拆卸时需先拆卸电动自行车后轮，然后在对无刷直流电动机进行拆卸。

1 拆卸带有无刷直流电动机的后轮

无刷直流电动机通常位于电动自行车的后轮中，在对无刷直流电动机进行拆卸时，应先将带有无刷直流电动机的后轮从电动自行车上拆卸下来。如图5-32所示，将电动机与控制器之间的连接引线拔开，并从车体中抽出。

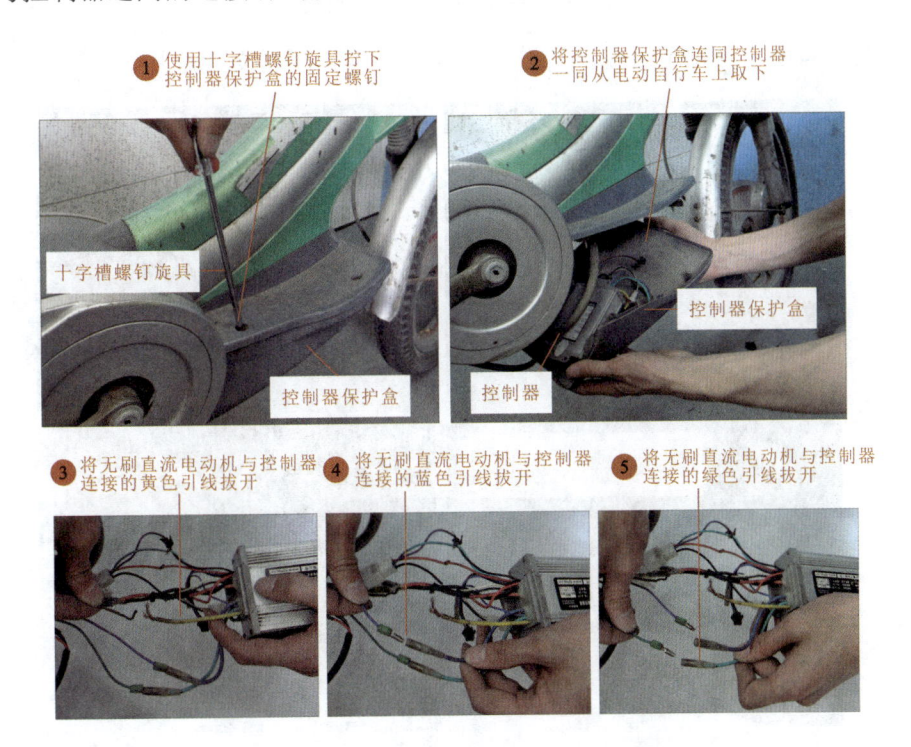

图5-32　分离电动机与控制器之间的引线

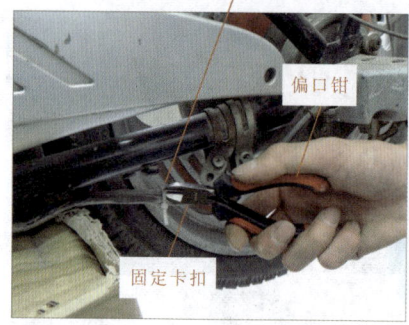

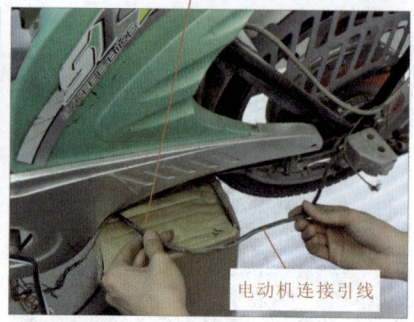

图5-32 分离电动机与控制器之间的引线（续）

按图5-33所示，取下后轮两侧的塑料支架。

图5-33 取下后轮两侧的塑料支架

按图5-34所示，拧下后轮两端的固定螺母，取下塑料支架垫片。

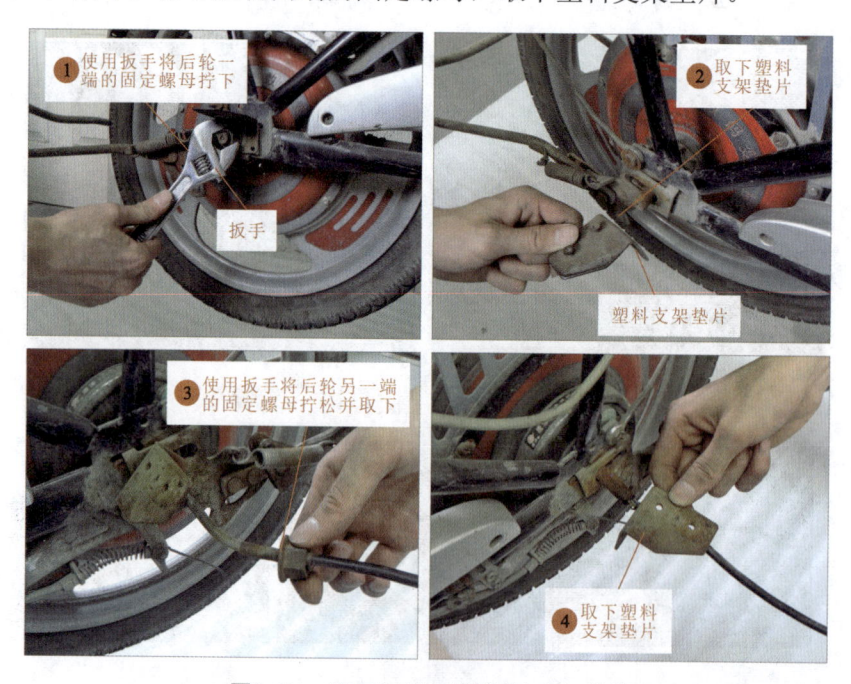

图5-34 取下后轮两侧塑料支架垫片

按图5-35所示，将无刷直流电动机霍尔元件连接引线与插头分离。

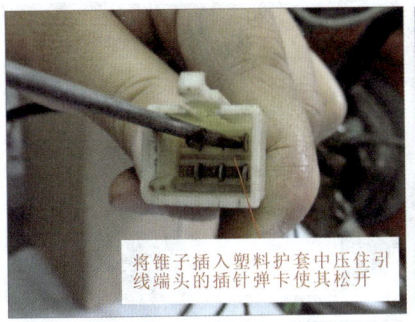

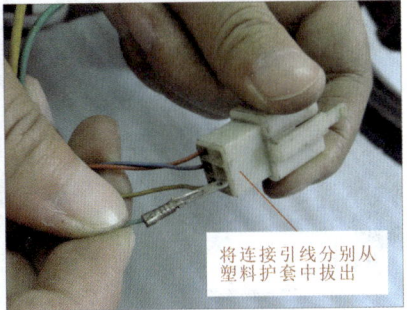

图5-35 分离无刷直流电动机霍尔元件连接引线与插头

> 对无刷直流电动机更换或检修完毕时，需一一将霍尔元件连接引线重新装到塑料护套中，此时应确保压下去的弹卡与护套卡紧，否则插针在护套中无法固定牢固，容易引起与控制器之间脱线或接触不良的故障。

按图5-36所示，取下无刷直流电动机连接引线上的螺母和塑料支架垫片。

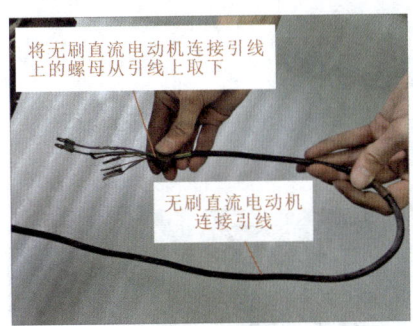

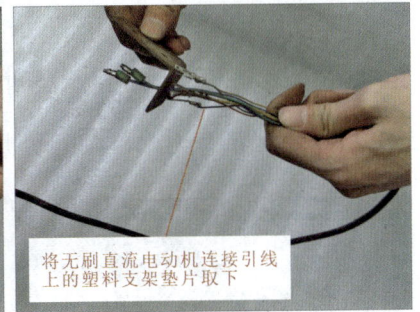

图5-36 取下无刷直流电动机连接引线上的螺母和塑料支架垫片

按图5-37所示，拆卸电动自行车的车梯。

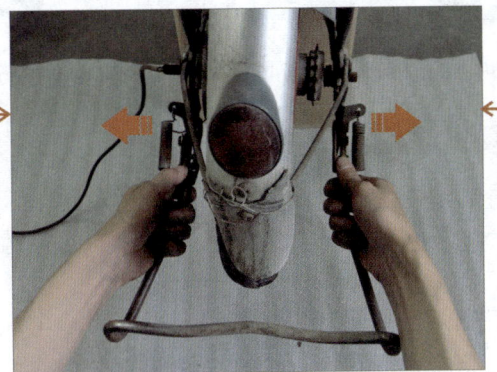

图5-37 拆卸电动自行车的车梯

按图5-38所示，将胀闸与闸线分离。

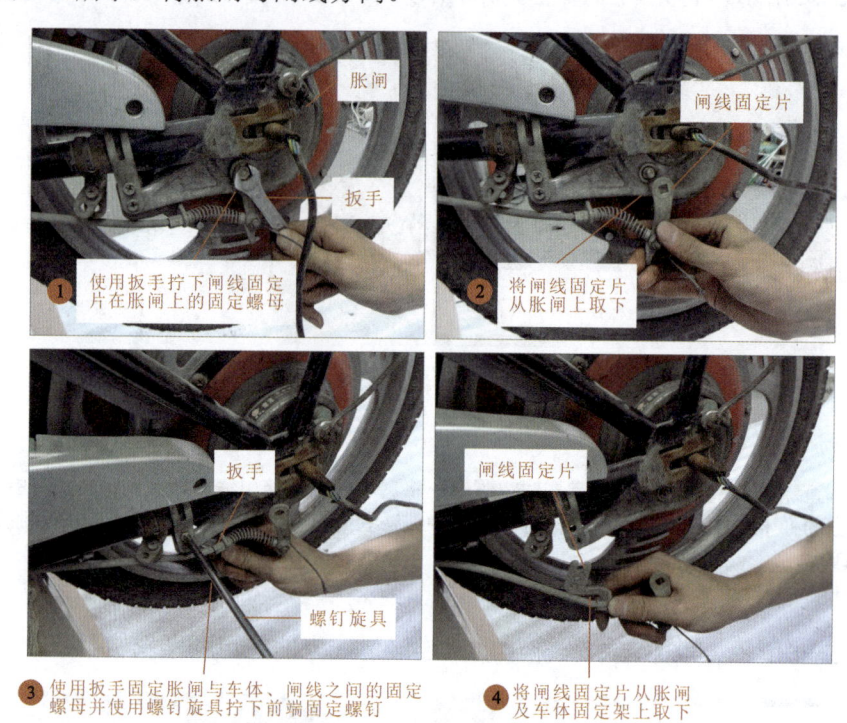

图5-38 分离胀闸与闸线

按图5-39所示，将带有无刷直流电动机的后轮与电动自行车分离。

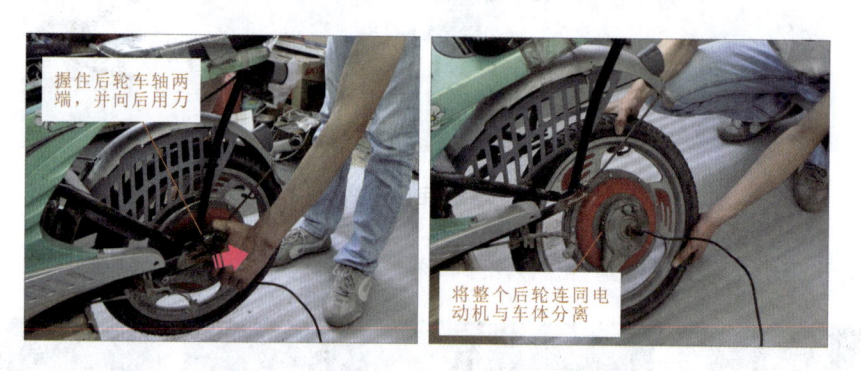

图5-39 将带有无刷直流电动机的后轮与电动自行车分离

❷ 拆卸无刷直流电动机的端盖

端盖用于封闭和固定无刷直流电动机内部的定子及转子，对后端盖进行拆卸时，应首先在前、后端盖上做好拆卸标记，然后将端盖上的固定螺钉拧下，撬动后端盖，将其取下即可。

将无刷直流电动机轴两侧的垫片以及胀闸从无刷直流电动机上取下。按图5-40所示，将无刷直流电动机带有链条齿轮一侧的垫片取下，然后再将无刷直流电动机带有胀闸一侧的垫片取下。最后，将胀闸从无刷直流电动机上取下。

图5-40 取下垫片及胀闸

按图5-41所示，使用记号笔在无刷直流电动机的前、后端盖上做好拆卸标记。

图5-41 在端盖上做好拆卸标记

按图5-42所示，使用螺丝刀拧下无刷直流电动机前、后端盖的固定螺钉。

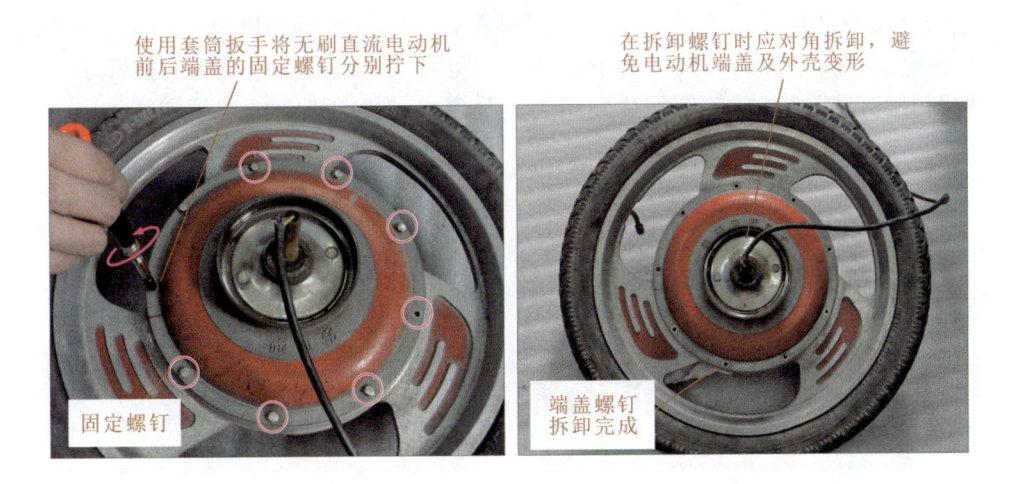

图5-42 拧下前、后端盖的固定螺钉

按图5-43所示，在无刷直流电动机后端盖与轴承的衔接处滴加适量的润滑油。

在后端盖与轴承的衔接处滴加适量的润滑油

端盖部分装配紧密，拆卸时在端盖与轴承的衔接处滴加适量的润滑油，使端盖较容易拆下

润滑油

图5-43　在右端盖与轴承的衔接处滴加润滑油

按图5-44所示，使用一字槽螺钉旋具撬动无刷直流电动机的后端盖，将其拆下。

在后端盖与无刷直流电动机的缝隙处分别插入一字槽螺钉旋具，轻轻向外侧撬动

从无刷直流电动机上取下松动的后端盖

取下后端盖后，即可看到无刷直流电动机的内部组成

一字槽螺钉旋具　　后端盖　　后端盖

图5-44　拆卸后端盖

❸ 拆卸无刷直流电动机的定子和转子

无刷直流电动机的后端盖取下后，即可看到无刷直流电动机内部的定子和转子，接下来将定子和转子分离，同时拆下前端盖即可完成无刷直流电动机的拆卸了。

按图5-45所示，在后轮圆周均匀用力，分离电动机前端盖、定子和转子。

将后轮翻转过来，使前端盖朝上放置在地面上，对后轮圆周向下均匀用力

向下用力后即可将前端盖、定子和转子分离

图5-45　分离前端盖、定子和转子

按图5-46所示，将前端盖和定子部分从无刷直流电动机的后轮上取下。

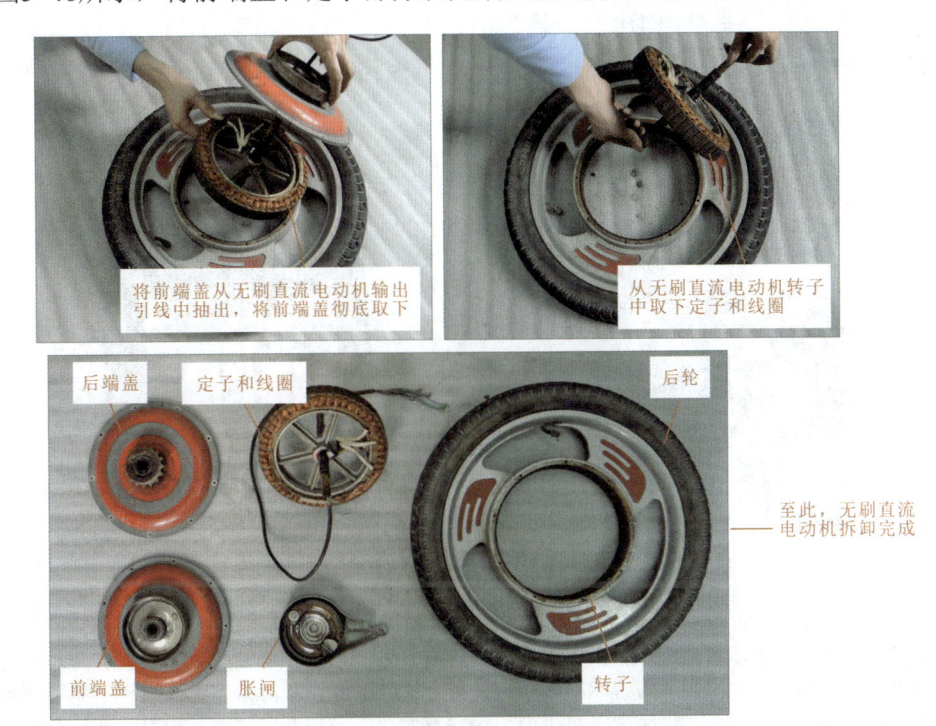

图5-46 取下前端盖和定子部分

● 5.4 电动自行车电动机的检修

▶▶ 5.4.1 有刷直流电动机内部短路或断路故障的判断

由于有刷直流电动机的供电引线从电动机输出后需要弯曲近90°才能引入车体中部与控制器相连接，因此应重点检查弯曲部分有无短路或断路情况，引线内部所连接的电刷、换向器、转子绕组有无断路故障等。

图5-47为有刷直流电动机短路或断路故障的检测示意图。

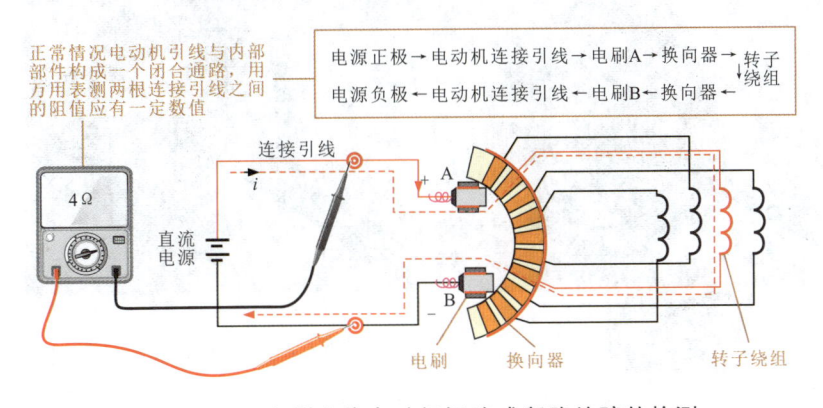

图5-47 有刷直流电动机短路或断路故障的检测

将万用表红、黑表笔分别接在有刷直流电动机的两根连接引线上,实测阻值相当于电刷、换向器、转子绕组串联后的阻值,通过该方法即可判断有刷直流电动机有无短路或断路的故障。图5-48为对有刷直流电动机短路或断路故障进行的实际检测和判断。

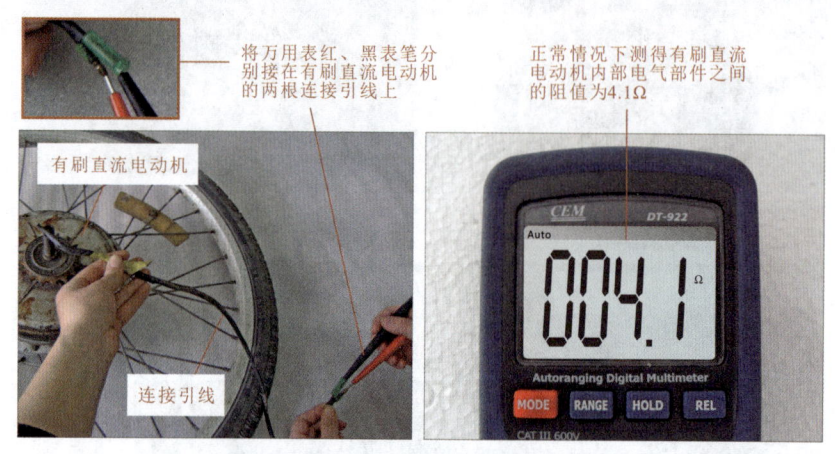

图5-48 有刷直流电动机短路或断路故障的实际检测和判断

正常情况下,有刷直流电动机供电引线之间应有几欧姆阻值。若在改变引线状态时,发现万用表测量其阻值有明显变化,则一般说明引线中可能存在短路或断路故障,应更换引线或将引线重新连接好;若电阻值趋于无穷大,说明电动机供电引线线路中可能存在断路故障,如引线断路、电刷未与换向器接触、转子绕组断路等。

▶▶ 5.4.2 有刷直流电动机电刷和电刷架的检修

若通过对有刷直流电动机供电引线间阻值进行检测,怀疑有刷直流电动机电刷或电刷架异常时,需要对有刷直流电动机进行拆卸,并找到电刷和电刷架,进行直观检查和判断。

图5-49为有刷直流电动机中电刷和电刷架的检修方法。

图5-49 有刷直流电动机中电刷和电刷架的检修方法

对于电刷架主要是检查电刷架有无明显变形或磨损,若有明显变形或磨损应更换。对于电刷部分主要是检查电刷有无磨损或明显损坏迹象,若磨损严重或有明显损坏迹象,应找同型号的电刷对其更换。

值得注意的是,若经检查发现电刷损坏严重,对电刷更换后,需要首先对其进行空载磨合,增大电刷与换向器的接触面积,以保证其在负载良好时的换向。

如图5-50所示,检查发现电刷磨损严重,使用同型号电刷成对更换。

图5-50 更换电刷

▶▶ 5.4.3 有刷直流电动机换向器和转子绕组的检修

换向器和转子绕组是有刷直流电动机中重要的组成部件,通常采用直接观察法、打磨法进行判断和修复,图5-51为有刷直流电动机中的换向器和转子绕组的结构。

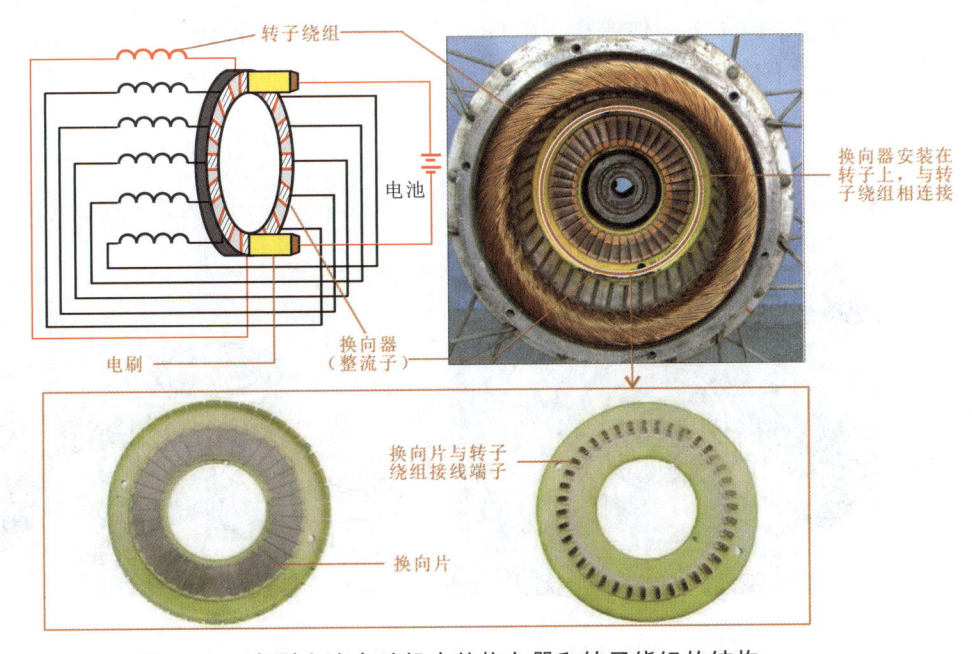

图5-51 有刷直流电动机中的换向器和转子绕组的结构

按图5-52所示,对有刷直流电动机中的换向器和转子绕组进行检修。

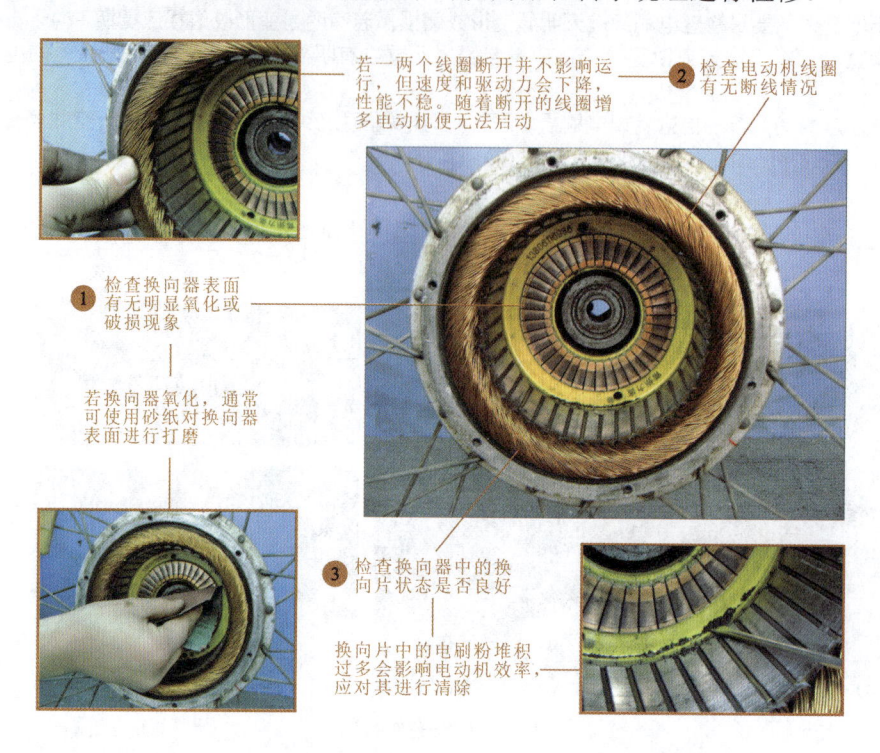

① 检查换向器表面有无明显氧化或破损现象

若换向器氧化,通常可使用砂纸对换向器表面进行打磨

② 检查电动机线圈有无断线情况

若一两个线圈断开并不影响运行,但速度和驱动力会下降,性能不稳。随着断开的线圈增多电动机便无法启动

③ 检查换向器中的换向片状态是否良好

换向片中的电刷粉堆积过多会影响电动机效率,应对其进行清除

图5-52 有刷直流电动机中换向器和转子绕组的检修方法

▶▶ 5.4.4 有刷直流电动机轴承和定子永磁体的检修

对于轴承、定子永磁体等机械部件来说,一般对其进行外观检查,根据具体检查结果采取适当措施进行补救或修复。按图5-53所示,对有刷直流电动机的轴承进行检查。

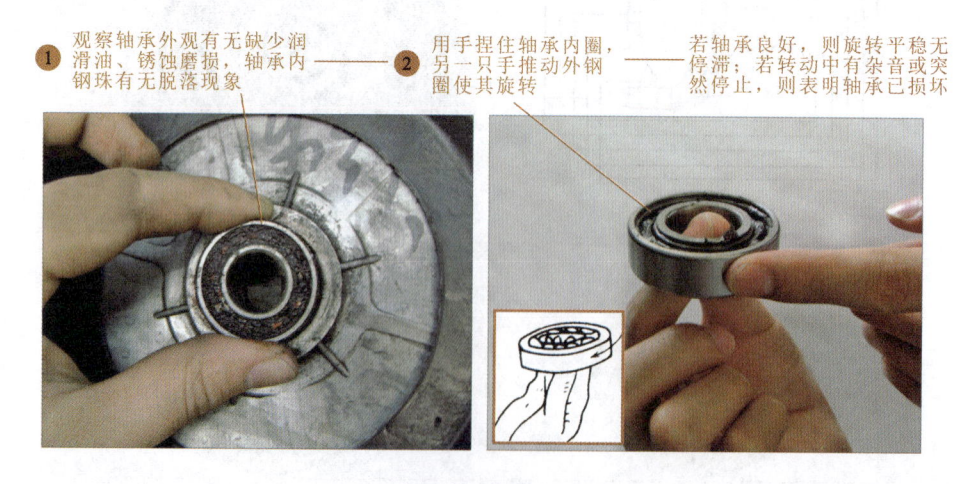

① 观察轴承外观有无缺少润滑油、锈蚀磨损,轴承内钢珠有无脱落现象

② 用手捏住轴承内圈,另一只手推动外钢圈使其旋转

若轴承良好,则旋转平稳无停滞;若转动中有杂音或突然停止,则表明轴承已损坏

图5-53 检查有刷直流电动机的轴承

③ 将轴承握入手中，前后晃动检查有无较大或明显的撞击声

如果有较大或明显的撞击声，则此轴承可能有损坏

④ 双手握住轴承左右晃动检查有无较大或明显的撞击声

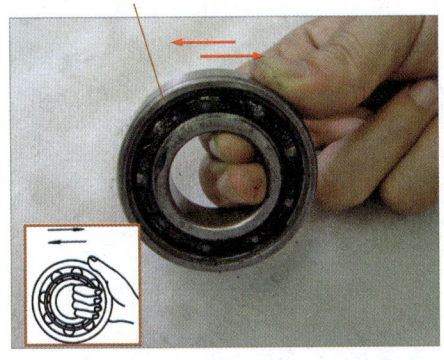

图5-53　检查有刷直流电动机的轴承（续）

若经检查轴承损坏，则应直接更换；若润滑不良或锈蚀，则需要对其进行清洗并重新润滑。按图5-54所示，对有刷直流电动机的轴承进行重新润滑。

将润滑脂与润滑油按照6∶1~5∶1的比例搅拌均匀，为补充润滑做好准备

将润滑脂均匀涂抹在轴承空腔内，并用手的压力往轴承转动部分的各个缝隙挤压

在涂抹润滑脂的同时，不时转动轴承，让润滑脂均匀地进入内部

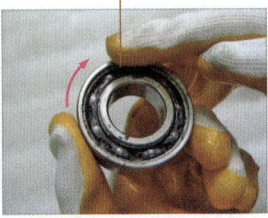

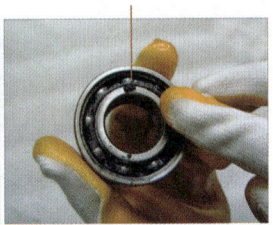

润滑油

润滑脂

图5-54　重新润滑有刷直流电动机轴承

按图5-55所示，对有刷直流电动机的定子永磁体进行检修。

检查定子永磁体（磁钢片）有无松脱现象

若出现脱落，重新黏合磁钢片或更换电动机

检查定子永磁体（磁钢片）有无锈蚀现象

定子永磁体

细砂纸

若出现锈蚀，可用细砂纸打磨定子永磁体

图5-55　检修有刷直流电动机的定子永磁体

对有刷直流电动机进行检修前，首先应对电动机外部部件进行检查。如检查电动机输出引线有无短路、断路现象，确认故障是由电动机内部部件损坏引起的，再进行拆解，并对内部电刷、电刷架、换向器、轴承、定子永磁体等机械部件进行检修。

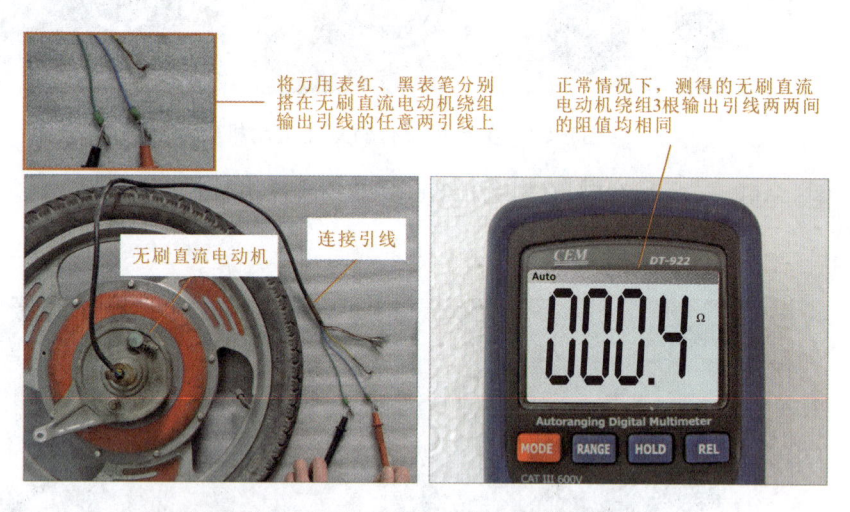

▶▶ 5.4.5 无刷直流电动机定子绕组的检测

一般无刷直流电动机的连接引线有8根，其中电动机的定子绕组有3根线，即黄色、蓝色、绿色3根较粗引线，用于引入三相驱动信号。可通过检测这3根绕组引线两两间的阻值，判断定子绕组有无短路或断路故障。图5-56为无刷直流电动机定子绕组检测示意图。

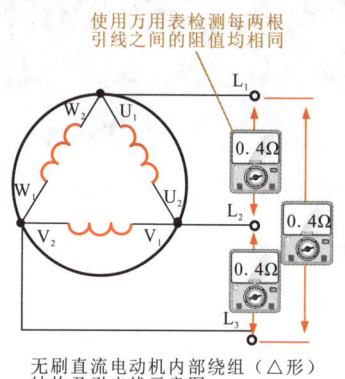

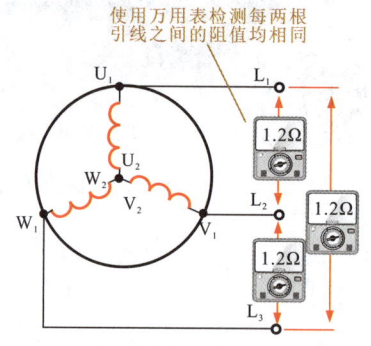

图5-56 无刷直流电动机定子绕组检测示意图

图5-57为无刷直流电动机定子绕组的检测操作。

图5-57 无刷直流电动机定子绕组的检测操作

正常情况下，无刷直流电动机定子绕组3根引线两两间的阻值应该相同；若测得的阻值不一致，则定子绕组间可能存在短路或断路故障。

> 根据维修经验，判断无刷直流电动机定子绕组有无故障时，可将3根相线悬空，无故障时用手空转电动机应无阻力，任意两根相线短路，电动机会有明显间断阻力，且阻力一致。

▶▶ 5.4.6　无刷直流电动机霍尔元件的检测

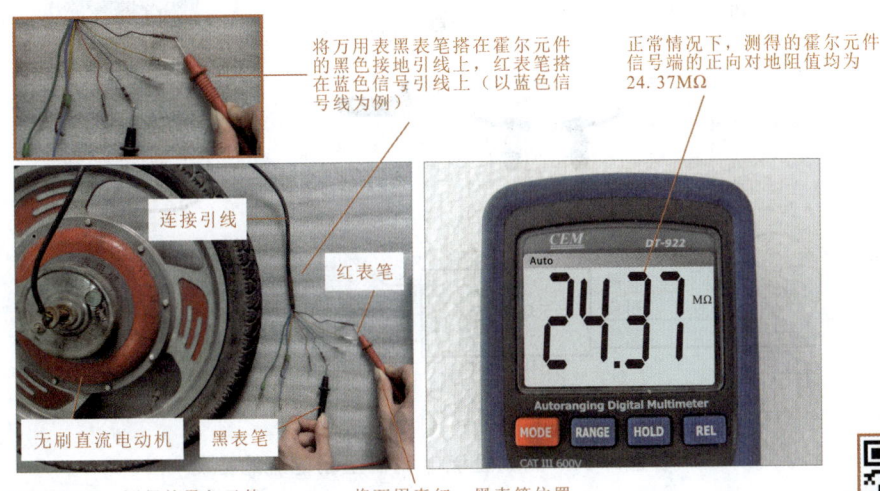

对无刷直流电动机霍尔元件进行检测，是维修实践中该类电动机的检修重点。霍尔元件作为电动机的位置传感器直接决定了电动机的运转状态，若霍尔元件损坏，电动机将无法正常工作。

霍尔元件的好坏，一般可通过万用表检测霍尔元件信号线与接地线之间正、反向阻值的方法进行判断。图5-58为无刷直流电动机霍尔元件的输出引线。

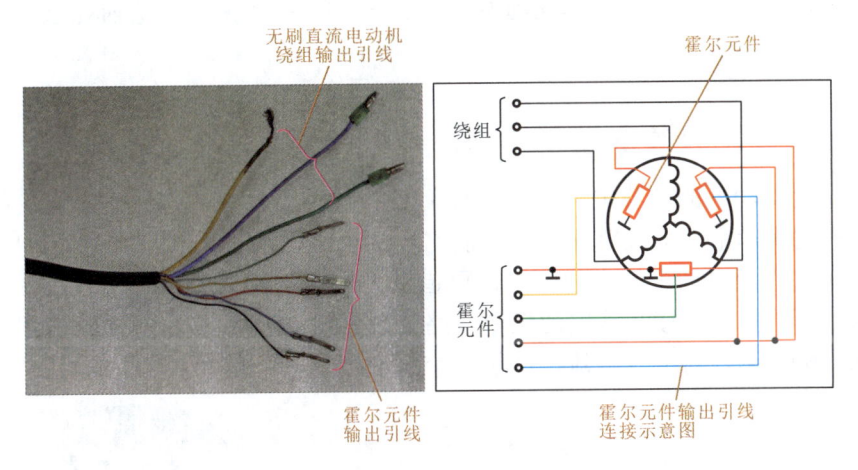

图5-58　无刷直流电动机霍尔元件的输出引线

图5-59为无刷直流电动机霍尔元件的检测操作。

图5-59　无刷直流电动机霍尔元件的检测操作

正常情况下，无刷直流电动机中3个霍尔元件的信号端（黄、蓝、绿引线）的正向对地阻值均为24.37MΩ；反向对地阻值均为无穷大。若实测阻值异常，说明霍尔元件损坏，应拆开无刷直流电动机对其更换。

无刷直流电动机中3个霍尔元件信号端的正向对地阻值应完全相同，任何一个不同，都可能为相对应的霍尔元件异常，应更换，且只要需要更换霍尔元件，不论是否全部损坏，都需要同时更换。

除此之外，还可以采用其他方法判断霍尔元件的好坏。

在通电状态下，用万用表电压挡检测霍尔元件各信号线电压的方法判断元件的好坏。一般将万用表黑表笔接地，红表笔接霍尔元件信号线，拨动后轮使其旋转时，信号电压应有一定的变化，一般为0~5V（有些为0~6.25V或0~4.5V），若电压值保持0V或5V不变，则可能该信号线对应的霍尔元件已经损坏。

在断电状态下，可用万用表二极管挡检测霍尔元件黑色线与红、黄、绿、蓝四根线之间有无短路故障。

▶▶ 5.4.7 无刷直流电动机空载电流的检测

无刷直流电动机的空载电流是指无任何负载状态下允许的电流值。通过检测无刷直流电动机的实际空载电流值并与正常值比较，也可以判断无刷直流电动机的状态。

检测无刷直流电动机的空载电流，可借助万用表进行，即将万用表量程旋钮设置在电流挡上，并将其串接在蓄电池供电线路中进行检测即可。

按图5-60所示，对无刷直流电动机的空载电流进行检测。

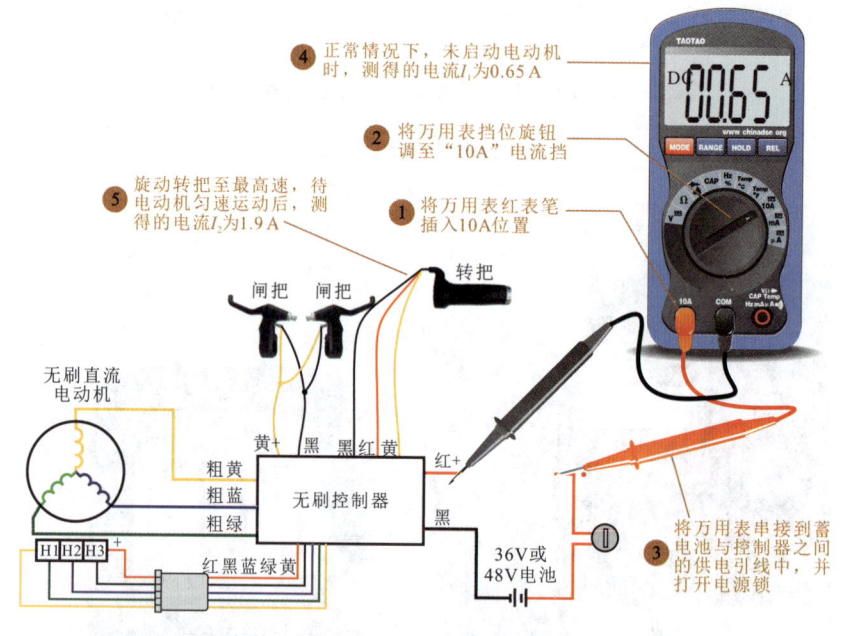

图5-60 无刷直流电动机空载电流的检测

无刷直流电动机的实际空载电流I_3为I_2与I_1之差，即

$$I_3 = I_2 - I_1 = 1.9A - 0.65A = 1.25A$$

若实测空载电流大于参考最大空载电流值时，表明所测无刷直流电动机有故障。通常，引起无刷直流电动机空载电流过大的原因主要有无刷电动机个别线圈短路、磁钢、换向器、碳刷磨损严重等，重点检查易发生该故障的部件，更换损坏部件或整个无刷直流电动机即可排除故障。

一般不同机型、不同设计结构的电动机的最大空载电流不同，见表5-1。将检测结果与该表格中参考值进行比较可知，实测空载电流大于参考最大空载电流值，表明该电动机有故障。

表5-1 各种电动机的最大空载电流参考表

电动机类型	最大空载电流/A	
	额定电压36V	额定电压48V
有刷直流低速电动机	0.6	0.4
有刷直流高速电动机	1.0	0.6
无刷直流低速电动机	0.6	0.4
无刷直流高速电动机	1.0	0.6

▶▶ 5.4.8 无刷直流电动机定子和转子的检修

在检修无刷直流电动机的过程中，其内部转子和定子损坏的概率较低，大多时候可能因无刷直流电动机进水造成定子铁芯和转子磁钢锈蚀或脱落，从而造成无刷直流电动机无法工作的故障，一般需要对定子铁芯和转子磁钢进行打磨、润滑或更换等。

按图5-61所示，对无刷直流电动机定子和转子进行检修。

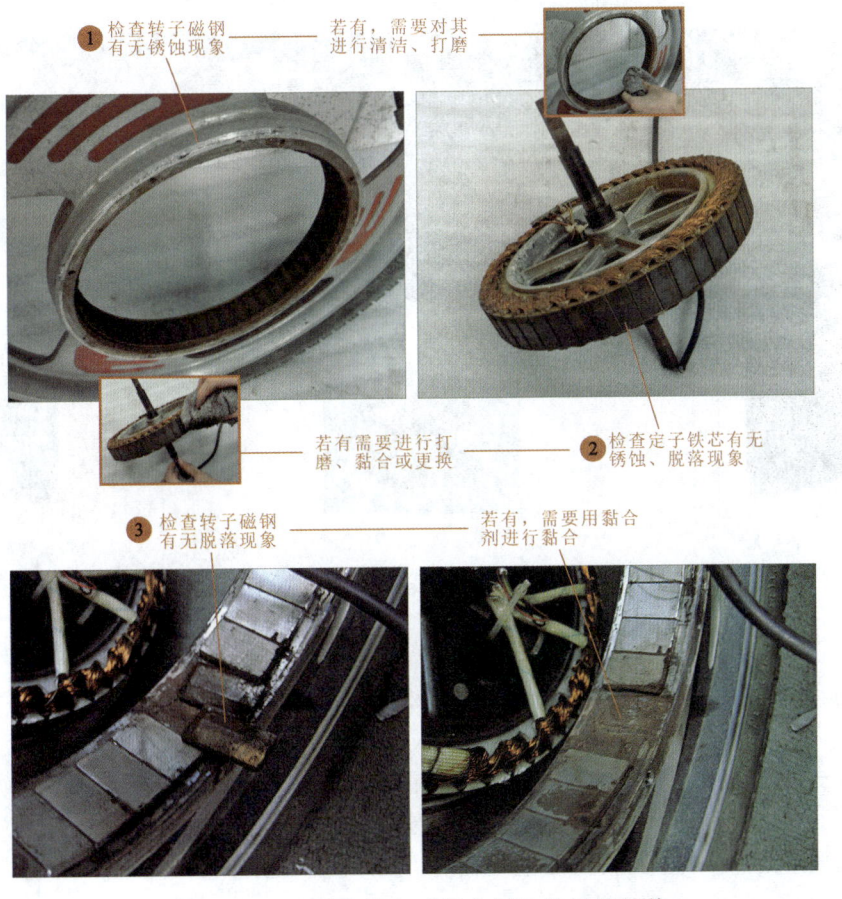

图5-61 无刷直流电动机定子和转子的检修

第6章 电动自行车蓄电池检修

● 6.1 电动自行车蓄电池的结构

▶▶ 6.1.1 铅酸蓄电池的结构

电动自行车蓄电池俗称电瓶,它是一种可反复充电的电池。铅酸蓄电池属于酸性蓄电池,是目前使用量最大的一类蓄电池,电动自行车常用3~4块铅酸蓄电池串联成36V或48V两种车用蓄电池,图6-1为这两种蓄电池的实物外形。

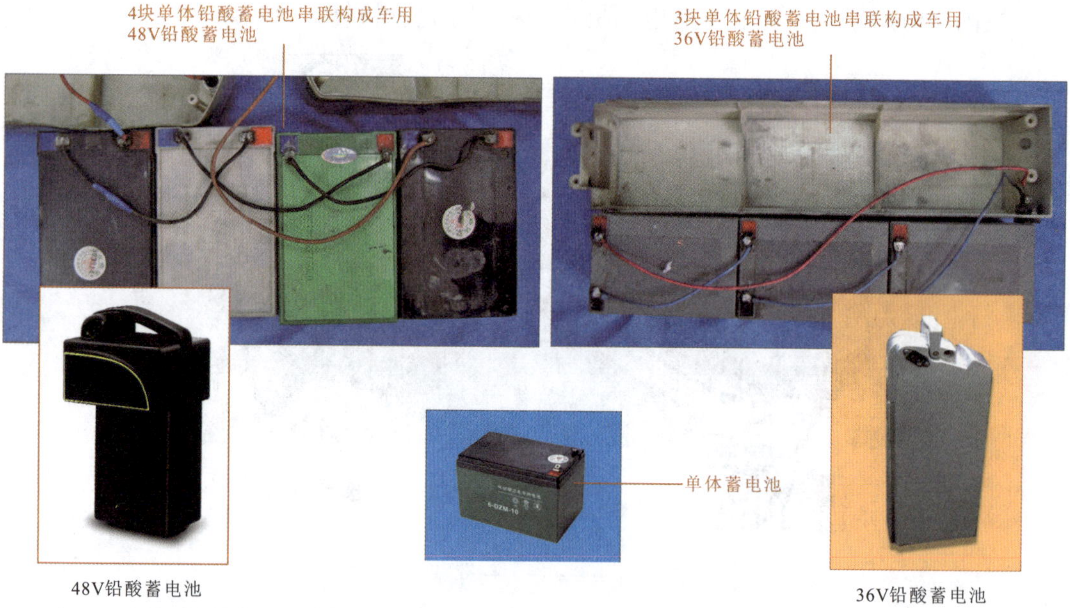

4块单体铅酸蓄电池串联构成车用48V铅酸蓄电池

3块单体铅酸蓄电池串联构成车用36V铅酸蓄电池

单体蓄电池

48V铅酸蓄电池　　　　　　　　　　　　　　36V铅酸蓄电池

图6-1 铅酸蓄电池的实物外形

其中,一组单体铅酸蓄电池电压为12V(其内部由6个单格电池构成,每个单格电池电压为2V)。铅酸蓄电池的制作工艺成熟,价格低廉,但其缺点是电池容量小,并且体积较大,重量较重,寿命短,容易造成环境污染。

阀控式免维护铅酸蓄电池是目前使用量最多的蓄电池,它的制作工艺成熟,价格低廉,但其缺点是体积较大,重量较重,寿命短,容易造成环境污染。虽然阀控式免维护铅酸蓄电池使用量多,但在电动自行车上的使用前景不佳。图6-2为阀控式免维护铅酸蓄电池的实物外形。

阀控式免维护铅酸蓄电池

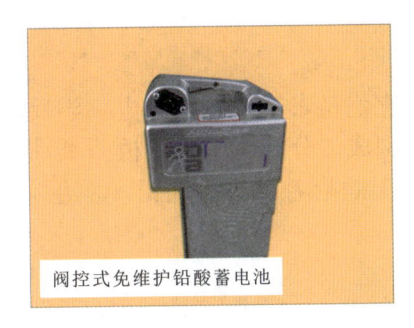

图6-2　阀控式免维护铅酸蓄电池的实物外形

胶体铅酸蓄电池是对液态电解质的普通铅酸蓄电池的改进，它采用凝胶状电解质，内部无游离的液体存在，它的容量大，热消散能力强，能避免产生热失控现象，其电解质浓度低且均匀，对极板的腐蚀弱，不存在酸分层的现象。

图6-3为胶体铅酸蓄电池的实物外形。与阀控式免维护铅酸蓄电池相比，胶体铅酸蓄电池可靠性高，使用寿命长，对环境温度（高、低温）的适应能力强，承受长时间放电能力、循环放电能力、深度放电和大电流放电能力强，有过充电或过放电自我保护等优点。

胶体铅酸蓄电池　　　　单体胶体铅酸蓄电池

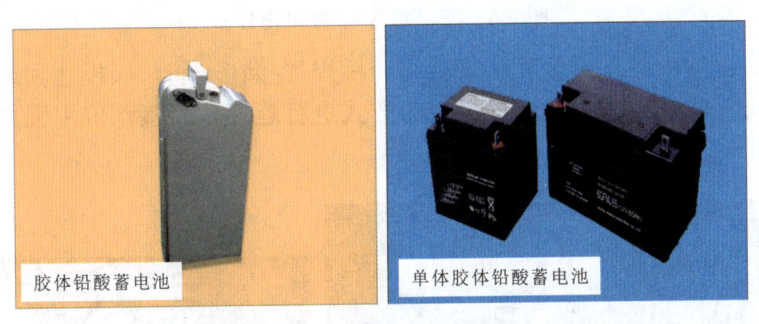

图6-3　胶体铅酸蓄电池的实物外形

图6-4为铅酸蓄电池的整体结构，它主要由正极板、负极板、隔板、电池外壳、安全阀、极柱等部分组成。

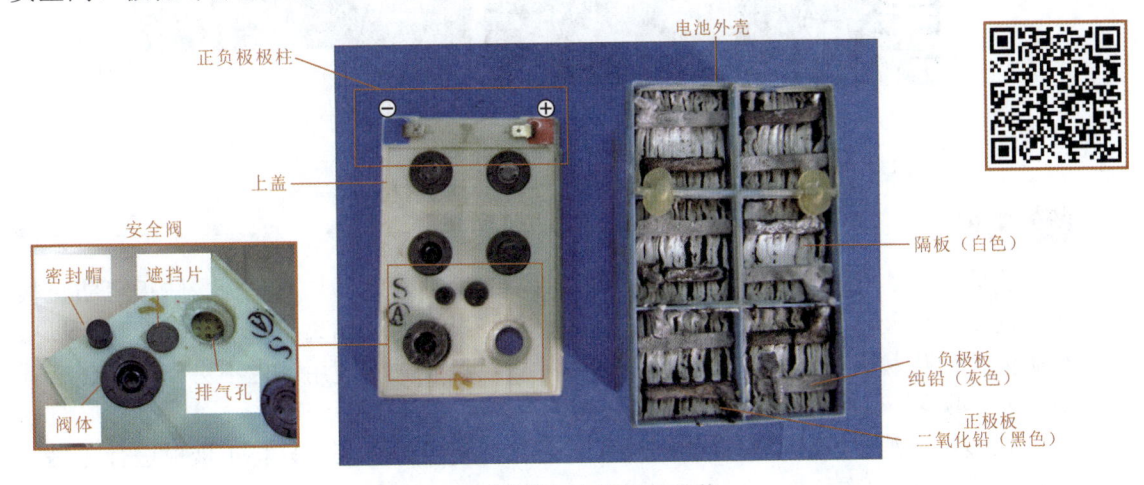

图6-4　铅酸蓄电池的整体结构

1 极板

蓄电池内有多个极板,它们是参与电池内部电化学反应的主要部件。电池内部极板可由铅锑合金或铅钙合金制成,分为正、负极板两类,其中正极板上的附着物质为二氧化铅(黑色),负极板上的附着物质为纯铅(灰色)。图6-5为正、负极板的实物外形。

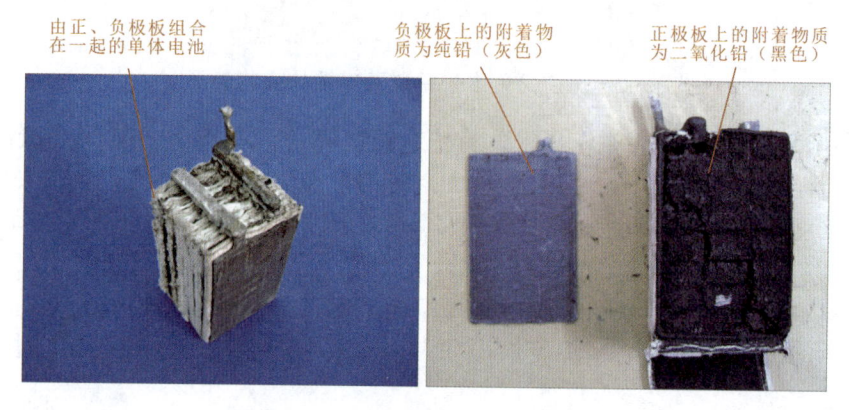

图6-5 正、负极板的实物外形

每块单格电池中的正极板和负极板用跨桥焊焊接在一起,极板之间通过隔板进行隔离,而每块单格电池之间也通过焊接的方式进行连接,连接部位用强力胶水进行固定,如图6-6所示。

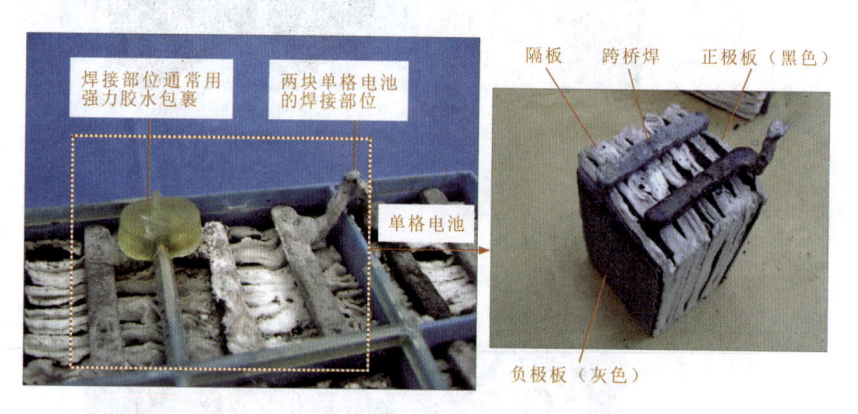

图6-6 极板的连接方式

2 隔板

为防止正、负极板间接触短路,在每两块极板的之间需加入隔板。隔板可防止极板弯曲变形以及活性物质的脱落,还能阻止正极板上的金属离子向负极板迁移,以减少硫酸盐硫化和大量自由电子的放电,并且极板经长时间使用,也不会出现劣化或释放杂质等现象。

铅酸蓄电池一般都使用胶质隔板或玻璃丝棉隔板,包裹时只将正极板进行包裹,图6-7为隔板的实物外形。

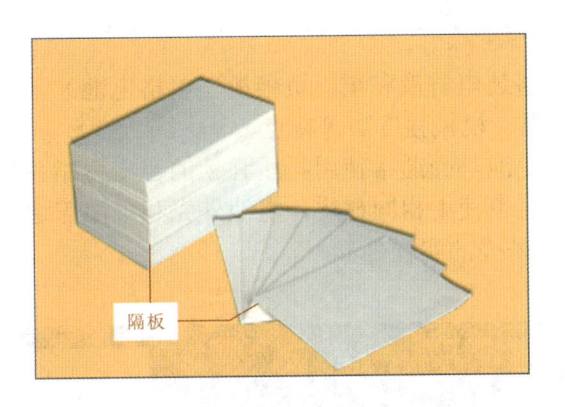

图6-7 隔板的实物外形

3 电解液

铅酸蓄电池的电解液是由蒸馏水和蓄电池专用硫酸按一定比例混合配置而成的。电解液在充、放电过程中，会与正、负极板发生电化学反应，将化学能转换成电能（或将电能转化成化学能），并在电池内部起导电作用。

4 安全阀

安全阀是阀控式免维护铅酸蓄电池的重要部件之一，它位于蓄电池的顶部，有帽状、伞状和片状之分。图6-8为安全阀的实物外形，该安全阀主要由密封帽、遮挡片、阀体等构成。

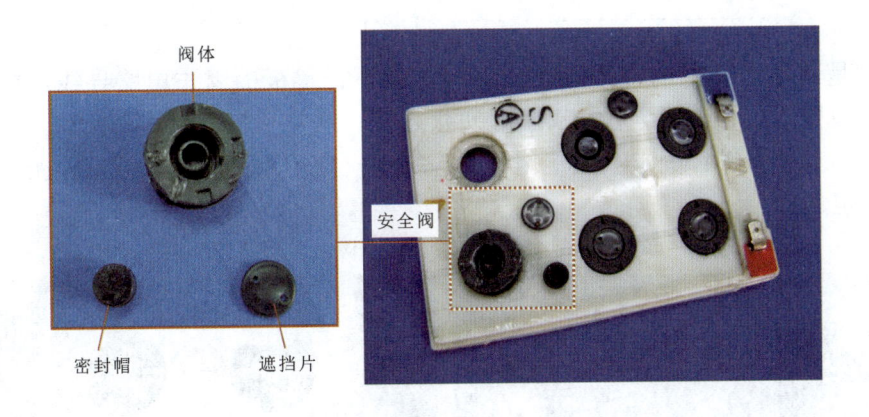

图6-8 安全阀的实物外形

安全阀的作用是根据电池内部产生的气体的气压的情况，及时打开或关闭安全阀，以避免由于电池内部过压造成电池变形、开裂，或外部空气进入电池内部增加负极的自放电反应。

5 电池外壳

蓄电池的外壳用来盛装电解液和正、负极板（单格电池），它具有耐酸性强、绝缘性好、耐腐蚀、耐高温、机械强度高等特点。

电动自行车所用的电池外壳通常使用材质强韧的合成树脂并经特殊处理制成，其机械强度特别高，电池盖也使用相同材质，电池外壳和电池盖通常使用热熔胶黏结，牢固可靠。图6-9为电池外壳的实物外形。

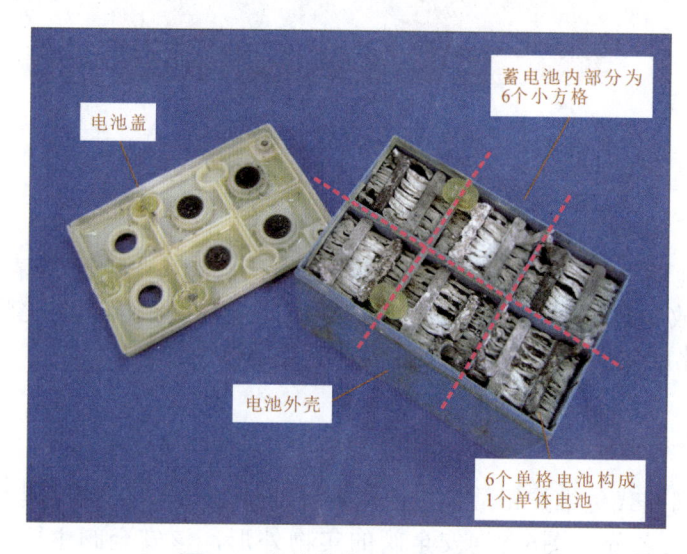

图6-9 电池外壳的实物外形

6 极柱

极柱是蓄电池外部的接线焊片，它用于将正、负极板组与电路导线连接起来，图6-10为极柱的实物外形。极柱有正、负极之分，通常正极用"＋"标识，并使用红色密封树脂对正极进行固定；负极用"－"标识，使用黑色、蓝色或绿色密封树脂对其进行固定。

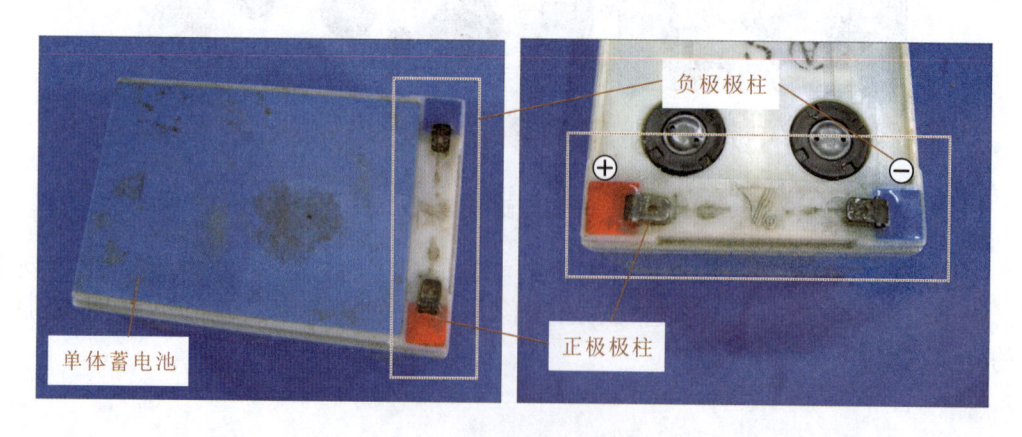

图6-10 极柱的实物外形

▶▶ 6.1.2 锂离子蓄电池的结构

图6-11为锂离子蓄电池的实物外形，锂离子蓄电池是继镍氢蓄电池之后出现的又一种新型蓄电池。

图6-11 锂离子蓄电池的实物外形

锂离子蓄电池中单格电池电压为3.6V，该电压值比其他类蓄电池单格电池高，因此锂离子蓄电池的重量、体积要比铅酸蓄电池小很多，这就为电动自行车的小型化提供了条件。

> 锂离子蓄电池具有自放电小、无记忆效应、循环特性好、可快速放电、工作温度范围宽、无环境污染等优点，但由于目前其制作成本较高，价格较贵，市场占有率仍较小。

通常，锂离子蓄电池有筒形和方形两种，筒形是将正、负极板和隔板、极柱等卷曲在一起，插入电池外壳中，并注入少量电解液制成的。

图6-12为筒形锂离子蓄电池的结构图，从图中可以看出，锂离子蓄电池主要是由隔膜板、正极板、负极板、电解液、绝缘板等部分构成的。

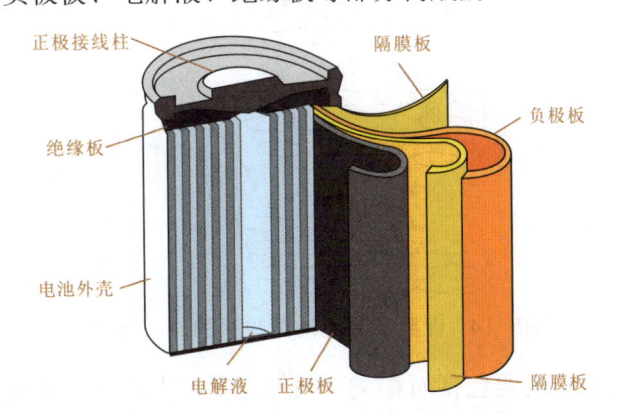

图6-12 筒形锂离子蓄电池的结构图

图6-13为方形锂离子蓄电池的结构图。方形锂离子蓄电池内部是以层叠的方式将正极板、负极板和隔膜板叠加在一起制成的。

锂离子蓄电池的单体电池组比铅酸蓄电池和镍氢蓄电池体积要小很多，但电池容量是后二者的2~3倍。

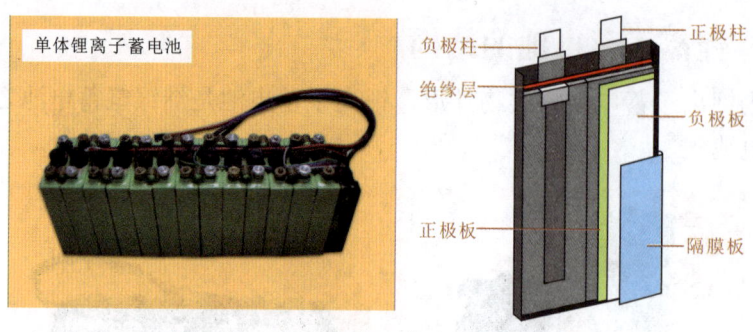

图6-13 方形锂离子蓄电池的结构图

锂离子蓄电池的具体结构如下。

1 正极板

目前，锂离子蓄电池的正极板主要以钴酸锂（$LiCoO_2$）为主要原料，再加入导电剂和树脂黏合剂，涂覆在铝质基板上，呈细薄层分布。

而新型原料磷酸铁锂（$LiFePO_4$）性能要比钴酸锂好，并且不污染环境，是良好的替代原料。

2 负极板

负极板上的活性物质是由碳材料与黏合剂的混合物再加上有机溶剂调和而制成的糊状物，涂覆在铜基板上，呈薄层状分布。图6-14为锂离子蓄电池负极板的原子结构图。

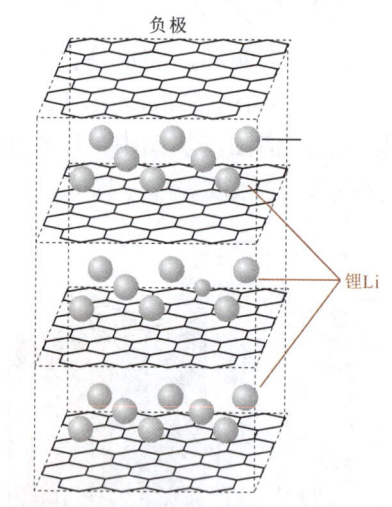

图6-14 锂离子蓄电池负极板的原子结构图

目前，负极板材料主要包括石墨类（天然石墨、人造石墨和石墨化碳）和非石墨类（软碳和硬碳）。

3 隔膜板

隔膜板可起到关闭或阻断通道的作用，一般使用聚乙烯或聚丙烯材料的微多孔膜板。所谓关闭或阻断功能是指电池出现异常温度上升的情况时，阻塞或阻断作为离子通道的细孔，使蓄电池停止充、放电反应。

隔膜板可以有效防止因外部短路等引起的过大电流充、放电而使电池产生异常发热现象。

4 电解液

锂离子蓄电池的电解液是以混合溶剂为主体的有机电解液。电解液对于活性物质具有化学稳定性，可良好适应充、放电反应过程中发生的剧烈氧化还原反应，因此电解液一般会混合不同性质的几种溶剂共同使用。

5 安全阀

为确保锂离子蓄电池的安全性，在其外部电路或蓄电池内部都设有异常电流切断的安全装置。即使这样，在使用过程中也有可能因其他原因引起蓄电池内部压力异常上升。因此，在蓄电池的顶部设有安全阀来释放多余气体，防止蓄电池破裂。

锂离子蓄电池的安全阀是一种一次性非修复式的破裂膜，保护蓄电池使其停止充、放电过程，它是蓄电池的最后保护手段。

6.2 电动自行车蓄电池的工作原理

6.2.1 铅酸蓄电池的工作原理

铅酸蓄电池内部以二氧化铅作为正极，纯铅作为负极，稀硫酸作为电解液，在这三种物质共同作用下产生电量。电池在充电时，将电能转化成化学能存在电池内。在使用电池时是放电过程，将化学能转换成电能为电动自行车供电。

1 铅酸蓄电池的内部连接方式

电动自行车铅酸蓄电池的内部一般有6个电池槽，每个电池槽电压约为2V，电池槽内有两组极板，每块铅酸蓄电池电压约为12V。

图6-15为铅酸蓄电池的内部连接方式示意图，从图中可以看出，电池槽之间的极板以正、负极串联的方式连接在一起，从而构成蓄电池的内部回路。

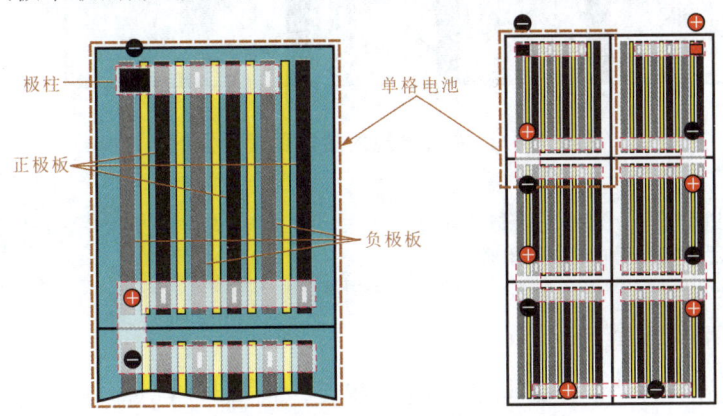

图6-15 铅酸蓄电池的内部连接方式示意图

图6-15 铅酸蓄电池的内部连接方式示意图（续）

2 铅酸蓄电池的放电原理

铅酸蓄电池放电的过程，就是化学能转化成电能的过程，图6-16为铅酸蓄电池的放电原理示意图。

当蓄电池外接电路需要蓄电池输出电压时，即进行放电。在电流的作用下，电解液内部处于电离状态，正极板上的二氧化铅与负极板上的纯铅就会与电解液中的硫酸发生化学反应，从而生成硫酸铅、水和电能，其化学反应方程式为：

$$PbO_2 + 2H_2SO_4 + Pb = 2PbSO_4 + 2H_2O$$

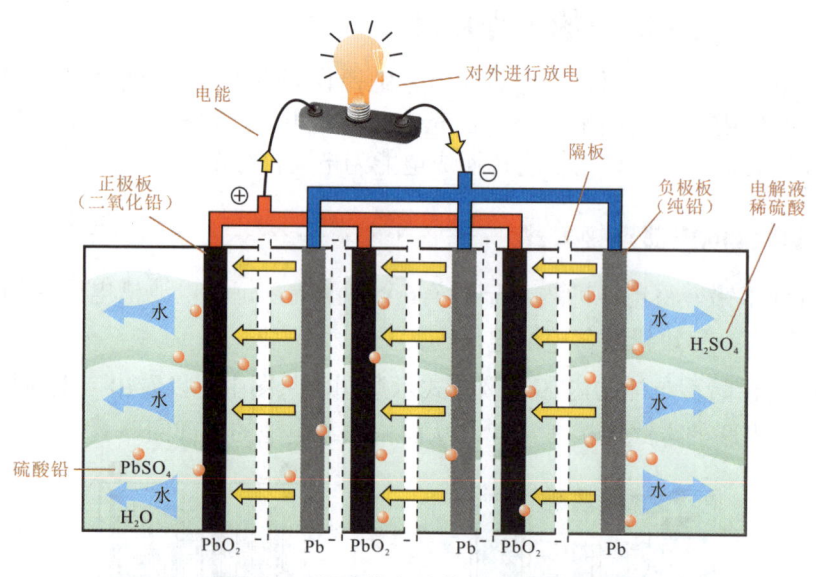

图6-16 铅酸蓄电池的放电原理示意图

> 铅酸蓄电池若过度放电，细小的硫酸铅将结成较大的结晶体，增大极板电阻，影响充电时的还原。周而复始，便会影响蓄电池的使用寿命。

3 铅酸蓄电池的充电原理

铅酸蓄电池充电的过程正好与放电过程相反，也就是将电能转化成化学能的过程，图6-17为铅酸蓄电池的充电原理示意图。

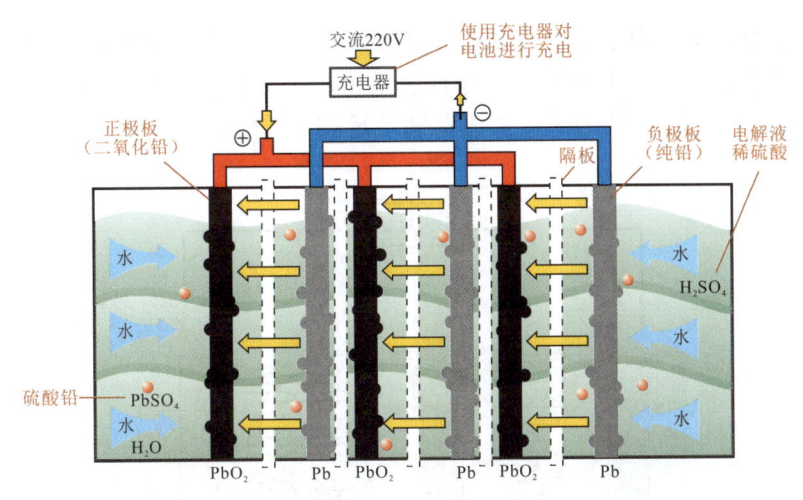

图6-17 铅酸蓄电池的充电原理示意图

当外部供给电压时,附着在正、负极板上的硫酸铅逐步溶解,其与电解液中的水相互作用,使电解液中硫酸浓度不断提高。当这个过程进行到一定程度时,充电极化现象越来越重,正、负极板先后分别析出氧和氢,充电电流越来越多地产生水解,电解液中硫酸密度越来越高,正极板电势趋向极正,负极板电势趋向极负,电池电压不断升高,最终恢复到充满电的状态。

> 铅酸蓄电池充电到最后阶段时,充电电流几乎都用在水的电解上,产生氢和氧,电解液也会随之减少一小部分。长时间使用的蓄电池,其内部电解液会减少很多。对于长时间使用的蓄电池,添加适量的蒸馏水即可解决蓄电池电量下降的问题。

▶▶ 6.2.2 锂离子蓄电池的工作原理

图6-18为锂离子蓄电池的放电原理示意图。锂离子蓄电池的正极通常由锂的活性化合物制成,负极为特殊分子结构的碳。放电时,锂离子从负极板层结构的碳中析出,经过隔膜板,重新和正极板上的化合物结合,锂离子的移动便产生了电流。

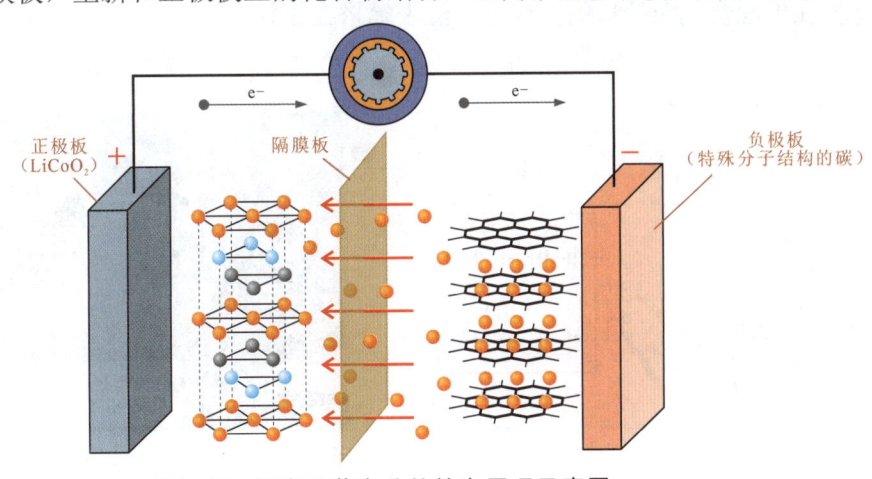

图6-18 锂离子蓄电池的放电原理示意图

图6-19为锂离子蓄电池的充电原理示意图。充电时，锂离子移动方向正好相反，加在电池两极的电势迫使正极的化合物释放出锂离子，锂离子经过隔膜板后，嵌入负极分子排列呈片层结构的碳中。待负极存储了足够多的锂离子时，充电便结束。

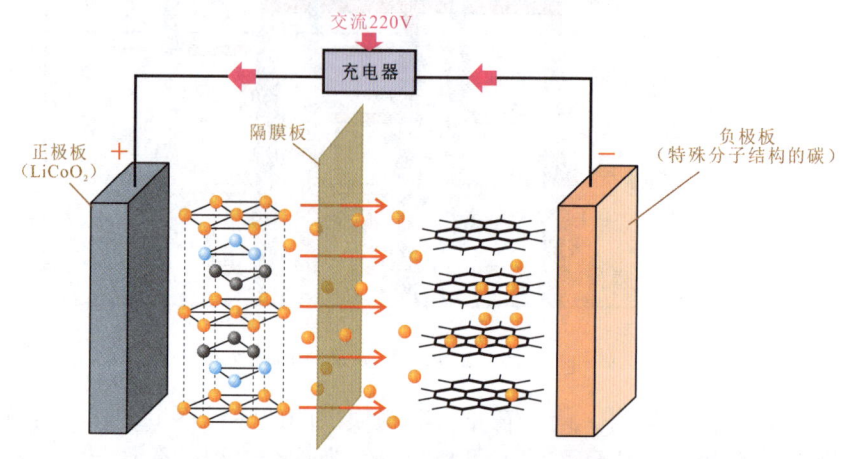

图6-19 锂离子蓄电池的充电原理示意图

6.3 电动自行车蓄电池的故障检修

6.3.1 蓄电池电压的检测方法

蓄电池的性能状态主要体现在容量和电压上，因此可先用万用表测量蓄电池总电压、单体蓄电池空载电压、负载电压以及内部单格电池电压，根据电压高低来快速判断电池性能的好坏。

1 检测蓄电池总电压

检测电动自行车蓄电池电压时，一般先对蓄电池的总电压进行检测，即用万用表检测蓄电池输出端子上的电压值。

蓄电池总电压的检测方法如图6-20所示。将数字万用表量程调至直流电压挡，黑表笔搭在电池盒电源接口的负极上，红表笔搭在正极上。

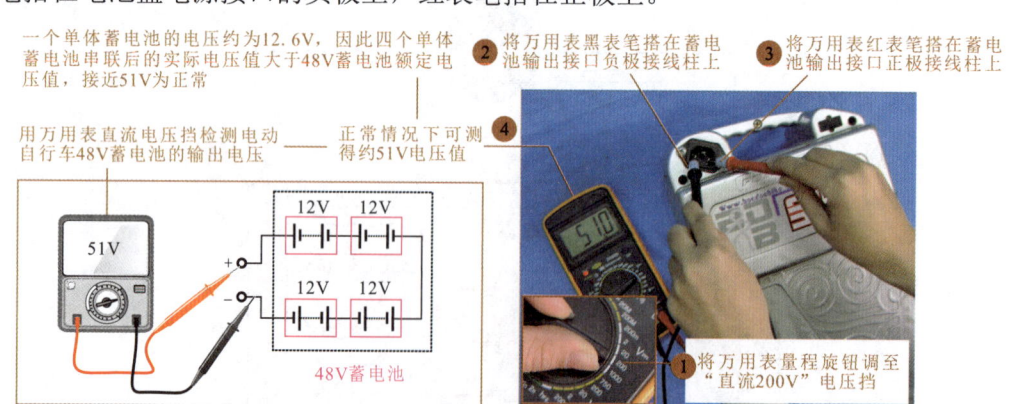

(a) 48V蓄电池输出电压

图6-20 蓄电池总电压的检测方法

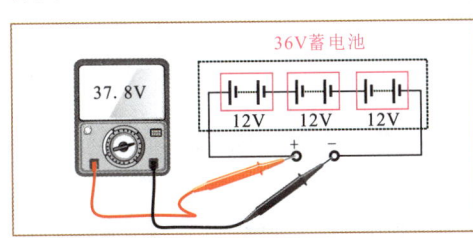

一个单体蓄电池的电压约为12.6V，因此三块单体蓄电池串联后的实际电压值大于36V蓄电池额定电压值，接近37.8V为正常

用万用表直流电压挡检测电动自行车36V蓄电池的输出电压

正常情况下可测得约37.8V电压值

② 将万用表黑表笔搭在蓄电池输出接口负极接线柱上

③ 将万用表红表笔搭在蓄电池输出接口正极接线柱上

36V蓄电池

① 将万用表量程旋钮调至"直流200V"电压挡

（b）36V蓄电池输出电压

图6-20　蓄电池总电压的检测方法（续）

> 正常空载情况下，36V蓄电池电压应在36～40.5V之间（实测为37.8V）；48V蓄电池电压应在48～54V之间（实测电压为51V）。
> 用万用表直接检测蓄电池空载电压只能粗略判断蓄电池总电压是偏低还是偏高，不能直接说明电量的高低和蓄电池的好坏。一般来说，若蓄电池电压明显偏高或偏低，说明内部单体蓄电池可能有一个或多个电池异常。

❷ 检测单体蓄电池空载电压

将蓄电池盒打开，通过对单体蓄电池空载电压的检测，可以找出不良的单体蓄电池，也可用万用表进行直接测量。

单体蓄电池空载电压的检测方法如图6-21所示。在正常情况下，每个单体蓄电池的电压应在10.5～13.5V之间。若测得电压值低于10.5V，说明这块电池可能存在短路的可能；若电压超过13.5V，说明电池失水比较严重，可能存在硫化现象。

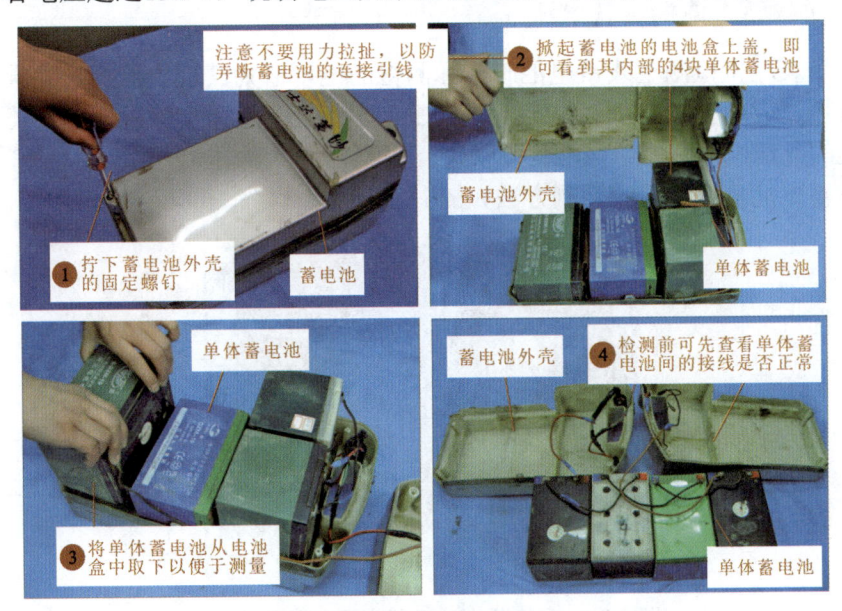

图6-21　单体蓄电池空载电压的检测方法

⑥ 将万用表红表笔搭在单体蓄电池的正极柱上

1块单体蓄电池由6个单格电池构成，每格电池电压为2.1V，6个单格电池串联后构成的单格电池电压接近12.6V为正常

⑦ 正常情况下可测得约12.48V电压值

检测蓄电池内单体蓄电池的电压

⑤ 将万用表黑表笔搭在单体蓄电池的负极柱上

12V单体蓄电池

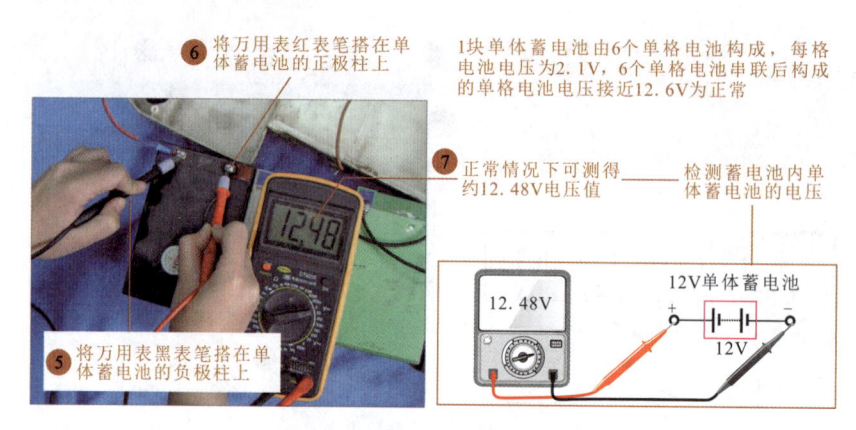

图6-21 单体蓄电池空载电压的检测方法（续）

值得注意的是，利用万用表直接测蓄电池空载电压的方法，一般只能初步判断电池的好坏，而且在检测蓄电池总电压时，应尽量不要在刚刚充满电时进行检测，刚充满电的蓄电池电压一般会偏高一些。

根据维修经验，若电动自行车的蓄电池使用一会后或充好电后静置数小时，测量其总电压为48V或稍高（对于48V蓄电池来说），一般可表明电池正常。

若只能达到46V或以下，表示其内部有一个电池不良，此时，逐个检测单体蓄电池的电压，电压过低的单体蓄电池为损坏的电池。

另外，还可通过蓄电池的充电时间来初步判断电池的好坏：若在蓄电池中，有一个单体蓄电池不良（4块单体蓄电池中仅仅一个为10V，一般低于10.8V或无电压即为损坏），其总电压能达到46V时，充电器一般仍然能显示充满而显示绿灯，只是充电时间需要延长0.5~1h（有轻度过充电的危害）；当有两个以上单体蓄电池不良时，用充电器给低于46V的电池充电，一般充电器不能显示充满状态，且一直不能由红灯转为绿灯。

❸ 检测单体蓄电池的负载电压

用万用表直接检测空载蓄电池时实际测得的电压值为其虚电压，若要准确检测蓄电池的好坏，应检查加有负载情况下的电压。因此，测量蓄电池电压通常还有一种简便和快捷的方法，即利用蓄电池检测仪进行检测。

单体蓄电池负载电压的检测方法如图6-22所示。

蓄电池检测仪内部设有放电电阻丝，可作为蓄电池的负载

蓄电池检测仪

② 将检测仪按钮按下3s左右，查看指针停止位置

① 将黑色测试夹夹在电池的负极上，红色测试夹夹在电池的正极上

单体蓄电池

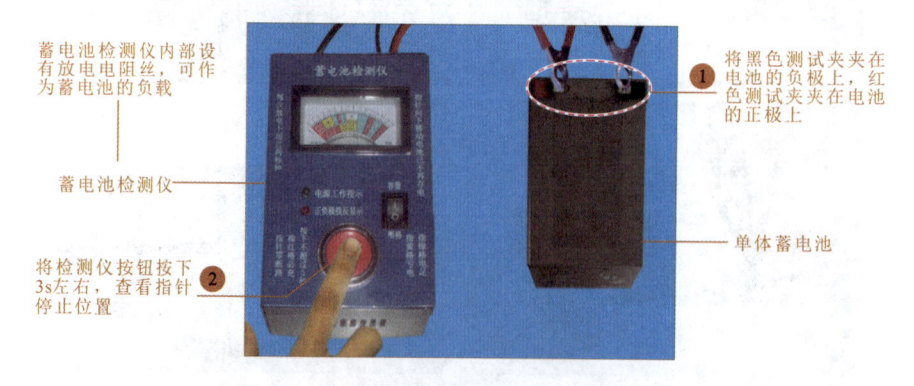

图6-22 单体蓄电池负载电压的检测方法

通过蓄电池检测仪检测可直观地判断出蓄电池的电量，如图6-23所示。

- 蓄电池检测仪表盘
- 若测得电压在9V以下（红色区域），说明电池不良
- 若测得电压在10V左右（黄色区域）之间，说明电量不足
- 若测得电压在10.5V以上（蓝色区域），说明电池正常

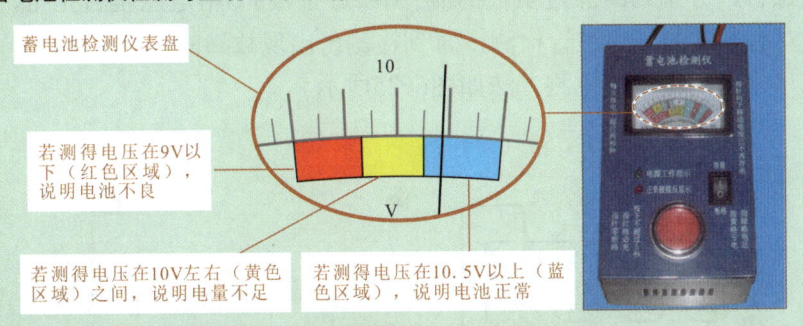

图6-23 蓄电池检测仪指针指示情况

若测量单体12V蓄电池，加有负载时电压应在10.5V以上，即表盘上的蓝色区域内时，说明蓄电池电量正常；若测得电压在10V左右的黄色区域时，说明蓄电池电量不足，应进行充电；若测得电压在9V以下的红色区域时，表明蓄电池电量亏损严重，多为蓄电池内部电解液干涸或极板硫化，应对蓄电池进行修复。

蓄电池的电压值是其重要的性能参数，通常标识在蓄电池的外壳上。
标称电压值是指蓄电池正负极之间的电势差，该值由蓄电池内部极板材料的电极电位和内部电解液的浓度决定。当环境温度、使用时间和工作状态变化时，单体蓄电池的输出电压略有变化，此外，蓄电池的输出电压与蓄电池的剩余电量也有一定关系。

通常，单格铅酸蓄电池的标称电压约为2.1V；单体镍镉蓄电池的标称电压约为1.3V；单体镍氢蓄电池的标称电压为1.2V；单体锂离子蓄电池的标称电压为3.6V。

那么，如果将6个单格铅酸蓄电池串联后组合成一个单体铅酸蓄电池就得到12.6V的电压，3个这样的单体蓄电池便构成了我们常见的37.8V电动自行车用蓄电池（即常见的36V蓄电池）；同样，4块12.6V的单体蓄电池便构成了一个50.4V电动自行车用蓄电池（即常见的48V蓄电池）。

4 蓄电池单格电池的检测方法

电动自行车的铅酸蓄电池由多个单体蓄电池构成，每块单体蓄电池由6个单格电池串联构成，每个单格电池正常电压为2V。了解和掌握单格电池电压的检测方法，可以为排查单体蓄电池的故障和后面的修复做好准备。

铅酸蓄电池中单格电池通常采用外延法进行检测，即在单体蓄电池内两个单格电池的跨桥焊接位置拧入自攻螺钉，以此引出极柱电流，外接上灯泡或电压表进行检测，其检测原理如图6-24所示。

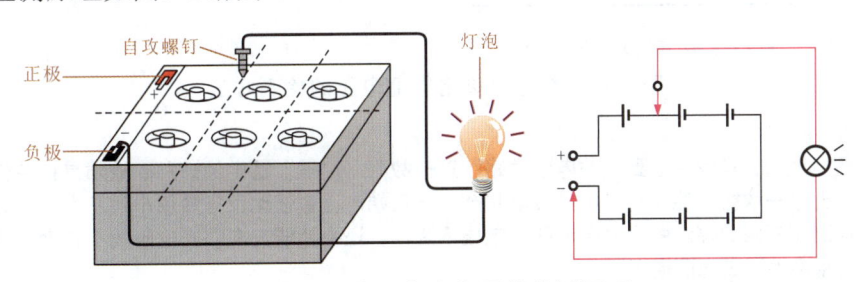

图6-24 单格电池电压的检测原理

实际检测时，通常先以3格为一组进行检测，即首先在6格电池的中间跨桥焊接位置拧入自攻螺钉，分别判断靠近负极的3格和靠近正极的3格电压是否正常，缩小故障范围后，再对有异常的一组进行检测，直到检测出出现故障的单格电池。

蓄电池单格电池电压的检测方法如图6-25所示。

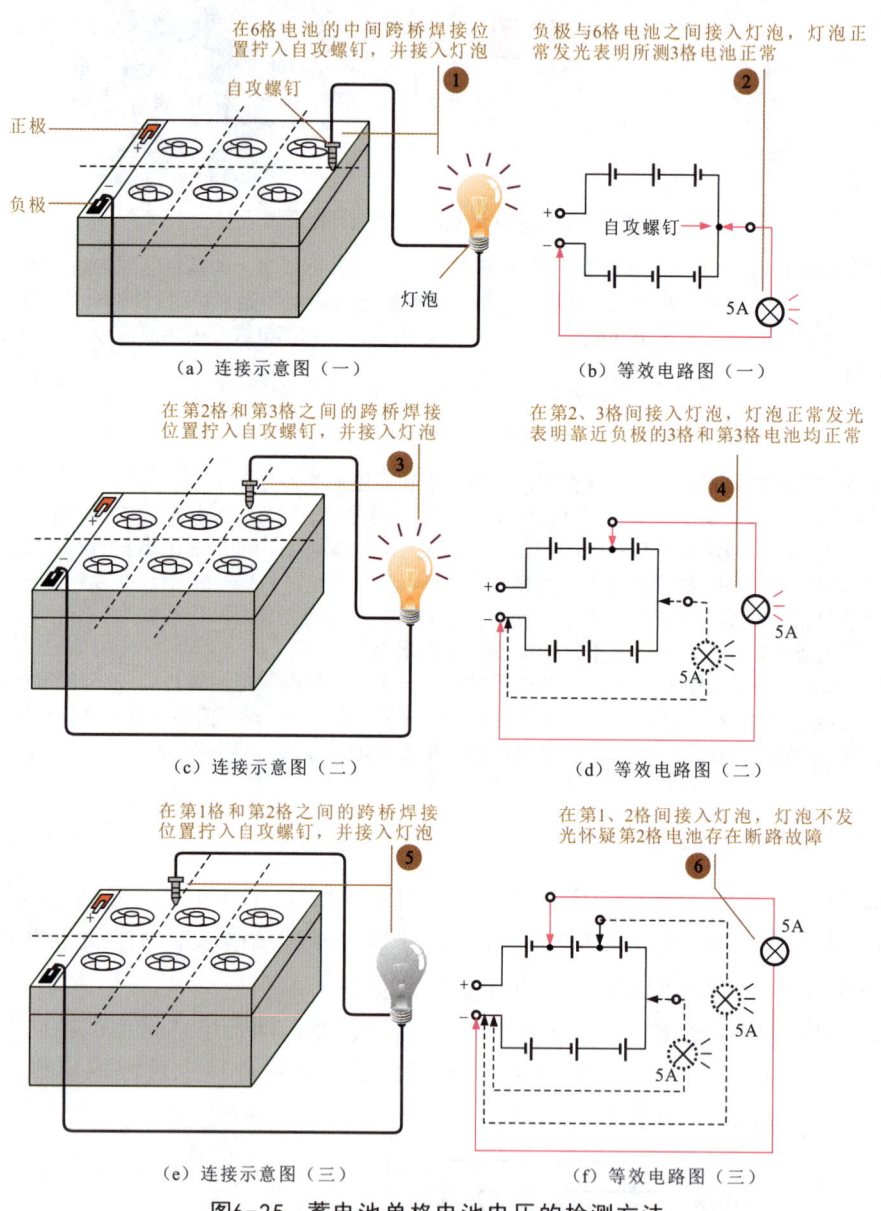

(a) 连接示意图（一）
(b) 等效电路图（一）
(c) 连接示意图（二）
(d) 等效电路图（二）
(e) 连接示意图（三）
(f) 等效电路图（三）

图6-25 蓄电池单格电池电压的检测方法

> 检修蓄电池时，常常会遇到"蓄电池短路"这一故障。这里，蓄电池短路的故障是指单格电池内出现短路。无论一块蓄电池在充足电或亏电状态，一旦端电压数值比正常数值小2V左右时，即可确认有单格电池出现短路故障。由于蓄电池的总电压下降2V，还会造成充电时充电阶段不转换，进而导致其他正常的蓄电池因过充而损坏。

▶▶ **6.3.2 蓄电池容量的检测方法**

蓄电池的容量是反应电池的实际放电能力的关键参数，通过对蓄电池容量的检测也可准确判断出电池的性能，一般检测电池容量需要用专业的电池容量检测仪来检测。

对蓄电池容量进行检测需要借助专用的蓄电池容量检测仪检测。蓄电池容量的检测方法如图6-26所示。

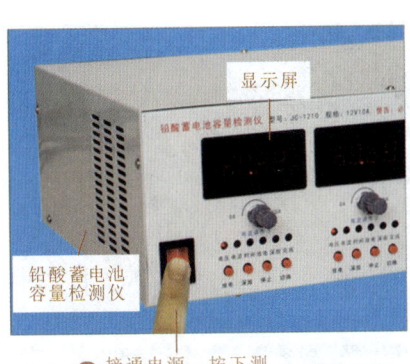

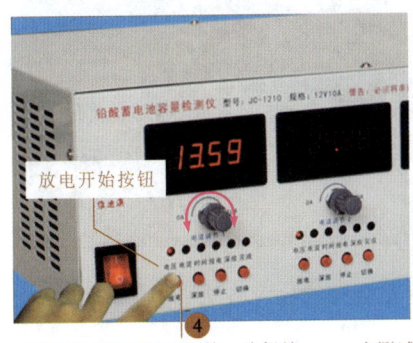

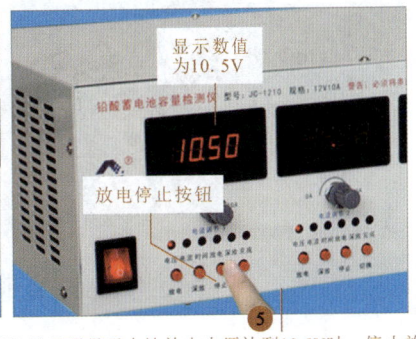

图6-26 蓄电池容量的检测方法

> 蓄电池容量计算公式：蓄电池容量=放电时间×放电电流。
> 实际测量时，放电电流为5A，记录放电时间为2h，根据公式计算，其蓄电池的容量为：5A×2h=10Ah（工作电流为5A的情况下，可使用2h）。与标称电池容量10Ah相同，表明该电池容量正常，电池本身性能良好。
> 若在实际测量时，放电时间为1.2h，那么该蓄电池当前实际容量为：5A×1.2h=6Ah。实测蓄电池容量为标称容量的60%（60%以下需进行修复），电池性能不良，需要及时维护。

▶▶ **6.3.3 蓄电池安全阀和电解液的检测方法**

❶ 蓄电池安全阀的检测方法

铅酸蓄电池安全阀的检测，需要将电池的盖板打开，首先通过外观进行观测，看是否有漏液情况,如果安全阀损坏,将造成电解液外溢等现象。另外,还可通过打开时的声音来判断安全阀的质量。

铅酸蓄电池安全阀的检测方法如图6-27所示。通常,正常的安全阀在用一字螺丝刀打开时,会听见"吱吱"的空气进入的声音,且其外围应干净整洁,取下和盖上安全阀时应能感到一定的弹性。若经检测安全阀开启时无声音、弹性下降、老化,则应及时更换。

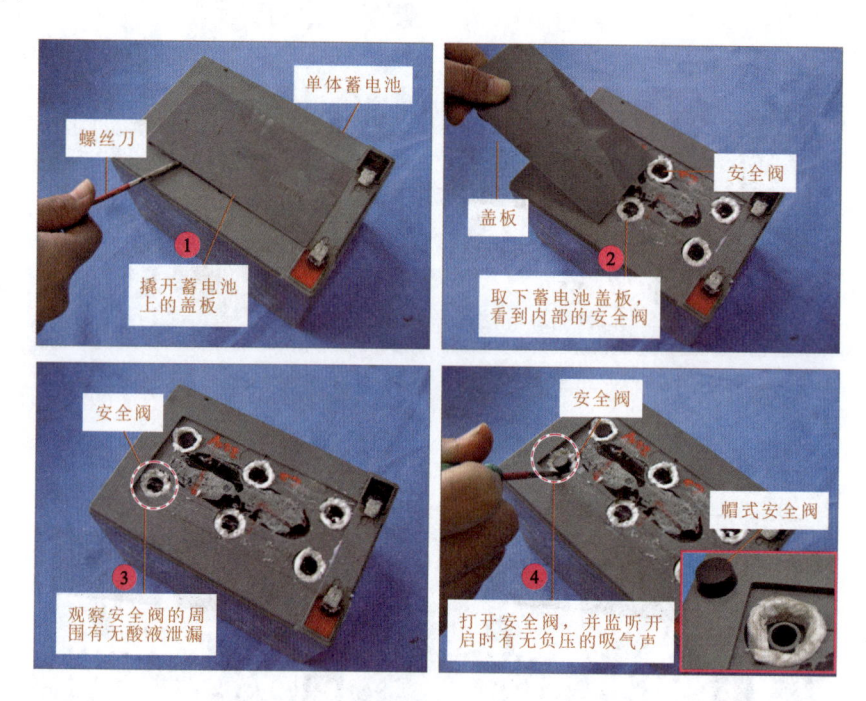

图6-27 铅酸蓄电池安全阀的检测方法

❷ 蓄电池电解液的检测方法

对铅酸蓄电池电解液的检测通常是对电解液的干湿程度(是否缺水)、是否变质等方面进行检测。由于在正常情况下,铅酸蓄电池内部的电解液全部吸附在电池的隔膜中,没有游离的电解液,因此,很难通过直接观察来判断电解液当前的状态。

然而,由于蓄电池中电解液的状态直接体现在电池容量上,所以在大多数情况下可根据蓄电池的性能来判断电解液状态。电解液的损耗就意味着电池电量和性能的降低,表现为一次充电后,续行里程明显缩短;另外,若充电过程中充电器指示灯不转换、充电发热异常,则表明蓄电池电解液已失水严重。

在日常使用过程中电池经常出现过充电、欠充电、过放电、使用环境温度过高等现象,这些不规范的操作通常是导致蓄电池内部电解液缺水、干涸,引起电池失效的重要原因。特别是长期对电池进行过充电,致使电解液中的大量水分电解,产生气体,并散失掉,大量缺水后蓄电池的化学反应就无法进行,进而产生电池硫化现象,大大降低了电池的使用寿命和效率。

▶▶ 6.3.4 蓄电池的修复

电动自行车蓄电池在使用过程中，常常会出现各种各样的故障，而不同的故障所对应的损伤原因和程度也不同，采用的修复方法也会不同，甚至有些故障只需进行简单操作便可修复使用，如更换某一块单体电池、补水修复、补充电解液等，而有些故障则需要用专业的修复仪器进行修复，如蓄电池硫化的修复等，但也有些故障将导致蓄电池完全失效，属于不可修复故障。

❶ 蓄电池的重组修复

在电动自行车日常使用的过程中，蓄电池使用时间明显缩短是最常见的一种故障。其主要原因是内部几个单体蓄电池不均衡，单体蓄电池不均衡是指几块单体蓄电池间存在电压差，导致充电或放电过程中，有的单体蓄电池已充电或放电完全，但另外的一个或两个单体蓄电池仍处于未充电或未放电完全的状态，从而引起"落后"的单体蓄电池过早失效，严重时影响整个蓄电池的使用寿命。

也就是说，如果是48V的蓄电池，其内部四块单体蓄电池中至少有一块可能是坏的，其他三块是好的，但是三块好的单体蓄电池也存在放电时间过短的问题，也就是说存在硫化现象。此时，如果更换全部单体蓄电池，将造成不必要的损失和浪费，此时，可只更换其中某一块单体蓄电池，对另外三块好的蓄电池进行修复，即通过更换某一块单体蓄电池实现重组修复。

在对蓄电池中的单体蓄电池更换前，需要首先了解单体蓄电池间的连接方式，如图6-28所示。正常情况下，蓄电池中的单体蓄电池均采用串联的方式进行连接，更换时，需要注意接线的正确性。

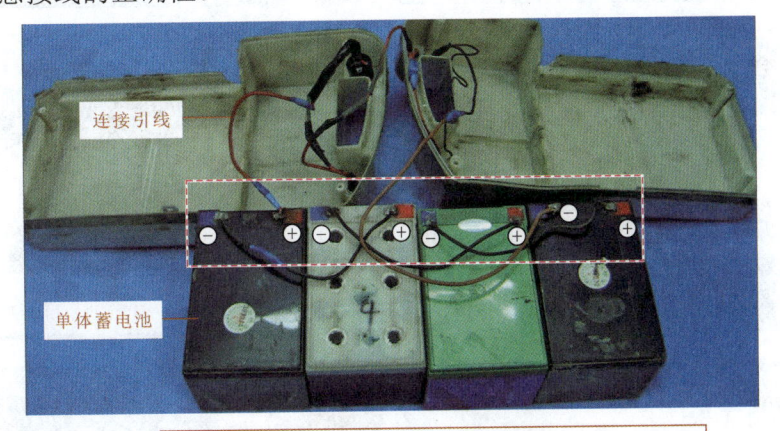

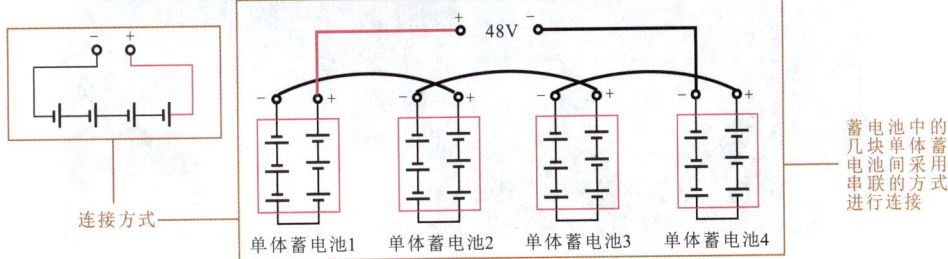

图6-28 蓄电池中的单体蓄电池的连接方式

通过检测找出损坏的单体蓄电池，将它与其他单体蓄电池连接引线焊开，然后用一块良好的单体蓄电池更换，按照原焊接方式将连接导线焊接到新的单体蓄电池上即可。

蓄电池的重组修复（单体蓄电池的代换）方法如图6-29所示。

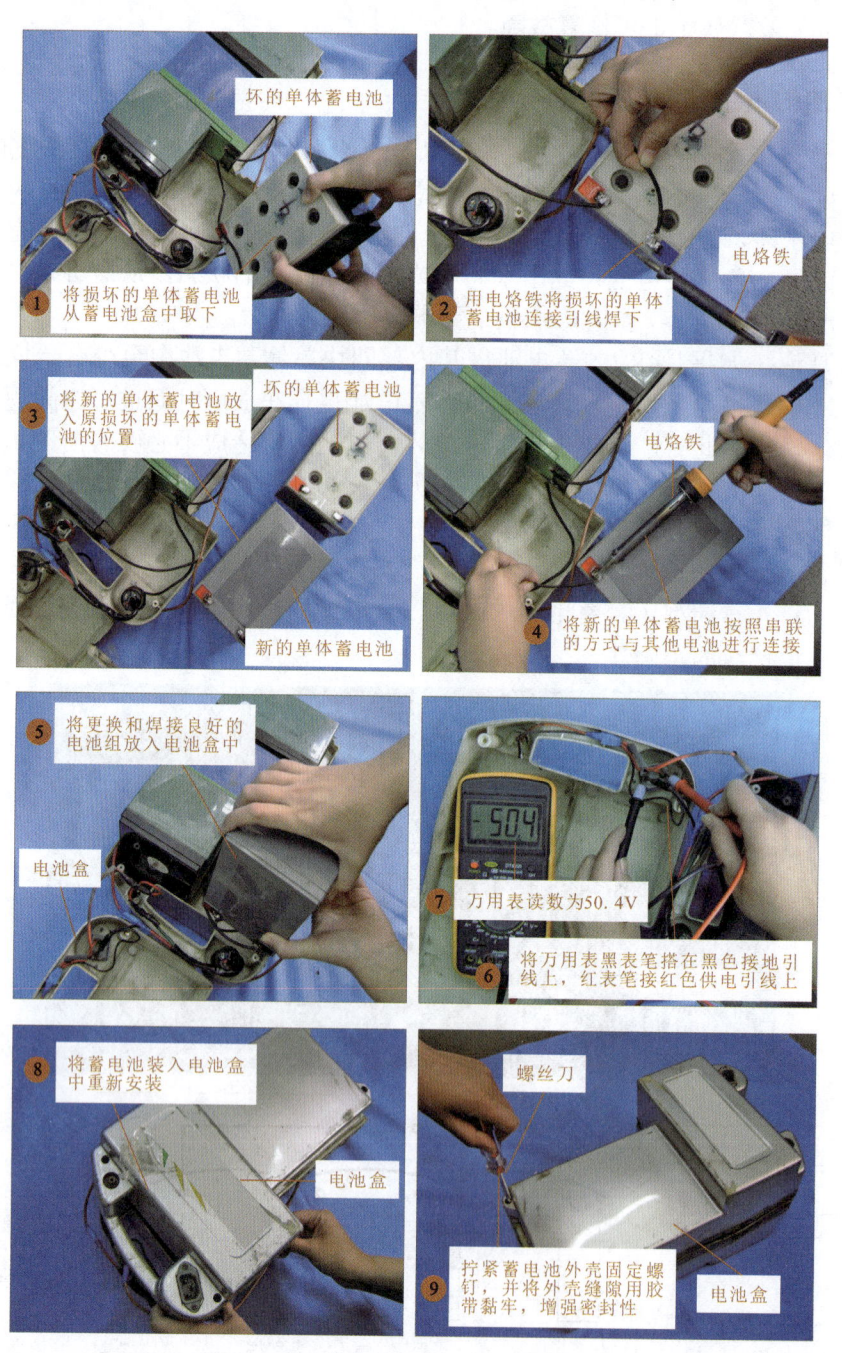

图6-29 蓄电池的重组修复（单体蓄电池的代换）方法

② 蓄电池的放电修复

对上述的蓄电池内部几块单体蓄电池不均衡故障,也可以采用蓄电池放电检测仪进行放电修复。蓄电池的放电修复方法如图6-30所示。

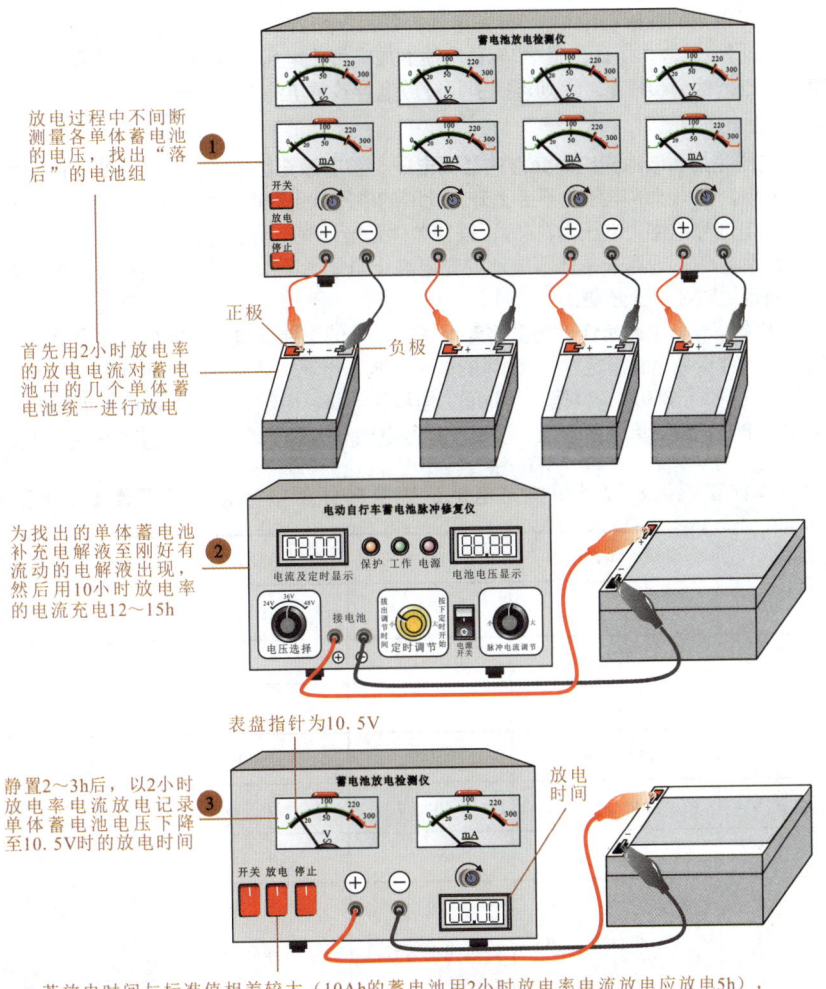

① 放电过程中不间断测量各单体蓄电池的电压,找出"落后"的电池组

首先用2小时放电率的放电电流对蓄电池中的几个单体蓄电池统一进行放电

正极 负极

② 为找出的单体蓄电池补充电解液至刚好有流动的电解液出现,然后用10小时放电率的电流充电12～15h

表盘指针为10.5V

③ 静置2～3h后,以2小时放电率电流放电记录单体蓄电池电压下降至10.5V时的放电时间

放电时间

若放电时间与标准值相差较大(10Ah的蓄电池用2小时放电率电流放电应放电5h),可重复上述放电过程2～3次,符合要求后可继续使用;若仍不良,应做报废电池处理

图6-30 蓄电池的放电修复方法

在对蓄电池进行放电操作时,蓄电池的放电终止电压10.5 V也是蓄电池的重要参数,与之对应的还有充电终止电压。

◆ 放电终止电压

放电终止电压是指蓄电池放电时允许的最低电压。如果电压低于放电终止电压后蓄电池继续放电,电池两端电压会迅速下降,形成深度放电,这样,极板上形成的生成物在正常充电时就不易再恢复,从而影响电池的寿命。放电终止电压和放电率有关。

放电时的电压与放电电流和蓄电池的内阻有关。放电电流越大,电压下降越快。放电电流的多少规定了相应的停止放电电压,避免放电电压过低,损害蓄电池。

不同类型的蓄电池放电终止电压也不相同，铅酸单体蓄电池放电终止电压为1.75V；根据放电速率不同镍镉单体蓄电池放电终止电压为0.9～1.1V；镍氢单体蓄电池放电终止电压为1V；锂离子单体蓄电池的放电终止电压为2.75～3V，了解这些参数信息对安全使用、有效维护和检修蓄电池时都十分必要。

电动自行车的蓄电池多为单体蓄电池的串联组合，其放电终止电压由于串联单体蓄电池的不同因而有所不同，我们最常见的铅酸蓄电池，36V蓄电池内部为3个12V的单体蓄电池的组合，一个12V单体蓄电池的放电终止电压为10.5V，那么，整个36V蓄电池的放电终止电压为31.5V，在检测和修复时，应根据其放电终止电压值进行检测和修复，否则可能引起过放电导致蓄电池损坏无法修复。

◆ 充电终止电压

充电终止电压是指蓄电池充电时允许的最高电压。蓄电池充足电时，极板上的活性物质已达到饱和状态，再继续充电，蓄电池的电压也不会上升，此时的电压就是充电终止电压。

铅酸单体蓄电池充电终止电压为2.45V；镍镉单体蓄电池充电终止电压为1.4～1.55V；镍氢单体蓄电池充电终止电压为1.5V；锂离子单体蓄电池的充电终止电压为4.2V，了解这些参数信息对安全使用、有效维护和检修蓄电池时都十分必要。

此外，放电循环寿命也通常作为衡量蓄电池性能好坏的重要参数。放电循环寿命是指蓄电池进行充电、放电到蓄电池容量减小到额定容量70%时的循环次数。循环寿命越大，则电池寿命越长，一般电动自行车的循环寿命应不少于350次，根据骑行时间、里程等计算，电动自行车的蓄电池可使用1～2年。

铅酸单体蓄电池、镍镉单体蓄电池、镍氢单体蓄电池和锂离子单体蓄电池各种参数的比较见表6-1。

表6-1 铅酸单体蓄电池、镍镉单体蓄电池、镍氢单体蓄电池和锂离子单体蓄电池参数比较

参数	铅酸单体蓄电池	镍镉单体蓄电池	镍氢单体蓄电池	锂离子单体蓄电池
额定电压/V	2	1.2	1.2	3.6
放电终止电压/V	1.75	0.9～1.1	1	2.75～3
充电终止电压/V	2.45	1.4～1.55	1.5	4.2
使用寿命/次	200～300	500	1000	500
放电温度/℃	0～45	-20～60	-10～45	-20～60
充电温度/℃	0～45	0～45	10～45	0～45
其他	一般电动自行车用蓄电池	耐过充能力较强	使用寿命长	重量比镍氢单体蓄电池轻30%～40%，容量高出镍氢单体蓄电池60%以上。但是不耐过充，如果过充会造成温度过高而破坏结构导致爆炸

3 蓄电池的补水修复

蓄电池缺水是蓄电池修复操作中，最常见到的一种故障，该类故障多是由日常使用不当，如过充电、欠充电和过放电等造成的，其修复操作一般也比较简单，通常打开蓄电池盖板和安全阀，向排气孔中注入蒸馏水即可。

在蓄电池补水修复前，要准备好修复蓄电池要用到的螺钉旋具、蒸馏水、注射器、黏合剂（胶水/胶）、手套等工具和材料，图6-31为补水修复所用的各种工具和材料。

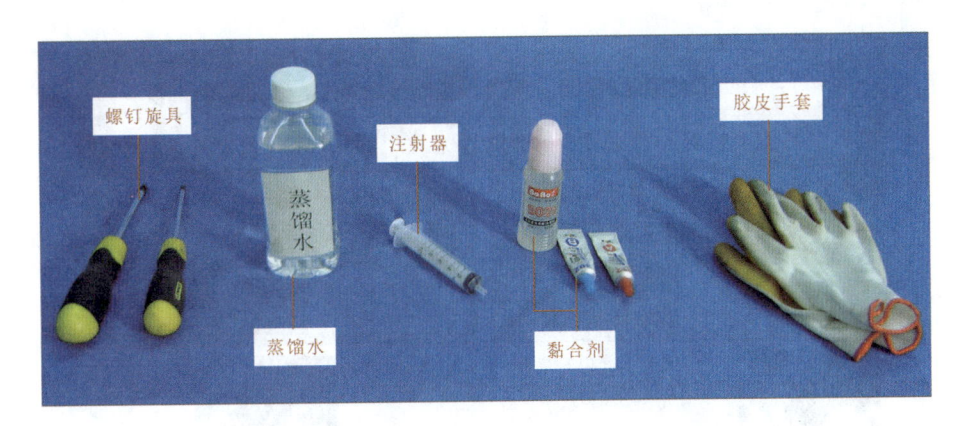

图6-31 补水修复所用的各种工具和材料

准备好补水工具后便可开始操作了。蓄电池的补水操作如图6-32所示。

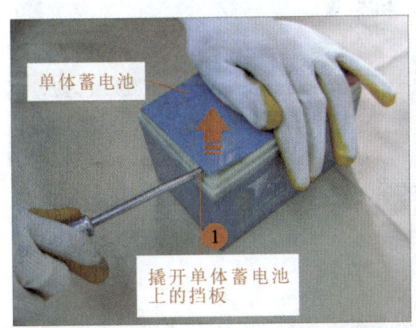

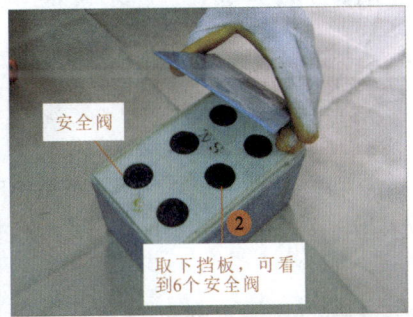

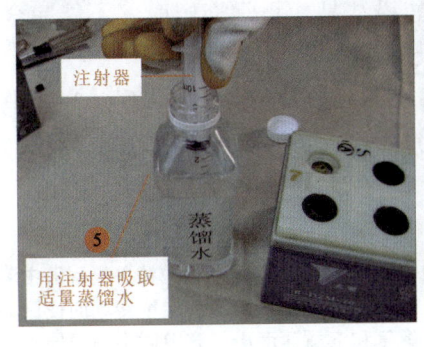

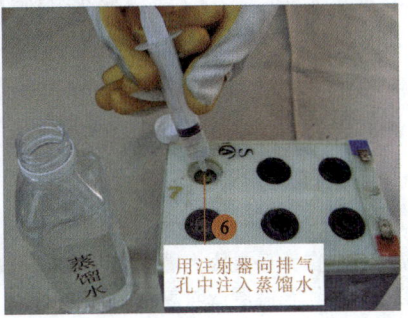

图6-32 蓄电池的补水操作

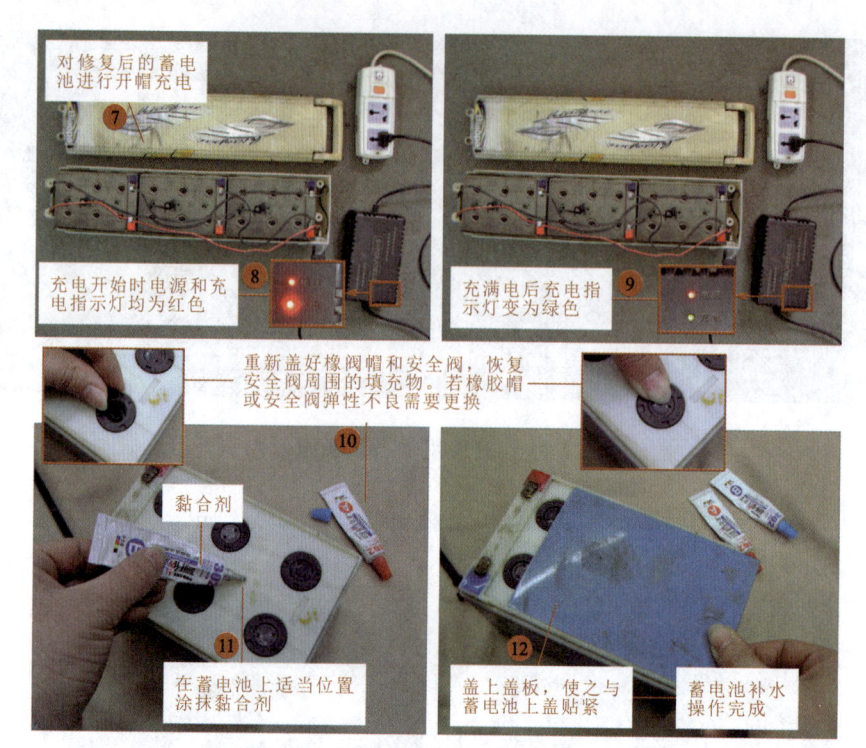

图中标注文字：
- 对修复后的蓄电池进行开帽充电 ⑦
- ⑧ 充电开始时电源和充电指示灯均为红色
- ⑨ 充满电后充电指示灯变为绿色
- 重新盖好橡阀帽和安全阀，恢复安全阀周围的填充物。若橡胶帽或安全阀弹性不良需要更换 ⑩
- 黏合剂
- ⑪ 在蓄电池上适当位置涂抹黏合剂
- ⑫ 盖上盖板，使之与蓄电池上盖贴紧
- 蓄电池补水操作完成

图6-32 蓄电池的补水操作（续）

蓄电池的电解液修复可参照补水修复过程。

在修复操作中，值得注意的是，使用一次性注射器补充电解液时，一定要去掉金属针头；补水操作中严禁用普通饮用水代替蒸馏水。

另外，对蓄电池进行补水后，第一次充电先不要盖上橡胶帽，充满电后，最好再浮充2h左右，充满电后，查看排气孔中的白色纤维，以看不到流动的水为准，如果太干，则需要再补充一些水，如果有流动的水，则应继续开帽充电，使水蒸发掉，或用注射器吸走多余的水。

若经修复后的蓄电池仍未能达到增加容量的目的，则可能是蓄电池正极板软化严重，该类电池基本上无法修复，应做报废处理；若修复好的电池充电30min后，测试单组蓄电池电压仍低于12V，多为蓄电池内部短路，该类电池也基本上无法修复，应做报废处理。

❹ 蓄电池的硫化修复

在蓄电池的极板上生成白色坚硬的硫酸铅结晶，正常充电时，不能完全使其转化为铅和二氧化铅，这种现象即为硫酸铅盐化，简称"硫化"。

实际测试数据表明，对于蓄电池进行补水修复后容量没有达到60%的电池，可进行硫化修复处理，这样可将约2/3的电池修复至60%以上的容量，甚至还有部分电池的容量可以达到原容量的80%及以上。

生成硫酸铅结晶大多是因为蓄电池过放电或放电后长期放置，硫酸铅微粒在电解液中溶解，呈饱和状态，这些硫酸铅在温度低时重新结晶并析出。析出的结晶因一次次的温度变动而使聚集的结晶粒增大，这种硫酸铅结晶的导电性不良、电阻大，溶解度和溶解速度小，充电时不易还原，使极板中参加电化学反应的活性物质减少，从而导致蓄电池的容量大大降低和寿命缩短。

蓄电池硫化现象的修复有多种方法，较常用的有水处理法和脉冲修复法。

（1）水处理法。采用水处理法进行蓄电池硫化处理，一般适用于硫化不太严重的情况，可按下面的步骤进行：

1）向蓄电池中加入蒸馏水，用于稀释电池中的电解液，并提高硫酸铅的溶解度。

2）对蓄电池进行充电，一般10Ah的蓄电池可用0.5A的电流充电20h以上（20h率），使结晶的硫酸铅溶解、缩小，直到正、负极板开始出现大量气泡（或监测蓄电池电压端电压2h以上），电解液密度不再升高为止。充电过程中应注意防止环境温度过高，可对蓄电池进行降温处理，如将蓄电池下部浸在凉水中。

3）用10h率进行放电，直到单格蓄电池电压均降至1.8V为止。

4）放电后再充电，可重复2～3次，使单体蓄电池中单格电池的电解液密度均匀，并在稳定状态时使其密度达到标准电解液密度的1.3倍左右。

5）用注射器或吸管将多余的电解液吸出。

6）测试蓄电池的容量，若能达到标称容量的80%以上，则说明蓄电池修复成功。

> 测量电解液的密度，一般使用吸取式密度计，将电解液从排气孔中缓缓吸入外筒，根据浮标的刻度即可测知密度。

（2）脉冲修复法（专业仪器修复）。使用脉冲修复方法对蓄电池进行修复操作，通常需要使用专业的蓄电池脉冲修复仪，该仪器可以输出脉冲充电电流，对蓄电池进行反复充电从而实现对蓄电池的修复。蓄电池的脉冲充放电修复过程相对比较复杂，需要与蓄电池容量检测仪、蓄电池放电检测仪等配合使用，一般可按以下步骤进行：

1）对蓄电池进行充电。如图6-33所示，对蓄电池进行脉冲修复时，首先对待修复的蓄电池进行充电，充电完成后静置30min。

图6-33 蓄电池充电及静置操作

2）检测蓄电池容量。在修复前，还需要对待修复的蓄电池进行容量测试，用于蓄电池修复前后的对比。待修复蓄电池容量的检测方法如图6-34所示。

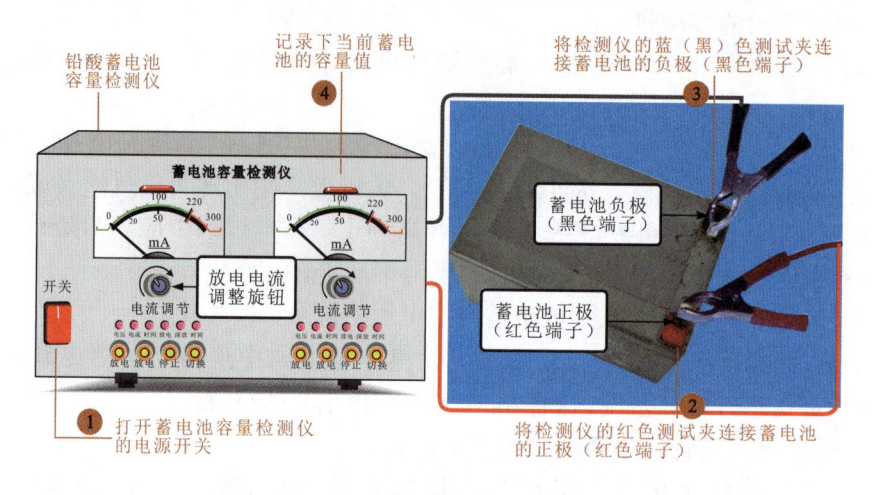

图6-34 待修复蓄电池容量的检测方法

3）对待修复的蓄电池进行放电操作。如图6-35所示，使用专业的蓄电池放电检测仪进行放电操作。

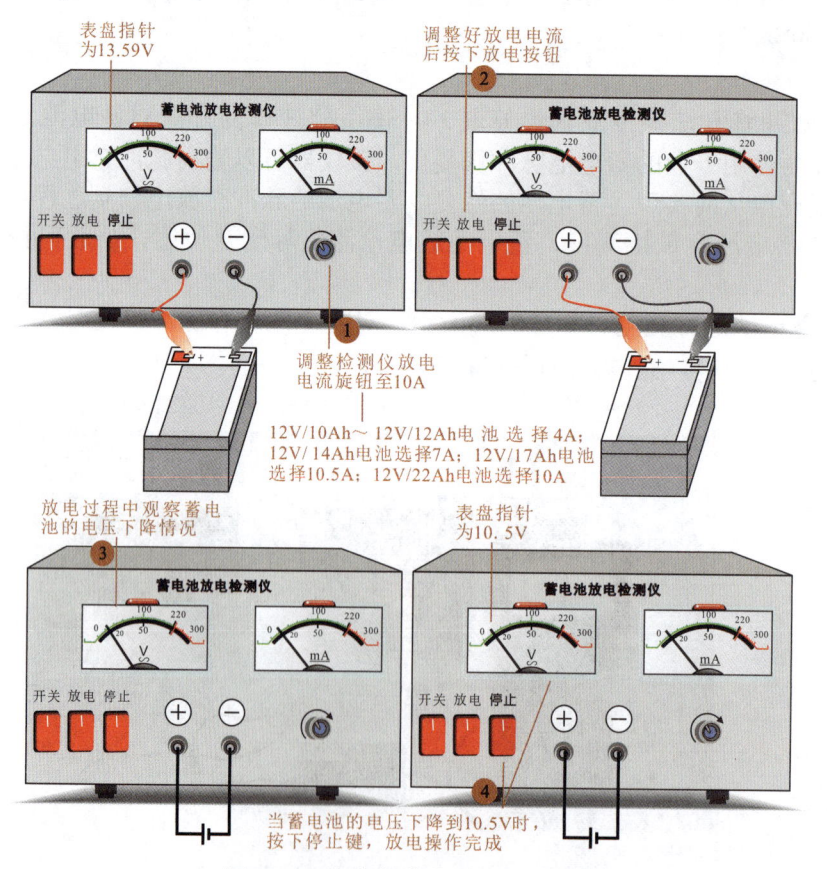

12V/10Ah～12V/12Ah电池选择4A；12V/14Ah电池选择7A；12V/17Ah电池选择10.5A；12V/22Ah电池选择10A

图6-35 待修复蓄电池的放电操作

4）对蓄电池进行补充电解液操作。对放电完成的蓄电池进行补充电解液操作，即打开蓄电池盖板，从排气阀的排气孔补充电解液。电解液加注后，使液面刚好超过极板1mm左右的高度即可。静态搁置一天后，再续添电解液至1mm左右的高度，此时可以用肉眼观察到排气孔内有流动的电解液。

5）对充注完电解液的蓄电池进行彻底放电操作。借助蓄电池放电检测仪对充注完电解液的电池进行彻底放电操作。将蓄电池放电检测仪的放电电流调节旋钮调至5A，待蓄电池电压降到0V时，按下停止键，完成彻底放电操作。

对充注完电解液的蓄电池进行彻底放电操作如图6-36所示。

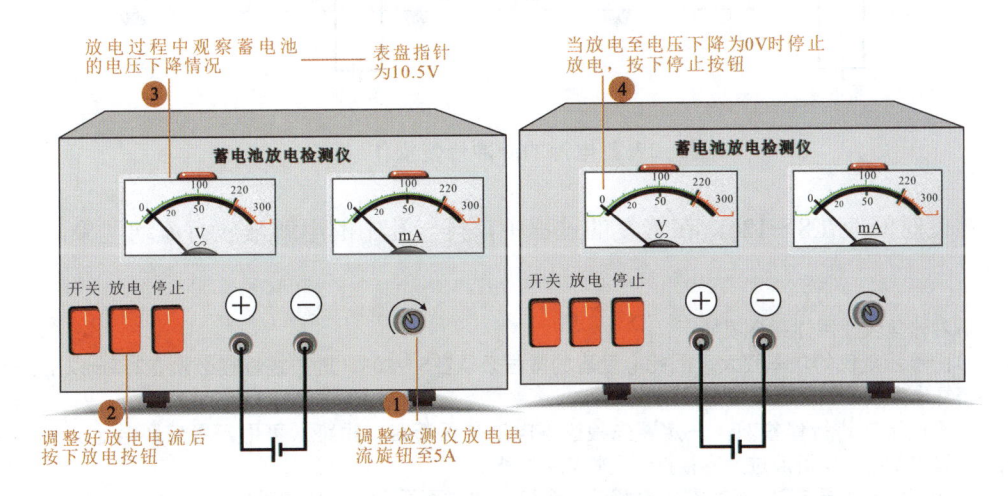

图6-36 充注完电解液的蓄电池的彻底放电操作

6）进行脉冲修复。放电结束后，将蓄电池与蓄电池脉冲修复仪的修复端子进行连接，执行脉冲修复操作。蓄电池的脉冲修复操作如图6-37所示。

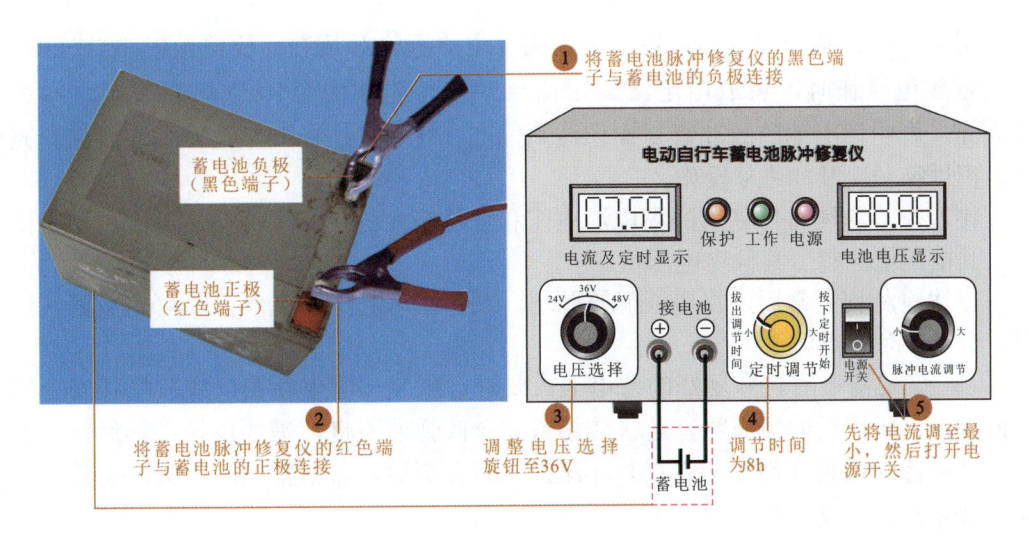

图6-37 蓄电池的脉冲修复操作

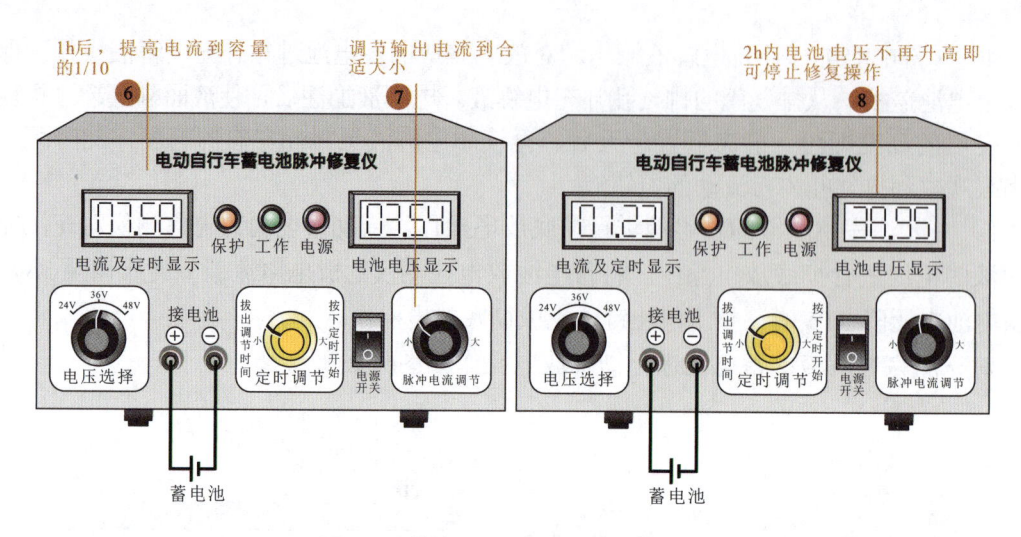

图6-37 蓄电池的脉冲修复操作（续）

修复时间应在8～12h，在修复的过程中，排气孔中的电解液应有流动现象。

> 脉冲修复仪使用注意事项如下：
> 1）由于修复仪的功率较大，因此电度表的量程必须在5～10A，进户线直径必须在2.5mm以上，否则会烧坏电度表，引起电线发热。
> 2）蓄电池在进行修复前，一定要先检查蓄电池是否断路、短路（可用万用表及电池检测仪检测），如果蓄电池电解液过少应根据情况补充蒸馏水。
> 3）修复时一般要充注2杯左右的电解液，电流开始时不要太大，以电池容量的1/20～1/15为准，1h后加大电流到容量的1/10以上即可。
> 4）修复前还要添加蓄电池专用修复液，用量一定要按要求加入，不能过量，否则可能会有不利影响。

蓄电池进行脉冲修复后，可重新使用放电检测仪对其进行放电操作。当对10A电池进行放电操作时，将放电电流旋钮调至5A，待电池降至10.5V时，放电时间达到100min，表明该电池的脉冲修复操作达到标准。对于未达标的电池，则需要重新充电后，再进行一次脉冲修复操作。

接着，可继续对修复后的蓄电池电压和容量等性能指标进行检测对比。正常情况下，其电压值应超出其额定电压值。

上述检测均正常后，将电池静置晾干。观察排气孔中的电解液，可用吸管（注射器）吸出多余的电解液。

7）重装蓄电池。修复好的蓄电池需要进行重装，即重新盖好橡胶帽和安全阀，并恢复安全阀周围的填充物，若橡胶帽或安全阀弹性不良，需要更换；最后在蓄电池上适当位置涂抹黏合剂（ABS胶），涂抹完黏合剂后，盖上蓄电池盖板，使其与电池下部黏合，完成修复。

由于过充电、过放电和欠充电而产生硫化的蓄电池，以上方法的修复效果是非常明显的。但是并不是所有蓄电池都可以进行修复操作的，对于极板活性物质脱落、短路、断格的蓄电池是不能修复的。通常，极板软化、断格的蓄电池都是因为长期的硫化而导致的，所以一定要及时发现，延长电池的使用寿命。

近年来出现的铅酸蓄电池修复技术有很多，主要如下：
- ◆ 采用大电流充电，使大的硫酸铅结晶产生负阻击穿来溶解的方法。该方法会降低蓄电池使用寿命，不建议采用。
- ◆ 负脉冲法。就是在充电过程中加入负脉冲，该方法可以降低电池温升，但是修复率只有20%左右。
- ◆ 添加活性剂。该修复方法成本高，改变了电解液的原结构，也会降低电池使用寿命，修复率约为45%。
- ◆ 高频脉冲修复法。就是采用脉冲波使硫酸铅结晶体重新转化为晶体细小、电化学性高的可逆硫酸铅，使其能正常参与充、放电的化学反应，修复率约为60%。但修复时间长，需数十小时以上，甚至一周的时间，并且对严重"硫化"的蓄电池修复效果不理想。
- ◆ 组合式谐振脉冲修复法。该方法是利用充电脉冲中的高次谐波与大的硫酸铅结晶谐振，在修复过程中消除蓄电池硫化。这种方法修复效率高，对蓄电池损伤小，可以适当延长蓄电池的使用寿命，减少用户更换电池的次数和费用，目前被广泛采纳。

6.4 电动自行车蓄电池的代换

对于蓄电池的代换，分为整体代换和对单体蓄电池进行代换，整体代换只需将电池盒拆开，将内部的4块单体蓄电池拆下，再装入4块新蓄电池，连接好引线即可；单体蓄电池代换，是将不良的单体蓄电池拆下，将新单体蓄电池与其他3块进行配组，然后进行连接安装。

▶▶ 6.4.1 蓄电池的整体代换方法

对于整体代换的蓄电池，需要将电池盒拆开。蓄电池的电池盒由2个对称的塑料壳组成，连接部位有螺钉进行固定。

按图6-38所示，用合适的螺丝刀将电池盒滑道的螺钉拧下，取下滑道和底座。

电池盒滑道

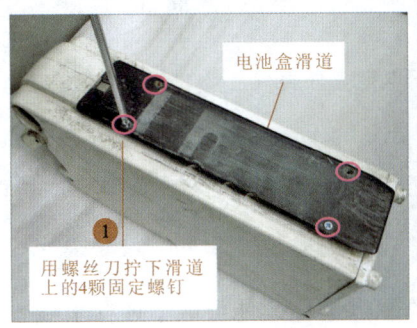

① 用螺丝刀拧下滑道上的4颗固定螺钉

② 用一字螺丝刀插入滑道与电池盒的缝隙中，将滑道撬开

图6-38 拆卸滑道和底座

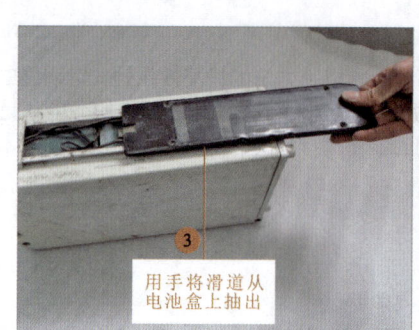

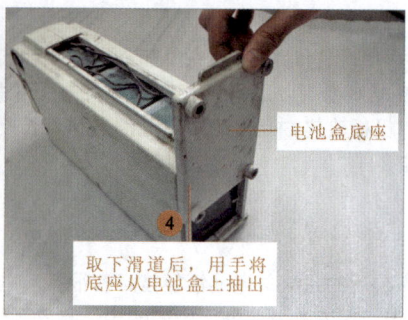

图6-38 拆卸滑道和底座（续）

按图6-39所示，拧下电池盒提手的固定螺钉，取下提手。

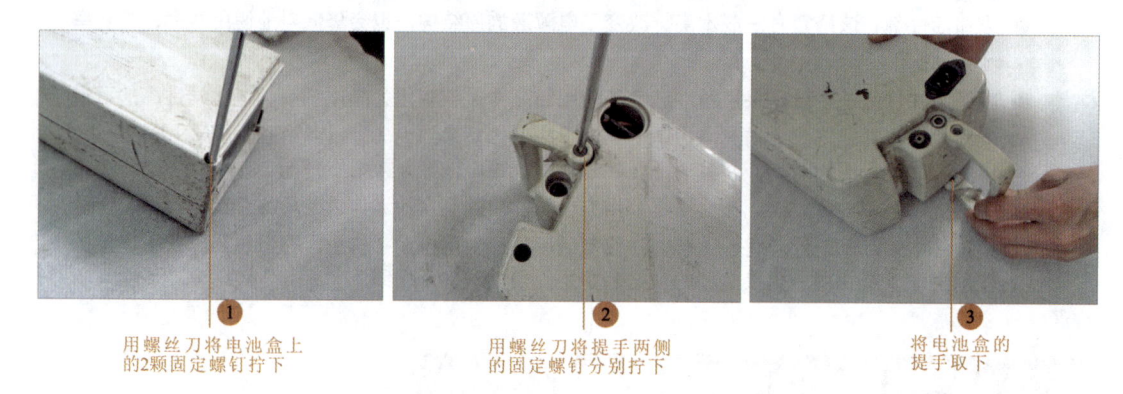

图6-39 拆卸电池盒的提手

按图6-40所示，将电池盒外壳拆开，便可看见内部的单体蓄电池组。

图6-40 取下电池盒外壳

由于内部蓄电池通过引线与电池盒电源接口相连，在抬起外壳时，应注意其内部的线路连接，不要用力过大，将内部连线扯断。

按图6-41所示，使用电烙铁将极柱上的焊点熔化，便可取下连接引线。

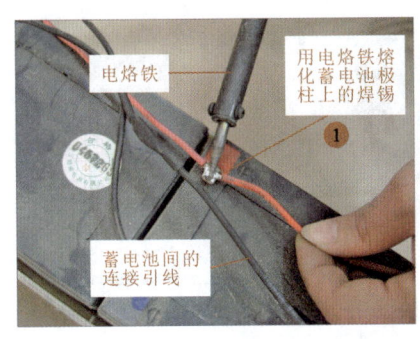

图6-41 用电烙铁将各焊点融化

按图6-42所示,将单体蓄电池间的引线取下后,可将单体蓄电池从电池盒中取出。

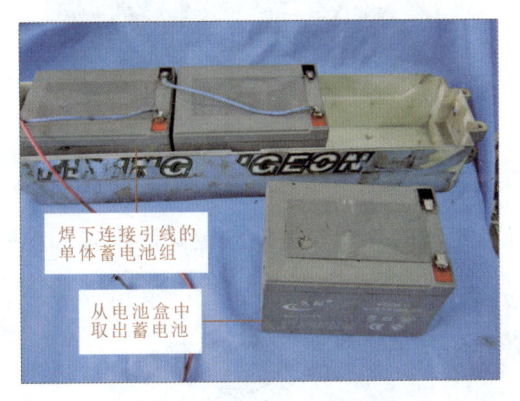

图6-42 取出单体蓄电池

取出所有需要代换的单体蓄电池,将新的单体蓄电池重新连接,然后装入电池盒中。通常,单体蓄电池需要串联在一起,然后再与电池盒上的电源接口相连。图6-43为常见的蓄电池连接方法。

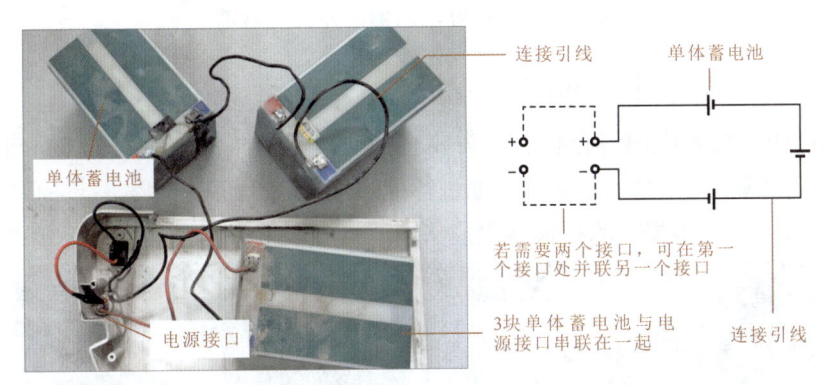

图6-43 常见的蓄电池连接方法

按图6-44所示,用电烙铁将连接引线焊接在蓄电池极柱上,注意首尾正、负极相连,使3块单体蓄电池与接口串联在一起。

按图6-45所示,将单体蓄电池放入电池盒中,注意不要压住连接引线。

电烙铁

焊锡丝

① 用电烙铁和焊锡丝将连接引线焊接在蓄电池极柱上

② 焊接好各条引线，使蓄电池串联在一起

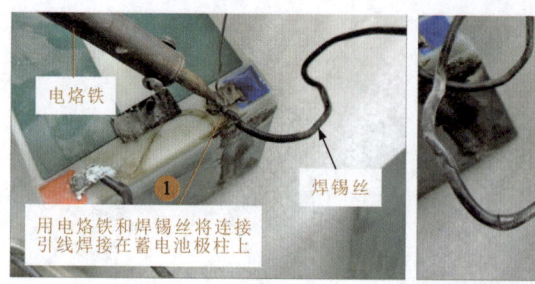

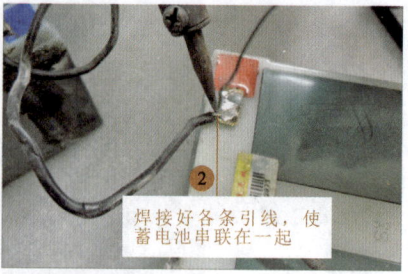

图6-44　焊接连接引线

单体蓄电池

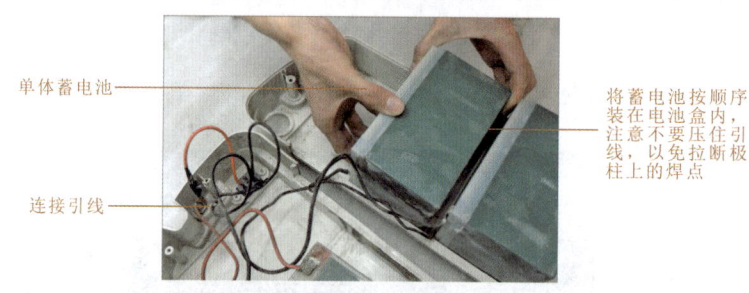

连接引线

将蓄电池按顺序装在电池盒内，注意不要压住引线，以免拉断极柱上的焊点

图6-45　安装单体蓄电池

按图6-46所示，将电池盒的外壳、滑道固定好，拧紧固定螺钉，蓄电池代换完成。

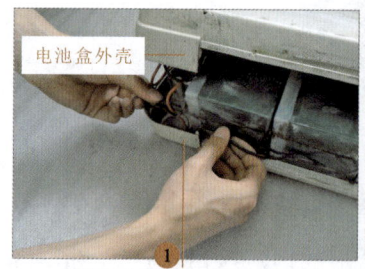

电池盒外壳

电池盒滑道

电池盒

① 装好电池盒的外壳，注意不要夹住引线

② 装好电池盒的滑道，装入滑道时，要先将内部的引线捋顺

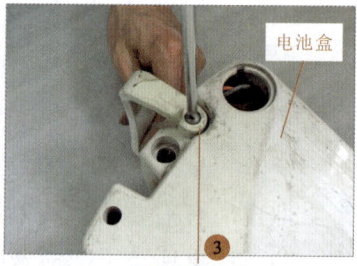

③ 拧紧电池盒上的固定螺钉

图6-46　固定好电池盒的外壳、滑道

▶▶ 6.4.2　单体蓄电池的代换方法

若要对1块单体蓄电池进行代换，需要将电池盒拆开，将损坏的单体蓄电池拆下，然后对新蓄电池和余下的3块单体蓄电池进行配组，再重新连接安装。

按图6-47所示，将损坏的单体蓄电池从电池盒中取下，用电烙铁将连接引线焊下。

损坏的单体蓄电池

电烙铁

① 将损坏的单体蓄电池从电池盒中取出

② 用电烙铁将损坏的单体蓄电池连接引线焊下

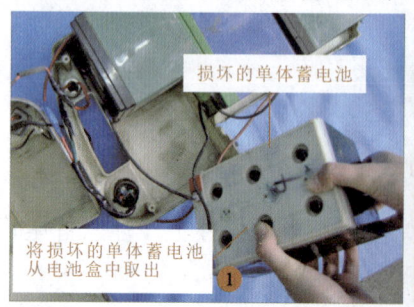

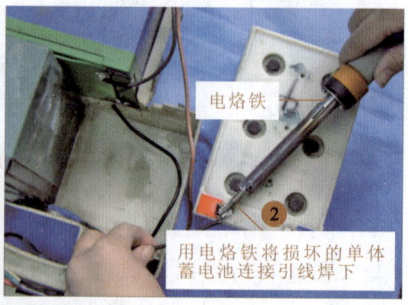

图6-47　拆下损坏的单体蓄电池

按图6-48所示，将新的单体蓄电池按照串联的方式与其他电池进行连接。

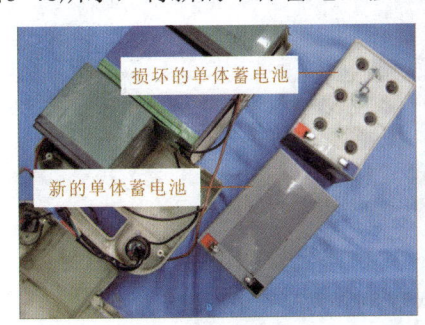

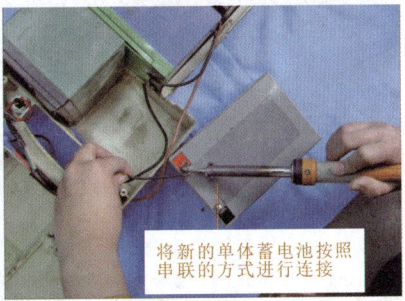

图6-48 将新的单体蓄电池按照串联的方式进行连接

> 这里所采用的新单体蓄电池实际上是使用过的蓄电池，因为新蓄电池永远也不会与旧的蓄电池保持同步，因此要选用相同寿命周期内的良好蓄电池进行代换。该蓄电池要与电池盒中的其他3块蓄电池进行配组，确保4块蓄电池在电压、容量等方面接近，以免再次引起电池组不平衡的故障。

按图6-49所示，确认焊点是否焊接牢固，并将蓄电池放入电池盒中。

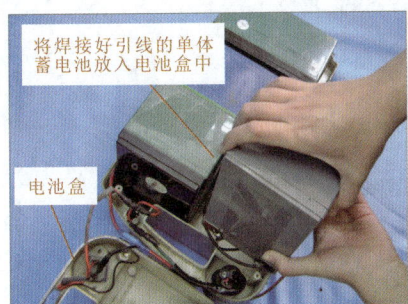

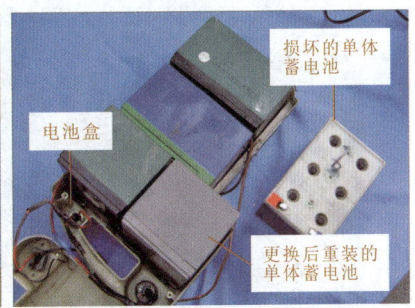

图6-49 将蓄电池放入电池盒中

按图6-50所示，检测蓄电池的总电压，确认电压正常后，将电池盒外壳装好，拧紧固定螺钉，并将外壳缝隙用胶带黏牢，增强密封性。

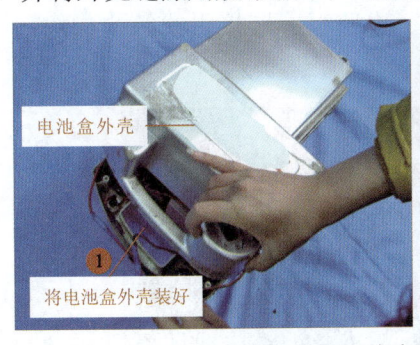

图6-50 将电池盒重新封装

> 电动自行车蓄电池的拆卸检修需由专业维修人员按相关法律法规执行，并采取相应的预防措施，确保废物得到合法处理和回收利用。同时，相关责任方需承担起回收利用服务的提供和记录管理义务，以防止环境污染和资源浪费。

第7章 电动自行车控制器检修

● 7.1 电动自行车控制器的结构

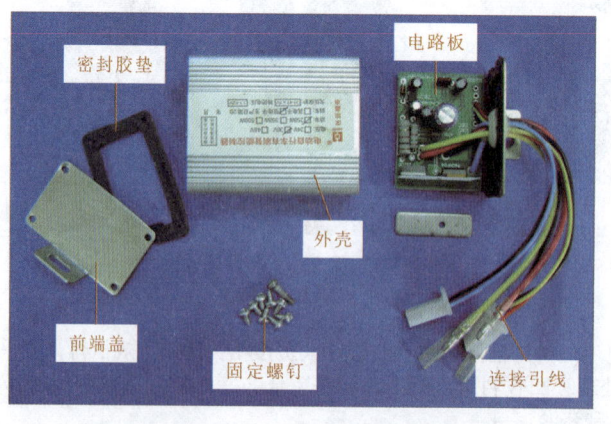

▶▶ 7.1.1 有刷直流电动机控制器的结构

有刷直流电动机控制器是指用于控制有刷直流电动机工作的控制器。图7-1为有刷直流电动机控制器的实物外形及连接引线功能。

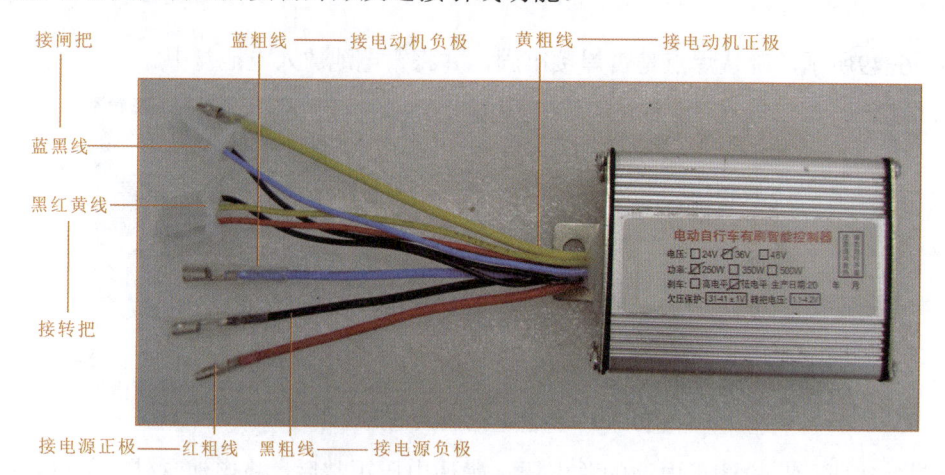

图7-1 有刷直流电动机控制器的实物外形及连接引线功能

有刷直流电动机控制器主要是由外壳、电路板、连接引线等构成的，图7-2为有刷直流电动机控制器的结构图。

图7-2 有刷直流电动机控制器的结构

图7-3为有刷直流电动机控制器内部电路。可以看到，有刷直流电动机控制器内部电路比较简单，主要是由电压比较器LM339、功率管、滤波电容、贴片电阻等元件构成。

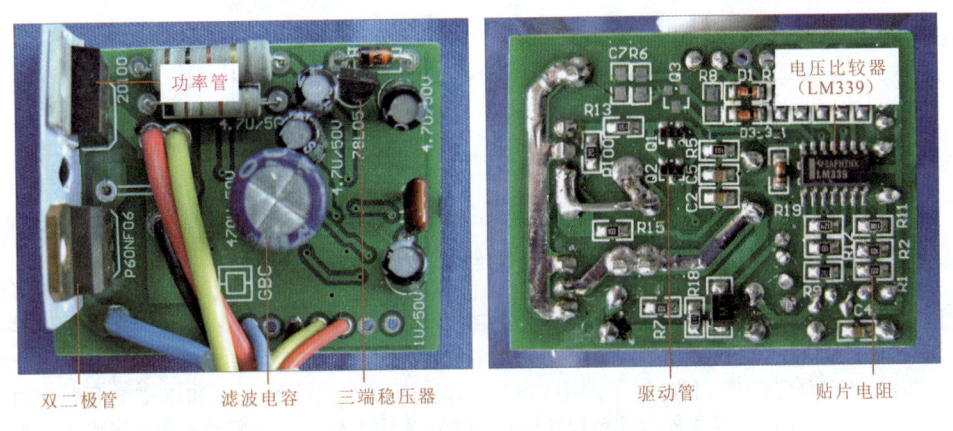

图7-3 有刷直流电动机控制器内部电路

1 电压比较器LM339

电压比较器LM339是有刷直流电动机控制器中的关键元件之一，其内部集成了四个独立的电压比较器，每个电压比较器都可以独立构成单元电路。图7-4为电压比较器LM339实物及引脚功能。

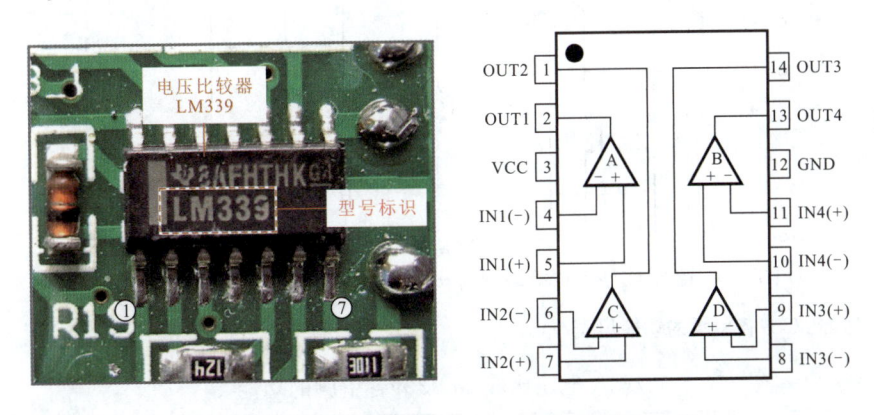

图7-4 电压比较器LM339实物及引脚功能

在电路中，电压比较器（LM339）内部四个独立的电压比较器都可以单独使用。在该类控制器电路中用于组成锯齿波脉冲产生电路和PWM调制电路等，在该电路中也称其为PWM信号产生电路。

> 电压比较器是通过两个输入端电压值（或信号）的比较结果决定输出端状态的一种放大器件。
> 　当电压比较器的同相输入端电压高于反相输入端电压时，输出高电平；当反相输入端电压高于同相输入端电压时，输出低电平，如图7-5所示。

① 当同相输入端电压高于反相输入端电压时，输出高电平

② 当反相输入端电压高于同相输入端电压时，输出低电平

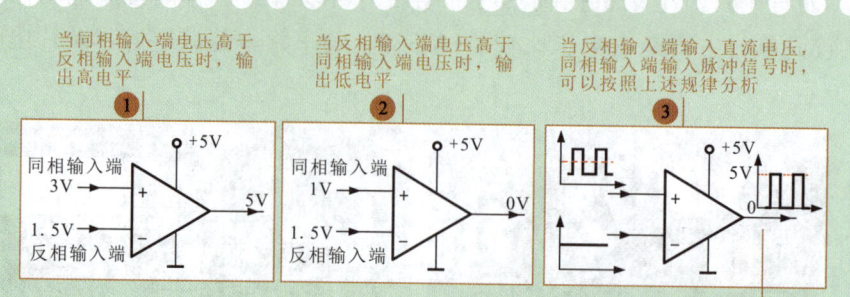

③ 当反相输入端输入直流电压，同相输入端输入脉冲信号时，可以按照上述规律分析

脉冲信号高于直流电压时，输出为高电平；脉冲信号低于直流电压时，输出为低电平。最终输出脉冲信号

图7-5　电压比较器输入与输出端电压或信号关系

图7-6为电压比较器LM339内部一个独立比较器的结构框图，其他三个比较器的结构与之完全相同。IN+和IN-是LM339外面的两个输入端，电压比较器内部的电路都采用差动放大器（又叫差分放大器），即晶体管VT1与VT2是对称的，晶体管VT3与VT4是对称的。当输入端IN+和IN-的电压加上时，两个对称的晶体管之间的电压差就会使电压比较器的输出发生变化。这种差动式的电路具有零点漂移小、精度高的特点。

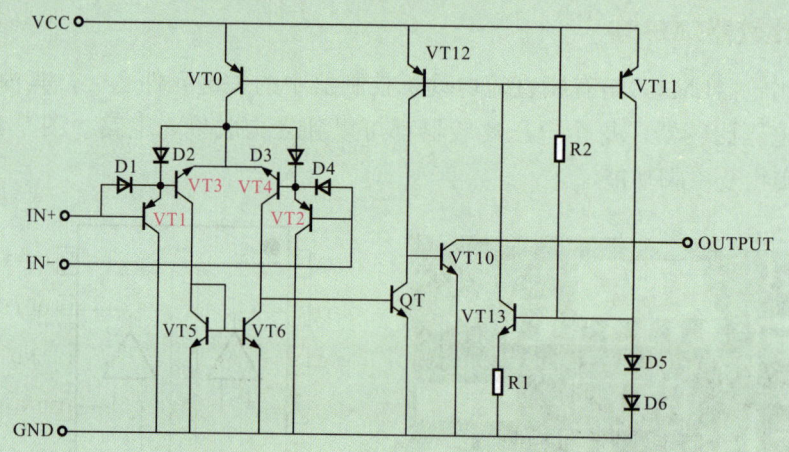

图7-6　电压比较器LM339内部一个独立比较器的结构框图

电压比较器LM339各引脚的功能见表7-1。

表7-1　电压比较器LM339各引脚的功能

引脚	名称	功能	引脚	名称	功能
1	OUT2	输出2	8	IN3（-）	反相输入3
2	OUT1	输出1	9	IN3（+）	同相输入3
3	VCC	电源	10	IN4（-）	反相输入4
4	IN1（-）	反相输入1	11	IN4（+）	同相输入4
5	IN1（+）	同相输入1	12	GND	接地
6	IN2（-）	反相输入2	13	OUT4	输出4
7	IN2（+）	同相输入2	14	OUT3	输出3

❷ 功率管

功率管是有刷直流电动机控制器中的重要部件之一，多采用场效应晶体管作为功率管，用于将PWM信号产生电路输出的PWM信号进行功率放大和输出，去驱动电动机启动、运转和变速。

图7-7为控制器中场效应晶体管的实物外形，其型号为STP60NF06，是控制器中的功率放大器件。

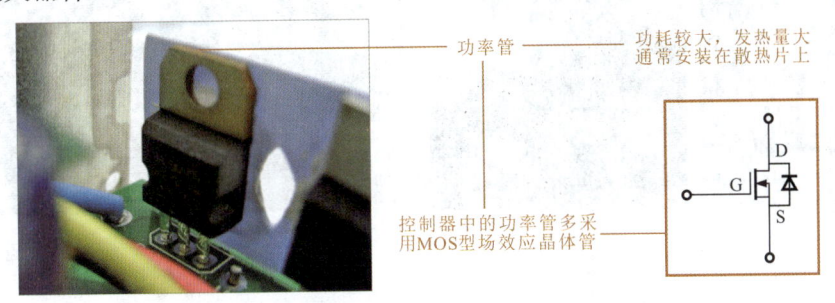

图7-7　场效应晶体管STP60NF06的实物外形

> 电动自行车控制器中常采用的场效应晶体管主要有STP75NF75、STP60NF06、IRF2807、IRF2103、IRF4905、FYP2010D、STW80N06、FQA160N08、2SK1836等。

❸ 三端稳压器

控制器电路板上各元件所需要的工作电压，均低于电池提供的电压，因此，通常将电池电压先进行限流和稳压后，再为控制器电路板各元件供电，此时常用稳压元件与限流电阻构成稳压电路实现此功能。

图7-8为三端稳压器AS78L05实物外形。该元件是一个三端稳压集成电路，与控制器中的滤波电路及稳压二极管等器件构成控制器中的内部电源电路。

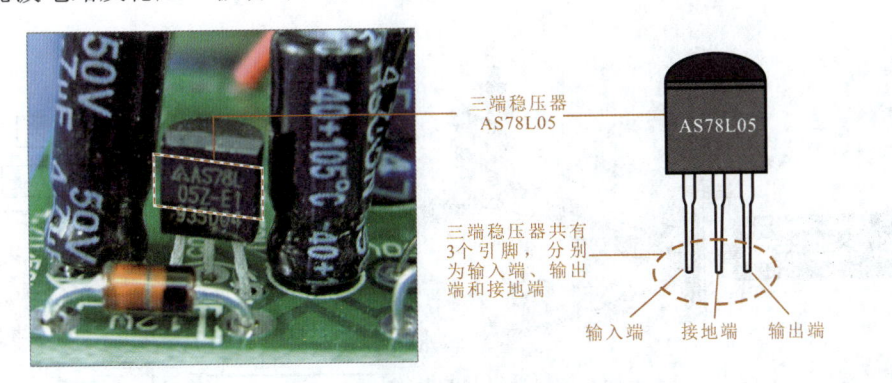

图7-8　三端稳压器AS78L05实物外形

> 在有刷直流电动机控制器电路中，常用的三端稳压器主要有AS7805（78L05）、AS7806、AS7812、AS7815和LM317等，其功能是将输入端的直流电压稳压后输出某一个固定的直流电压。

4 其他器件

图7-9为有刷直流电动机控制器中的限流电阻器、滤波电容器、稳压二极管、驱动晶体管等器件的实物外形。

限流电阻器　　滤波电容器　　驱动晶体管　　稳压二极管

图7-9　有刷直流电动机控制器中其他主要器件的实物外形

> 限流电阻器主要是限制电流量的大小，防止电流过大导致电动自行车有刷直流电动机控制器中的其他电路发生损坏；滤波电容器主要是滤除杂波；驱动晶体管可以使电流进行驱动工作从而驱动电路的其他部分；稳压二极管用于对送入控制器中的电压进行稳压，以保证供电电压的稳定。

▶▶ 7.1.2　无刷直流电动机控制器的结构

无刷直流电动机控制器是指用于控制无刷直流电动机工作的控制器。图7-10为无刷直流电动机控制器的实物外形及连接引线功能。

接闸把、仪表盘、喇叭等部件
绿、红、黑3根较细引线与调速转把连接
电源锁
（绿、红、黑三根线）
调速转把
（红、黄、绿、蓝、黑5根线）
霍尔元件
绿色（粗）
蓝色（粗）
黄色（粗）
无刷直流电动机绕组
黑色（粗）
红色（粗）
蓄电池

红、黄、绿、蓝、黑5根较细的、共用一个插件的引线与无刷直流电动机的霍尔元件连接

绿、蓝、黄3根粗引线与无刷直流电动机绕组连接

无刷直流电动机控制器黑、红两根较粗引线分别与蓄电池正负极连接

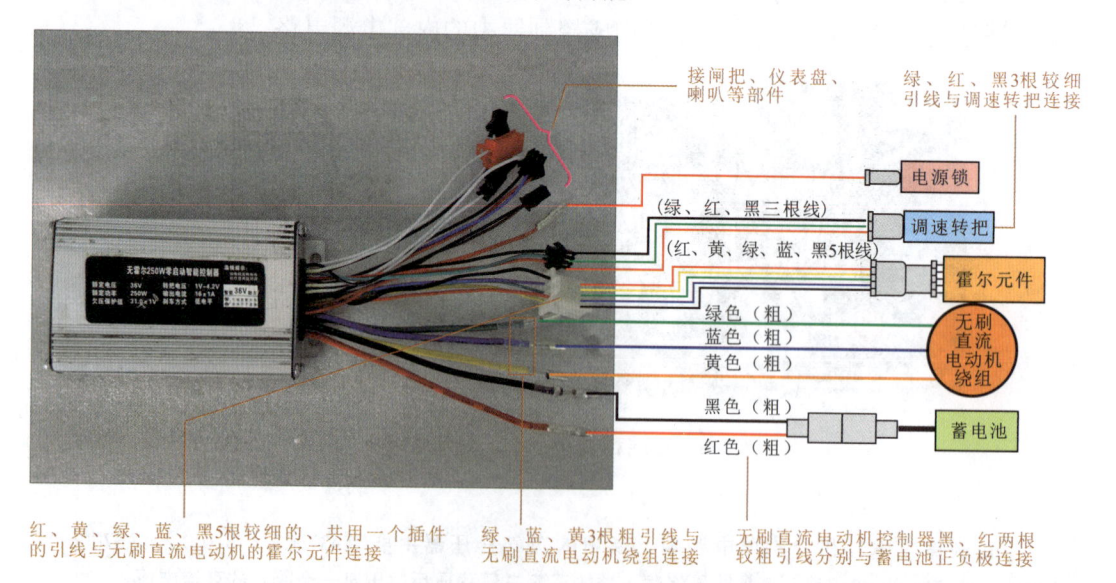

图7-10　无刷直流电动机控制器的实物外形及连接引线功能

无刷直流电动机控制器连接引线的颜色和类型及所连接器件说明见表7-2。

表7-2 无刷直流电动机控制器连接引线的颜色和类型及所连接器件说明

引线颜色和类型	所连接器件	引线颜色和类型	所连接器件
红色线（粗）	电源正极	红色(细)扁插头B-1	调速转把电源
黑色线（粗）	电源负极(地线)	黑线(细)扁插头B-2	调速转把地线
蓝色线（粗）	电动机线圈B相	绿线(细)扁插头B-3	调速转把信号线
黄色线（粗）	电动机线圈A相	细白线	限速开关
绿色线（粗）	电动机线圈C相	—	—
红色线（细）扁插头A-1	电动机霍尔供电整机	细紫线	制动信号
黄色线（细）扁插头A-2	电动机霍尔输出	细黑线	制动地线
绿色线（细）扁插头A-3	电动机霍尔输出	细绿线	速度指示信号
蓝色线（细）扁插头A-4	电动机霍尔输出	—	—
黑色线（细）扁插头A-5	电动机霍尔供电负极	—	—

图7-11为无刷直流电动机控制器的内部结构，可以看到，控制器是由外壳、电路板、连接引线等构成。

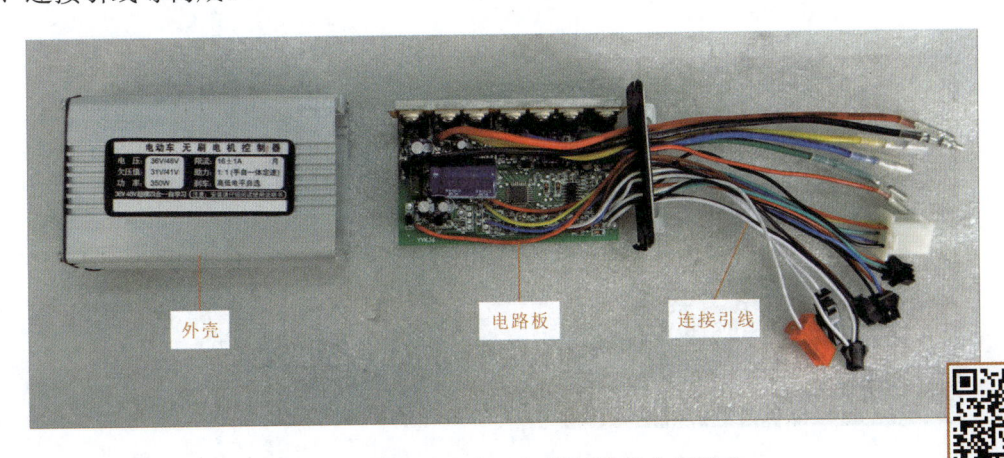

图7-11 无刷直流电动机控制器的内部结构

图7-12为无刷直流电动机控制器的电路板。可以看到，无刷直流电动机控制器电路结构相对复杂，主要由微处理器芯片、电压比较器、三极管、功率管（MOS管）、三端稳压器和限流电阻器等元件构成的。

1 微处理器芯片

图7-13为无刷直流电动机控制电路中的微处理器芯片的实物外形及引脚排列。该微处理器芯片为STM8S型号的微处理器芯片。

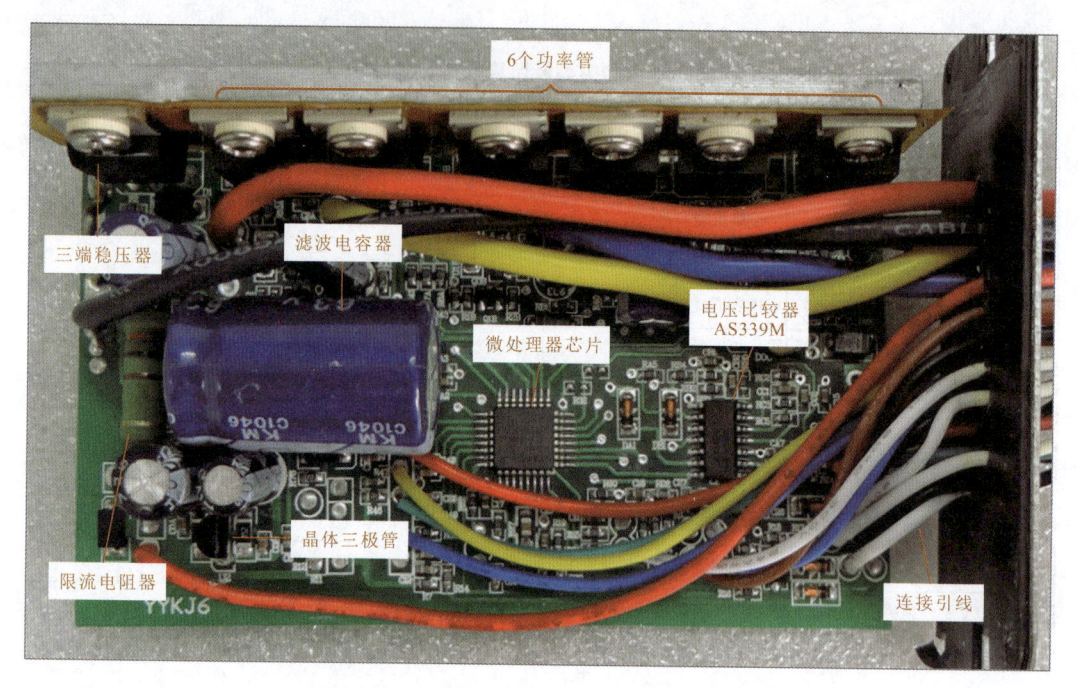

图7-12 无刷直流电动机控制器的电路板

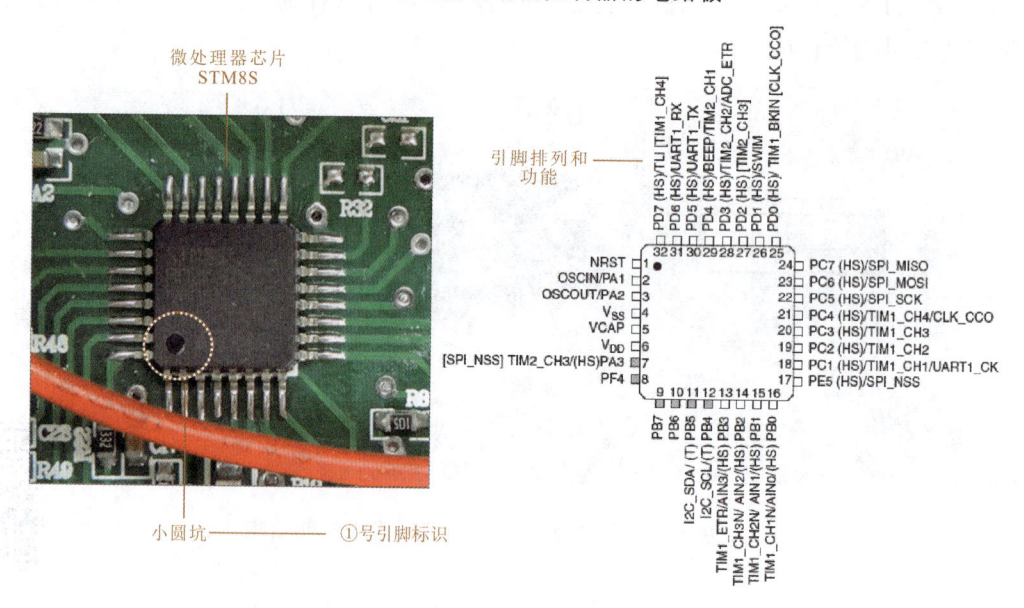

图7-13 微处理器芯片STM8S型号的实物外形及引脚排列

2 电压比较器

图7-12所示的控制器,采用的是AS339M电压比较器,其功能、内部结构与LM339完全相同,如图7-14所示。

该电压比较器与外围电路构成PWM信号产生电路,用于产生锯齿波脉冲和进行PWM调制等。

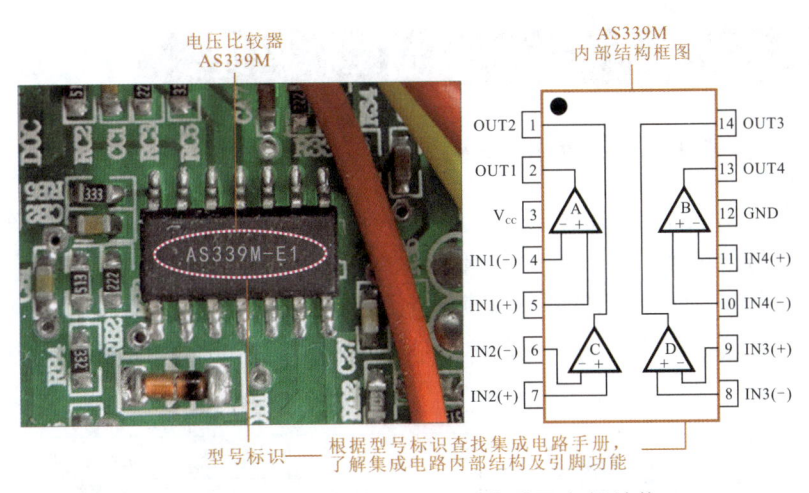

图7-14 电压比较器AS339M外形及内部结构

3 功率管

如图7-15所示,在无刷直流电动机控制器中通常采用6个型号完全相同的功率管(场效应晶体管)构成功率输出电路,用于驱动无刷直流电动机启动和运转。

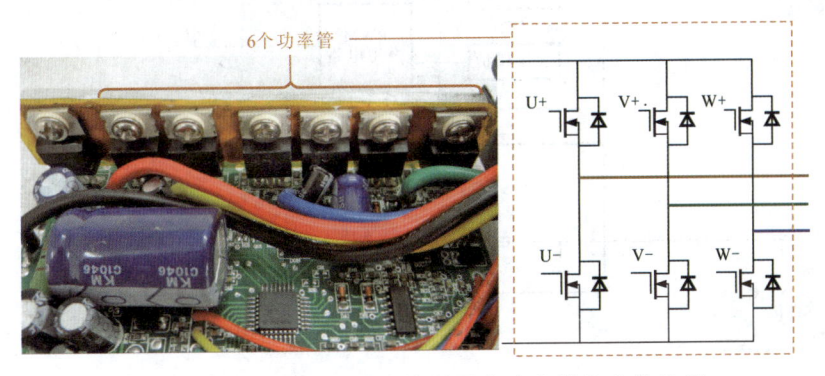

图7-15 无刷直流电动机控制器中功率管的实物外形

4 三端稳压器和限流电阻器

当蓄电池通电后,送到控制器内的工作电压首先应经三端稳压器和限流电阻器进行稳压和限流,然后再为其他元器件送去所需的直流电压。图7-16为三端稳压器和限流电阻器的实物外形。

图7-16 三端稳压器和限流电阻器的实物外形

7.2 电动自行车控制器的工作原理

▶▶ 7.2.1 有刷直流电动机控制器的工作原理

图7-17为有刷直流电动机控制器方框图,从图中可以看到,电动自行车有刷直流电动机控制器与蓄电池、转把、闸把及有刷直流电动机进行连接。当蓄电池将电压送入控制器后,经控制器内部的稳压电源进行稳压后输出低压的PWM产生电路(电压比较器)、欠压保护电路、场效应晶体管驱动电路、限流/过流保护电路等进行供电。

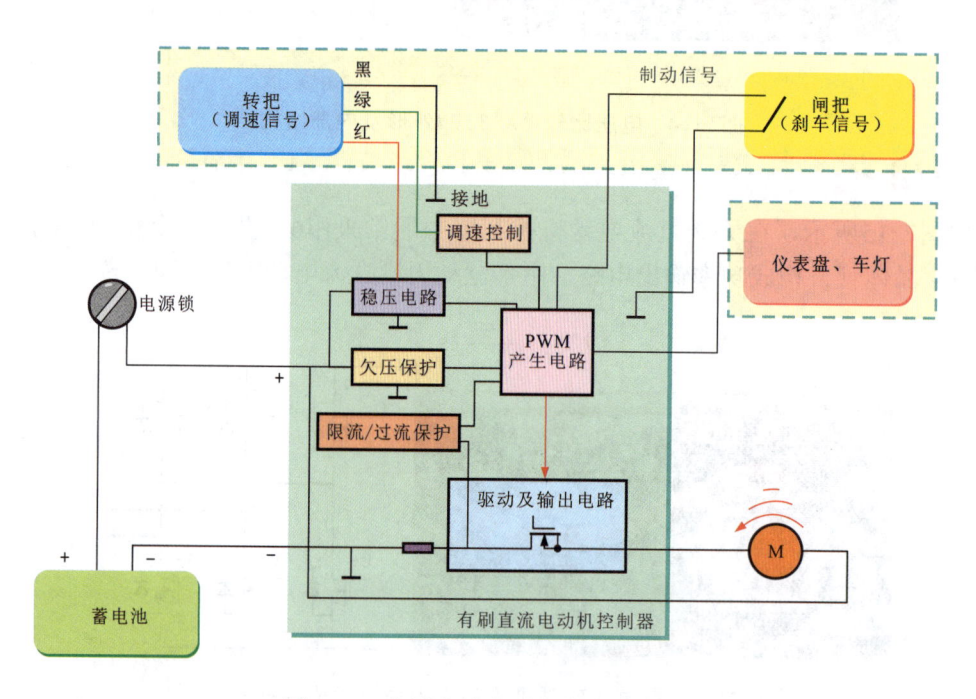

图7-17 有刷直流电动机控制器方框图

转动转把发出启动和调速信号,驱动PWM产生电路输出PWM信号,该信号经驱动及输出电路后输出合适的电压,再经限流/过流保护电路后驱动有刷直流电动机运转。限流/过流保护电路将电流情况反馈给PWM产生电路,实时调整输出的控制信号。

当按下闸把时,信号送入PWM产生电路中,PWM产生电路停止PWM信号输出,停止输出供电电压,有刷直流电动机失电,减速后停止运转。

图7-18为采用TL494芯片的有刷直流电动机控制器电路原理图。该电路以TL494芯片为控制核心,它是一款脉宽调制(PWM)式开关电源控制电路。

(1)稳压和供电电路。当接通电源锁后,来自蓄电池的电压分为三路:第一路加到有刷直流电动机上为其供电;第二路通过取样电路R1为蓄电池欠压保护电路提供信号;第三路通过R3电流后,经稳压器LM7815稳压后输出15V电压。该电压经电容器滤波后,为驱动电路和控制芯片TL494、运算放大器LM324等供电。

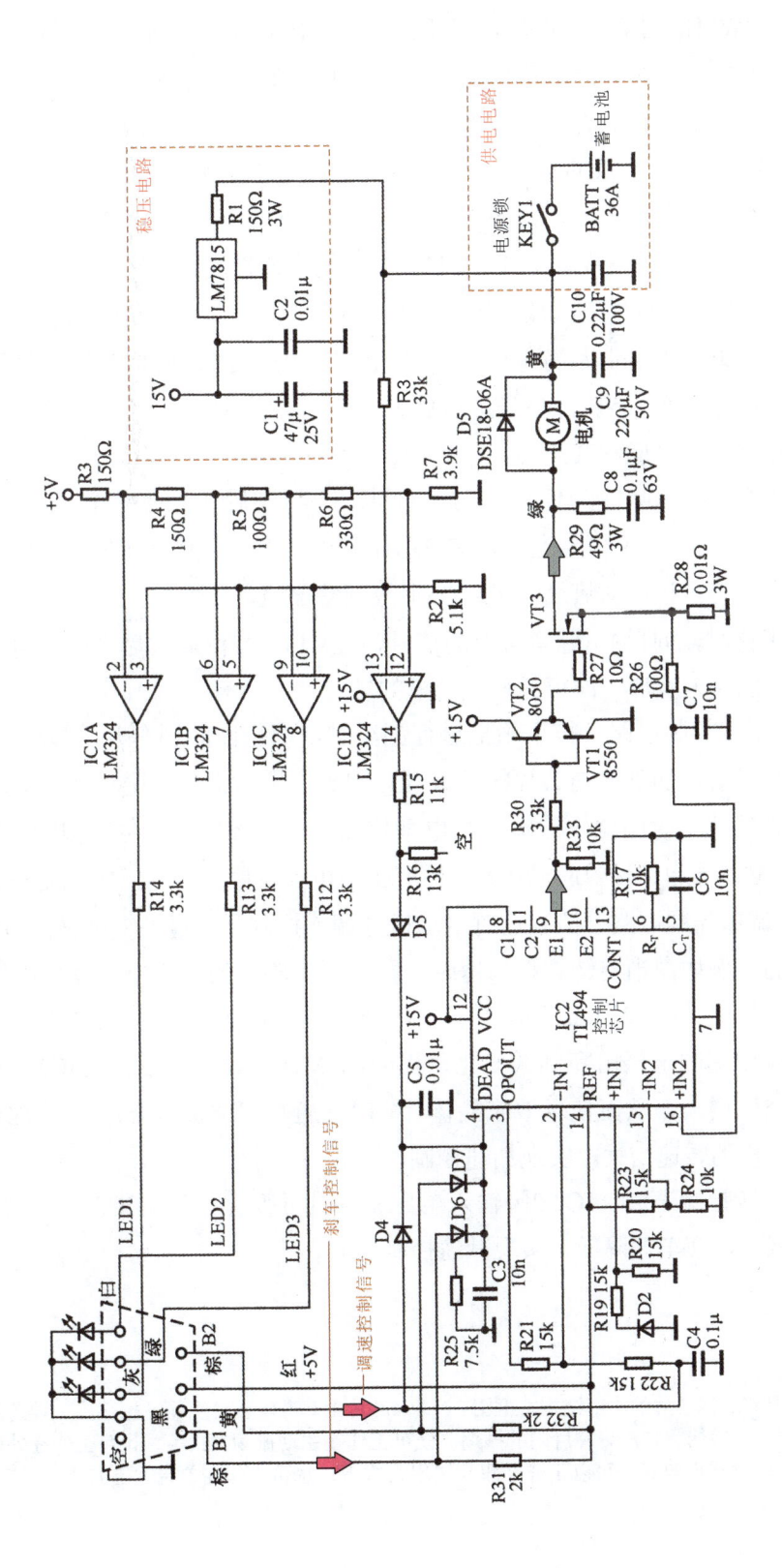

图7-18 采用TL494芯片的有刷直流电动机控制器电路原理图

（2）PWM信号产生电路。稳压电路输出的15V电压后加到控制芯片IC2（TL494）的12脚，芯片内部形成的5V基准电压由其14脚输出，另外为其内部的振荡器、触发器、比较器、误差放大器等电路供电。

振荡器与5、6脚外接的定时电容和定时电阻构成振荡电路产生锯齿波脉冲。该脉冲信号作为触发信号，控制芯片内的比较器产生PWM脉冲，由IC2的9脚输出。

（3）驱动电路。三极管VT1、VT2、VT3构成该控制器中的驱动电路部分，其中三极管VT1、VT2组成推挽式放大器，场效应晶体管VT3为功率放大器。

当IC2 9脚输出脉冲为高电平时，经电阻器R30后加到推挽式放大器的基极，VT1截止，VT2导通，将脉冲信号进行放大后送入VT3的栅极，VT3导通，驱动信号送至有刷直流电动机，驱动其旋转。

当IC2 9脚输出脉冲为低电平时，经电阻器R30后加到推挽式放大器的基极，VT1导通，VT2截止。VT1导通后，VT3迅速截止，驱动信号迅速消失，电动机绕组产生反相的电动势，该电动势经二极管D5泄放到蓄电池。

正常工作时，9脚输出脉宽可变的信号，经VT1~VT3放大后去驱动电动机旋转，调速时改变脉宽的宽度，即可改变电动机的转速。

（4）刹车控制电路。按下闸把进行刹车时，闸把内的刹车开关接通输出5V高电平，经棕色线后，加到控制芯片的4脚，芯片4脚内接休止时间比较器，该脚输入高电平后，内接的休止时间比较器输出高电平控制电压，控制芯片9脚输出低电平，控制VT2截止，VT1导通，场效应晶体管VT3截止，电动机停止转动，实现刹车控制。

（5）调速控制电路。控制器对电动机的调速控制是通过改变9脚输出的脉冲占空比来实现的。例如，当旋转转把加速时，霍尔组件输出的直流电压发生由低到高的变化，该变化的信号经R22后加到IC2的2脚，2脚输入的电压由低到高变化，该脚内接误差放大器输出端的电压由高到低变化，再经PWM比较器处理后，使IC2 9脚输出的脉冲信号占空比增大，从而使场效应晶体管VT3导通时间延长，流过电动机绕组的电流增大，电动机的转速增大，实现加速控制。

当旋转转把减速时，IC2 2脚输入电压由高到低变化，控制IC2 9脚输出脉冲信号的占空比减小，使车速降低，实现减速控制。

图7-19为TL494芯片的内部结构方框图。TL494芯片由基准电压发生器、振荡器、误差放大器、双稳态触发器、比较器等构成。芯片内的振荡器既可工作在主动振荡方式下，也可工作在外同步信号触发的状态。驱动输出电路既可以工作在双端输出方式下，也可工作在单端输出方式下。TL494芯片各引脚功能见表7-3。

(a) TL494芯片实物外形

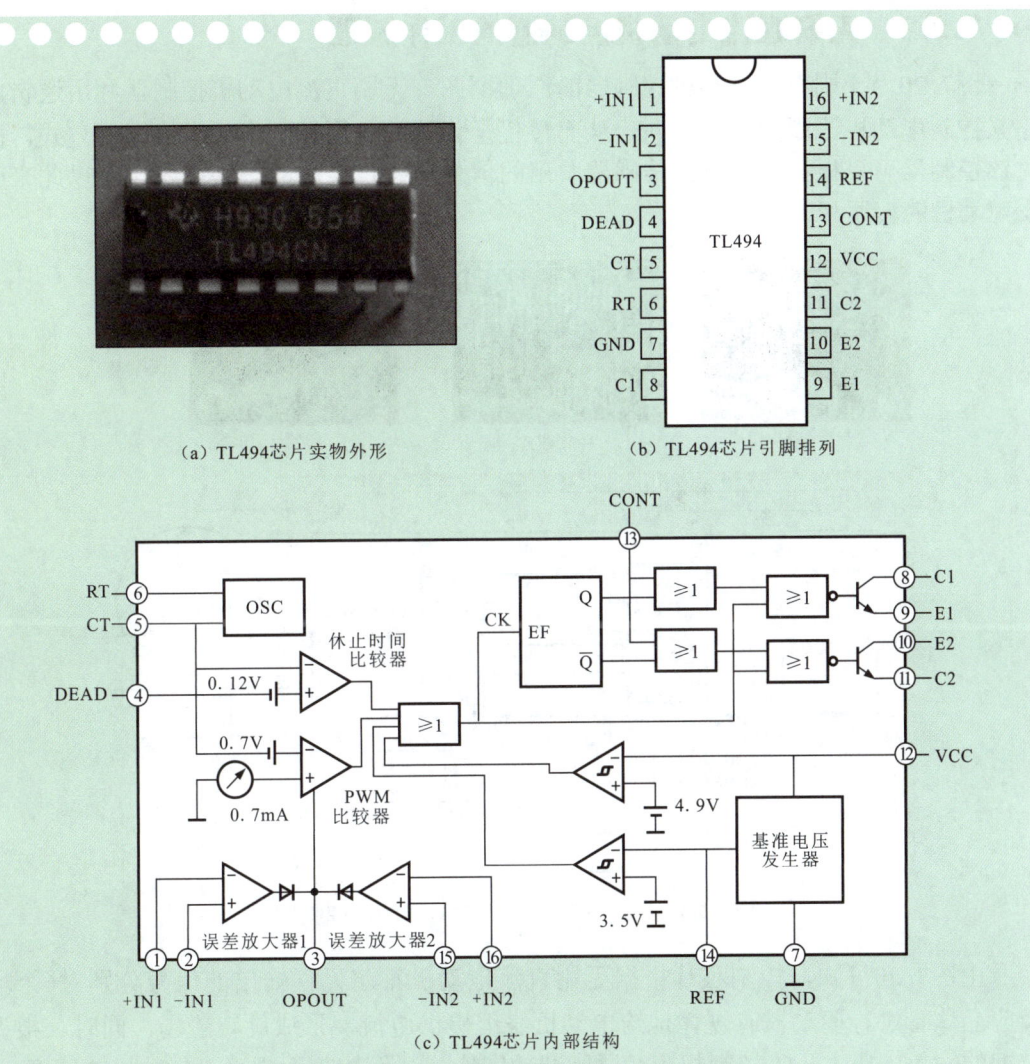

(b) TL494芯片引脚排列

(c) TL494芯片内部结构

图7-19 TL494芯片的内部结构方框图

表7-3 TL494芯片各引脚功能

引脚号	名称	功能	引脚号	名称	功能
1	+IN1	误差放大器1同相输入	9	E1	驱动晶体管VT1的发射极（e）
2	-IN1	误差放大器1反相输入	10	E2	驱动晶体管VT2的发射极（e）
3	OPOUT	误差放大器输出	11	C2	驱动晶体管VT2的集电极（c）
4	DEAD	休止时间比较器控制信号输入	12	VCC	电源
5	CT	振荡器外接定时电容	13	CONT	励磁脉冲输出方式控制（L为单端输出；H为双端输出）
6	RT	振荡器外接定时电阻	14	REF	5V基准电压输出
7	GND	接地	15	-IN2	误差放大器2反相输入
8	C1	驱动晶体管VT1的集电极（c）	16	+IN2	误差放大器2同相输入

▶▶ 7.2.2　无刷直流电动机控制器的工作原理

图7-20为无刷直流电动机控制器的原理框图。无刷直流电动机控制器利用逻辑电路来控制电动机线圈的电流方向，从而替代了传统的电刷控制电动机线圈的方式，同时该控制器可以根据电动机内传感器发出的信号，确定换向的时间和顺序，以此来改变电动机的转速和方向。

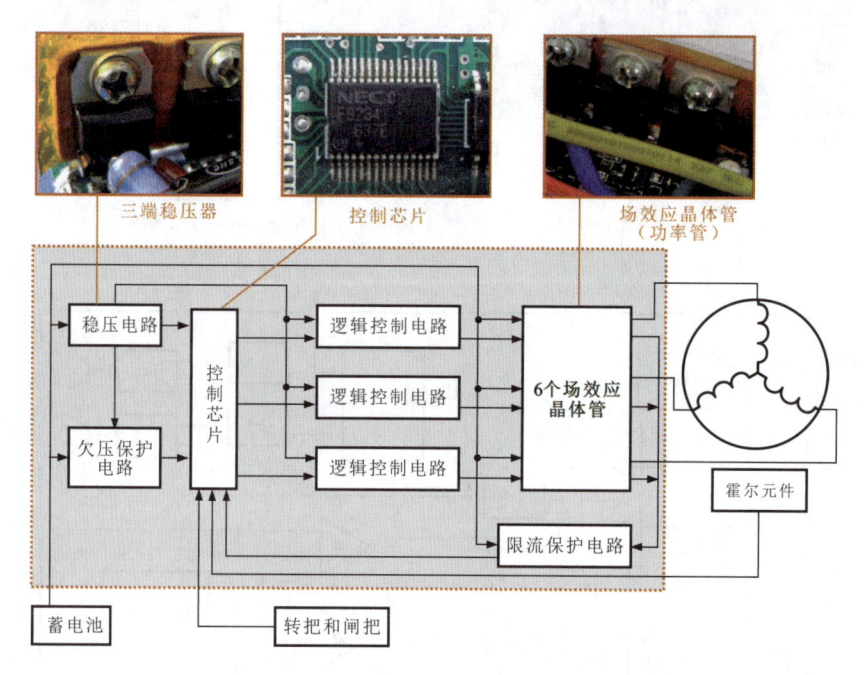

图7-20　无刷直流电动机控制器的原理框图

由图7-20可知，控制芯片根据无刷直流电动机霍尔元件输出的信号分别对6个场效应晶体管进行驱动，有规律地给电动机绕组提供电流，形成旋转磁场，同时，根据转把的输入电压大小，控制相应激励脉冲的宽度，从而控制无刷直流电动机的速度。

场效应晶体管（功率管）是大电流开关元件，其导通时间与关闭时间受导通信号（由PWM信号合成的混合信号）控制。

欠压保护电路的主要作用是在蓄电池电压降低到控制器的设定值后，停止PWM信号的输出，从而保护蓄电池不至于在低电压的情况下进行工作。

限流保护电路，则是对控制器输出的最大电流进行限制，从而保护蓄电池、场效应晶体管（功率管）和电动机等不会出现允许范围以外的大电流。

目前，市场上主流的无刷直流电动机控制电路主要有两种形式，一种为采用专用PWM信号产生芯片（MC33035、A3932SEQ等）控制电路，另一种为采用微处理器作为控制电路。

图7-21为采用无刷直流电动机专用控制芯片（MC33035+IR2103组合）的控制电路原理图，该电路主要由供电电路、电动机驱动电路、刹车控制电路、调速控制电路、欠压保护电路、过流保护电路等部分构成。

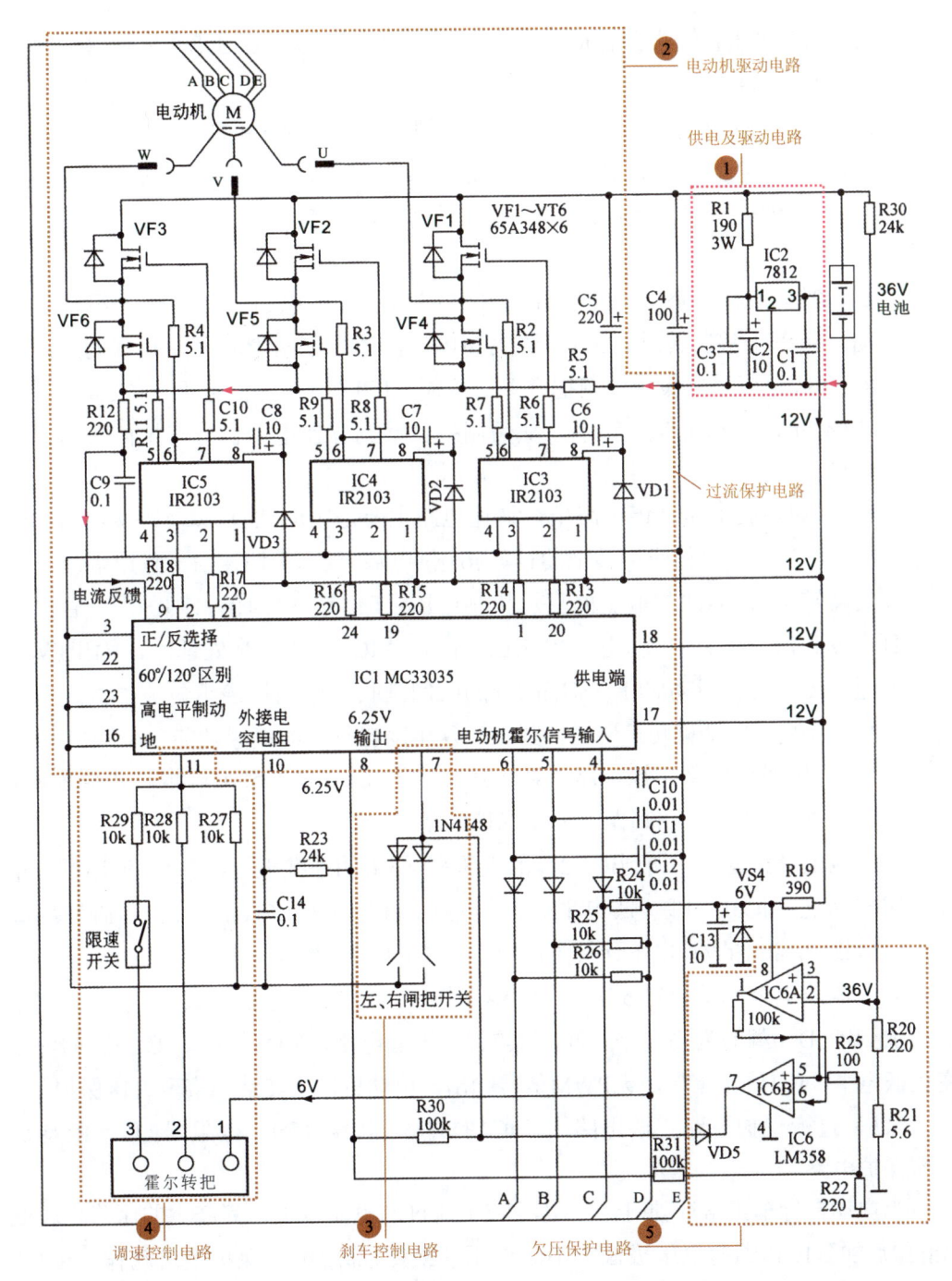

图7-21 采用无刷直流电动机专用控制芯片（MC33035+IR2103组合）的控制电路原理图

（1）供电及驱动电路。电池电压经电阻器R1限流，电容器C3、C2滤波后送入三端稳压器IC2的1脚，经稳压后，由3脚输出12V电压，该电压经电容器C1滤波后，送入IC1的17脚、18脚，为其提供工作电压；同时分别送入三个驱动器IC3、IC4、IC5的1脚供电。

另外，12V电压再经电阻器R19限流、二极管VS4稳压、C13滤波后输出6V电压，分别为IC6及转把供电。

（2）电动机驱动电路（启动电路）。控制芯片MC33035的18脚、17脚得到供电电压后，IC1内部开始工作，其1脚和20脚、19脚和24脚、2脚和21脚分别输出驱动信号，送入IC3、IC4、IC5处理后，去驱动VF1～VF6，最后去驱动电动机三相绕组，使电动机旋转。

（3）刹车控制电路。该电路中，IC1的7脚及外围电路与闸把开关组成刹车电路。电动自行车正常运转时，IC1 7脚为高电平，当捏下闸把时，闸把中的常开触点闭合，IC1 7脚电压经二极管和闸把开关后接地，IC1 7脚变为低电平，IC1停止工作，VF1～VF6截止，电动机停止转动。随后闸把拉动钢丝使电动自行车抱闸收紧，电动自行车停车。

（4）调速控制电路。该电路中，调速电路主要是由IC1的11脚及外接电路和转把电路（霍尔IC）等部分构成。转把的1脚为6V供电端，2脚为调速信号输出端。

在旋转转把时，其2脚输出的直流控制电压经R28送入IC1的11脚，当该直流电压从低到高变化时，IC1的11脚电压相应也升高，经IC1内部电路处理后，输出PWM信号，使通过IC3～IC5驱动VT1～VT6的导通时间延长，电动机绕组电流加大，电动机转速提高。反之，电动机转速降低，进而实现电动自行车的调速功能。

（5）欠压保护电路。该电路中，电压比较器IC6（LM358），取样电阻器R20、R21，IC1的7脚构成了该控制器的欠压保护电路。

当电池电量充足时，加到IC6 2脚的电压高于3脚的基准电压，其1脚输出低电平，经电阻器后送入IC6B 6脚（低电平），与5脚基准电压相比较后，由其7脚输出高电平，VD5截止，IC1的7脚电平保持为高电平，IC1正常工作。

当电池放电至低于约31.5 V时，IC6A 2脚电压低于3脚电压，其1脚输出高电平，那么加到IC6B 6脚的为高电平，相应其7脚输出低电平，VD5导通，IC1 7脚的电平也变为低电平，IC1停止工作，无PWM信号输出，电动机停止转动，实现欠压保护。

（6）过流保护电路。该电路中，IC1的9脚，电容器C9、电阻器R12、R5构成了过流保护电路。

当电动自行车正常行驶时，电阻器R5上流过的电流较小，其产生的压降也较低，经R19后加到IC1 9脚的电压极低，不足以驱动IC1内部的电流保护电路动作，IC1正常工作。

当负载过大或某种原因引起场效应晶体管VF1～VF6导通电流过大时，R5两端压降升高，相应加到IC1 9脚的电压也升高，当该电压足以促使IC1内部的过流电路动作时，IC1将停止工作，VF1～VF6停止工作，电动机停止转动，实现过流保护。

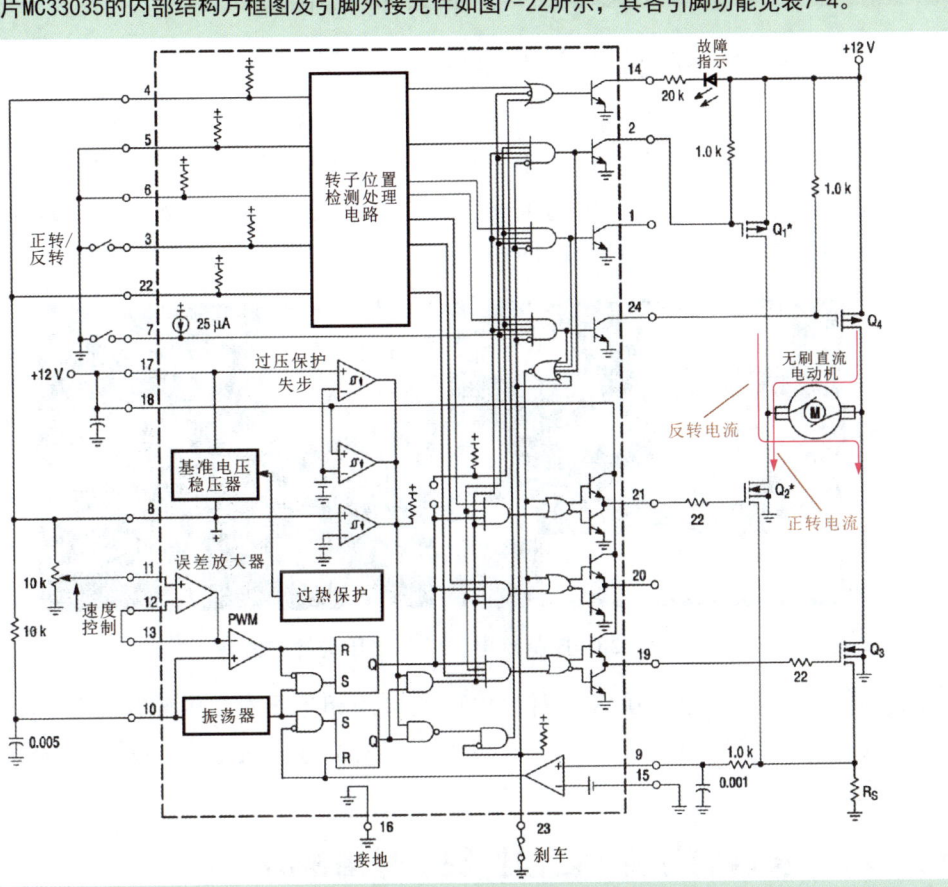

芯片MC33035的内部结构方框图及引脚外接元件如图7-22所示，其各引脚功能见表7-4。

图7-22　芯片MC33035的内部结构方框图及引脚外接元件

表7-4　MC33035各引脚功能

引脚	功能定义	引脚	功能定义
1、2、24	驱动信号输出端，用于驱动外部上端功率开关晶体管	13	误差放大器输出/PWM输入。在闭环应用情况下，此管脚作补偿
3	正向/反向输入，用于改变电动机转向	14	故障输出端。当以下任一或多个条件满足时，集电极开路输出端被触发而变为低电平：无效的传感器输入码，电压检测超过100mV，低电压锁定或热关断
4、5、6	霍尔IC信号输入，用于控制整流序列	15	电流检测反向输入端。用于给内部100mV门限电压提供参考地，该脚连接到电流检测电路的底端
7	启动端，高电平有效。该脚为高电平时，可使电动机转动	16	该引脚用于为控制电路提供一个分离的接地点，并可作为参考返回到电源地
8	霍尔IC供电端	17	正电源。VCC在10～30V的范围内
9	电流检测同相输入	18	正电源。VCC在10～30V的范围内
10	振荡器引脚，振荡频率由定时元件RT和CT所选择的参数决定	19、20、21	驱动信号输出端用于直接驱动外部底部功率开关晶体管
11	误差信号放大器同相输入。通常连接到速度设置电位器上	22	此引脚的电器状态可决定控制电路是工作在60°（高电平状态）还是120°（低电平状态）的传感器电器相位输入状态下
12	误差信号放大器反相输入。在开环应用情况下，此输入通常连接到误差放大器输出端	23	启停控制。该引脚为低电平时允许电动机运行，为高电平时电动机运行停止

7.3 电动自行车控制器的故障检修

7.3.1 控制器电源输入电压的检测

控制器电源输入电压的检测方法如图7-23所示。控制器正常工作时需要蓄电池为其提供基本的工作电压,若该电压不正常,控制器则无法进入工作状态。控制器电源输入电压值取决于蓄电池的额定电压值,通常36V控制器电源输入端电压约为37.8V;48V控制器电源输入端电压约为50.4V。

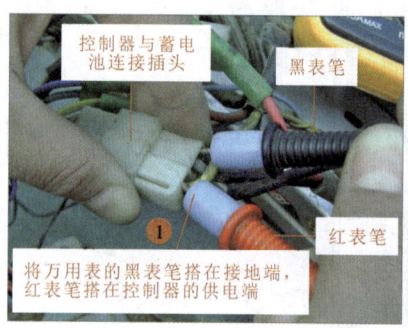

图7-23 控制器电源输入电压的检测方法

实测得万用表读数为50.4V,对该电压的检测相当于对电池输出电压的检测,通常若电压值过低则应检查电池部分;若电压值正常,但指示仪表显示电量不足时,应对电池进行充电。

7.3.2 控制器与转把之间控制信号的检测

若控制器供电正常,则还需要对控制器与转把之间的控制信号进行检测,判断控制器与转把是否可以良好地工作。

通常转把与控制器由3根引线连接(若引线有5根,其他两根为巡航线,用来实现电动自行车定速行驶的功能),检测前,同样需要了解各种颜色信号线的功能,如图7-24所示,其中红色线为供电引线,绿色线为信号引线,黑色线为接地引线。

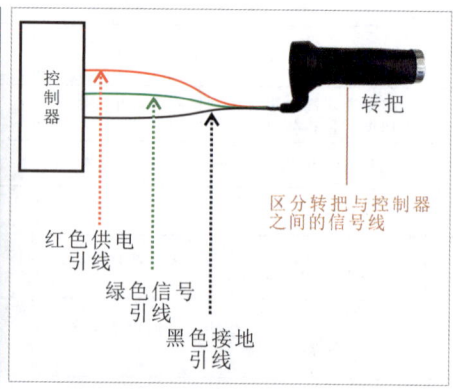

图7-24 控制器与转把之间连接引线的线序和颜色

了解控制器与转把之间的连接引线后,则需要对相关的供电以及信号等进行检测。转把输出的信号,主要是指转把工作时输出的不同电压值,控制器与转把之间控制信号的检测方法如图7-25所示。

将万用表的黑表笔搭在接地端,红表笔搭在转把的供电引线处 ❶

万用表检测转把供电电压为4.33V ❷

万用表置于直流20V挡

常态下控制器与转把之间控制信号线电压为0.84V

旋动转把至最大,待电动机转速稳定时测得信号线电压为3.59V

将万用表的黑表笔搭在接地端,红表笔搭在转把的信号引线处 ❸

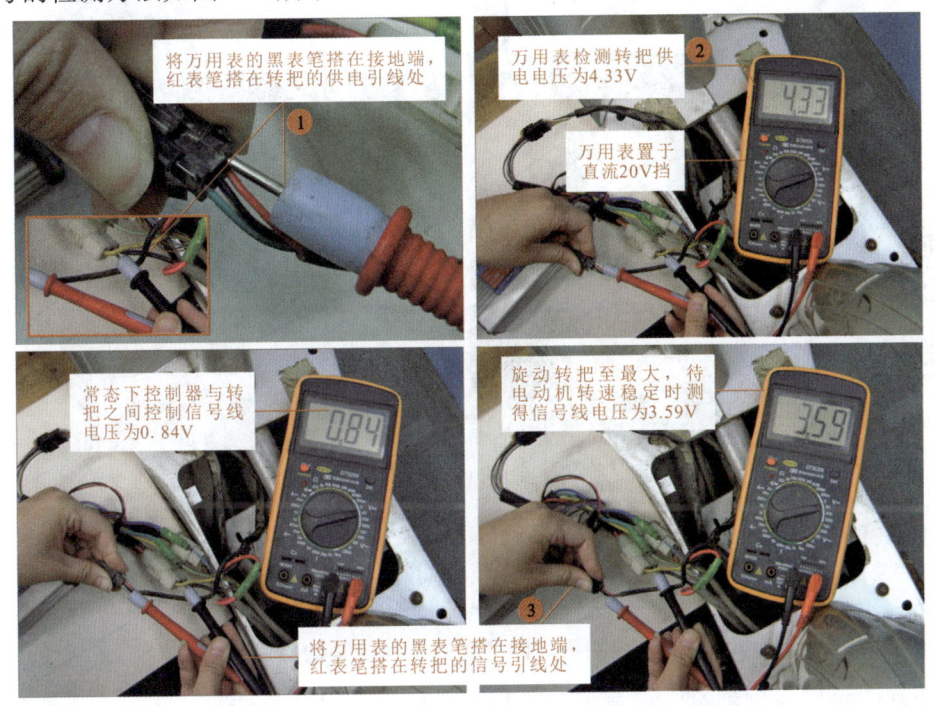

图7-25 控制器与转把之间控制信号的检测方法

▶▶ 7.3.3 控制器与闸把之间控制信号的检测

经检测控制器的电源以及与转把之间的工作均正常时,还需要对控制器与闸把之间的控制信号进行检测。根据控制器与闸把之间的控制原理可知,操作闸把时应有高低电平的变化,用万用表进行检测即可。

在电动自行车控制器中,闸把、指示仪表、喇叭及车灯等与控制器之间是通过一组6根引线输出插件相连接的,检测前,首先了解各种颜色信号线的功能,找到闸把的控制引线,如图7-26所示。

找到闸把、仪表盘、喇叭、车灯等部件与控制器的连接引线 ❶

控制器

黄色闸把信号线

黑色接地引线

区分闸把与控制器之间的信号线 ❷

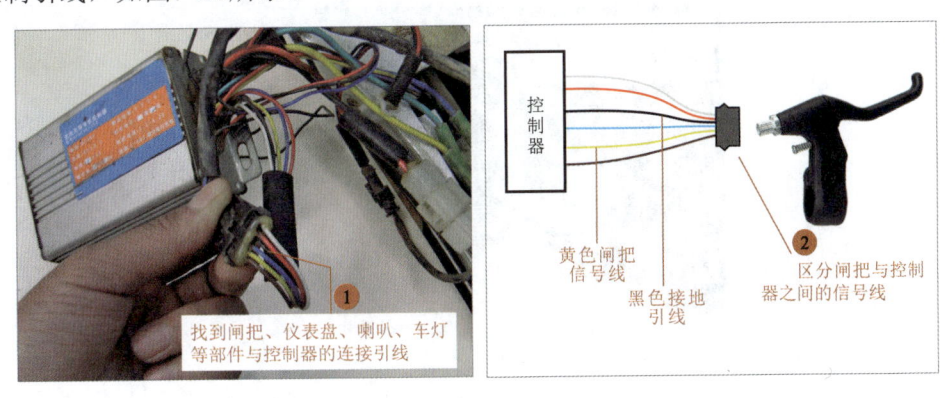

图7-26 找出闸把与控制器之间的连接引线

根据闸把与控制器之间的连接引线，可以对闸把输出的信号进行测量，如图7-27所示。

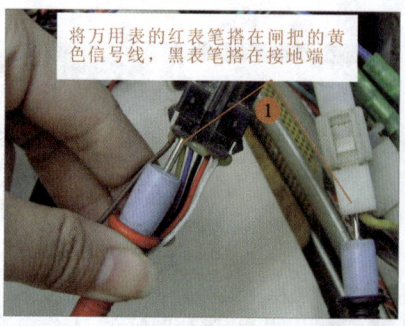

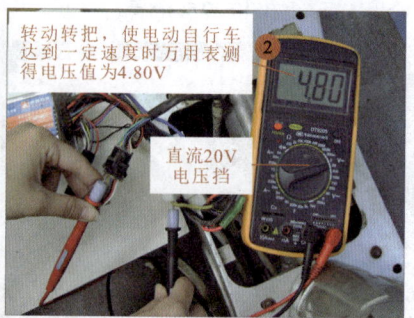

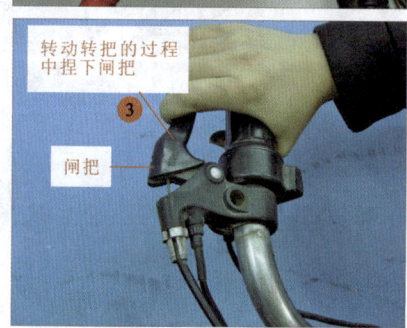

图7-27 控制器与闸把之间控制信号的检测方法

通常，未操作闸把时，控制器与闸把之间的高电平信号应不小于4V；当捏下闸把时，闸把输出引线端电压应变为低电平（接近0V）。

▶▶ 7.3.4 控制器与无刷直流电动机之间控制信号的检测

控制器与电动机之间的控制信号在电动自行车中是非常重要的，该信号决定着电动自行车是否能正常行驶。下面以无刷直流电动机为例，介绍具体的检测方法。

控制器与无刷直流电动机之间通常由3根较粗的引线和5根细引线进行连接，其中3根较粗引线为控制器与无刷直流电动机连接的3根相线；较细5根引线为控制器与无刷直流电动机内霍尔元件连接的引线，如图7-28所示。

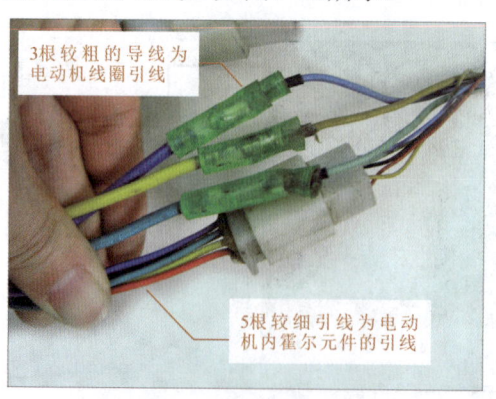

图7-28 控制器与无刷直流电动机之间的控制引线

电动自行车正常工作时，控制器与无刷直流电动机线圈连接的3根引线之间应有一定的电压值，此时，可以使用万用表分别检测引线端的电压值，如图7-29所示。

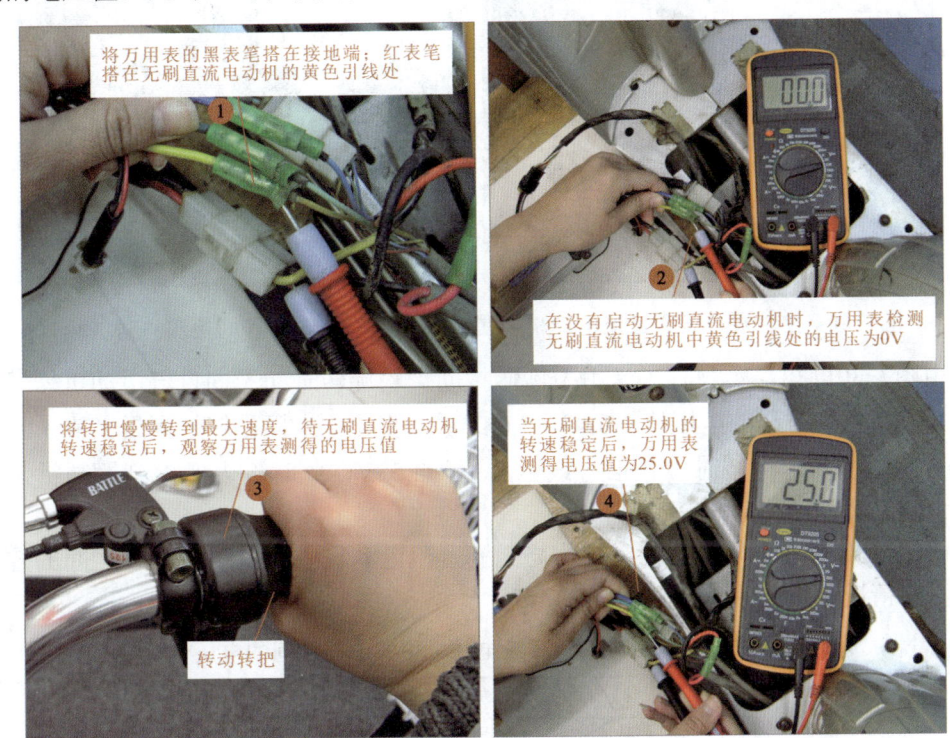

图7-29 控制器与无刷直流电动机线圈之间供电电压的检测方法

用同样的方法分别检测无刷直流电动机其他两根引线（红色和蓝色）的电压值，3根引线在调速转把达到最大速度时测得电压值基本相同，均为25V。若实测时，某一根引线电压过高或过低，表明与该引线连接控制器内的相关元器件故障，应对控制器内部的元器件进行检修。

接下来，进一步检测控制器与无刷直流电动机中霍尔元件之间的控制电压，如图7-30所示。在检测时，可将万用表的黑表笔搭在接地端，红表笔搭在霍尔元件的引线端，检测霍尔元件在无刷直流电动机不同状态时的电压值。

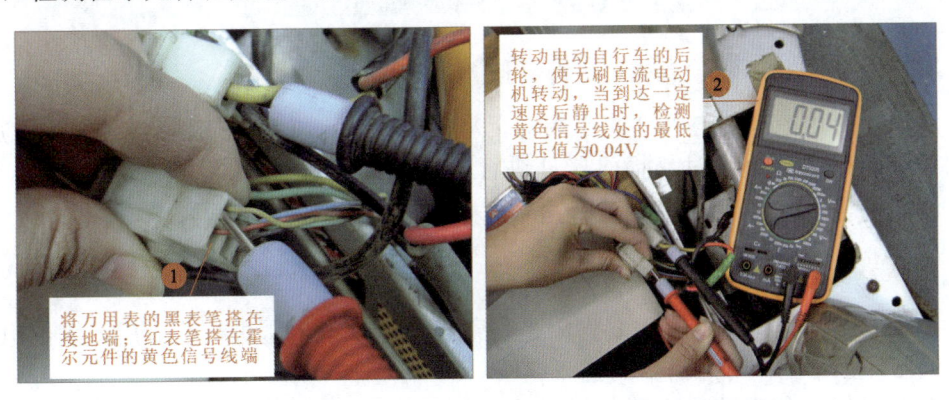

图7-30 控制器与无刷直流电动机中霍尔元件之间控制信号的检测方法

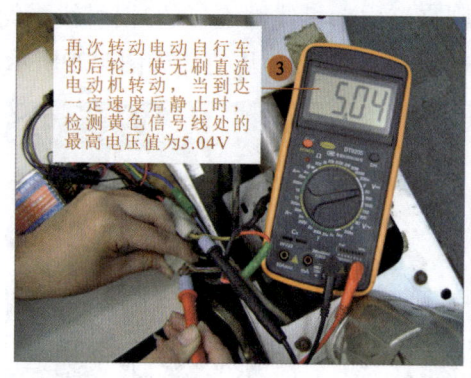

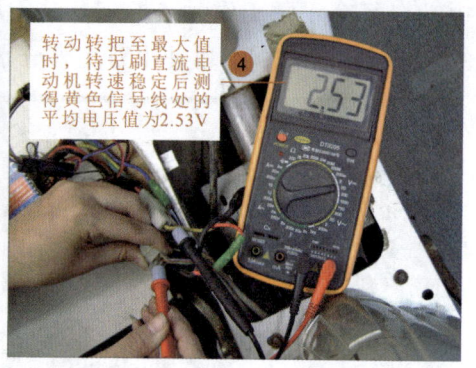

图7-30 控制器与无刷直流电动机中霍尔元件之间控制信号的检测方法（续）

由图7-30可知，实测时，当用手慢慢拨动后轮旋转时（无刷直流电动机转子部分转动），黄色信号线的电压值在0.04～5.04V缓慢变化；当操作转把到最大值，并使无刷直流电动机匀速运转时，该信号线电压值为2.53V，此时，表明控制器与霍尔元件中黄色信号线间的电压值正常。

采用同样的方法分别检测控制器与无刷直流电动机中其他霍尔元件之间的控制信号，正常情况下，检测到的数值见表7-5。

表7-5 控制器与无刷直流电动机中霍尔元件间的电压值

信号线类型	电压值/V		
	最低值	最高值	平均值
黄色信号线	0.04	5.04	2.54
绿色信号线	0.04	5.04	2.54
蓝色信号线	0.04	4.86	2.45

控制器与霍尔元件间的红色引线端为霍尔元件的供电端，正常情况下，该引线处应有4.33V的供电电压，供电电压的检测方法可参考转把中霍尔元件供电的检测方法。

不同型号的控制器、电动机之间的控制信号参数值与上述检测结果并不完全相同，但基本都遵循上述规律，若在维修过程中，实测结果偏差较大，可能是控制器或电动机中的霍尔元件故障，应进一步分别进行检修。

▶▶ 7.3.5 控制器中核心器件的检修

若经检测，控制器与外部的连接均正常，则需要进一步对控制器本身进行检测，检测控制器时，应重点对易损元器件进行检测，如稳压器件、场效应晶体管（MOS管）、控制芯片（PWM信号产生电路）以及限流电阻器等器件。

❶ 稳压器件的检测

控制器中的稳压器件其主要作用是将蓄电池送来的电压进行稳压后，输出电路板上其他器件正常工作时所需要的直流电压。

在控制器中使用的稳压器件通常为三端稳压器和稳压二极管，其中三端稳压器使用较多，下面以三端稳压器为例，介绍稳压器件的检测方法（图7-31），将万用表的量程调整至"直流250V"电压挡，通过检测三端稳压器的输入、输出电压来判断三端稳压器是否正常。

将万用表的红表笔搭在三端稳压器的电压输入端

将万用表的黑表笔搭在接地端

稳压器LM317引脚焊点

正常情况下，万用表测得的三端稳压器的输入电压值为50.4V左右

将万用表的红表笔搭在三端稳压器的电压输出端

将万用表的黑表笔搭在接地端

稳压器LM317引脚焊点

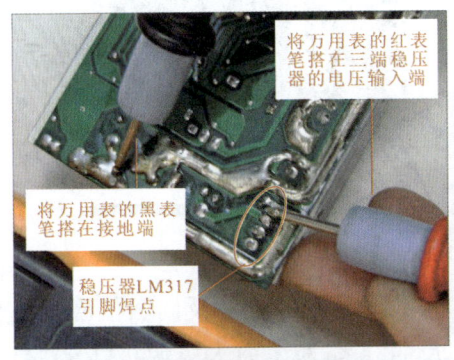

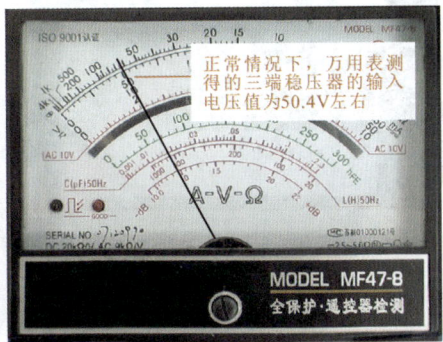

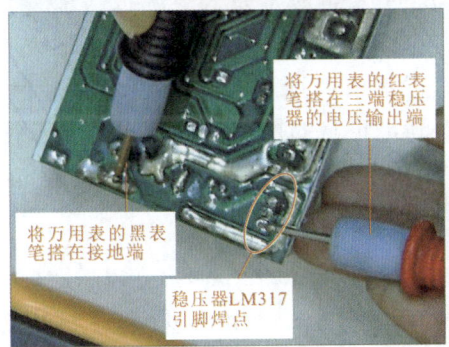

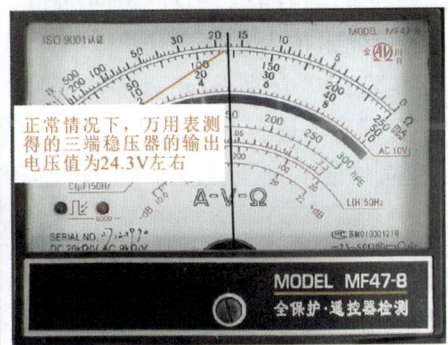

正常情况下，万用表测得的三端稳压器的输出电压值为24.3V左右

图7-31 三端稳压器的检测方法

实测三端稳压器LM317的输入端电压约为50.4V，输出端电压约为24.3V，正常。若输入正常，无输出，则表明该三端稳压器损坏，应选用同型号三端稳压器更换。

② 场效应晶体管（MOS管）的检测方法

判断场效应晶体管（MOS管）是否正常可在断电状态下检测各引脚间的阻值，如图7-32所示。

将万用表的红、黑表笔分别搭在场效应晶体管的两个引脚端上

正常情况下，万用表测得的阻值为7.96kΩ

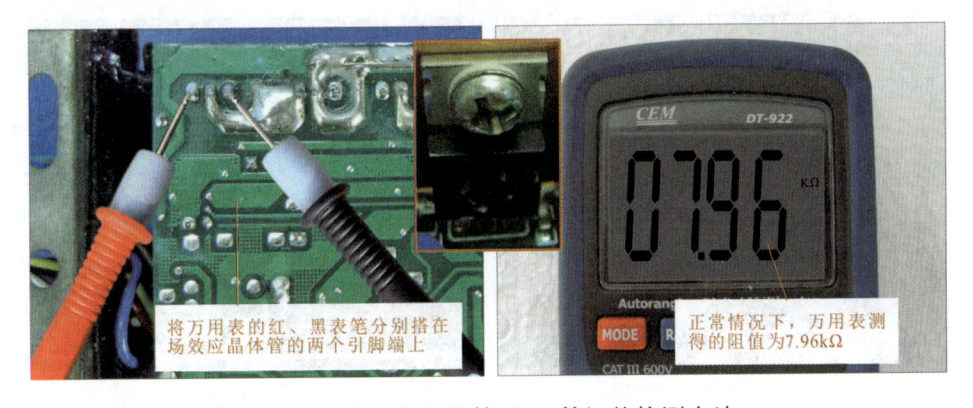

图7-32 场效应晶体管（MOS管）的检测方法

将万用表的红、黑表笔进行对换后,检测引脚间的阻值

正常情况下,万用表测得的阻值为7.96kΩ

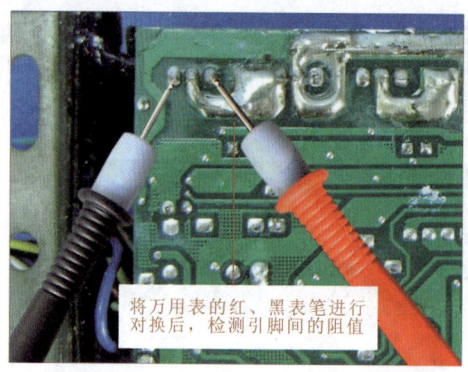

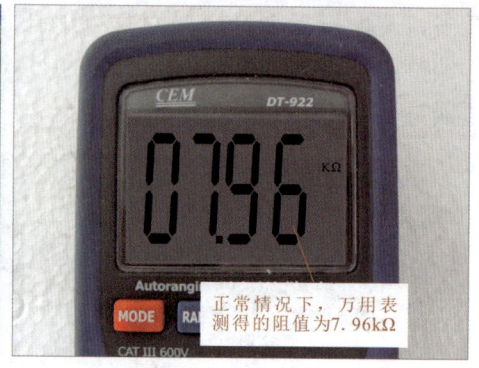

图7-32 场效应晶体管(MOS管)的检测方法(续)

正常情况下,场效应晶体管(MOS管)各引脚之间的正、反向阻值应为:栅极(G)与源极(S)和漏极(D)之间的正、反阻抗都为无穷大;源极(S)与漏极(D)之间的反向阻抗为几百至几千欧姆,正向阻抗较大。

若在路检测时,受外围元器件的影响与正常值有所偏差,可将场效应晶体管(MOS管)取下后,进行开路检测。若还不能满足正常的检测结果,或测得某组数值为零,则该晶体管可能已经损坏,应选用相同规格参数和型号的场效应晶体管(MOS管)更换。

值得注意的是,由于控制器中多采用几个场效应晶体管进行工作,对该管进行检测时可采用比较法进行判断,若一排场效应晶体管中,其中一个与其他检测结果偏差较大,则该场效应晶体管可能已经损坏。

3 控制芯片的检测

对控制芯片检测时通常采用测正、反向对地阻值的方法进行判断,即将万用表黑表笔搭在接地端,用红表笔依次检测芯片的各引脚的正向对地阻值;然后对调表笔,红表笔搭在接地端,用黑表笔依次检测芯片各引脚的反相对地阻值,如图7-33所示,下面以控制芯片中的1脚为例,介绍具体的检测方法。

控制芯片 NEC F9234

将万用表的红表笔搭在控制芯片的1脚

将万用表的黑表笔搭在控制芯片接地端

正常情况下,万用表测得的阻值为11kΩ

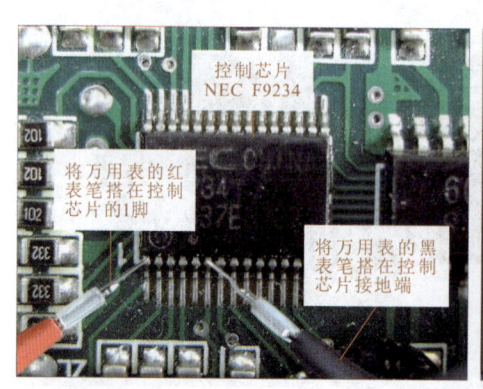

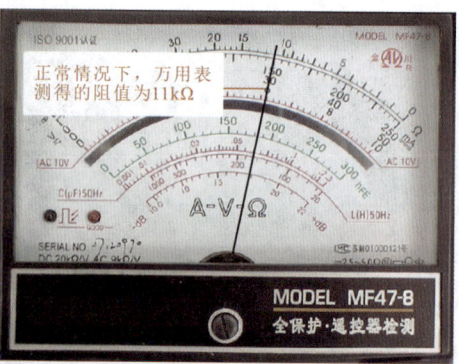

图7-33 控制芯片的检测方法

图7-33 控制芯片的检测方法（续）

正常情况下测得的控制芯片NEC F9234各引脚的正、反向对地阻值见表7-6，若实测结果与表格数值偏差较大，则多为芯片本身损坏，应用专业的贴片机对芯片更换和焊装。

表7-6 控制芯片NEC F9234各引脚的正、反向对地阻值

引脚号	对地阻值/kΩ		引脚号	对地阻值/kΩ	
	正向对地阻值	反向对地阻值		正向对地阻值	反向对地阻值
1	4.1	12	16	4	11
2	3.9	8	17	4	7
3	3.9	10.5	18	4	7
4	3.9	10.5	19	4.1	11.5
5	4	12	20	4	11
6	0	0	21	4	8
7	3	4	22	4	11
8	4.2	12	23	4.1	11
9	4	11	24	4	11
10	3.5	11	25	3	3
11	3.5	12	26	4	11.5
12	4	9	27	4	10
13	4	9	28	3	4
14	3.8	5	29	0	0
15	4	7	30	4	11.5

❹ 控制器其他易损部件的检测

在控制器中其他部件损坏的概率也较高，如限流电阻器、贴片式发光二极管等，通常可直接在断电状态下用万用表进行测量和判断，如图7-34所示。

① 将万用表的红、黑表笔分别搭在限流电阻器的两端

② 正常情况下,万用表测得的阻值为330Ω

红表笔　限流电阻器　黑表笔

③ 将万用表的黑表笔搭在贴片式发光二极管的正极
④ 将万用表的红表笔搭在贴片式发光二极管的负极
⑥ 将万用表的红表笔搭在贴片式发光二极管的正极
⑦ 将万用表的黑表笔搭在贴片式发光二极管的负极

贴片式发光二极管

黑表笔　红表笔　红表笔　黑表笔

⑤ 检测发光二极管正向阻值时,正常情况下贴片式发光二极管发光
⑧ 检测发光二极管反向阻值时,正常情况下贴片式发光二极管不发光

图7-34　控制器限流电阻器和贴片式发光二极管的检测方法

　　检测限流电阻器时,主要是对限流电阻器的阻值进行检测,正常情况下,实测限流电阻器在路检测的阻值约为330Ω;检测贴片式发光二极管时,最为简便的方法是检测贴片式发光二极管是否能正常发光,若检测正向阻值时能发光,检测反向阻值时不发光,则表明贴片式发光二极管正常。

第8章 电动自行车充电器检修

● 8.1 电动自行车充电器的结构

▶▶ 8.1.1 充电器的外部结构

充电器的主要功能是将交流220V电压转换成36V、48V或60V左右的充电电压,为电动自行车蓄电池充电。图8-1为电动自行车的充电器。

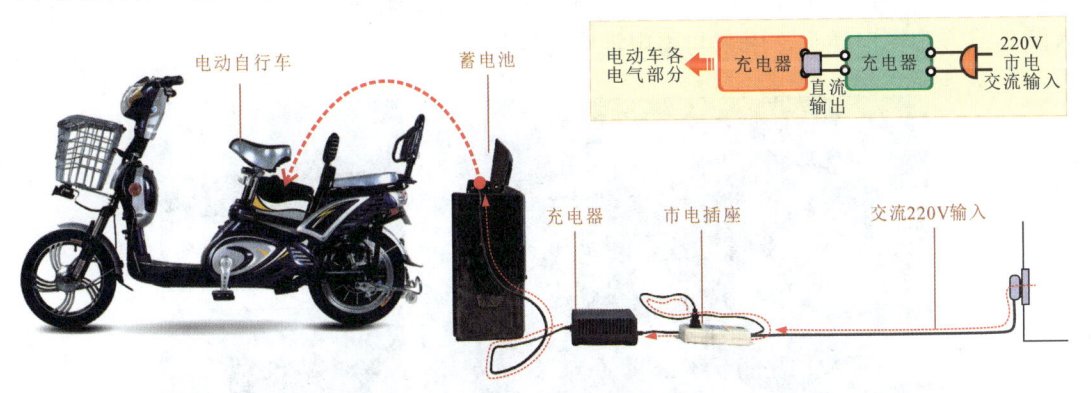

图8-1 电动自行车的充电器

根据输出直流电压值的不同,常见的充电器有36V、48V和60V三类。图8-2为常见充电器的实物外形。

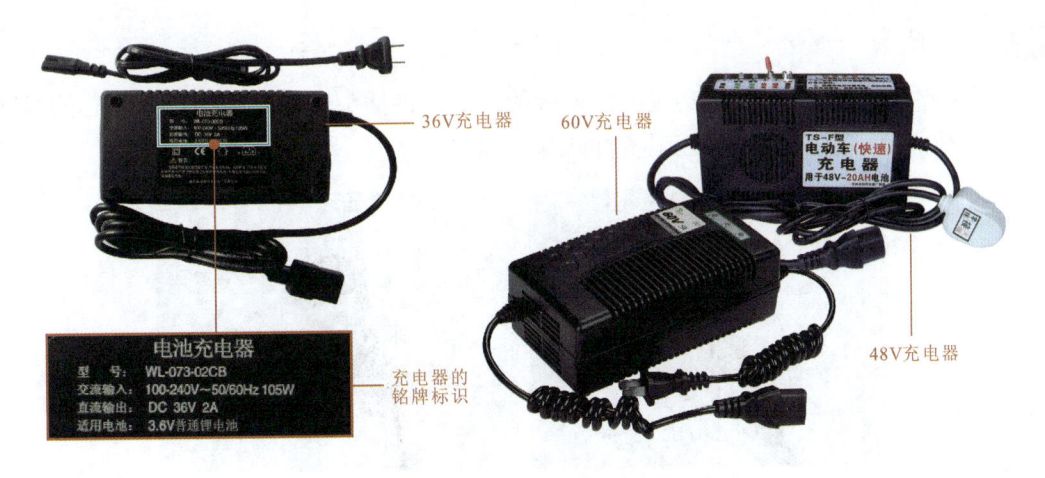

图8-2 常见充电器的实物外形

通常，电动自行车充电器外壳上的铭牌会详细标注充电器的输入电压、输入功率、输出电流、输出电压及电池容量等参数信息。

> 电动自行车的充电器根据充电模式的不同可分为两段式充电器和三段式充电器。
> ●两段式充电器采用恒流后恒压的充电方式，即初步充电时，充电器的电流值将一直保持恒定不变，电压保持上升状态。当电压充到一定额度时，充电器的电流值逐渐减小，电压值在上升到充电器设定的电压值后，保持恒定不变。采用两段式充电器对蓄电池充电会对蓄电池有过充或欠充情况，还会影响蓄电池的寿命。目前，多数电动自行车已不采用该类充电器。
> ●三段式充电器的充电过程可分为：恒流阶段，恒定电流值在1.5～1.8A之间；恒压阶段，恒定电压值在40～44V之间；涓流阶段，充电器将以100mA的电流慢慢充电。通常，充电器在从第二阶段向第三阶段转换时，面板上的指示灯将发生相应的变换，大多数充电器第一、二阶段是红灯，第三阶段为绿灯。

图8-3为充电器的外部结构。充电器呈长方形，塑料盒内部固定有电路板，充电器引出两条电线，一条配有两芯或三芯输入插头，用来输入交流220V电压；另一条配有圆芯或方芯输出插头，用来与蓄电池进行连接。

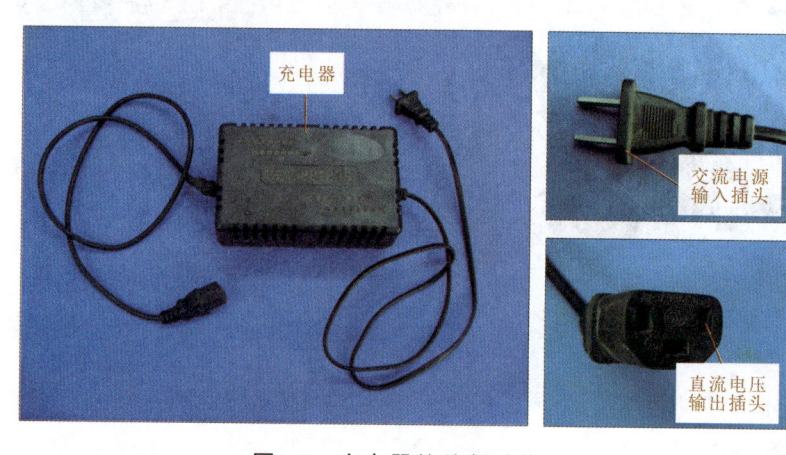

图8-3 充电器的外部结构

1 输入插头

输入插头是与市电220V交流电压连接的插头，该插头通常采用两芯或三芯的标准插头，图8-4为典型的两芯和三芯充电器输入插头。

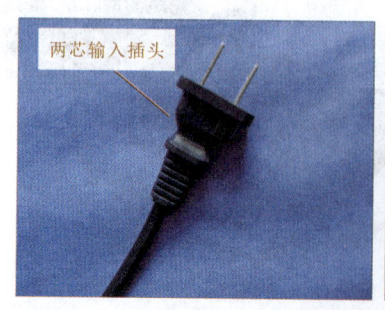

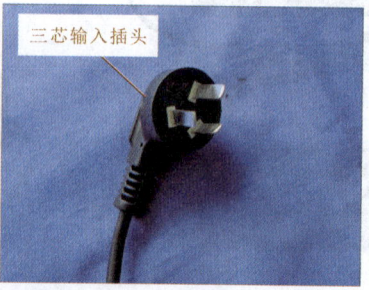

图8-4 典型的两芯和三芯充电器输入插头

2 输出插头

输出插头是与电池连接的插头，该插头通常采用圆芯和方芯插头两种，图8-5为典型的圆芯和方芯输出插头。

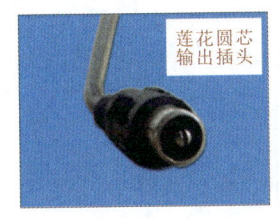

| 莲花圆芯输出插头 | 航空圆芯输出插头 | 中横方芯输出插头 | 通用方芯输出插头 |

（a）圆芯输出插头　　　　　　（b）方芯输出插头

图8-5　典型的圆芯和方芯输出插头

▶▶ 8.1.2 充电器的内部结构

图8-6为电动自行车充电器的内部结构。拆卸充电器外壳即可看到充电器内部的电路板和散热风扇。

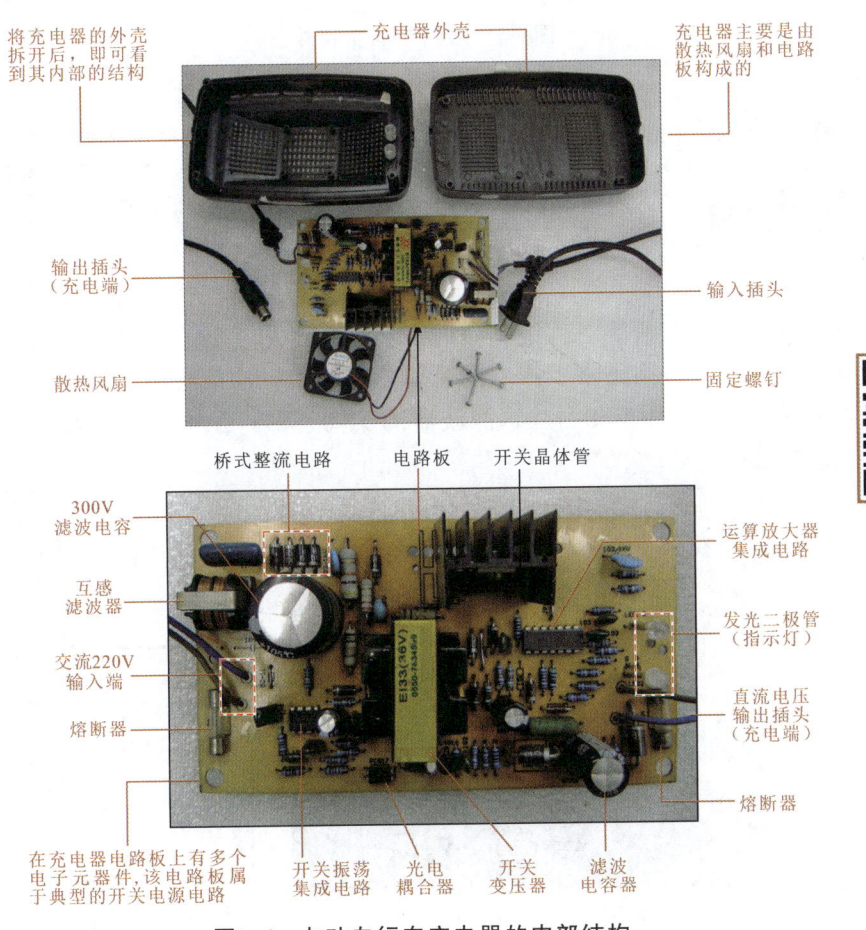

图8-6　电动自行车充电器的内部结构

由图8-6可知，电路板上安装有多种元器件，主要有交流220V输入端、熔断器、滤波电容器、互感滤波器、桥式整流电路、开关晶体管、开关振荡集成电路、光电耦合器、开关变压器、运算放大器、输出插头、发光二极管、散热风扇等。

1 熔断器

在充电器电路中，熔断器通常安装在交流输入电路和直流输出电路中，以确保充电器电路和蓄电池的安全。图8-7为熔断器的实物外形。

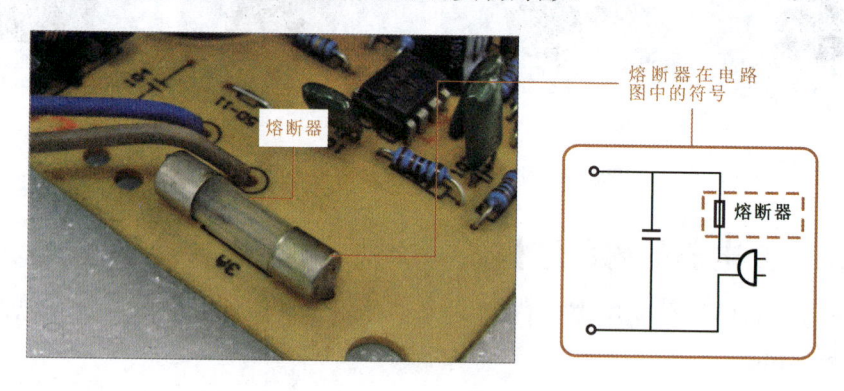

图8-7 熔断器的实物外形

> 熔断器俗称保险丝，在电路中作为过流保护元件使用。当充电器电路发生短路或异常时，电流会异常升高，此时过高的电流可能损坏电路中的某些重要器件，甚至可能烧毁整个电路。而熔断器会在电流异常升高到一定的强度时，通过熔断使电路切断，从而起到保护电路的作用。

2 互感滤波器

互感滤波器由两组线圈对称绕制而成，它的功能主要是通过互感作用消除外围电路的干扰脉冲，保护电路正常工作，同时使充电器的脉冲信号不会辐射到电网中对其他电子设备造成干扰，图8-8为互感滤波器的实物外形。在电路中，互感滤波器通常用字母"L"表示。

图8-8 互感滤波器的实物外形

❸ 桥式整流电路

桥式整流电路的作用是将交流220V电压整流输出约300V的直流电压，通常该电路由4个整流二极管构成，图8-9为桥式整流电路的实物外形。

4个整流二极管按一定的排列顺序连接构成桥式整流电路。通过电路符号可以很清楚地看到4个整流二极管的连接方式

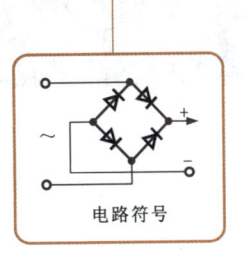

电路符号

图8-9 桥式整流电路的实物外形

❹ 滤波电容器

图8-10为滤波电容器的实物外形。滤波电容器的主要作用是对桥式整流电路输出的约300V的直流电压进行滤波。

图8-10 滤波电容器的实物外形

❺ 开关振荡集成电路

图8-11为开关振荡集成电路的实物外形。开关振荡集成电路是将开关振荡和控制电路集成在一起的芯片，是用于产生开关脉冲的电路，脉冲信号经开关晶体管后驱动开关变压器。

在开关振荡集成电路上都明确标注了集成电路的型号，图8-11所示的开关振荡集成电路的型号为KA3842，通过其内部功能框图能够清楚地了解集成电路的引脚功能，如图8-12所示。

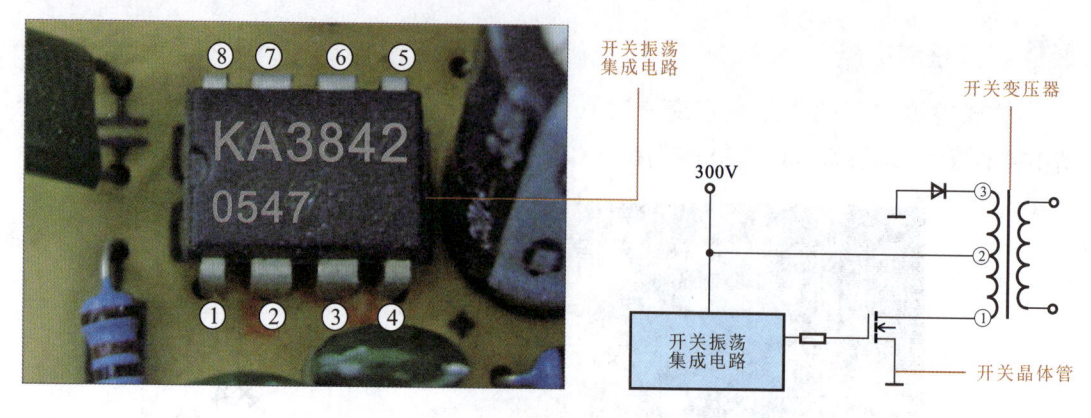

图8-11 开关振荡集成电路的实物外形

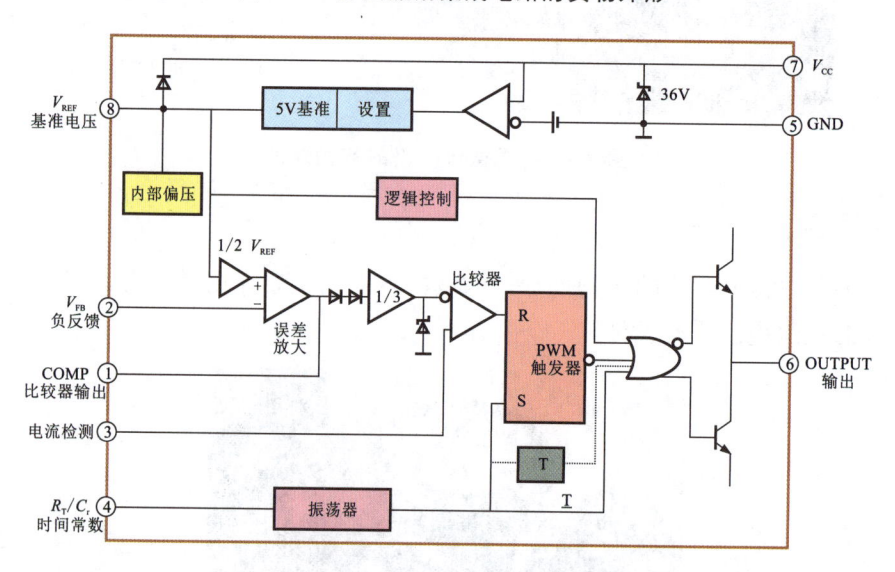

图8-12 KA3842内部功能框图

6 开关晶体管

图8-13为开关晶体管的实物外形。开关晶体管的主要作用是在开关振荡集成电路的驱动下放大脉冲信号,并用放大的开关脉冲信号去驱动开关变压器一次绕组。由于它工作在高压和大电流环境下,所以需安装在散热片上。

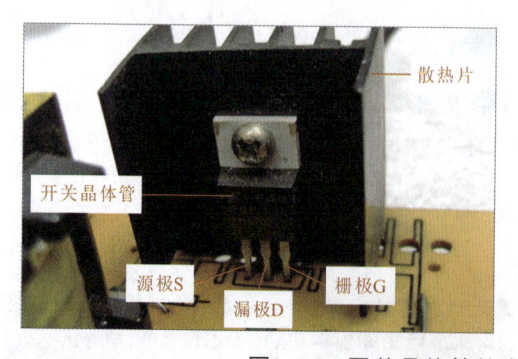

通常,开关晶体管上是不会标注源极S、漏极D和栅极G的,但为了检测方便,需要进行判别,这时可根据对应电路图纸以及电路板印制线,判断出引脚功能

图8-13 开关晶体管的实物外形

7 开关变压器

图8-14为开关变压器的实物外形和结构示意图。开关变压器是一种脉冲变压器,可将高频高压脉冲变成多组高频低压脉冲。它的初级绕组是开关振荡电路的一部分,次级输出的脉冲信号经整流滤波后变成直流电压,为蓄电池充电。

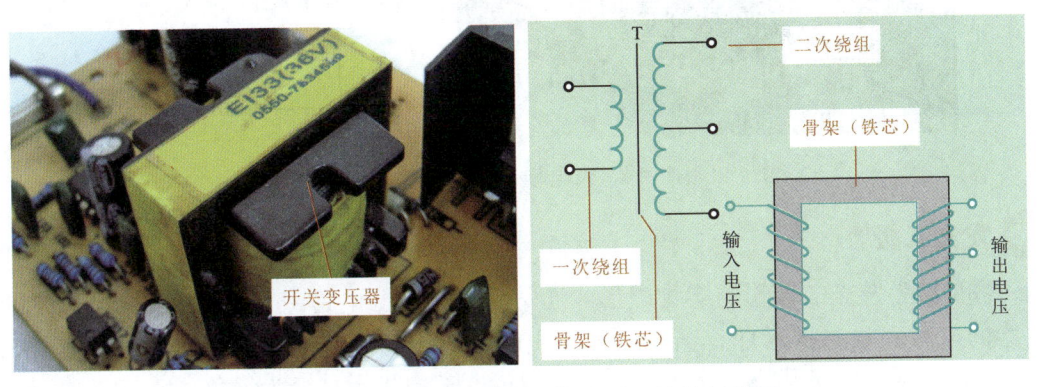

图8-14 开关变压器的实物外形和结构示意图

8 运算放大器

图8-15为运算放大器的实物外形和电路图。运算放大器主要作为温度、电压检测控制电路,用于监测充电器在充电过程中其电压值的上升情况,防止充电电压在超过其额定电压后,充电器仍继续向蓄电池充电,从而导致蓄电池过充,对蓄电池内部造成损伤。

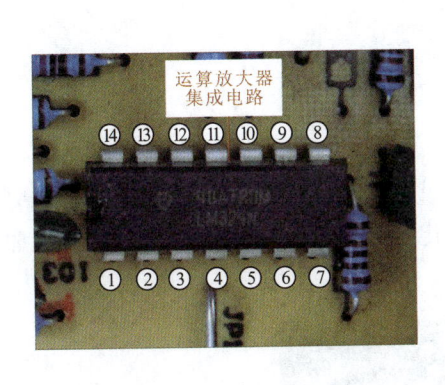

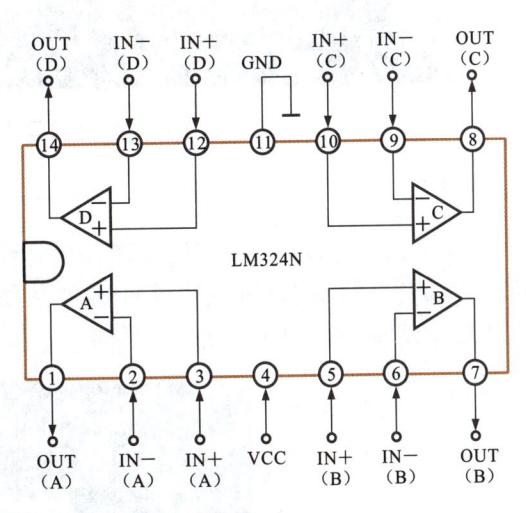

图8-15 运算放大器的实物外形和电路图

9 光电耦合器

图8-16为光电耦合器的实物外形。光电耦合器主要用来将开关电源电路输出电压的误差反馈信号送到开关振荡集成电路中。开关振荡集成电路根据此信号对输出电压进行调整。

光电耦合器是由一个光敏晶体管和一个发光二极管构成的,主要用来将开关电源电路输出电压的误差反馈信号送到开关振荡集成电路中

光电耦合器

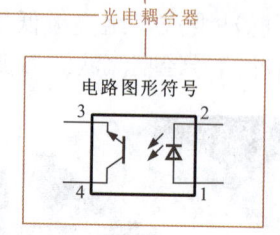

电路图形符号

图8-16 光电耦合器的实物外形

⑩ 发光二极管

图8-17为发光二极管的实物外形。通常,在充电器电路中采用发光二极管作为充电器的电源和状态指示灯。当充电器充电时,电源指示灯为绿色,充电指示灯为红色;当充电结束,充电器进入涓流充电阶段时,充电指示灯变为绿色。

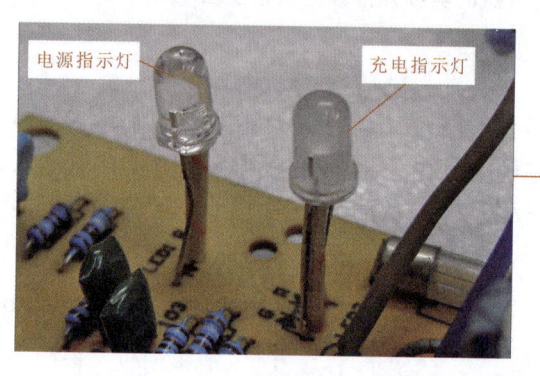

电源指示灯　　充电指示灯

充电器电路采用发光二极管作为充电器的电源和状态指示灯

图8-17 发光二极管的实物外形

⑪ 散热风扇

目前,很多电动自行车充电器的内部会单独设有散热风扇,其主要作用是加强充电器内部的空气流通,降低电路板温度,使充电器性能更加稳定,延长使用寿命。图8-18为散热风扇的实物外形。

图8-18 散热风扇的实物外形

● 8.2 电动自行车充电器的工作原理和电路分析

▶▶ 8.2.1 充电器的工作原理

充电器的主要功能是对蓄电池进行充电，图8-19为典型充电器的工作原理图。

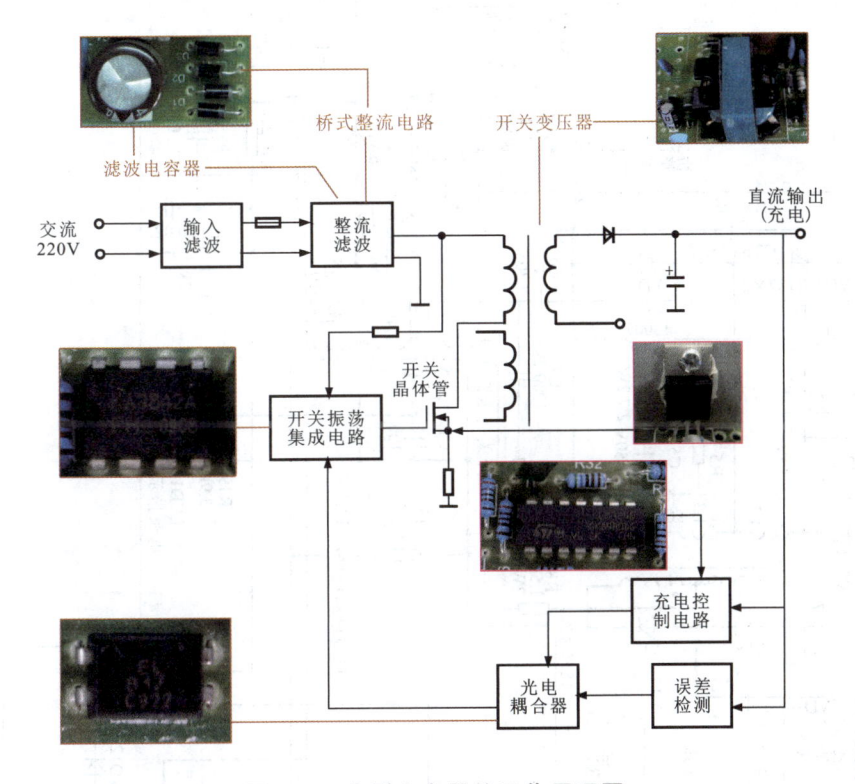

图8-19 典型充电器的工作原理图

从图8-19所示的充电器工作原理图，可以看到，当交流220V电压输入到充电器电路中，经熔断器后送入整流滤波电路，经整流滤波后输出直流300V电压，直流300V电压送入开关振荡电路中，一路为开关变压器进行供电，另一路经限流电阻器后为开关振荡集成电路进行供电，由开关振荡集成电路输出PWM信号控制开关晶体管工作在脉冲振荡状态，经开关变压器输出脉冲信号。

次级输出的脉冲信号经过整流电路后，输出供电电压。当蓄电池电量即将充满时，充电器控制电路通过光电耦合器控制开关晶体管的导通量，使输出电流减小，并驱动指示电路中的指示灯进行转换，防止过冲现象的产生。

▶▶ 8.2.2 充电器的电路分析

图8-20为典型48V充电器的电路原理图，通过该图可以看到，该电路主要是由开关振荡电路、直流输出电路、状态指示灯电路以及脉宽调制信号产生电路等构成的。

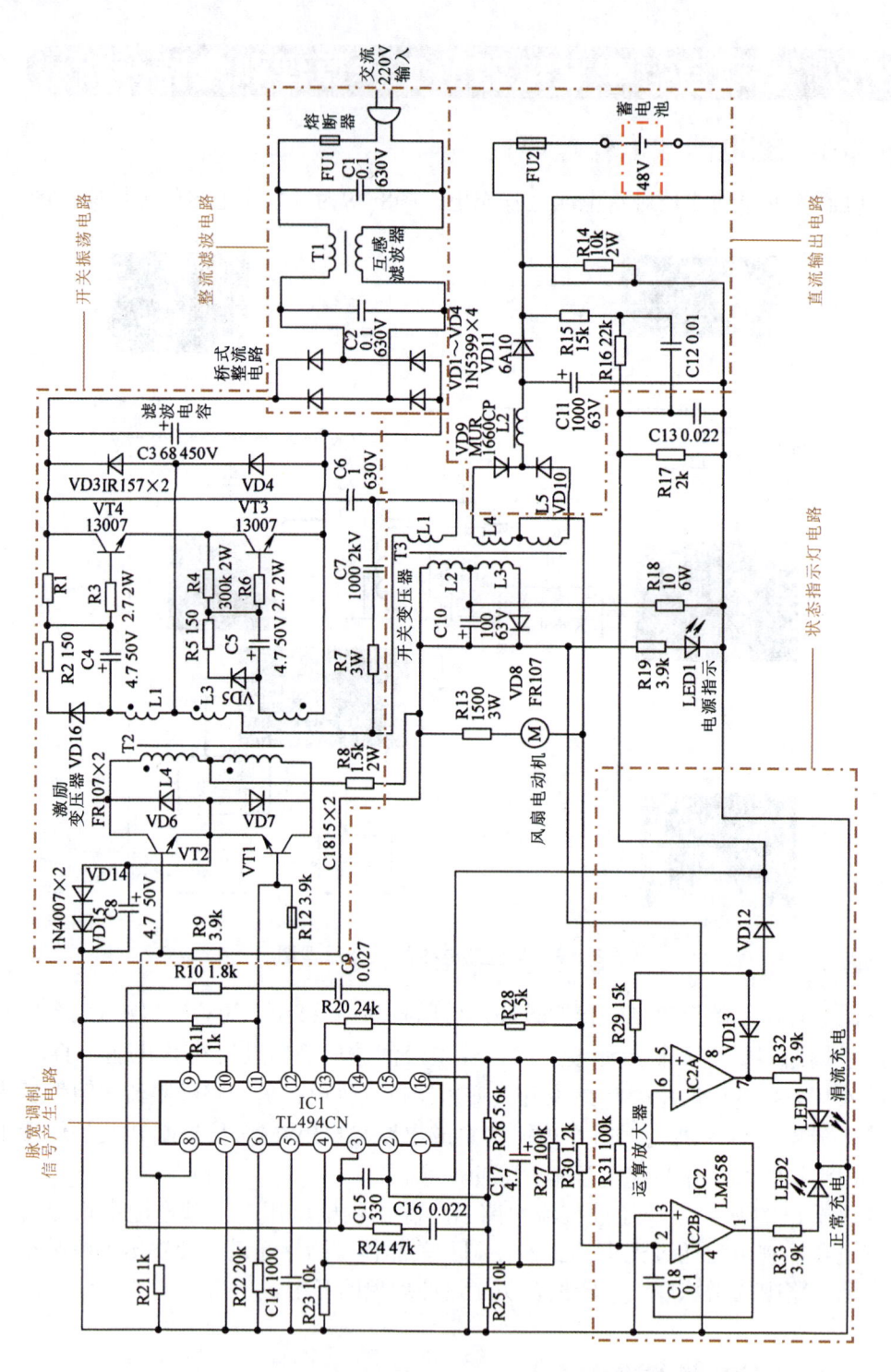

图8-20 典型48V充电器的电路原理图

在图8-20中，交流220V电压经互感滤波器T1、滤波电容器C1、C2、C3和桥式整流电路整流滤波后，输出300V的直流电压，经启动电阻器R1为开关晶体管VT4的基极提供启动电流，使VT4的集电极与发射极之间有电流产生，由于电容器C4的充放电作用使激励变压器的绕组和开关晶体管VT4、VT3起振。

电路振荡后，开关变压器T3的初级绕组L4、L5输出低压脉冲信号，经全波整流电路VD9、VD10整流，续流电感器L2和滤波电容器C11滤波后，形成充电电流，经过二极管VD11后为48V蓄电池充电。VD11为防反充电二极管，可防止蓄电池电压过高时反冲击整流电路。

IC2（LM358）中的两个运算放大器构成电压比较器，用来驱动充电状态指示灯电路。当开始充电时，取样端电压值较低，VD12导通，使IC2 A的5脚的电压低于6脚，IC2 A的7脚输出低电平，涓流充电指示灯LED1（绿色）不亮，而IC2 B的1脚输出高电平，正常充电指示灯LED2（红色）点亮。当充电电压接近蓄电池额定值时，IC2 A的5脚电压上升，7脚变成高电平，则涓流充电指示灯LED1点亮，正常充电指示灯LED2熄灭。

IC1的5脚、6脚与C14 R22组成蓄电池，从8脚、11脚分别输出相位相差180°的激励脉冲，以控制开关晶体管VT1、VT2的导通和截止，使电路进入振荡状态。

8.3 充电器的故障检修

8.3.1 充电器整体的检修

检测充电器本身是否正常时，可检测充电器的输出电压是否正常，若输出的电压正常，则可以排除充电器本身的故障；若输出的电压异常，则需要进一步对充电器的输入电压进行检测，若输入的电压正常，而无输出电压，则表明充电器本身可能已损坏。

1 输出电压的检测方法

当充电器出现故障时，可先对充电器输出的电压进行检测。将充电器通电后，使用万用表检测充电器的输出插头，正常情况下，应能检测到直流电压值。

输出电压的检测方法如图8-21所示。

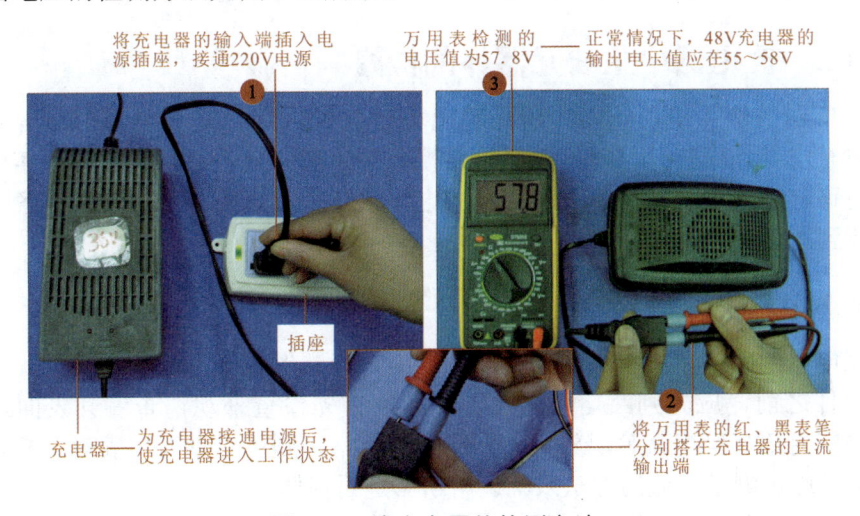

图8-21 输出电压的检测方法

2 输入电压的检测方法

若检测充电器的输出电压正常,则表明充电器自身正常;若检测无输出电压值,则需要对输入的电压值进行检测。

输入电压的检测方法如图8-22所示。

检测充电器的输入电压是否正常时,还可以使用万用表检测插座输出的电压是否正常

将万用表的两表笔分别搭在插座的交流输出端

检查充电器的输入电压是否正常时,可以将充电器通电后,检查指示灯是否正常点亮

正常情况下,将插座通电后可以输出交流220V电压,为充电器提供工作条件

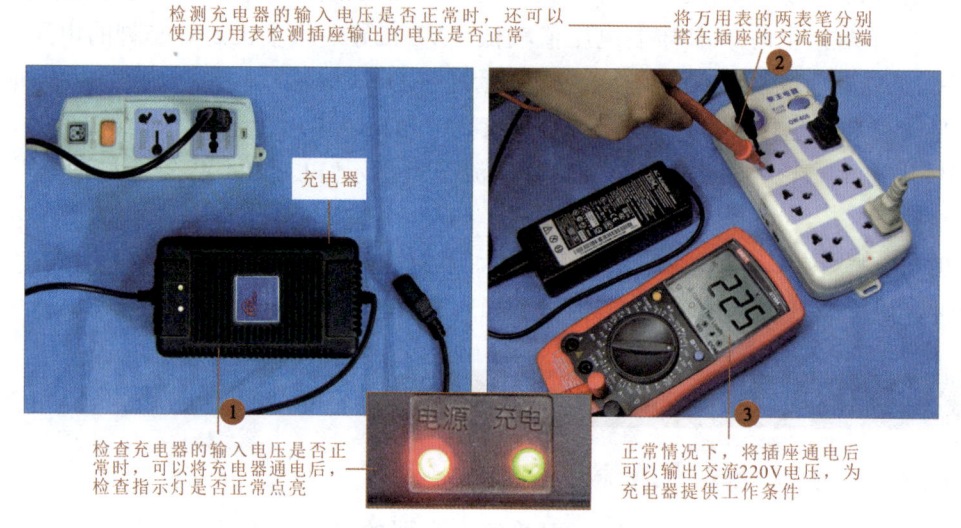

图8-22 输入电压的检测方法

当电动自行车蓄电池的充电器出现丢失和无法修复的损坏时,可以购买新的蓄电池充电器进行代换。在代换时应了解其相关的参数是否匹配,并遵循以下几点:

1) 充电模式需要匹配。在代换时应和之前使用的充电器的充电模式相匹配。

2) 根据蓄电池的容量代换相应的充电器。目前电动自行车中使用的蓄电池有36V、48V、64V等,在代换充电器时,应与原蓄电池的容量进行匹配。

3) 根据蓄电池的接口选择代换的充电器。由于不同的蓄电池其接口也有所不同,所以在代换充电器时,应当注意其接口的类型也应匹配。

▶▶ 8.3.2 充电器中主要元器件的检修

当充电器的输入电压正常,但无输出电压值时,怀疑是充电器内部有元器件损坏,应将充电器外壳打开,对充电器电路板上的易损元器件进行检测,如熔断器、桥式整流电路、滤波电容器、开关振荡集成电路、开关晶体管等,通过排查各元器件的好坏,找到故障点并排除故障。

1 熔断器的检测

在充电器电路中,由于电流的波动比较大,熔断器很容易被烧坏,因此,在检测其他元器件之前,应先判断熔断器是否损坏。首先检查外观,查看其表面是否有破损、污物或内部熔丝熔断等现象,如外观一切正常,则可借助万用表对熔断器的阻值进行测量,通过测量阻值的方法来确认熔断器是否损坏。

熔断器的检测方法如图8-23所示。

第8章 电动自行车充电器检修

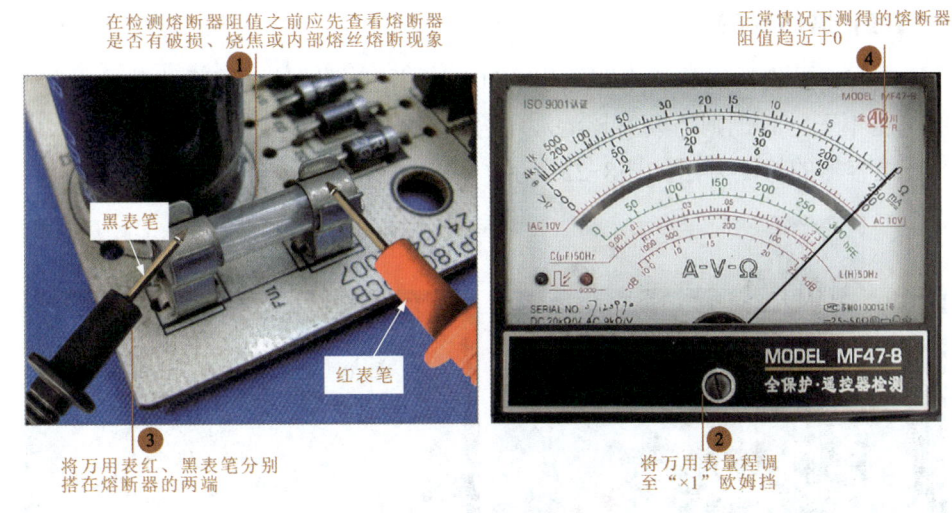

图8-23 熔断器的检测方法

① 在检测熔断器阻值之前应先查看熔断器是否有破损、烧焦或内部熔丝熔断现象
② 将万用表量程调至"×1"欧姆挡
③ 将万用表红、黑表笔分别搭在熔断器的两端
④ 正常情况下测得的熔断器阻值趋近于0

> 如果测得的数值为无穷大,表明熔断器烧坏。引起熔断器烧坏的原因有很多,多数情况是充电器电路中有过载现象。这时应进一步检查电路,否则即使更换了熔断器,可能还会烧断。

② 桥式整流电路的检测

若桥式整流电路损坏,则会造成充电器无输出电压的故障。检测桥式整流电路时,可分别对4个整流二极管进行检测,即检测整流二极管的正、反向阻值是否正常。

整流二极管的检测方法如图8-24所示。

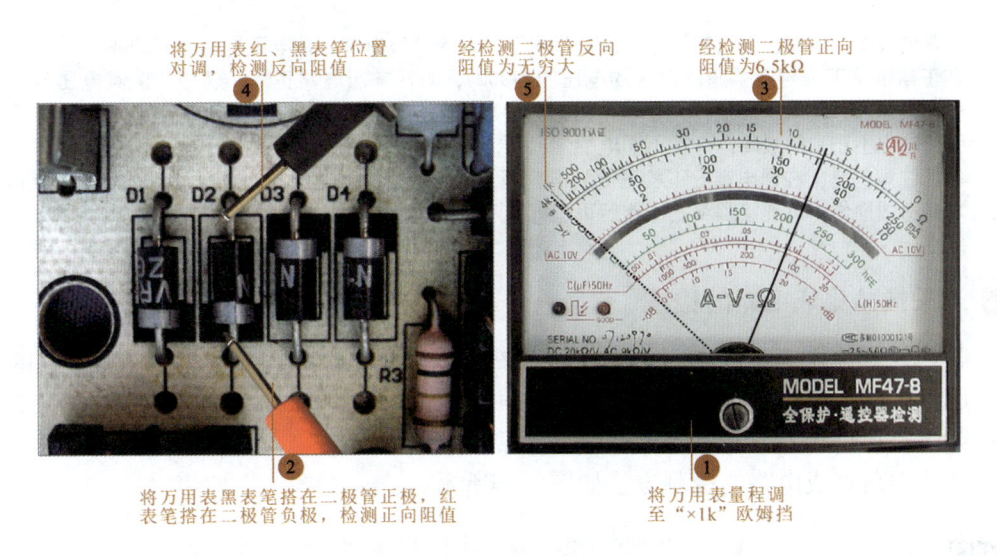

① 将万用表量程调至"×1k"欧姆挡
② 将万用表黑表笔搭在二极管正极,红表笔搭在二极管负极,检测正向阻值
③ 经检测二极管正向阻值为6.5kΩ
④ 将万用表红、黑表笔位置对调,检测反向阻值
⑤ 经检测二极管反向阻值为无穷大

图8-24 整流二极管的检测方法

在正常情况下,整流二极管正向导通,应有一定的阻值;反向截止,阻值应为无穷大。

③ 滤波电容器的检测

滤波电容器是将桥式整流电路输出的300V电压进行滤波，当桥式整流电路正常，而300V电压不正常时，则需要对该滤波电容器进行检测。

滤波电容器的检测方法如图8-25所示。

将万用表的红表笔搭在滤波电容器的正极引脚端

正常情况下，测得的滤波电容器阻值为5kΩ

滤波电容器

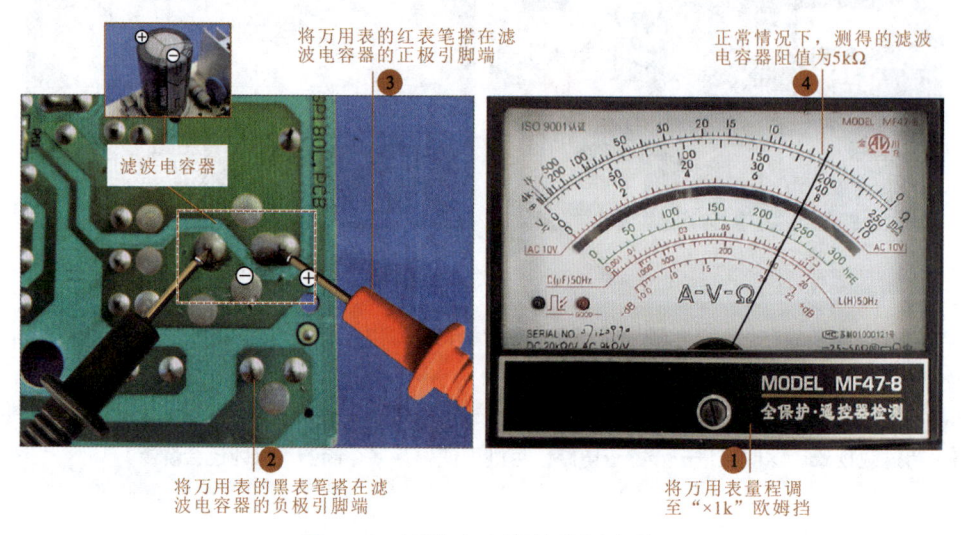

将万用表的黑表笔搭在滤波电容器的负极引脚端

将万用表量程调至"×1k"欧姆挡

图8-25　滤波电容器的检测方法

一般情况下，滤波电容器的阻值在几千欧姆左右，若测得的阻值为几十欧姆或几百欧姆，则表明该滤波电容器已损坏或老化。

> 检测滤波电容器时，还可在开通电源的情况下，测量滤波电容两端电压是否约为300V。
> 在正常情况下，若测得滤波电容的电压约为300V，表明前级电路正常；若经检测其电压值不正常，表明交流220V输入电路或桥式整流电路部分出现问题，应重点检查，另外，若滤波电容漏电严重也会引起输出不正常的故障，可在不通电的情况下，利用万用表判别性能的好坏。
> 需要注意的是，在通电情况下检测滤波电容器，有可能接触到交流220V电压，会对人身安全和电路板本身造成损伤，可连接隔离变压器后再进行检测操作。

④ 开关振荡集成电路的检测

若怀疑开关振荡集成电路损坏，可在断电状态下，使用万用表对其各引脚的对地阻值进行检测，然后将检测出的各引脚的阻值与正常开关振荡集成电路各引脚的阻值进行对比，判断开关振荡集成电路是否正常。

开关振荡集成电路的检测方法如图8-26所示。

在正常情况下，测得的开关振荡集成电路KA3842各引脚对地阻值，见表8-1。若测量结果与表中数值差别较大，说明该开关振荡集成电路已损坏。

将万用表红、黑表笔位置对调，检测1脚的反向对地阻值 ④

在正常情况下，测得的1脚反向对地阻值为8kΩ ⑤

在正常情况下，测得的1脚正向对地阻值为6.6kΩ ③

将万用表黑表笔搭在开关振荡集成电路的接地端（5脚），红表笔依次搭在各个引脚端（以1脚为例） ②

将万用表量程调至"×1k"欧姆挡 ①

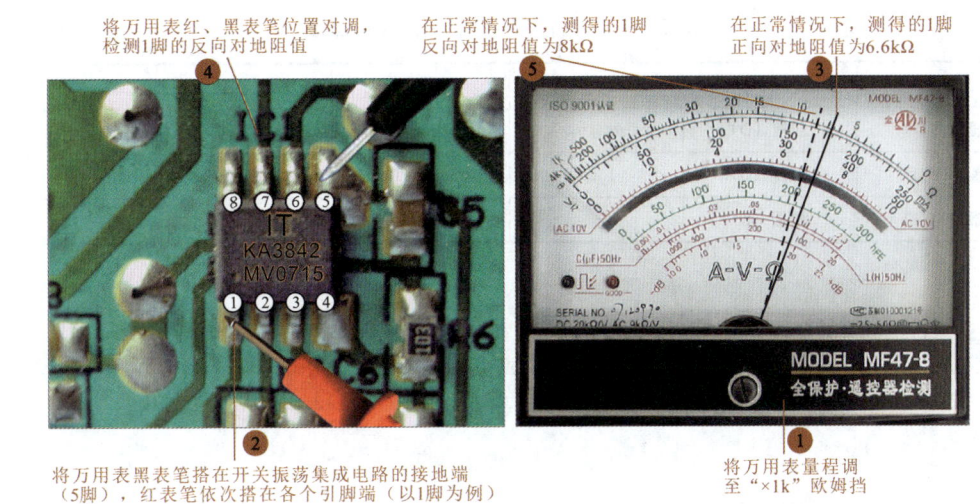

图8-26 开关振荡集成电路的检测方法

表8-1 开关振荡集成电路KA3842各引脚对地阻值

引脚	黑表笔接地/kΩ	红表笔接地/kΩ	引脚	黑表笔接地/kΩ	红表笔接地/kΩ
1	6.6	8	5	0	0
2	0	0	6	6.4	7.5
3	0.3	0.3	7	5	∞（外接电容器）
4	7.4	12	8	3.7	3.8

⑤ 开关晶体管的检测

经排查，若怀疑是开关晶体管损坏时，可在断电状态下，使用万用表检测开关晶体管3个引脚间的阻值是否正常，开关晶体管的检测方法如图8-27所示。经实际检测，开关晶体管（CS7N60）引脚间的阻值见表8-2，若测量结果与表中数值差别较大，说明该开关晶体管已损坏。

将万用表红、黑表笔位置对调，检测源极与栅极间反向阻值 ④

正常情况下，可测得7.3kΩ的反向阻值 ⑤

正常情况下，可测得5.2kΩ的正向阻值 ③

栅极（G）　源极（S）

将万用表黑表笔搭在开关晶体管的源极（S），红表笔搭在开关晶体管的栅极（G） ②

将万用表量程调至"×1k"欧姆挡 ①

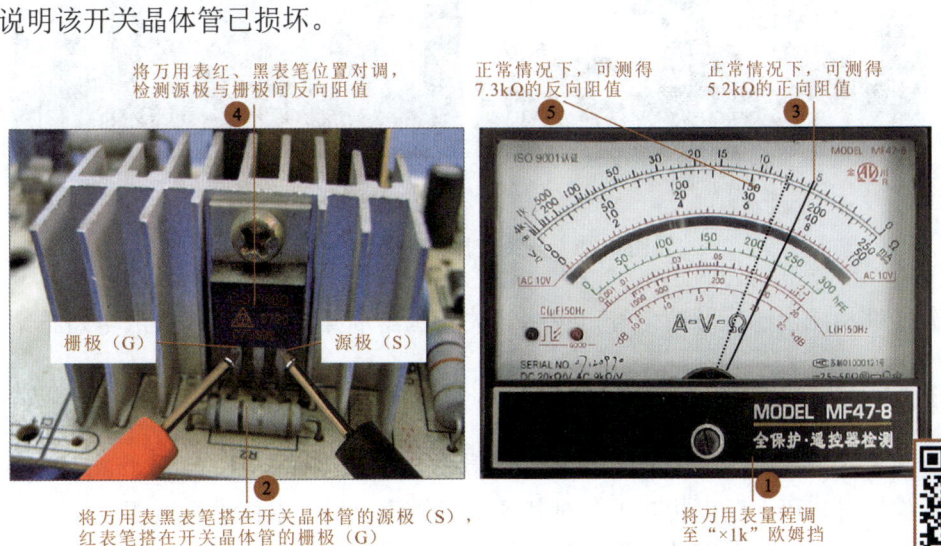

图8-27 开关晶体管的检测方法

表8-2 开关晶体管各引脚阻值对照表

红表笔	黑表笔	阻值/Ω	红表笔	黑表笔	阻值/Ω
栅极（G）	漏极（D）	∞（外接电容）	源极（S）	栅极（G）	7.3
漏极（D）	栅极（G）	15.8	漏极（D）	源极（S）	4.3
栅极（G）	源极（S）	5.2	源极（S）	漏极（D）	∞（外接电容）

> 如果检测的开关晶体管漏极和源极之间的正、反向阻值偏差较大，并不能直接判断该管损坏，可能是在路检测时由外围元器件引起的偏差，此时应将该开关晶体管引脚焊点断开或焊下，在开路的状态下，利用上述方法再次检测。若测量结果仍不正常或与标称值偏差较大，则可判断该管可能击穿损坏。

6 开关变压器的检测

开关变压器的好坏，一般可通过使用示波器检测其信号波形的方法进行判断。将充电器接通电源，将示波器接地夹接地，示波器探头靠近开关变压器的磁芯部分，正常情况下，由于变压器输出的脉冲电压很高，所以通过绝缘层就可以感应到开关脉冲信号。

开关变压器的检测方法如图8-28所示。

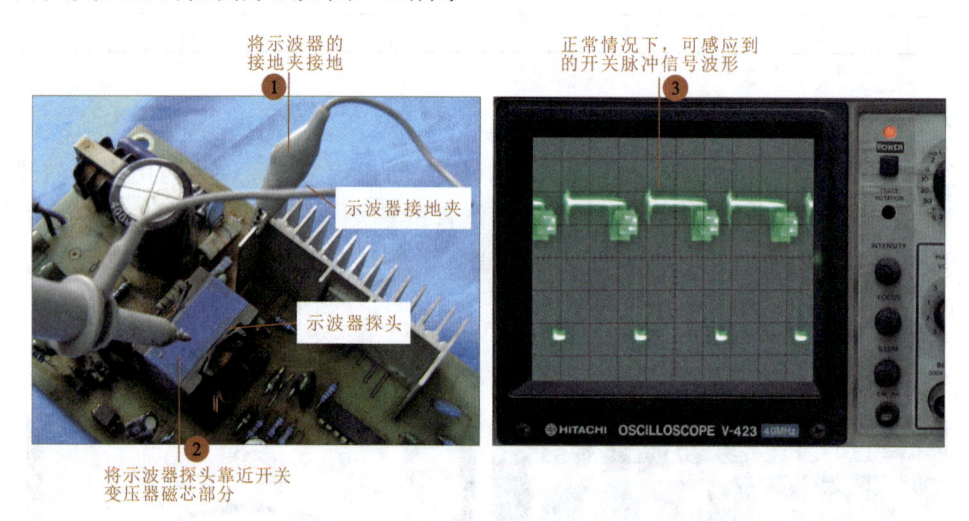

图8-28 开关变压器的检测方法

若能够检测出感应脉冲信号，说明开关变压器本身和开关振荡集成电路正常。

7 运算放大器的检测

运算放大器（AS324M-E1）主要用来检测电压以及充电器的工作状态，怀疑运算放大器损坏时，可在断电状态下，对其各引脚的正、反向阻值进行检测。

运算放大器的检测方法如图8-29所示。

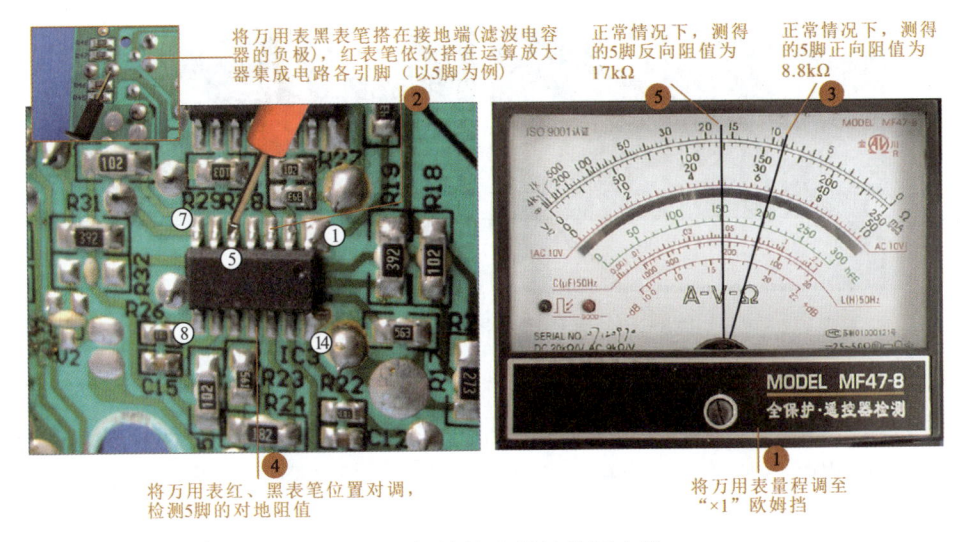

图8-29 运算放大器的检测方法

运算放大器（AS324M-E1）各引脚正、反向阻值见表8-3。若测量结果与表中数值差别较大，说明该运算放大器已损坏。

表8-3 运算放大器（AS324M-E1）各引脚正、反向阻值

引脚	阻值/kΩ（黑表笔接地）	阻值/kΩ（红表笔接地）	引脚	阻值/kΩ（黑表笔接地）	阻值/kΩ（红表笔接地）
1	9.4	37.5	8	9	56
2	0.7	0.7	9	0.5	0.5
3	0.7	0.7	10	0.7	0.7
4	5	13.7	11	0	0
5	8.8	17	12	1.7	1.5
6	9	56	13	0.7	0.7
7	9.4	56	14	9.3	55

若运算放大器损坏，需要选择同规格型号的运算放大器代换。图8-30为运算放大器的代换方法。

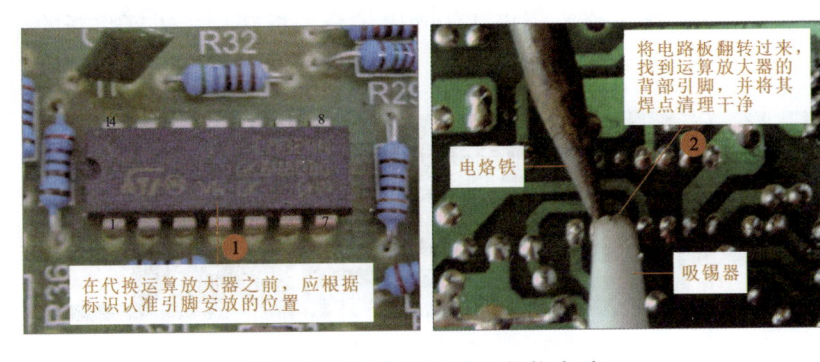

图8-30 运算放大器的代换方法

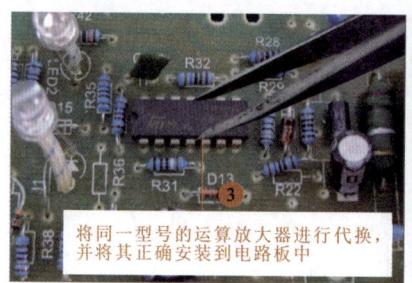

图8-30 运算放大器的代换方法（续）

8 光电耦合器的检测

光电耦合器是由一个光敏晶体管和一个发光二极管构成的，若怀疑光电耦合器损坏，可分别检测内部发光二极管和光敏晶体管的正、反向阻值是否正常。

光电耦合器的检测方法如图8-31所示。

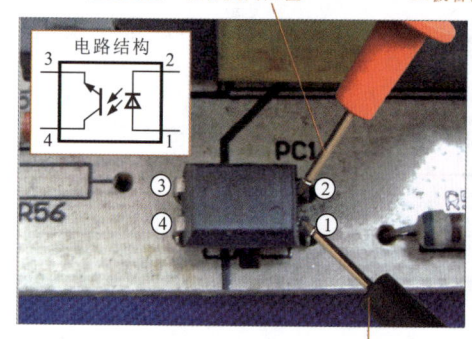

图8-31 光电耦合器的检测方法

在路检测光电耦合器时，正常情况下1脚与2脚的正向阻值为6.5kΩ，反向阻值约为8kΩ；3脚与4脚的正、反向均有一定值的阻值，若测得其正、反向阻值相同时，应查看电路板中光电耦合器外围是否安装有其他元器件，若有，将光电耦合器取下后再进行检测。

若光电耦合器损坏，需要用同型号光电耦合器对其进行代换。光电耦合器的代换方法如图8-32所示。使用电烙铁将损坏的光电耦合器拆卸后，重新将新的光电耦合器焊接到位即可。

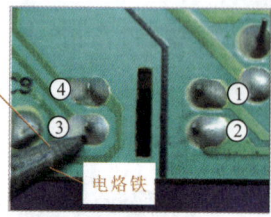

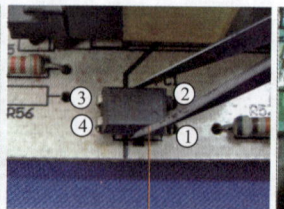

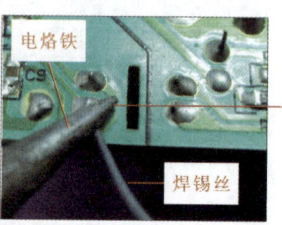

图8-32 光电耦合器的代换方法

第9章 电动自行车电气部件检修

● 9.1 电动自行车转把的检修

▶▶ 9.1.1 转把的结构

转把是电动自行车控制、调节行驶速度的重要部件，所以又称为调速转把。转把旋转的角度不同，对应输出给控制器的调速信号也不同。控制器通过识别转把的调速信号，实现对电动机转速的控制。

根据内部使用的传感器不同，转把分为霍尔转把和光电转把两种。霍尔转把以霍尔元件为传感器；光电转把以光电变换器为传感器，如图9-1所示。

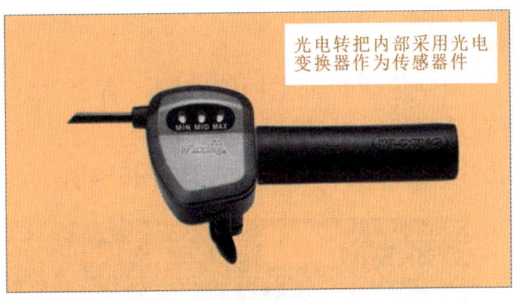

霍尔转把内部采用霍尔元件作为传感器件

光电转把内部采用光电变换器作为传感器件

（a）霍尔转把　　　　　　　　（b）光电转把

图9-1　转把的实物外形

根据功能不同，转把还可分为具有通用性调速功能的转把和具有特定功能的转把等，如图9-2所示。

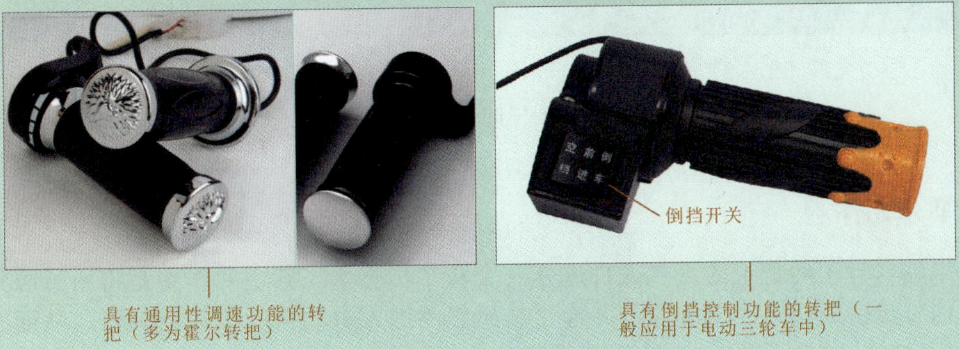

具有通用性调速功能的转把（多为霍尔转把）

倒挡开关

具有倒挡控制功能的转把（一般应用于电动三轮车中）

图9-2　不同功能的转把

目前，多数电动自行车转把采用霍尔元件作为传感器。图9-3为霍尔转把的内部结构。可以看到，霍尔转把主要是由磁钢、霍尔元件、复位弹簧、传感线路和塑料外壳等构成的。

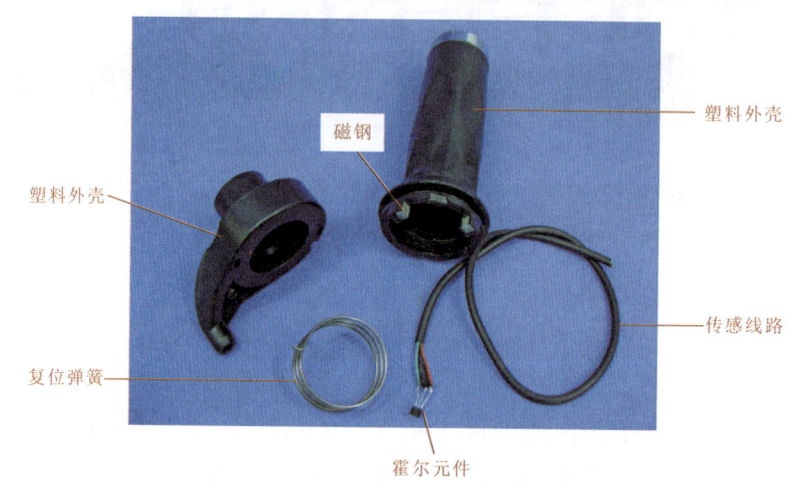

图9-3 霍尔转把的内部结构

1 磁钢

磁钢位于转把手柄的内侧，有极性（N/S）之分，它的主要作用是向霍尔元件提供磁场信号，以便将转把的转动角度转换成速度控制信号。转把中常见的磁钢有一体式磁钢和分体式磁钢两种，如图9-4所示。

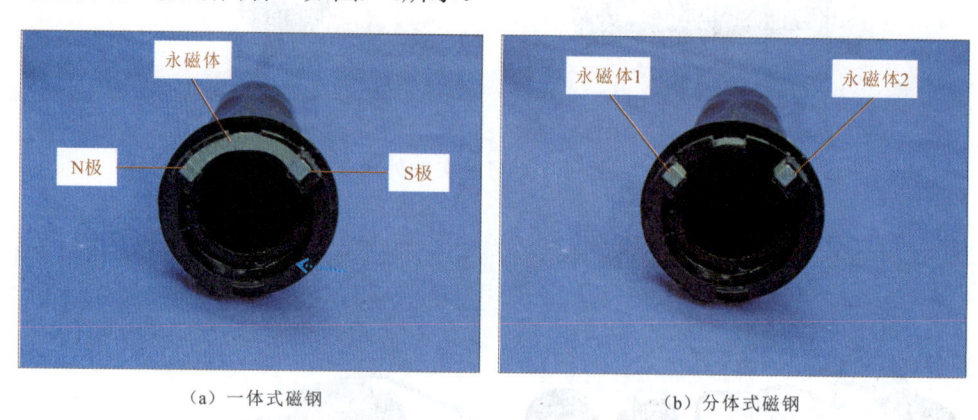

（a）一体式磁钢　　　　　　　　　（b）分体式磁钢

图9-4 转把中的磁钢及结构型式

2 霍尔元件

电动自行车转把上的霍尔元件就是一个霍尔传感器。其主要作用是将所感应到的磁场信号转换成相应的电压值，并通过传感线路送入电动自行车的控制器，从而改变电动自行车的速度，图9-5为转把中霍尔元件的实物外形。

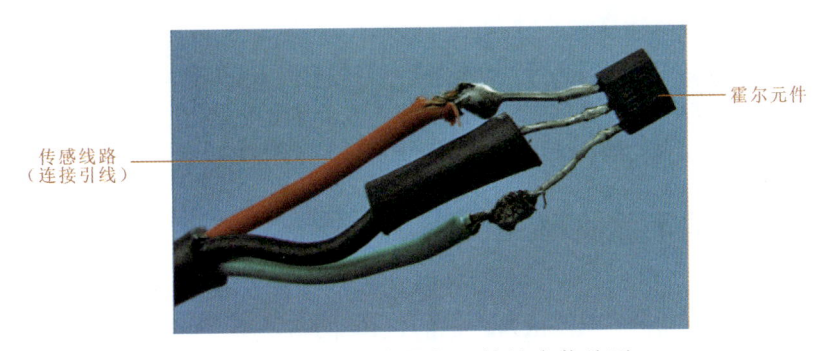

图9-5　转把中霍尔元件的实物外形

- 霍尔元件
- 传感线路（连接引线）

3 传感线路

传感线路是连接霍尔元件与控制器的桥梁。根据转把功能的不同，传感线路有3根导线和5根导线之分，如图9-6所示。

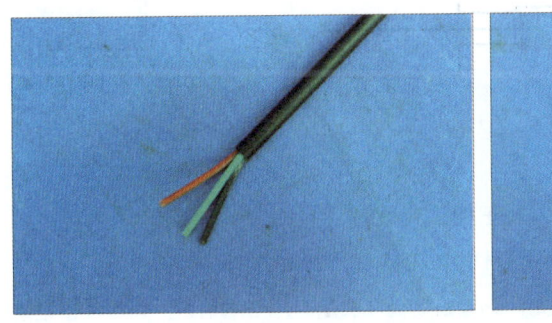

（a）3根导线的传感线路 　　　（b）5根导线的传感线路

图9-6　转把中的传感线路

> 3根导线的传感线路中，红线为霍尔元件的电源端，黑线为接地端，绿线为信号输出线；5根导线的传感线路比3根导线多出蓝线和棕线，这两根导线用来与定速按钮连接，实现巡航定速功能。

4 复位弹簧

复位弹簧的主要作用是通过自身弹力实现复位。旋动转把时，转把带动复位弹簧旋转；松开转把时，复位弹簧利用自身弹性带动转把复位。图9-7为转把中的复位弹簧。

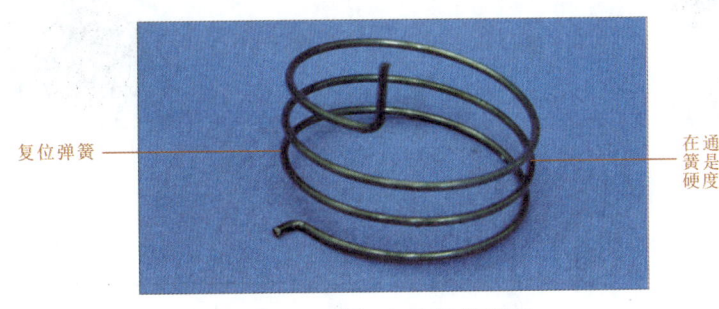

- 复位弹簧
- 在通常情况下，复位弹簧是由弹簧钢制成的，硬度强，复位效果好

图9-7　转把中的复位弹簧

旋转电动自行车转把时,其内部的复位弹簧也将随之旋转,在其旋转过程中,将改变磁钢的位置,从而改变磁场强度以及极性,这就引起霍尔元件所感应到的磁场强度发生变化,因而输出不同的电压值(感应信号)。松开转把时,转把会在复位弹簧的作用下恢复到初始状态。

▶▶ 9.1.2 转把的工作原理

转把为控制器提供调速信号,该信号经控制器识别和处理后,输出相应的电动机驱动信号,实现控速功能。图9-8为转把的工作原理。

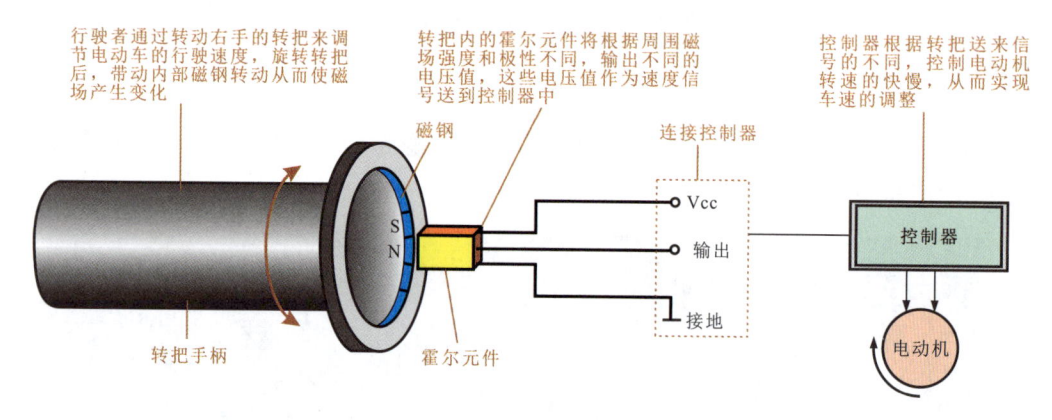

图9-8 转把的工作原理

电动自行车行驶速度的大小,是由霍尔元件感应磁场极性决定的,当磁钢的不同极性接近或离开霍尔元件时,霍尔元件输出的电压值将随之增大或减小。

通常情况下,向内(顺时针)转动转把时,霍尔元件输出的电压值将由低到高,称为正把,其电压值的范围为0.8~4.2V;向外(逆时针)旋转转把时,霍尔元件输出的电压值将由高到低,称为反把,其电压值的范围为4.2~0.8V。

▶▶ 9.1.3 转把的检修方法

转把是电动自行车的调速部件,在电动自行车行驶过程中被频繁使用,是易损坏的部件之一,判断转把的好坏,可首先检查供电电压,然后分别对磁钢、复位弹簧和霍尔元件进行检测,如图9-9所示。

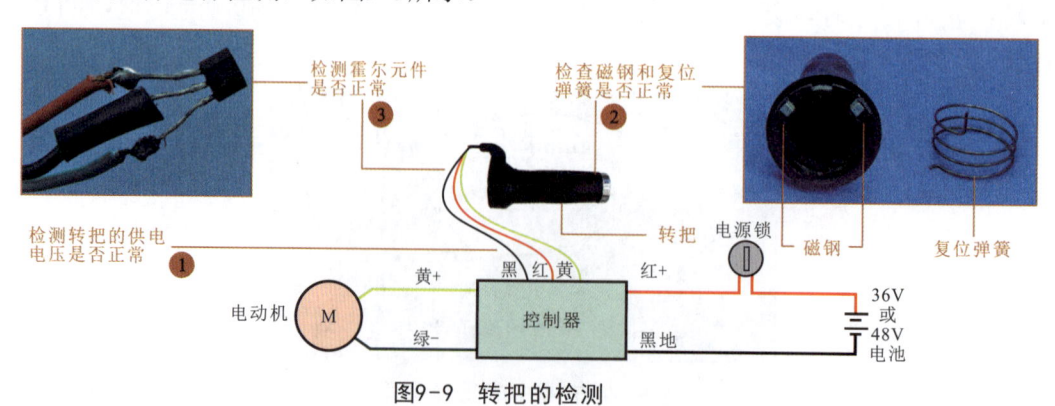

图9-9 转把的检测

1 转把供电电压的检测

供电电压是转把正常工作的首要条件。检测转把的供电电压时，可使用万用表检测转把与控制器连接的插件处，如图9-10所示。

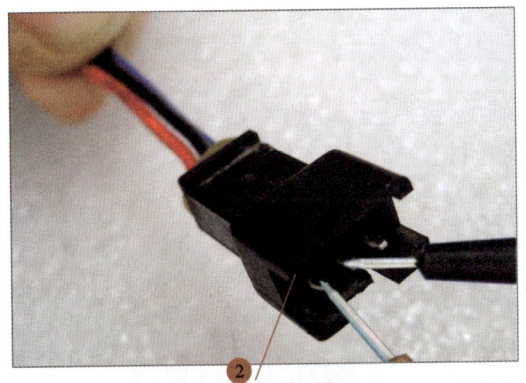

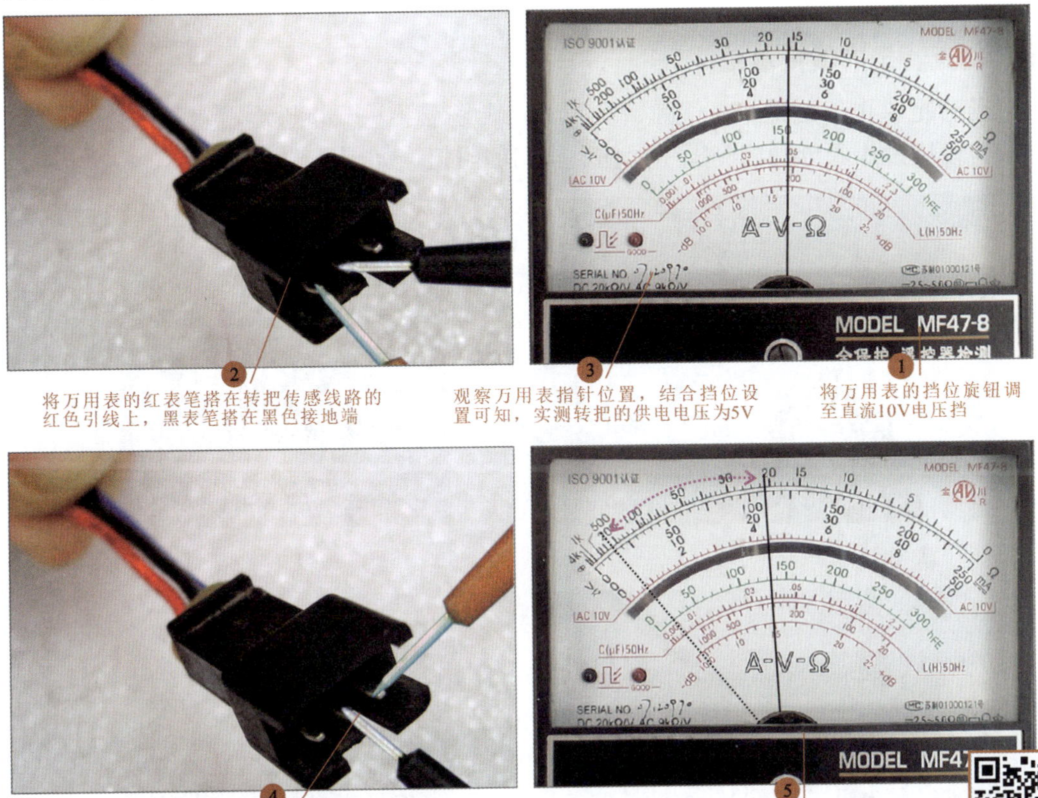

① 将万用表的挡位旋钮调至直流10V电压挡

② 将万用表的红表笔搭在转把传感线路的红色引线上，黑表笔搭在黑色接地端

③ 观察万用表指针位置，结合挡位设置可知，实测转把的供电电压为5V

④ 保持万用表挡位旋钮位置不变，将万用表红表笔搭在绿色引线上，黑表笔搭在黑色接地端

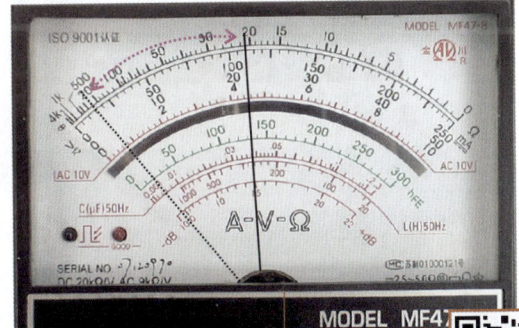

⑤ 观察万用表指针位置，在转动转把时，测得电压在0.8~5V之间变化

图9-10 转把供电电压的检测

2 检查转把内的磁钢和复位弹簧

图9-11为转把内磁钢和复位弹簧的检测方法。

磁钢 — 检查磁钢是否脱落、颠倒

复位弹簧 — 检查复位弹簧是否变形、脱落

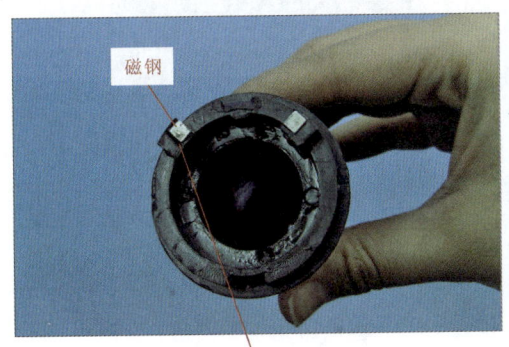

图9-11 转把内磁钢和复位弹簧的检测方法

检查磁钢时，主要查看磁钢有无错位或脱落现象。若磁钢错位或脱落，应更换或重新安装。

检查复位弹簧时，主要查看是否有变形、扭曲等现象。若复位弹簧变形或损坏，且无法修复时，应及时更换。

3 检查转把内的霍尔元件

若转把供电、磁钢和复位弹簧均正常，则还需要进一步检测霍尔元件是否正常。一般可使用万用表分别检测霍尔元件引脚间的阻值，如图9-12所示。

① 将万用表的黑表笔搭在接地端，红表笔搭在霍尔元件的供电端

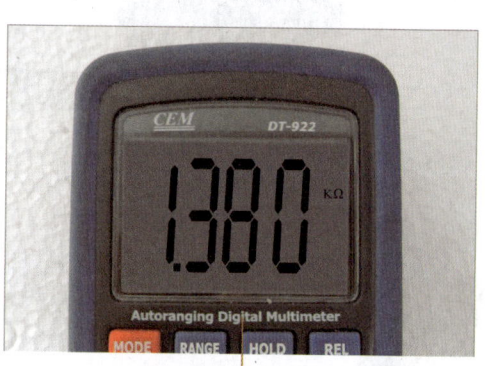

② 在正常情况下，测得的阻值为1.380kΩ

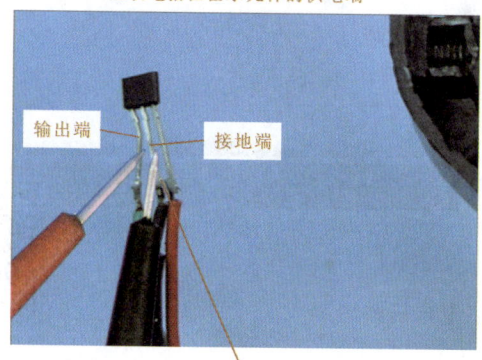

③ 将万用表的黑表笔搭在接地端，红表笔搭在霍尔元件的输出端

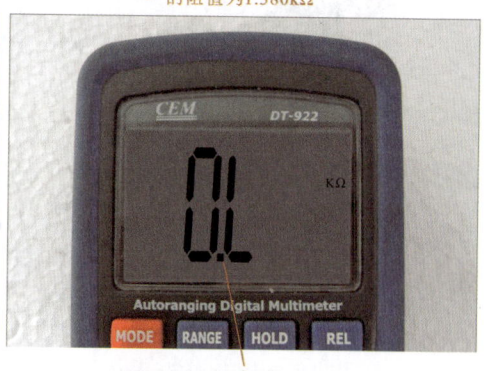

④ 在正常情况下，测得的阻值为无穷大

⑤ 调换表笔，将万用表的红表笔搭在接地端，黑表笔搭在霍尔元件的输出端

⑥ 在正常情况下，测得的阻值为24.84MΩ

图9-12 转把内霍尔元件的检测

若检测的阻值与实际阻值相差较大,则可能是霍尔元件本身损坏,需要使用性能良好的霍尔元件进行代换。

> 判断转把是否正常,除了用万用表检测阻值外,还可以在通电状态下检测转把中霍尔元件输出端的电压值。在正常情况下,转把输出的调速信号在0.8~3.6V之间变化。该变化范围由转把的类型决定:一般情况下,万用表读数应在0.8~4.8V或4.8~0.8V之间变化,若在转动转把时未观察到电压的变化,说明转把可能已损坏。

▶▶ 9.1.4 转把的代换方法

若电动自行车的转把损坏且不能修复时,需要对损坏的转把进行拆卸并代换。

1 转把的拆卸

拆卸转把时,需要先将霍尔元件与控制器之间的连接线断开,然后使用专业工具将固定转把的固定螺钉取下,具体操作方法如图9-13所示。

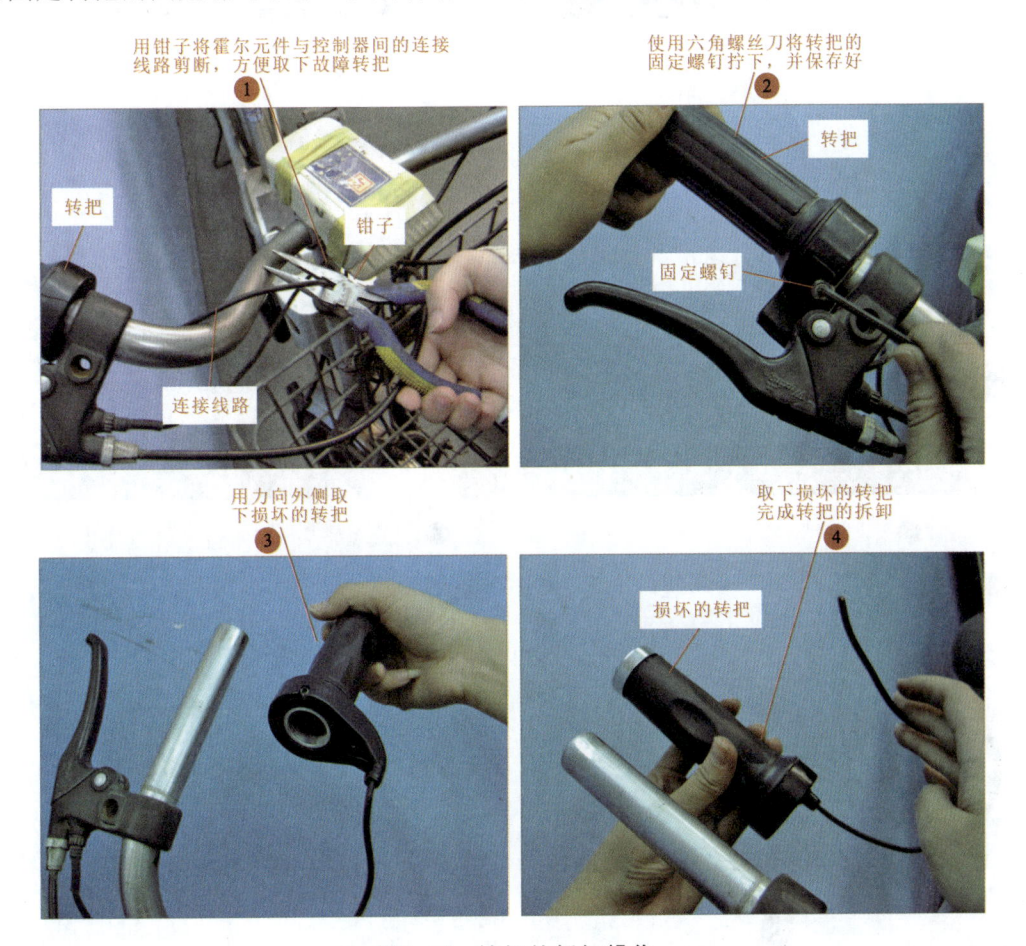

图9-13 转把的拆卸操作

2 转把的代换

在代换转把时,应根据转把传感线路中引线的根数进行匹配,选择引线数量相同的转把代换,具体的代换方法如图9-14所示。

① 将性能良好的转把向内平移安装到电动自动车的车把上

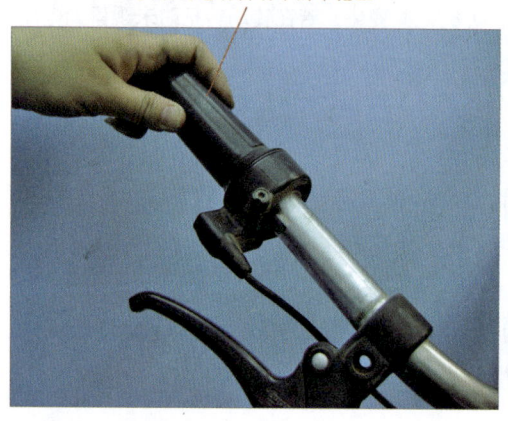

② 使用六角螺丝刀将转把的固定螺钉安装好

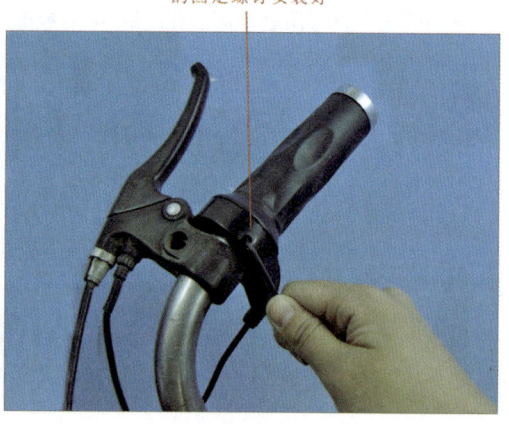

③ 将新转把上的传感线路(连接引线)与控制器的连接引线根据颜色进行连接,即相同颜色的引线连接在一起

④ 连接完成的新转把连接引线与控制器的连接引线

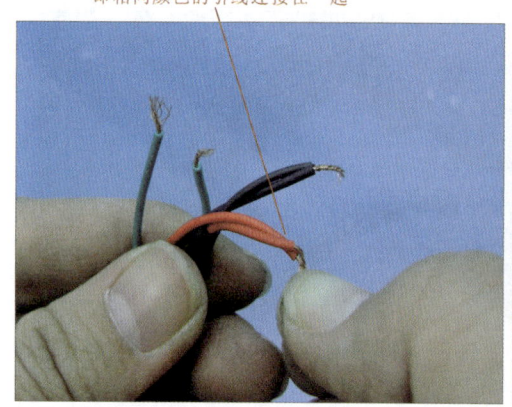

⑤ 使用绝缘胶带对连接引线的连接处进行包裹

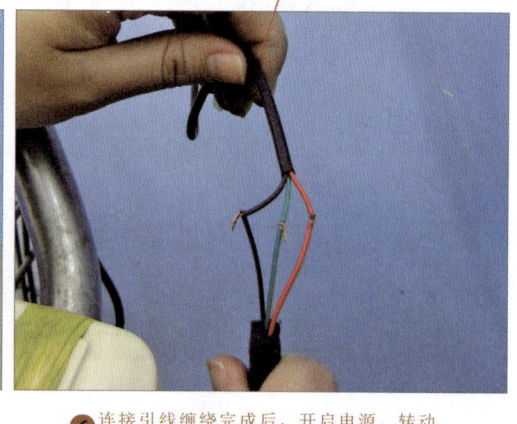

⑥ 连接引线缠绕完成后,开启电源,转动转把,电动机运转,说明转把代换完成

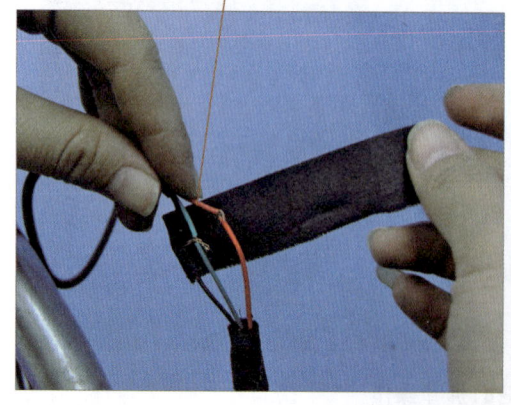

图9-14 转把的代换方法

9.2 电动自行车闸把的检修

▶▶ 9.2.1 闸把的结构

闸把是电动自行车制动操作的重要部件，刹车时，通过操作闸把切断电动机的供电，使电动自行车停止前行。

根据内部结构的不同，闸把可分为机械闸把和电子闸把，如图9-15所示。

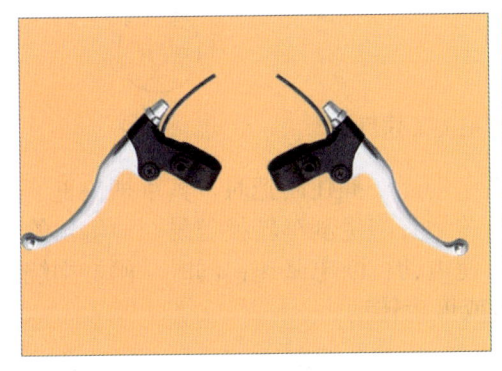

（a）机械闸把　　　　　（b）电子闸把

图9-15　闸把的实物外形

图9-16为机械闸把的整体结构，机械闸把主要是由闸把把座、闸把手柄、闸线固定孔、闸线、调节空心螺栓和微动开关等组成的。

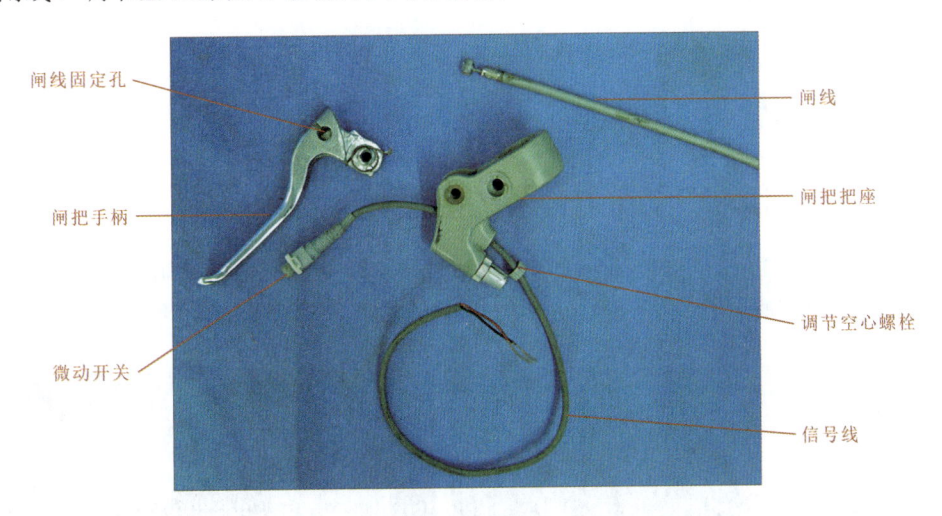

图9-16　机械闸把的整体结构

▶▶ 9.2.2 闸把的工作原理

以机械闸把为例，当需要制动握住闸把时，闸把首先向控制器发出制动转换信号，控制器接收到信号后，停止对电动机供电，实现制动，如图9-17所示。

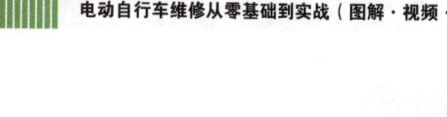

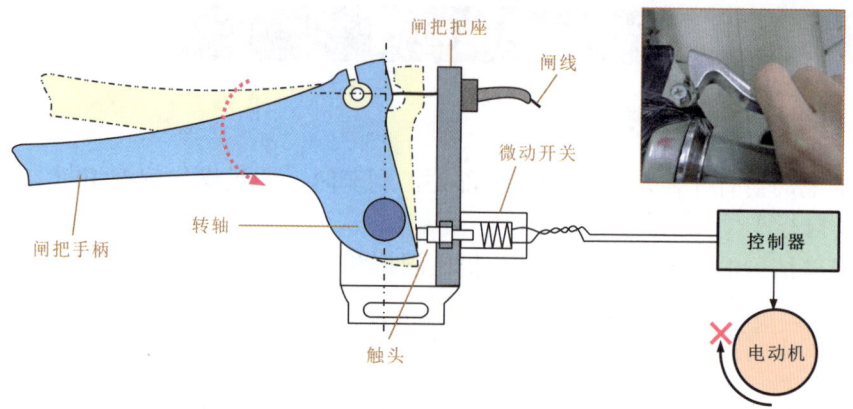

图9-17 机械闸把的工作原理

机械闸把主要是通过微动开关来实现刹车功能。握住闸把时，其手柄位置产生变化，使微动开关触头被弹起，之后由微动开关触头产生刹车转换信号，并输出给控制器，控制器在接收到制动信号后切断电源，使电动机断电降速；同时，闸把围绕转轴转动，牵制钢索拉动车闸，从而使车轮减慢或停止转动。

> 电子闸把通过闸把内部的霍尔元件和磁钢来实现刹车功能，其主要原理与电动自行车转把相同。在闸把内部包含一个霍尔元件和磁钢，当正常行驶过程中，霍尔元件与磁钢接近，使霍尔元件输出正常运行信号。一旦握住闸把进行刹车操作时，其手柄位置产生变化，使其内部磁钢所产生的磁场强度发生改变，霍尔元件根据所感应磁场强度的不同，向控制器输出刹车转换信号，使电动机停止工作。

▶▶ 9.2.3 闸把的检修方法

闸把是控制电动自行车制动的关键部件，闸把不良通常会引起电动自行车电气制动功能失常、无法启动、制动不断电等故障，应重点检查闸线、微动开关等部分。

1 闸把闸线的检查

闸线是闸把进行机械制动的主要器件之一。若损坏，则会使电动自行车无法进行机械制动。检查时，主要检查闸线是否有断裂、老化等现象，如图9-18所示。

图9-18 闸把闸线的检查

2 闸把微动开关的检查

微动开关损坏，会造成电动自行车制动不灵、松开闸把出现"飞车"等现象。检查时，主要检查微动开关的触点动作是否灵活、性能是否良好，如图9-19所示。

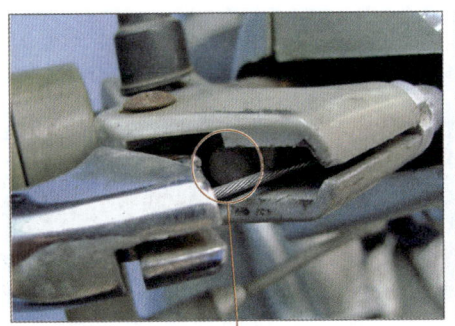

① 向后扳动闸把，找到微动开关

② 使用工具按下微动开关，在正常情况下，应可以灵活动作

⑤ 万用表红、黑表笔任意搭在闸把插件的引脚上

⑥ 微动开关闭合，万用表测得的阻值为0

④ 使闸把处于未制动状态

③ 将万用表挡位旋钮调至"×1"欧姆挡

⑦ 调整闸把，使其处于制动状态

⑧ 微动开关断开，万用表测得的阻值为无穷大

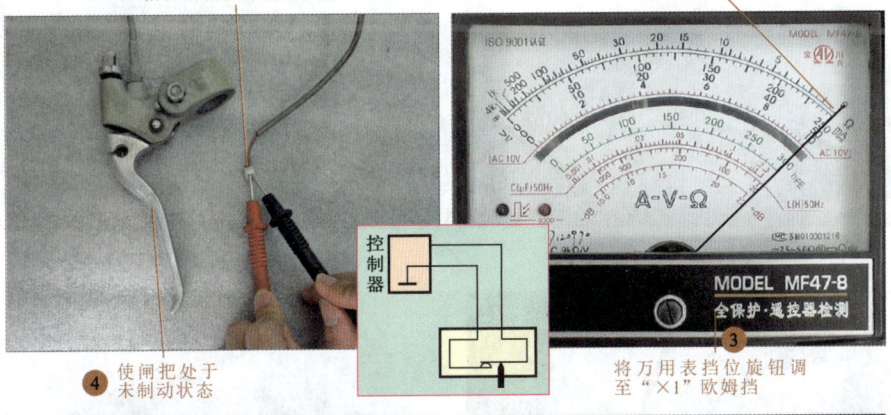

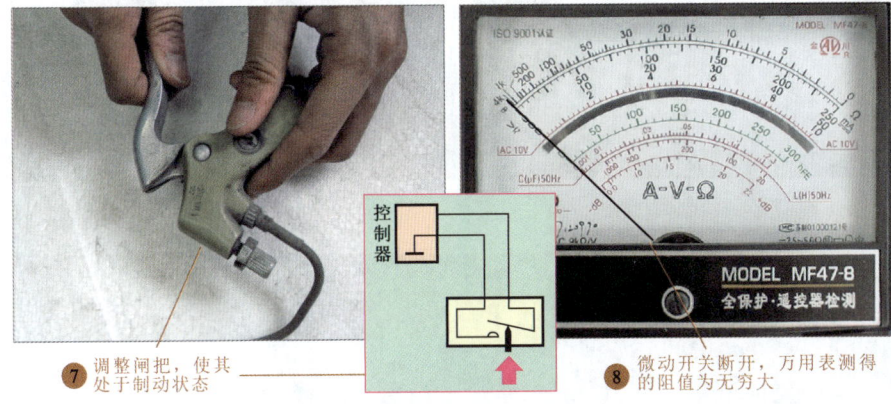

图9-19 闸把微动开关的检查

> 正常情况下，检测闸把内的微动开关，微动开关闭合（闸把松开状态），测得的阻值为0；微动开关断开（闸把捏紧状态），测得的阻值为无穷大。若测量结果与上述情况不符，说明闸把内的微动开关可能已损坏，需更换。若电动自行车制动不良，可对闸把上闸线的固定部位进行检查。

▶▶ 9.2.4 闸把的代换方法

怀疑闸把有故障需要维修时,可先对闸把进行拆卸操作。图9-20为闸把的拆卸方法。拆卸闸把时,先确定固定方式,然后使用相应的工具拆卸。

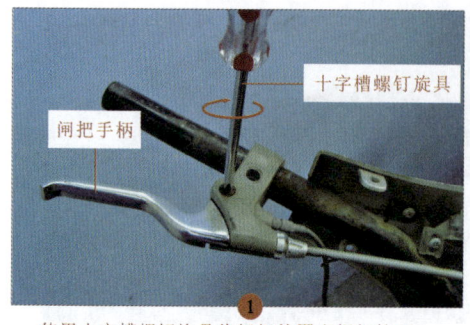

① 使用十字槽螺钉旋具将闸把的固定螺钉拧开

② 使用十字槽螺钉旋具将闸把把座上的固定螺钉拧开

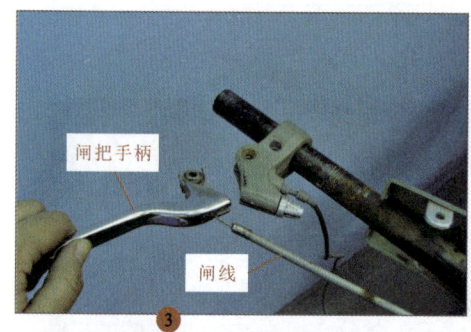

③ 将闸把手柄与闸线一同取下,与把座分离

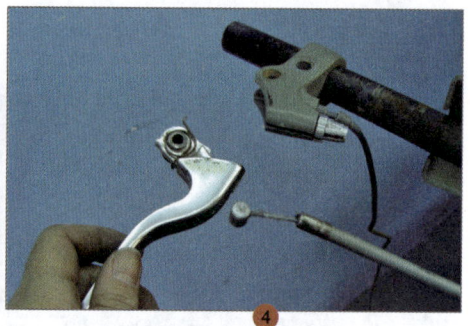

④ 将闸把手柄内部放置的闸线取下

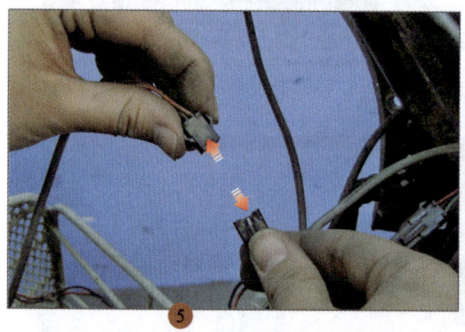

⑤ 将位于仪表盘内部的闸把与控制器连接的插头拔开

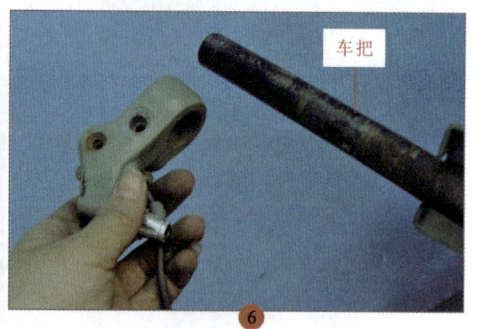

⑥ 将闸把的固定座从车把上取下

取下闸把固定座后,即可完成闸把的拆卸操作

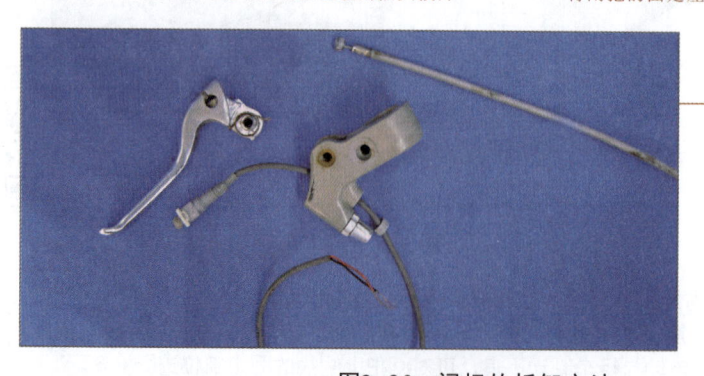

若拆卸闸把时无法找到连接线与控制器的连接端子,可将连接线剪断,取下闸把,安装闸把时,应对连接线进行绝缘处理并固定

图9-20 闸把的拆卸方法

拆下损坏的闸把后,用规格一致的性能良好的闸把进行代换。安装时,应注意闸把中各部件之间的连接应良好,固定稳妥,如图9-21所示。

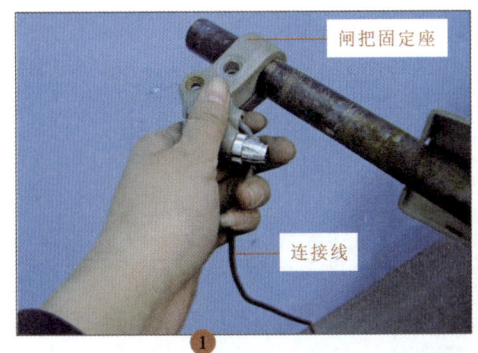

❶ 将闸把固定座安装在车把上
❷ 检查微动开关及连接线是否安装到位
❸ 将闸把的连接线与控制器通过连接插件连接
❹ 使用固定螺钉固定,并检查制动效果是否满足要求

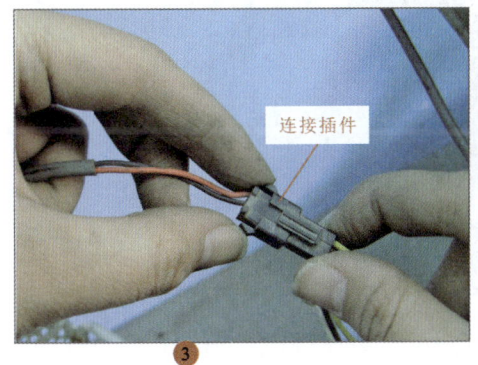

图9-21 闸把的代换

当闸把出现故障,但不需要整体更换时,可对损坏的部件进行单独代换。例如,代换闸线时,应选择材质良好、长度适中的闸线代换,如图9-22所示。

将新闸线的金属块安装在闸把内
再将新闸线顺着闸把线孔穿出
再将新闸线穿入前闸线孔中
最后穿过固定螺钉,使用扳手固定

图9-22 闸线的代换

9.3　电动自行车助力传感器的检修

9.3.1　助力传感器的结构

助力传感器是一种感应器件，在人力骑行电动自行车时控制电动机运转，减少人力骑行阻力。在通常情况下，助力传感器安装在电动自行车右侧脚蹬附近。

助力传感器是由磁盘和磁场检测传感器构成的，如图9-23所示。

图9-23　助力传感器的结构

1 磁盘

磁盘是一个镶有磁钢（永磁体）的塑胶圆盘，装在脚蹬轮轴上。磁盘表面一般安装有5个磁钢，如图9-24所示，当磁盘跟随中轴旋转时，传感器上的霍尔元件输出电信号，控制器将检测到的电信号转换成控制电动机的信号，达到助力的功能。

图9-24　磁盘的实物外形

2 磁场检测传感器

磁场检测传感器安装在磁盘的侧面，通常以霍尔元件作为传感器。传感器内部的电路板以防水密封的方式封装成一个组件，主要用来检测磁盘在转动时的不同位置，然后将转动角度转换成相应的信号并通过传感线路传送给控制器。图9-25为磁场检测传感器的实物外形。

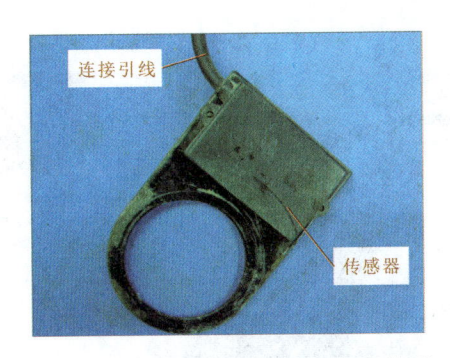

图9-25 磁场检测传感器的实物外形

▶▶ 9.3.2 助力传感器的工作原理

图9-26为助力传感器的工作原理示意图。当用人力骑行时,电动自行车的脚蹬将带动中轴转动,使中轴上的转盘旋转,进而使转盘上的磁钢位置改变,助力传感器内部的霍尔元件在感应到转盘转动后,向控制器输出5个脉冲信号,控制器得到脉冲信号后,可以根据内部设置的计算方式得出1:1或1+1助力力矩,并根据助力力矩对电动机进行驱动。

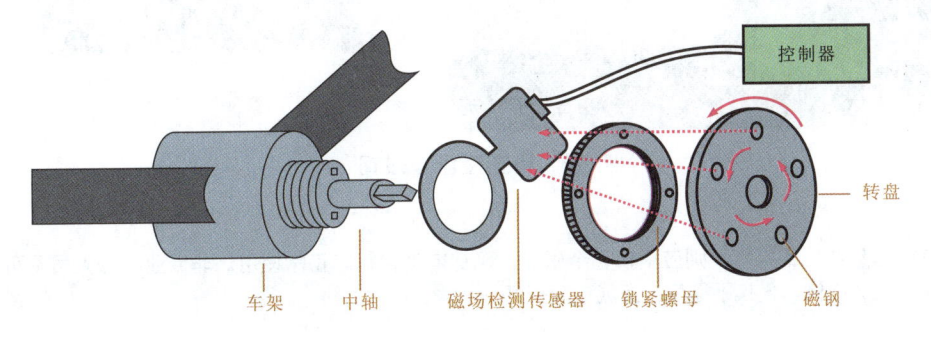

图9-26 助力传感器的工作原理示意图

▶▶ 9.3.3 助力传感器的检修方法

在电动自行车骑行的过程中,若无法感受到助力作用,可能是助力传感器出现故障,应对助力传感器进行检修。

① 检查助力传感器与控制器之间的连接插件

助力传感器与控制器之间的信号传递主要是由连接插件完成的。若损坏,则会造成控制器无法接收到助力传感器的信号,无法使电动机启动,此时应先检测连接插件是否正常,如图9-27所示。

② 检查磁盘、磁钢是否正常

助力传感器中的磁盘与传感器相结合才可以将信号输送到控制器中。若连接插件正常,则应进一步对磁盘、磁钢进行检查,如图9-28所示。

连接插件

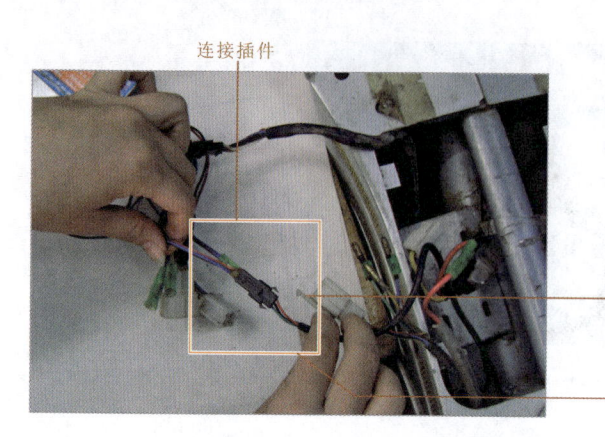

检查连接插件是否完好或有无锈蚀现象。若连接松动，可将连接插件拔开后，重新连接

图9-27 检查助力传感器与控制器之间的连接插件

磁盘

检查磁钢

磁盘

取下磁盘并检查磁钢是否有脱落现象

图9-28 检查磁盘、磁钢

若查出磁盘或磁钢损坏，则应更换整个磁盘，确保电动自行车正常使用。非专业维修人员不可以更换磁钢，以免维修、代换不彻底，造成二次损坏。

3 检查磁盘与传感器之间的距离

在骑行电动自行车时，因颠簸可能造成磁盘与传感器之间的距离加宽，使传感器无法正常检测到信号，无法实现骑行助力功能，出现该故障时，可进行适当的距离调整，如图9-29所示。

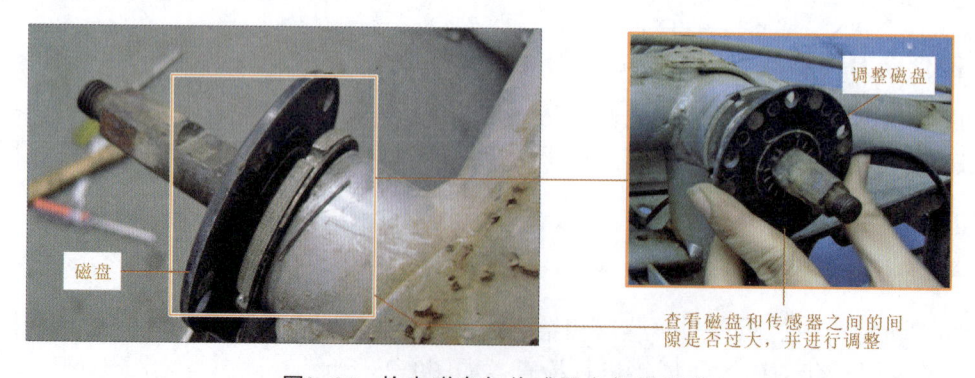

磁盘

调整磁盘

查看磁盘和传感器之间的间隙是否过大，并进行调整

图9-29 检查磁盘与传感器之间的距离

▶▶ 9.3.4 助力传感器的代换方法

若经检查未发现故障，可能是助力传感器内部的霍尔元件出现故障，由于助力传感器采用防水密封的方式进行封装，若霍尔元件损坏一般需要更换整个助力传感器。

❶ 助力传感器的拆卸

助力传感器的拆卸操作如图9-30所示。

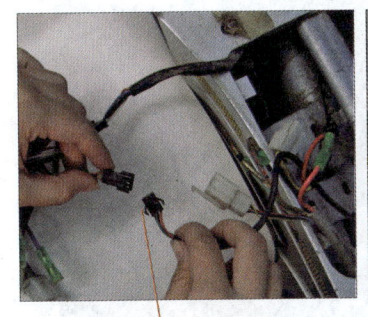

图中标注：
- 找到助力传感器与控制器的连接插件，并拔开
- 将固定右脚蹬的固定螺母取下
- 使用内六角套筒扳手将右脚蹬的固定螺母取下
- 锤子
- 右脚蹬
- 使用锤子将右脚蹬向外侧撬动，并取下
- 主飞轮
- 固定螺母
- 使用扳手拧下主飞轮上的固定螺母，拧下后将其固定螺栓和主飞轮取下
- 助力传感器磁盘
- 主飞轮取下后，即可看到电动自行车助力传感器磁盘
- 助力传感器的锁紧螺母
- 将磁盘取下，即可看到助力传感器的锁紧螺母
- 取下锁紧螺母
- 用手拧松助力传感器的锁紧螺母，并将其取下
- 取下助力传感器
- 将助力传感器从电动自行车的中轴上取下

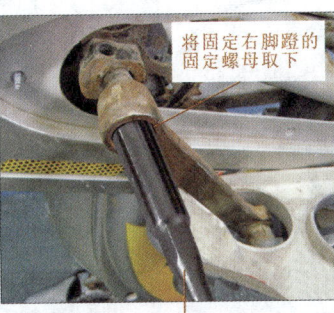

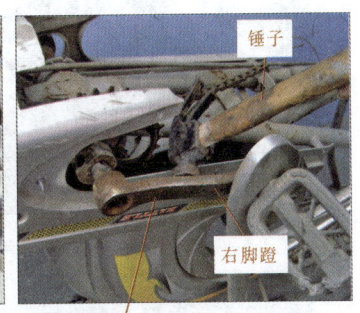

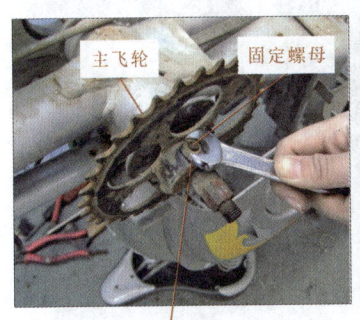

图9-30 助力传感器的拆卸操作

2 助力传感器的代换方法

代换助力传感器时,应使用同型号的助力传感器,并按一定的顺序将助力传感器安装到电动自行车中,如图9-31所示。

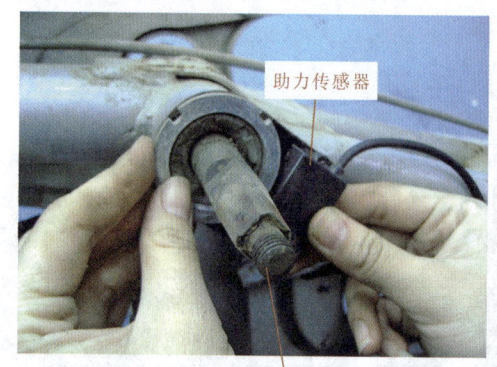

将助力传感器安装到电动自行车的中轴上

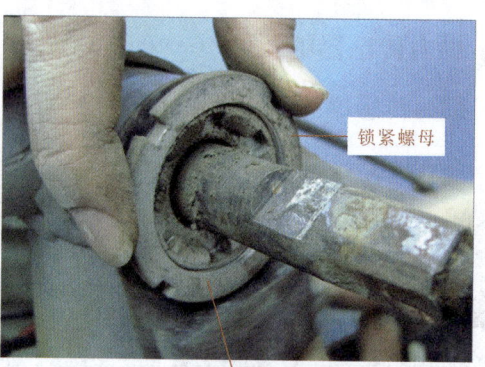

将锁紧螺母拧固在车的中轴上

将磁盘安装到中轴上,调整磁盘与助力传感器之间的距离以免距离过大引起传感器内部的霍尔元件无法感应到磁钢的变化

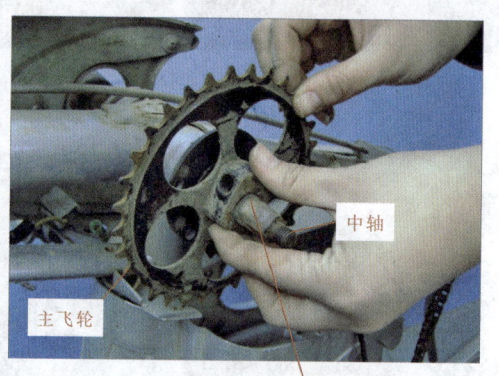

将主飞轮安装到原来的位置,并使用固定螺母进行固定

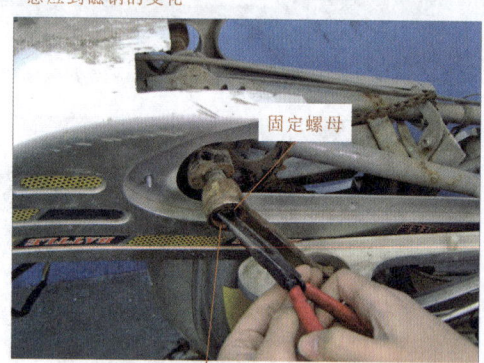

将右侧外壳安装回原处后将右脚蹬安装到中轴上,并将脚蹬外侧的固定螺母拧紧

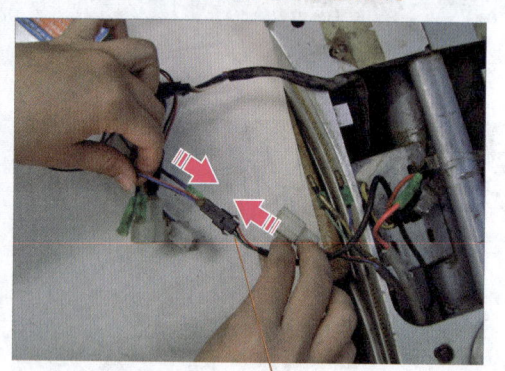

最后将助力传感器与控制器的连接插件连接好

图9-31 助力传感器的代换方法

> 安装磁盘时应将有磁钢的一面靠近传感器,若安装错误可能会导致助力传感器检测不到磁盘信号;助力传感器与磁盘间的距离应保持在1～5mm之间,若距离过大助力传感器检测不到磁盘的信号;磁盘上的箭头方向应和电动自行车行驶的方向相同,若安装方向相反,则只有反向转动时助力传感器才会有助力。

9.4 电动自行车指示仪表的检修

9.4.1 指示仪表的结构

指示仪表是显示电动自行车当前状态的组合部件，一般安装在电动自行车的车把中间，能够直接让骑行者观察到电池电量、速度等状态，如图9-32所示。

图9-32 指示仪表的安装位置

指示仪表向骑行者显示电池电压、整车速度、骑行状态、灯具状态等基本信息，以确保骑行者在骑行过程中了解电动自行车的运行状况。

图9-33为几种常见指示仪表的实物外形。

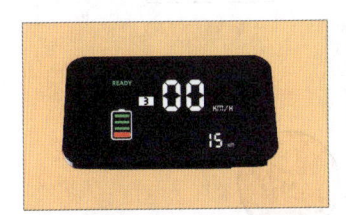

全面屏数码管指示仪表 　　液晶指示仪表 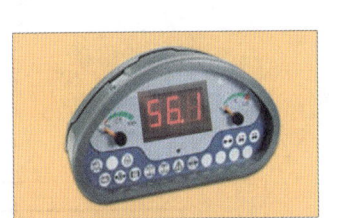　　LED数码管指示仪表

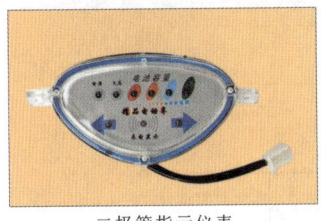

二极管指示仪表 　　指针式指示仪表 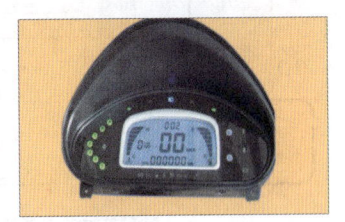　　智能指示仪表

图9-33 几种常见指示仪表的实物外形

指示仪表的外形多种多样，其内部构造也有明显的不同，本书主要以目前常用的二极管指示仪表为例进行详细介绍。

在二极管指示仪表中，其相关信息的显示是通过电动自行车前外壳内部的一块电路板来完成的，图9-34为典型二极管指示仪表及电路板。

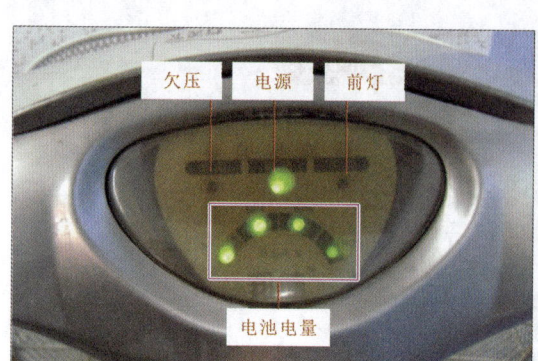

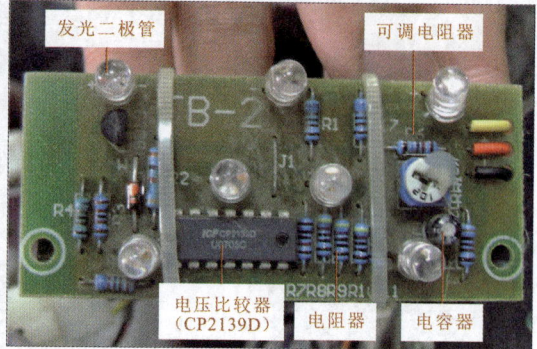

(a) 指示仪表 　　　　　　　　　　　(b) 电路板

图9-34　典型二极管指示仪表及电路板

▶▶ 9.4.2　指示仪表的工作原理

指示仪表的显示状态是由与控制器相连的导线控制、传输的。控制器在电动自行车通电、运行过程中，将所检测到的相关信息或人工输入指令通过导线输入到仪表盘电路板内部，经处理后，通过发光二极管显示出来，如图9-35所示。

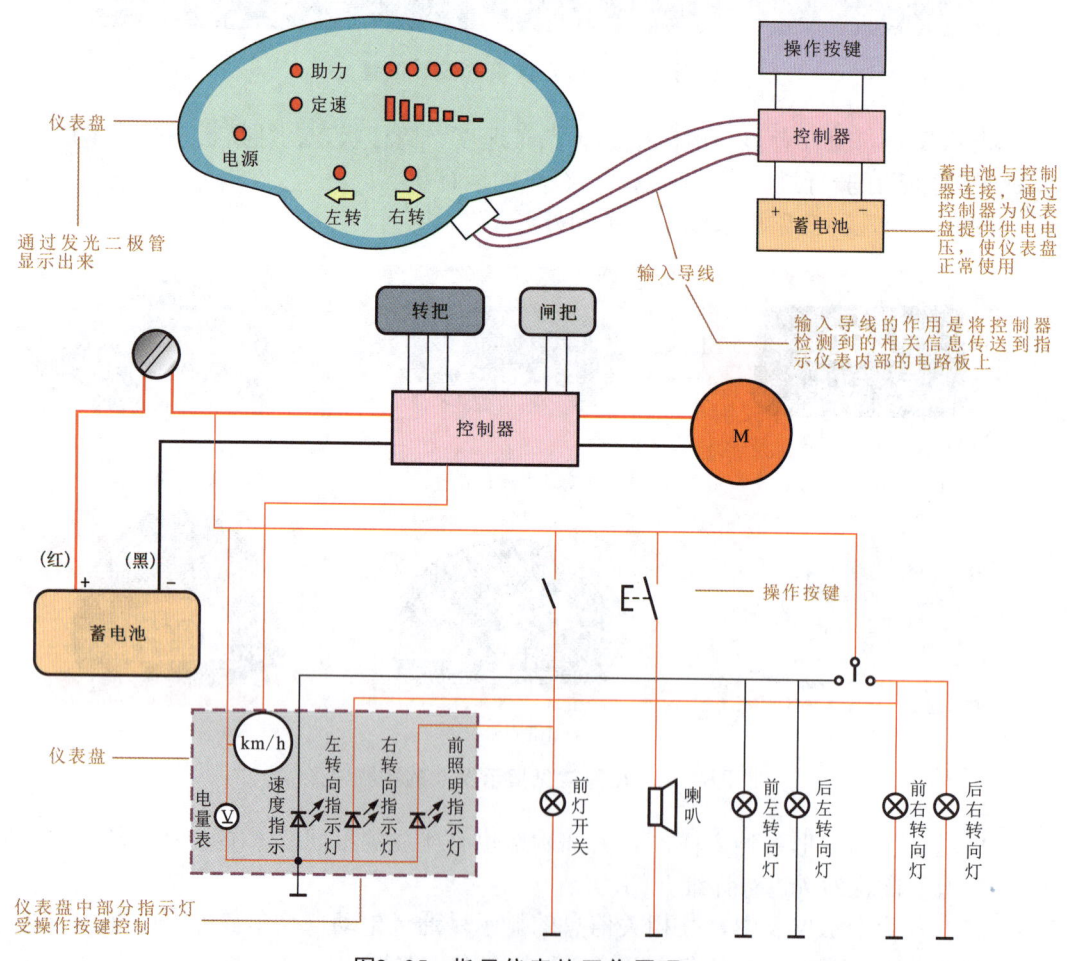

图9-35　指示仪表的工作原理

▶▶ 9.4.3 指示仪表的检测方法

指示仪表是显示电动车当前状态的组合部件，出现故障主要表现为指示灯不亮、所有指示功能失常等，多由内部指示或显示部件、电压比较器等损坏引起。二极管指示仪表的检修分析，如图9-36所示。

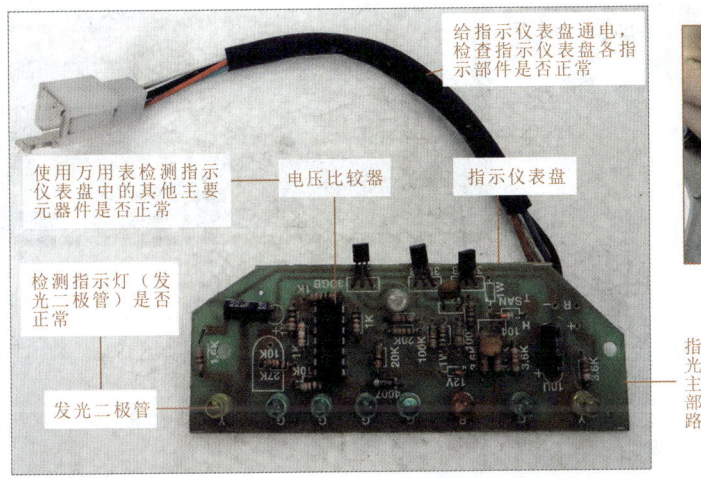

图9-36 二极管指示仪表的检修分析

1 指示仪表供电电压的检测方法

图9-37为指示仪表供电电压的检测方法。

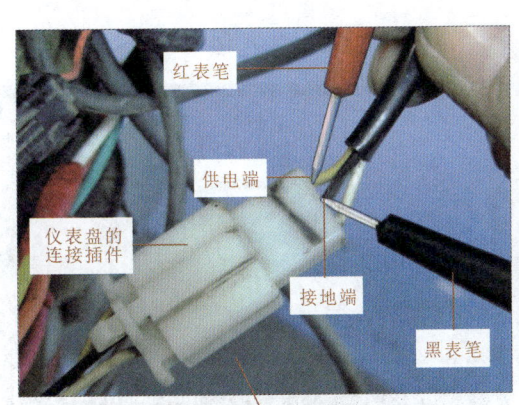

图9-37 指示仪表供电电压的检测方法

2 指示仪表指示灯的检测方法

若指示仪表中的指示灯不亮，可使用万用表对指示灯进行检测，判断指示灯是否正常，如图9-38所示。

④ 将万用表的红、黑表笔对调，万用表测得的反向阻值为无穷大

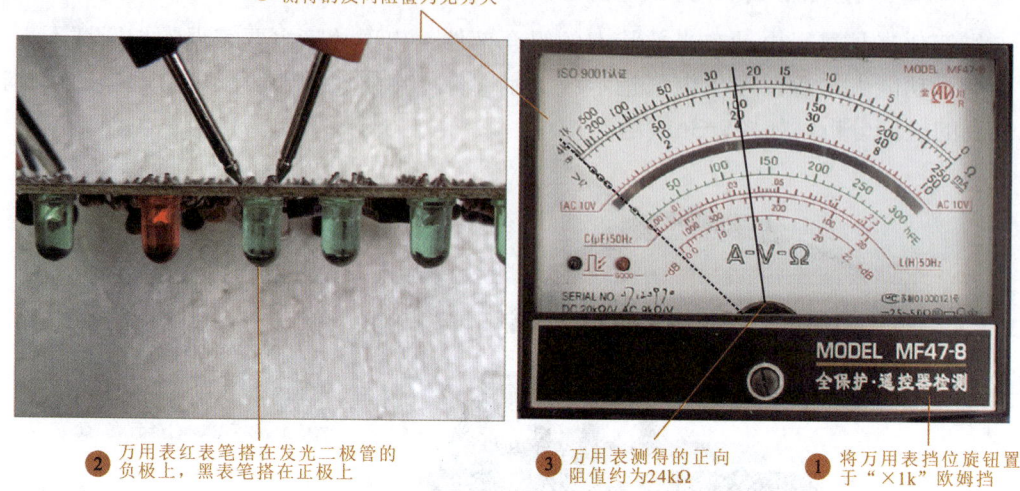

② 万用表红表笔搭在发光二极管的负极上，黑表笔搭在正极上

③ 万用表测得的正向阻值约为24kΩ

① 将万用表挡位旋钮置于"×1k"欧姆挡

图9-38　指示仪表指示灯的检测方法

在正常情况下，指示灯（发光二极管）的正向导通，有一定的固定阻值，反向阻值为无穷大，如果情况不符说明指示灯可能损坏，应更换。

③ 指示仪表电压比较器的检测方法

电压比较器是显示电路中的主要器件。在断电情况下，可使用万用表检测电压比较器各引脚的正、反向阻值，通过对阻值的检测，判断电压比较器是否正常，如图9-39所示。

③ 正常情况下，测得的1脚反向阻值为9kΩ

④ 调换表笔，测得的1脚正向阻值为7.5kΩ

② 将红表笔搭在接地端，黑表笔依次搭在电压比较器各引脚上（以1脚为例），检测电压比较器引脚的正、反向阻值

① 将万用表的挡位调至"×1k"欧姆挡

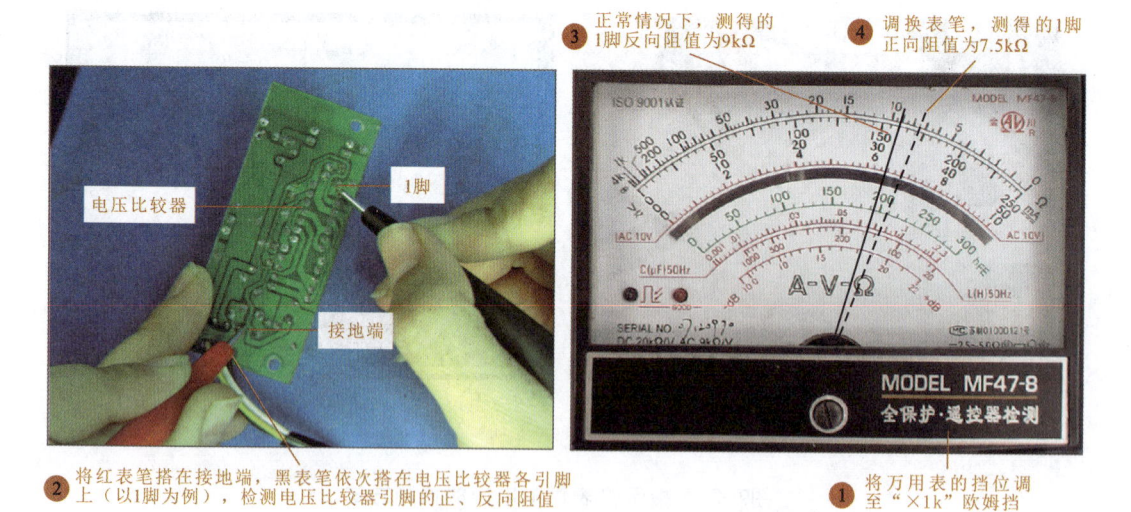

图9-39　指示仪表电压比较器（CP2139D）的检测方法

可在断电情况下，使用万用表检测电压比较器各引脚的正、反向阻值，通过对阻值的检测判断电压比较器是否正常。在正常情况下，电压比较器（CP2139D）各引脚间的正、反向阻值见表9-1。

表9-1 电压比较器（CP2139D）各引脚间的正、反向阻值

引脚号	正向阻值/kΩ（黑表笔接地）	反向阻值/kΩ（红表笔接地）	引脚号	正向阻值/kΩ（黑表笔接地）	反向阻值/kΩ（红表笔接地）
1	7.5	9	8	6	6.3
2	8	∞	9	2	2
3	7.5	8.5	10	6.5	6.5
4	6.5	7	11	3	2
5	2	2	12	0	0
6	6	6	13	8	∞
7	2	2	14	8	∞

▶▶ 9.4.4 指示仪表电路板的代换方法

若电动自行车的指示仪表电路板出现故障，无法正常使用，则需要对指示仪表电路板进行代换。代换电动自行车指示仪表电路板时，应选择型号相同的电路板，具体代换方法如图9-40所示。

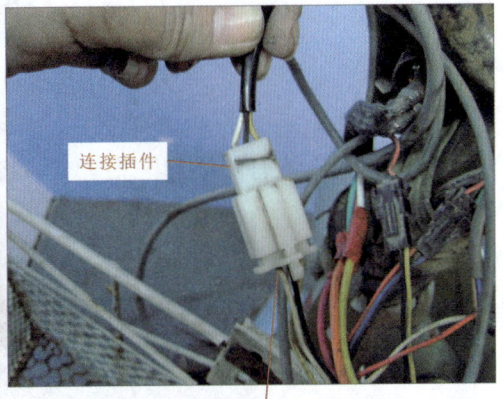

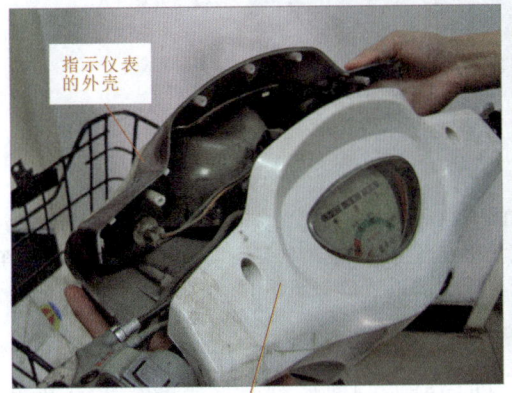

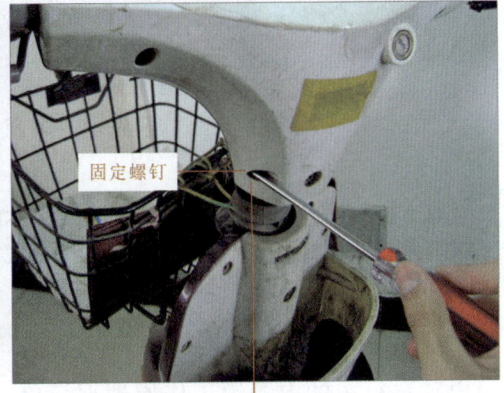

图9-40 指示仪表电路板的代换方法

9.5 电动自行车电源锁的检修

9.5.1 电源锁的结构

电源锁就是电动自行车的电源开关，位于电动自行车头罩后部，通过钥匙来控制电动自行车电源电路的接通，如图9-41所示。有些电动自行车的电源锁钥匙还可以用来控制存储箱。

图9-41 电动自行车中的电源锁

电动自行车电源锁的种类有很多，常用的主要有一挡电源锁、二挡电源锁、三挡电源锁等，且输出线有两根和三根之分。图9-42为电源锁的实物外形。

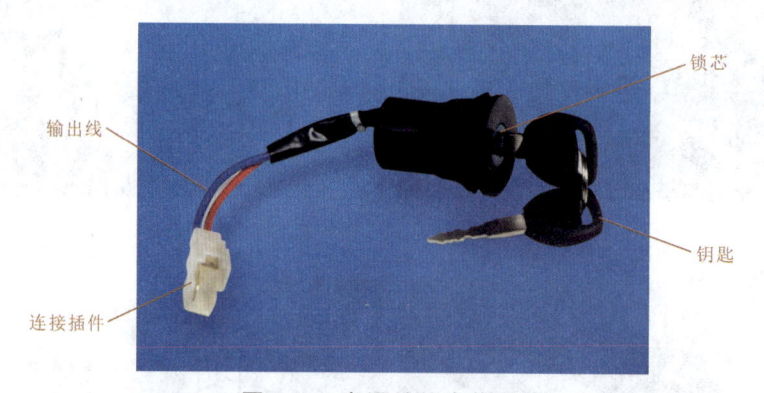

图9-42 电源锁的实物外形

> 三挡电源锁的设置如下：当钥匙向右旋转一下时为一挡，电动自行车处于电动模式状态；当钥匙向右旋转两下时为二挡，电动自行车处于助力模式状态；当钥匙向右旋转三下时为三挡，电动自行车处于前后灯开启状态。由于不同厂家设计不同，其挡位的设置也有所不同，应根据具体情况进行分析。

电动自行车的电源锁工作原理很简单，即通过控制器控制电源电路。当电源锁打开后，电源电路处于闭合状态，电池将直接为控制器输出工作电压，使控制器开始工作。之后，再由控制器分别向其他电路输出控制电压。

一些电动自行车还将智能身份识别系统融入了电动自行车中,电动自行车由智能钥匙通过身份识别系统锁住电动自行车。图9-43为电动自行车的智能身份识别系统。

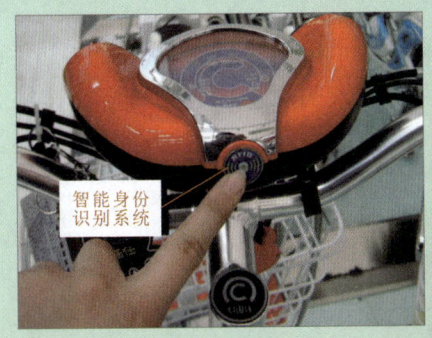

图9-43 电动自行车的智能身份识别系统

▶▶ 9.5.2 电源锁的检测方法

电动自行车电源锁的检测比较简单,一般情况下,可用万用表检测电源锁的通、断状态,如图9-44所示。

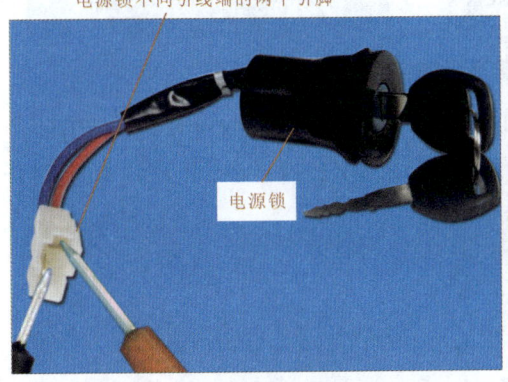

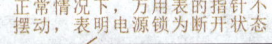

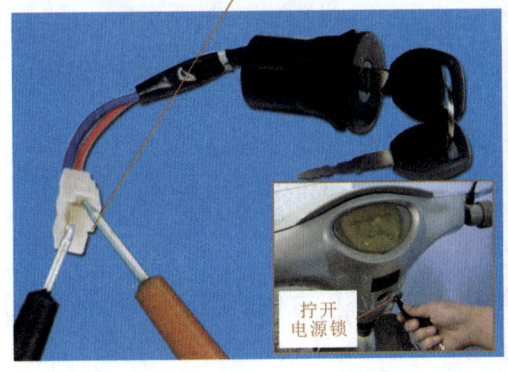

图9-44 电源锁的检测方法

若经检测电源锁通、断功能失常,则用相同规格的电源锁代换即可。

9.6 电动自行车报警系统的检修

9.6.1 报警系统的结构

电动自行车的报警系统是一种安全装置，用于在锁定电源锁的前提下非正常碰触或震动电动自行车时发出鸣叫，以引起车主及他人的注意，起到防盗的作用。在实际应用中，电动自行车报警系统可以与喇叭、电源锁设计在一起，图9-45为典型报警系统的实物外形。

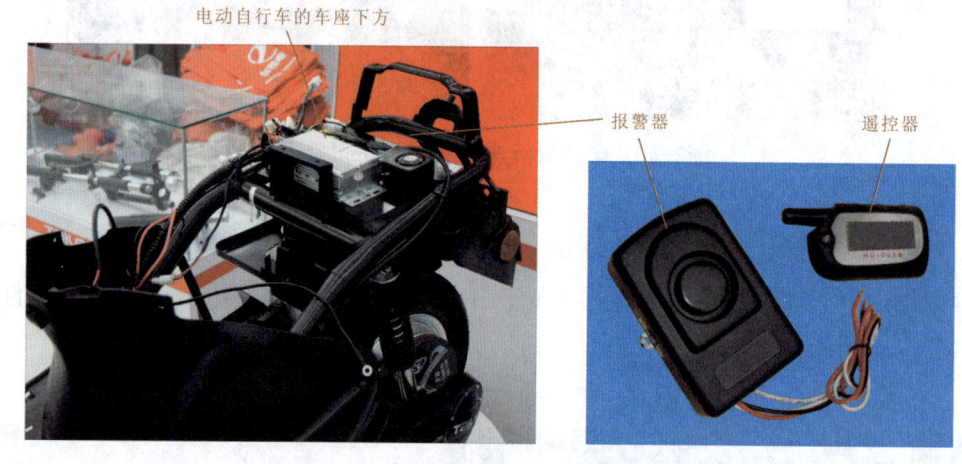

图9-45 典型报警系统的实物外形

电动自行车的报警系统在工作时利用电动自行车的蓄电池进行供电，使用遥控器接通报警电路后，启动报警系统，在出现震动等异常情况时，发出防盗信号声响并锁住电动机，图9-46为报警系统的工作原理图。

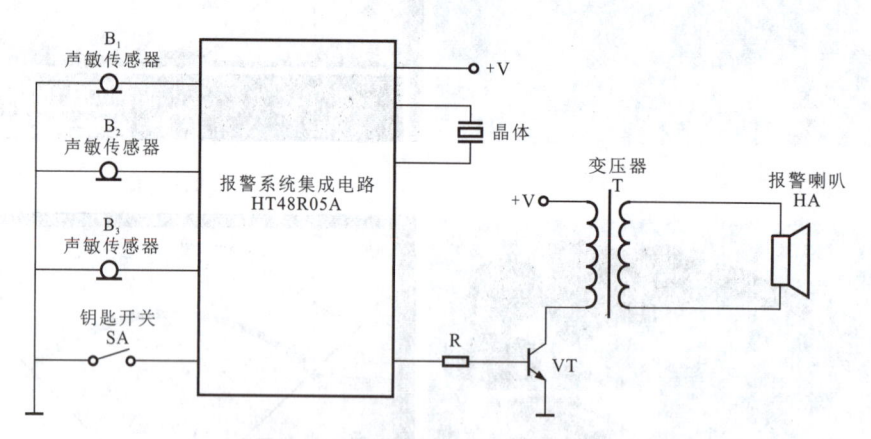

图9-46 报警系统的工作原理图

由图9-46可知，在报警系统中的声敏传感器接收不同方位的震动信号，该信号触发报警系统集成电路，报警系统集成电路产生警示信号，警示信号经三极管VT放大后去驱动变压器T，经变压器去驱动喇叭，发出报警声，其中钥匙开关SA用于解除报警工作状态。

9.6.2 报警系统的检测方法

检修电动自行车的报警系统，主要是对遥控器的按键和报警器进行检测，如图9-47所示，正常情况下，当报警器遇到震动时应能发出报警声。

检查报警系统中遥控器的灵敏度是否正常

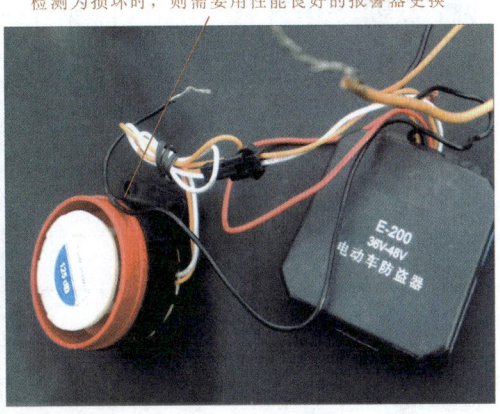

检查震动时报警器是否能正常发出报警声，若报警器不能正常报警，则需要对报警器本身的性能进行检测，检测为损坏时，则需要用性能良好的报警器更换

图9-47 报警系统的检测方法

9.7 电动自行车车灯的检修

9.7.1 车灯的结构

电动自行车的车灯是一种照明指示装置，主要用于为骑行者照明并起到提示他人的作用。电动自行车的车灯主要包括前灯、后灯和转向灯，图9-48为电动自行车中车灯的安装位置。

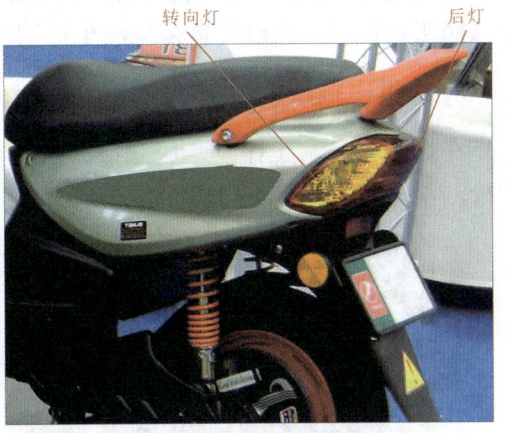

转向灯　　后灯

前灯

图9-48 电动自行车中车灯的安装位置

电动自行车的车灯开关通常位于左车把上，常见的有前灯开关和左右指示灯开关。一些电动自行车由电源锁控制前灯的工作状态。

▶▶ 9.7.2 车灯的工作原理

电动自行车车灯的供电线路很简单，通常由电动自行车左右车把上的控制开关控制车灯开关的开启或闭合，具体控制过程如图9-49所示。

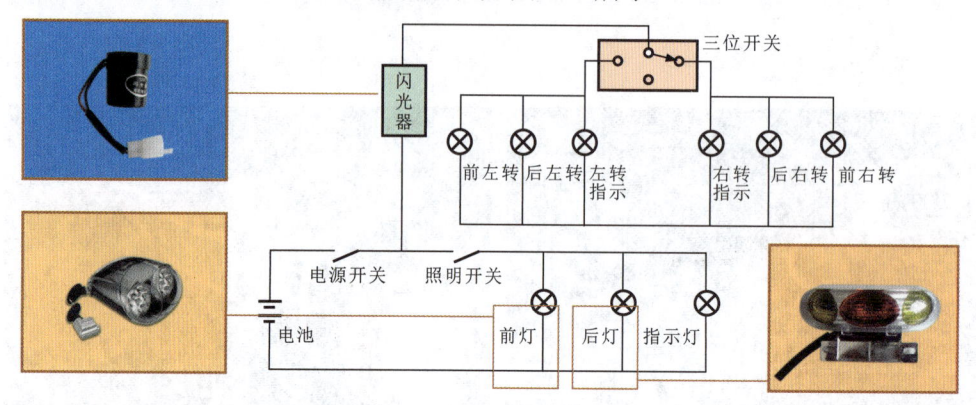

图9-49 车灯的工作原理

电动自行车的车灯电路主要采用并联方式连接，由照明开关按钮及左右转向开关控制。在照明电路中，当电动自行车接通电源后，其电压可到达照明开关按钮，行驶时按下开关，将使整个电路形成闭合回路，使前灯、尾灯亮起，实现照明功能。

在指示灯电路中，电源接通，电压将被送到闪光器和三位开关上。此时，三位开关将根据骑行者的相关操作实现左右指示灯的功能。当打开左指示灯开关时，左侧指示灯电路闭合，形成回路，使左指示灯亮起；右指示灯电路的原理与其相同。当左右转向开关处于中间挡时，三位开关处于打开状态，电路开路，关闭指示灯。

▶▶ 9.7.3 车灯的检测方法

电动自行车的车灯主要包括前灯、尾灯和左右转向灯等。若车灯不良，多表现为无法照明、指示，此时可直接检测车灯的供电电压和车灯。

❶ 车灯供电电压的检测

车灯无法正常工作时，应先检测供电电压，如图9-50所示。若供电电压异常，则应检测蓄电池；若供电电压正常，则需要对车灯进行检测。

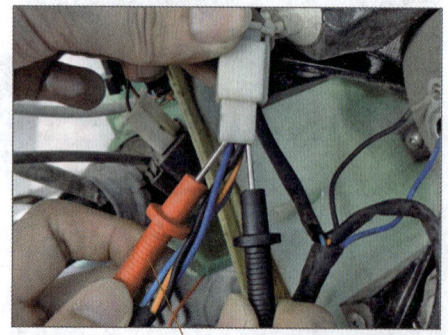

将万用表的红表笔搭在车灯的供电端，黑表笔搭在车灯的接地端

万用表测得电压正常

图9-50 车灯供电电压的检测

❷ 车灯的检测

若车灯供电电压正常,则需要检查车灯是否正常,如图9-51所示。

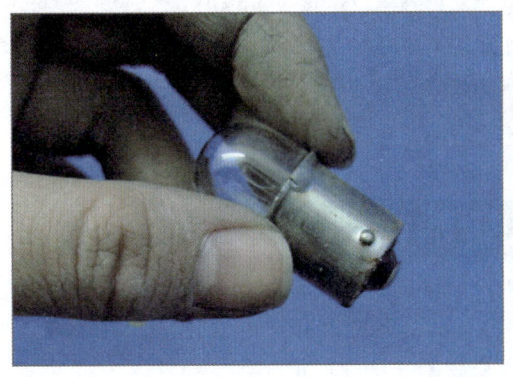

图9-51 检查车灯

检查车灯时,除了图9-51所示的必要的两个检测点外,还需要对车灯的各连接插件和控制开关等进行检测,如图9-52所示。

检查车灯的连接线是否虚接

检查各连接线是否错接

检查车灯供电电路的连接插件是否正常连接

检查车把上的车灯开关是否按动灵活

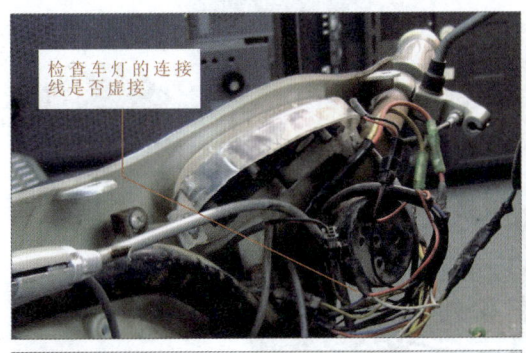

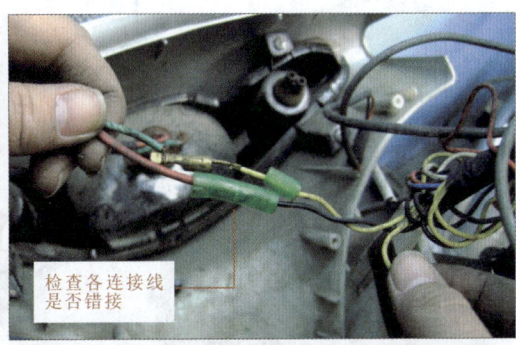

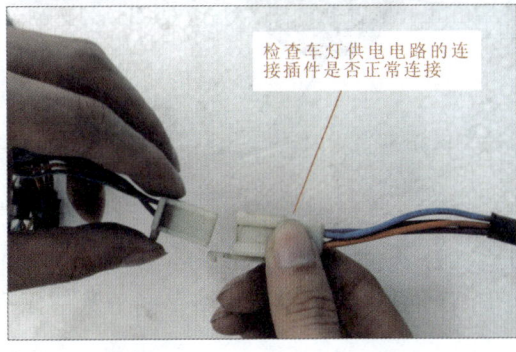

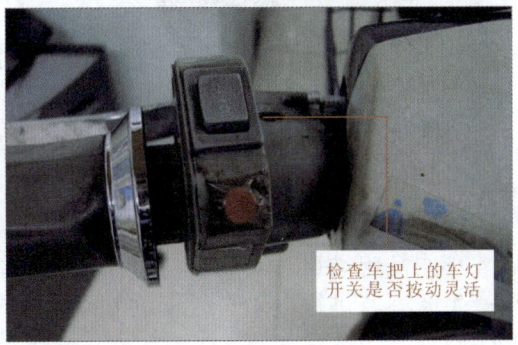

图9-52 车灯的其他检测点

当检测到车灯有损坏,但不需要对车灯整体更换时,可对损坏的部件进行单独更换,更换车灯时,应选择与之前损坏车灯规格一致的车灯。

第10章 电动自行车机械部件检修

● 10.1 电动自行车刹车装置的检修

▶▶ 10.1.1 刹车装置的结构

电动自行车的刹车装置是控制电动自行车进行刹车制动的重要部件，它主要是由车闸、闸线等构成的，如图10-1所示。

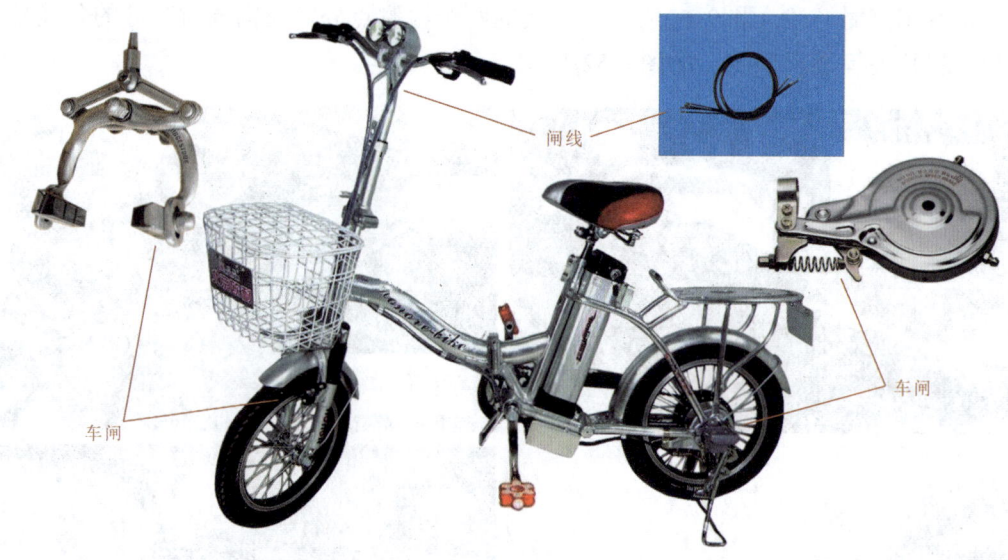

图10-1 刹车装置的结构

1 车闸

车闸是电动自行车刹车装置中的重要组成部分，它通过与电动自行车的轮圈或轴承产生摩擦，进行电动自行车的制动。根据车闸结构的不同，可以将车闸分为前闸和后闸两种。

（1）前闸的结构

电动自行车前闸多为钳形闸，这种车闸是利用机械杠杆或推杆等对电动自行车进行制动的，根据制动方式的不同又可以分为中拉式前闸和侧拉式前闸两种，如图10-2所示。

由于前闸频繁与电动自行车的轮圈进行摩擦，因此它是电动自行车中比较容易磨损的部件之一，可根据磨损的情况，定期更换。

（a）中拉式前闸

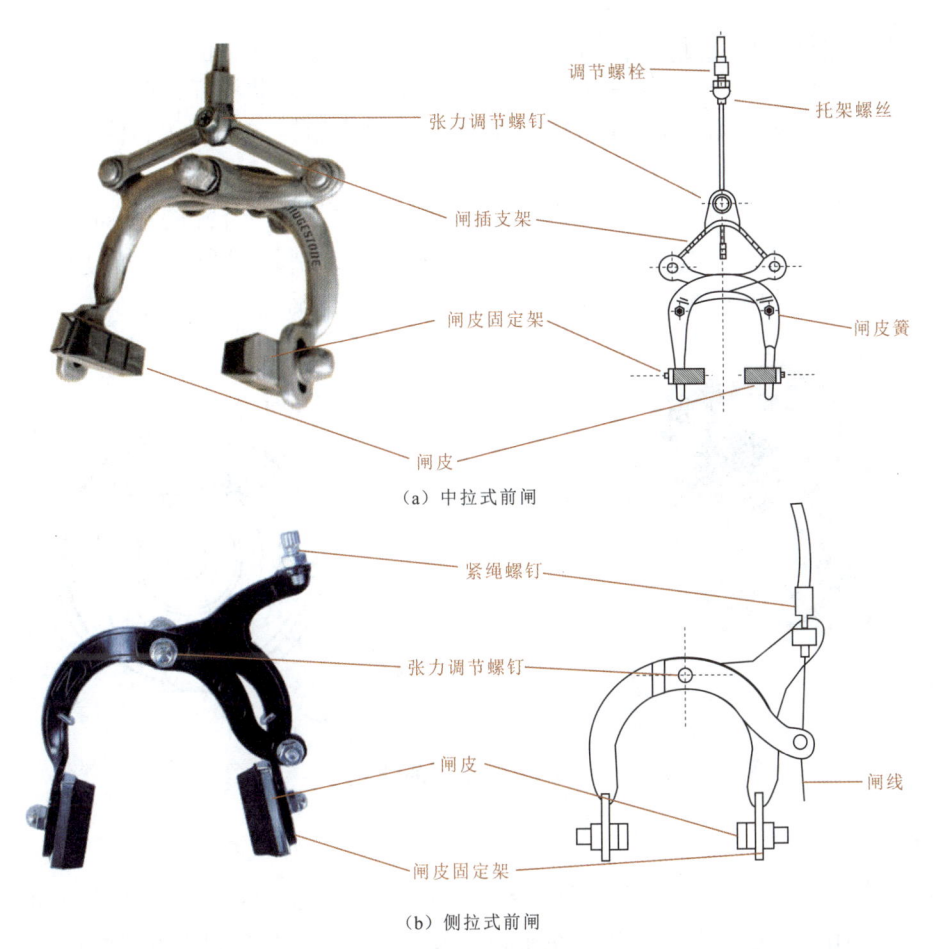

（b）侧拉式前闸

图10-2 前闸的结构

（2）后闸的结构

电动自行车的后闸主要是对电动自行车后轴承进行摩擦，使电动自行车制动。后闸按制动原理的不同可分为抱闸和涨闸。

图10-3为电动自行车中抱闸的结构，由图可知，抱闸外形为一个圆盘，它的内部有螺纹。

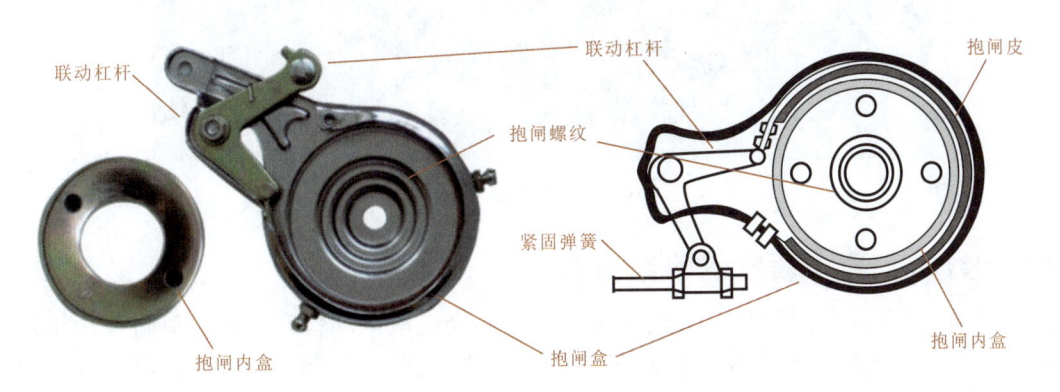

图10-3 抱闸的结构

当电动自行车正常行驶时,轴承上的螺纹与抱闸螺纹孔中的螺纹相配合,抱闸内盒与轴承一起运转。当捏下闸把时,紧固弹簧运动带动联动杠杆,联动杠杆带动抱闸中的闸皮进行锁紧,此时抱闸内盒抱紧使后轴承停止运转,从而达到使电动自行车停止的目的。

涨闸的外形同样为圆盘形,如图10-4所示,涨闸主要由外涨闸片、内涨闸片、固定轴、滑块、偏心轴、拉簧等构成,当闸把捏下时,滑块被带动进行动作,拉簧运动,外涨闸片带动内涨闸片进行运动,使电动自行车的后轮停止转动。

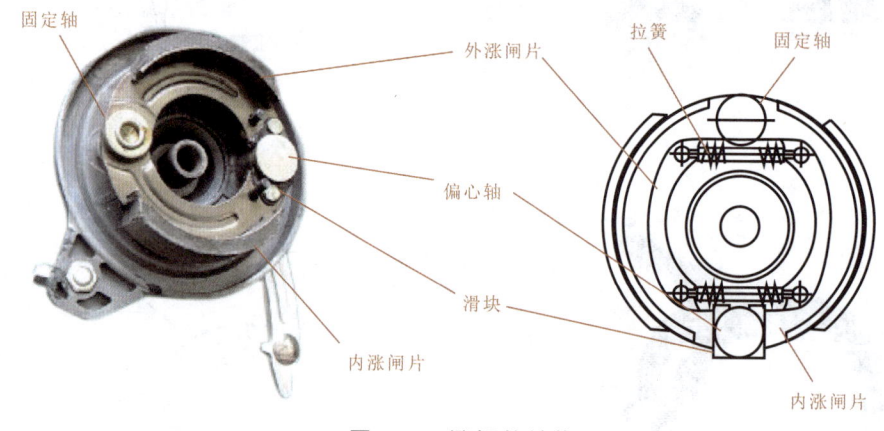

图10-4 涨闸的结构

2 闸线

电动自行车的闸线是刹车装置的传动部件,它是由金属丝、绝缘套和金属块等构成的,如图10-5所示。金属块放置在闸把的卡槽中,可以起到固定闸线的作用。

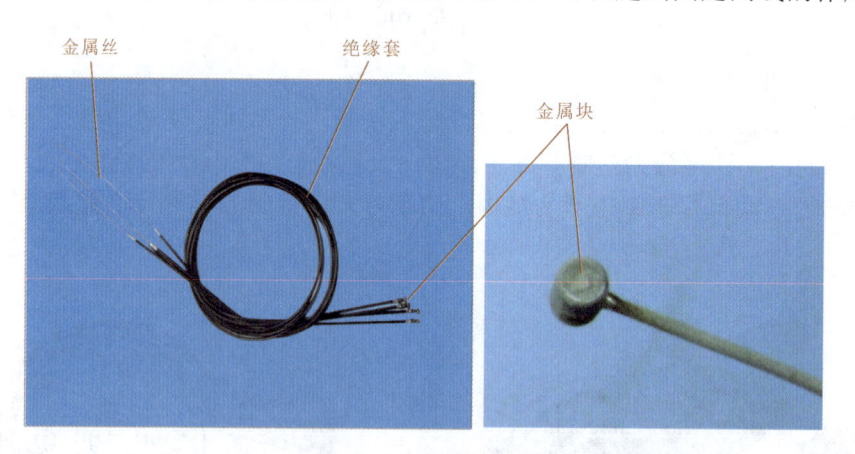

图10-5 闸线的结构

▶▶ 10.1.2 刹车装置的检修方法

电动自行车的车闸过紧、过松或断裂时,均会造成电动自行车在行驶过程中出现刹车缓慢、行驶感觉吃力或无法刹车等故障现象。在对其进行检修时,可以分别对前、后车闸进行制动操作,判断车闸是否可以正常制动,如图10-6所示。

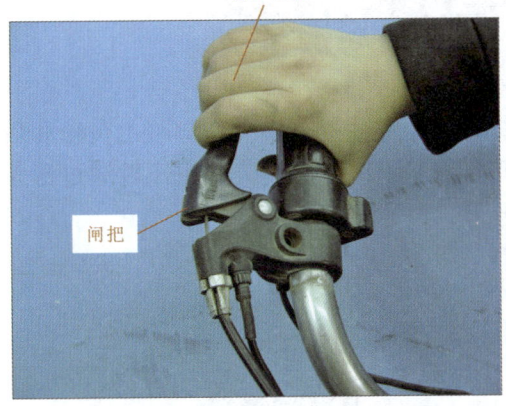

图10-6 车闸的检修方法

由于电动自行车的车闸经常与轮圈或轴承进行摩擦，因此损坏的频率较高。如图10-7所示，若车闸中的闸皮或后闸磨损严重，需更换损坏的闸皮或后闸。

图10-7 需要更换车闸的情况

10.2 电动自行车链条的检修

10.2.1 链条的结构

链条是电动自行车机械系统中非常重要的传动部件，它安装在脚蹬主飞轮和后轮的飞轮上，如图10-8所示。当脚踏电动自行车的脚蹬时，转动力由主飞轮通过链条传给后轮的飞轮，由后轮的飞轮带动车轮旋转。

图10-8 电动自行车的链条

图10-9为链条的结构。从图中可以看出，链条是由销轴、外片、内片、滚轴、衬圈构成的一整根链条，链条的接头处是由弹簧片、接头轴和接头片构成的。

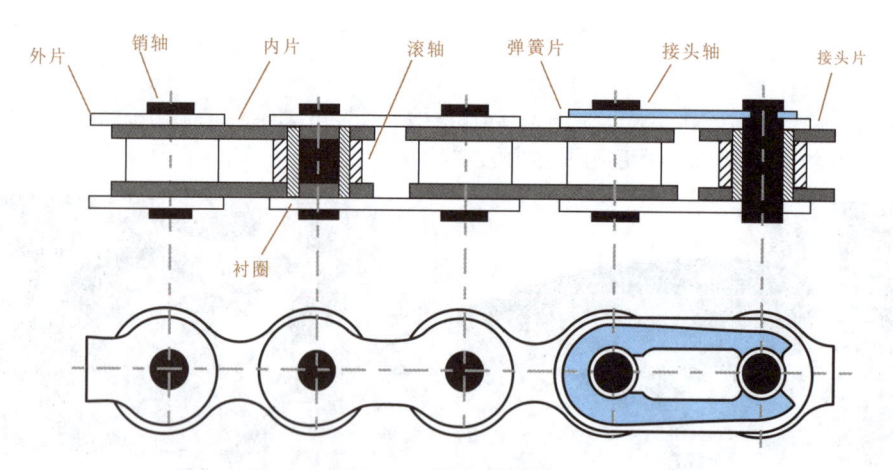

图10-9 链条的结构

10.2.2 链条的检修方法

在人力骑行电动自行车的过程中，若出现脚踏无力或踏空等现象，通常是由于链条松动或链条断开等引起的，此时，则需要对链条进行检修，如图10-10所示。

检查链条的松紧度是否合适

在主飞轮与飞轮之间挑起链条。正常情况下，挑起点与链条恢复正常时的间隔距离为1~2cm

检查链条接头处弹簧片和接头片是否断裂

图10-10　电动自行车链条的检修方法

经检查，若链条过松或过紧，则需要对链条进行调整，调整时，需要从链条接头处入手，先将链条断开。若链条出现无法调整或是无法修复的故障时，则需要更换整个链条。图10-11为电动自行车链条的调整方法。

使用螺丝刀将链条连接处的弹簧片撬起

取下弹簧片，并使用螺钉旋具撬起接头处的接头片

取下接头片

将链条从接头处分离，对链条进行调整（拆下多余的链条）

重新连接好链条

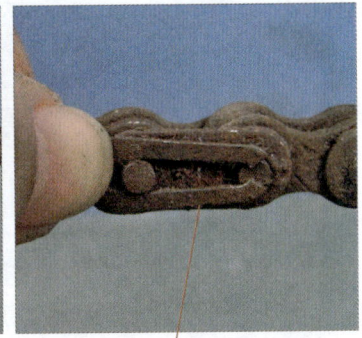

链条连接好后，将弹簧片和接头片安装至原处，完成链条的调整

图10-11　电动自行车链条的调整方法

10.3 电动自行车车梯的检修

▶▶ 10.3.1 车梯的结构

当不使用电动自行车时，需用车梯支撑电动自行车的车体保持平衡，车梯可以分为直立车梯和斜车梯两种，图10-12为电动自行车直立车梯的外形。

图10-12 电动自行车直立车梯的外形

图10-13为电动自行车直立车梯的结构，从图中可以看出，直立车梯是由支架、固定片、复位弹簧以及固定锁扣等部分构成的，它完全由金属材料制成。

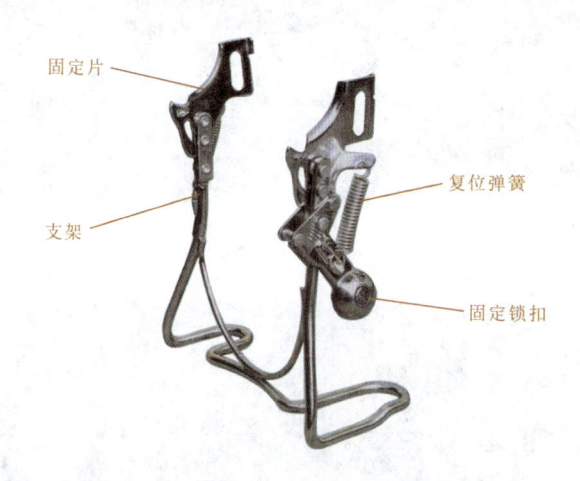

图10-13 电动自行车直立车梯的结构

采用直立车梯的电动自行车由直立车梯支撑其后轮，形成左右两个支撑点，与前轮共三个支撑点，形成稳定的三角形，共同承担电动自行车的重力；而采用斜车梯的电动自行车则由车梯承担车架及电池的重力。相比较而言，直立车梯更加稳定安全。图10-14为电动自行车的斜车梯外形。

图10-14 电动自行车的斜车梯外形

普通型电动自行车通常使用直立车梯，而豪华型电动自行车使用的车梯较大，被称为大梯，如图10-15所示。大梯安装于豪华型电动自行车的中间，放下大梯后，豪华型电动自行车的车身后部会抬起，以保证车身整体平衡。

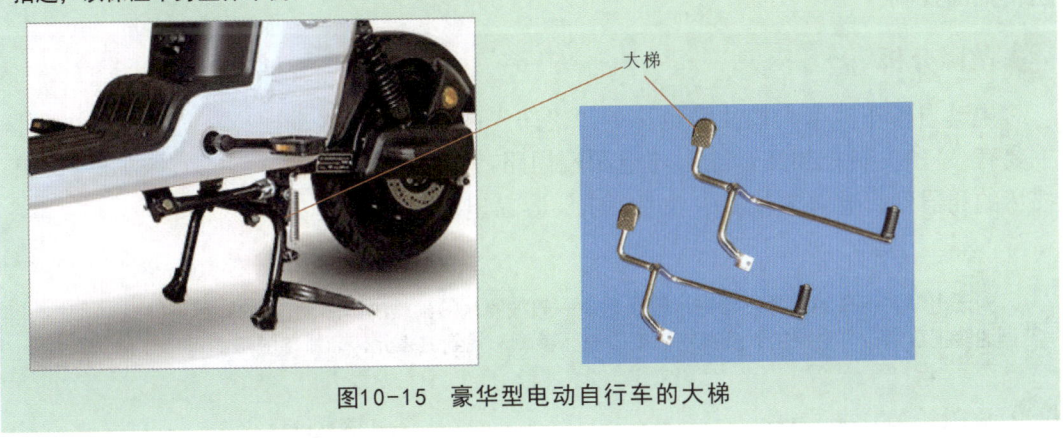

图10-15 豪华型电动自行车的大梯

▶▶ 10.3.2 车梯的检修方法

车梯在电动自行车中是较为独立的机械部件之一，在对车梯进行检修时，主要是对车梯中的固定部件等进行检查，如图10-16所示。

图10-16 电动自行车车梯的检修方法

第11章 电动自行车综合检修案例

● 11.1 电动自行车控制失常故障检修案例

▶▶ 11.1.1 电动自行车速度失控故障检修案例

1 故障表现

一辆有刷直流电动自行车接通电源后,电动机便高速运转,电动机的转速不受调速转把的控制。

2 故障分析

电动自行车速度失控故障也称为"飞车"故障。引起电动自行车速度失控的原因主要有:(1)转把损坏,输出与电源端短路,霍尔IC地线断路;(2)控制器内部有损坏的元器件,通常控制器中功率管击穿容易出现该故障。

> 对于电动自行车的该类故障进行检修时,一般按照从简到难的顺序,首先排除调速转把的故障,若调速转把正常,再对控制器及其内部电路进行检测,找到故障元件,排除故障即可。

3 故障检修

根据故障分析,为了确认具体故障部位,可先找到控制器与转把的连接线,对连接线进行检查。按图11-1所示,找到控制器与转把的连接线并检查是否有短路故障。

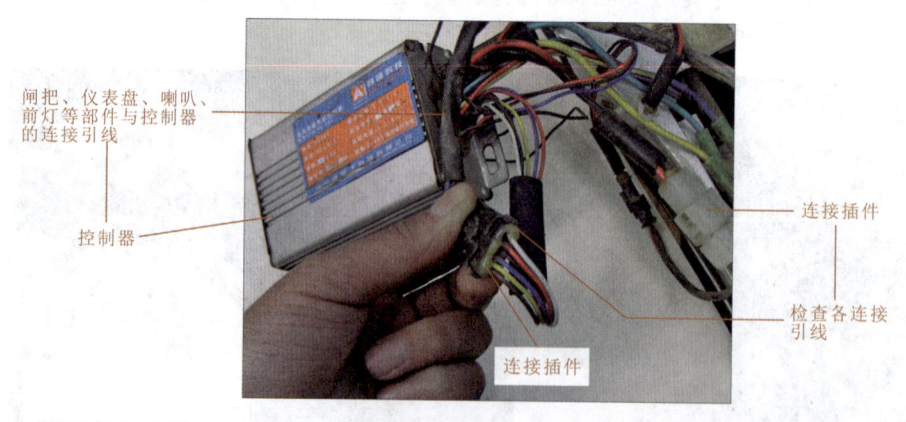

图11-1 控制器与转把之间的连接线检查

经实际检查发现，该电动自行车的控制器被检修过，各部件与控制器之间并没有通过插件接口连接，而是在引线上进行了绞接，并进行了简单绝缘处理，对该部分重新进行绝缘处理后，进一步对转把进行检测。

> 更换电动自行车的控制器或其他部件时，应选用与原部件相匹配的部件，连接部位应尽量使用连接插件，以保证连接质量和绝缘效果。当确实没有匹配的连接插件时，再采用线与线之间绞接的方式，但一定注意相互绞接的两根引线正确，且应保证绝缘良好。避免出现连接粗糙，绝缘效果不佳的现象。

对转把的供电电压进行检测，如图11-2所示。

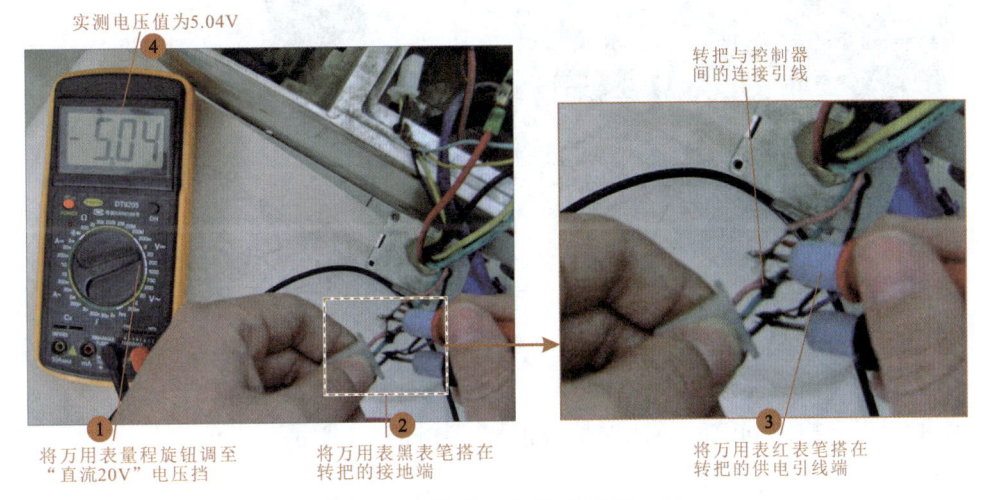

图11-2 转把供电电压的检测方法

经检测，转把的供电电压为5.04V，正常，接下来则需要对转把在不同状态下输出的驱动电压进行检测，如图11-3所示。

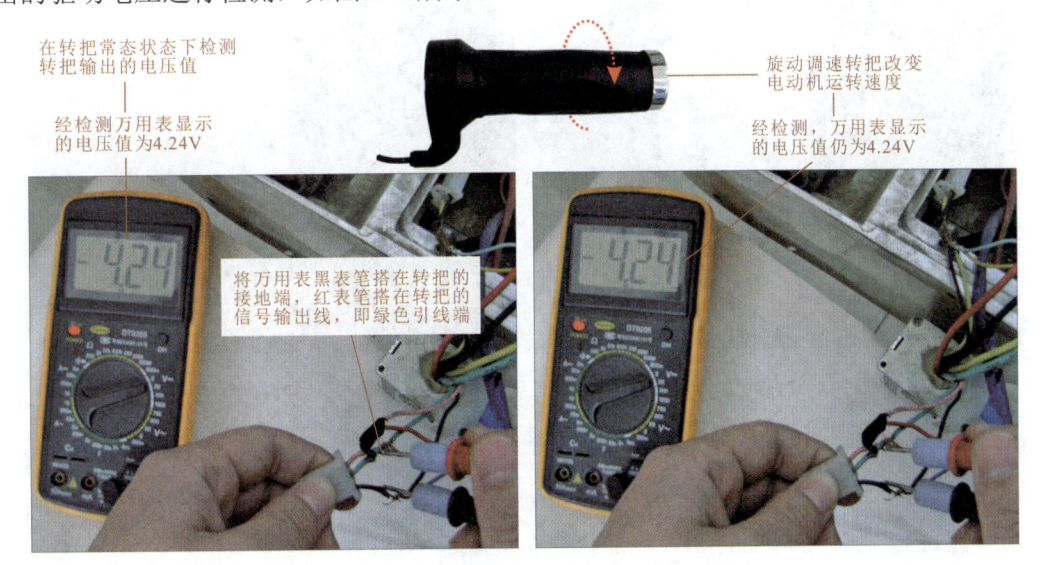

图11-3 转把输出驱动电压的检测方法

经检测发现，转把在不同状态下，输出的驱动电压均为4.24V，怀疑转把损坏（正常时，旋动转把该信号线电压应在0.8~4.24V之间变化），以同型号的转把更换后，通电测试，发现电动机的速度仍不能准确控制，怀疑是控制器出现了故障，接下来应对控制器进行检测。

拆开控制器后，即可看到内部的各元器件，如图11-4所示。

场效应晶体管
HFP50N06

控制器内部有一个型号为HFP50N06的晶体管，作为功率器件

有刷直流电动机控制器内部结构

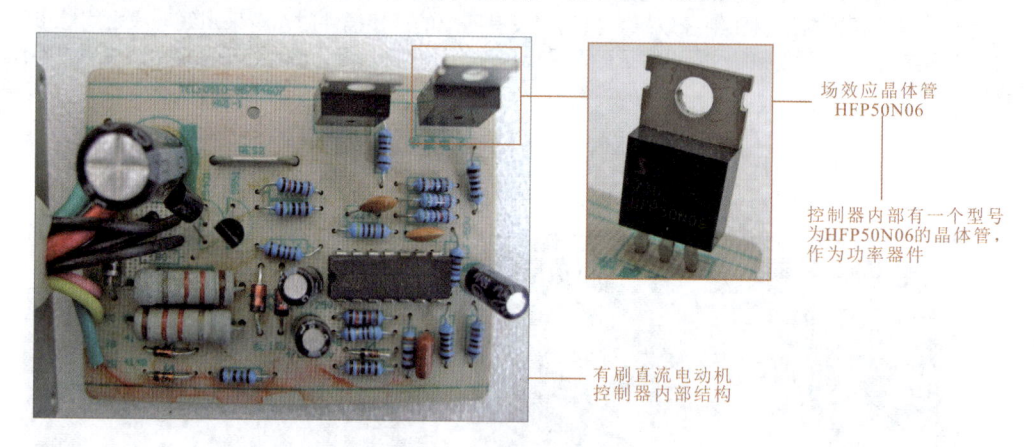

图11-4 故障电动自行车控制器的内部结构

经观察发现，该控制器内部有一个型号为HFP50N06的场效应晶体管，该晶体管作为功率器件使用，怀疑该器件损坏，使用万用表对其进行检测。

使用万用表检测场效应晶体管是否正常，如图11-5所示。

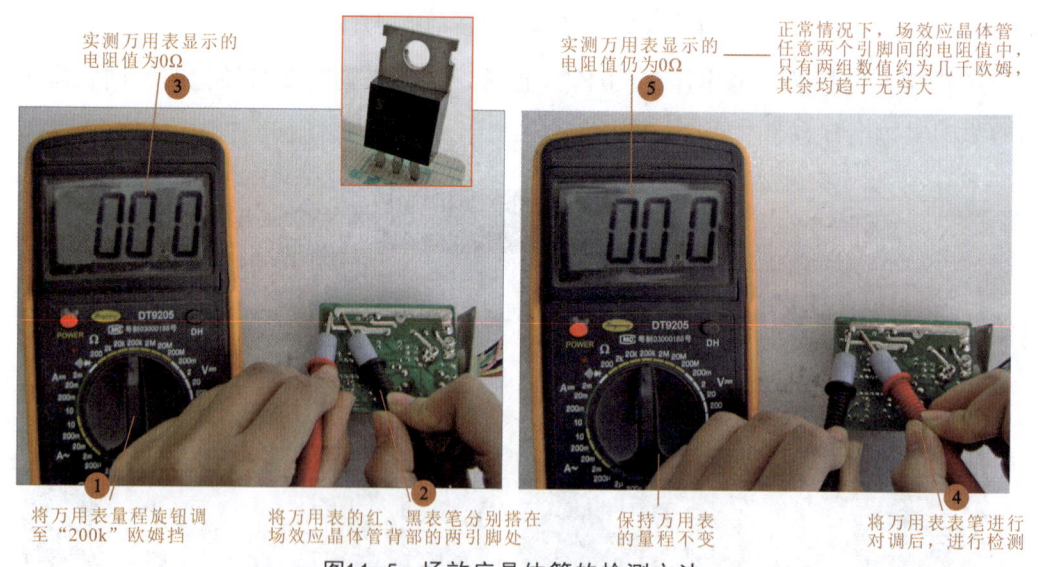

实测万用表显示的电阻值为0Ω ③

实测万用表显示的电阻值仍为0Ω ⑤

正常情况下，场效应晶体管任意两个引脚间的电阻值中，只有两组数值约为几千欧姆，其余均趋于无穷大

① 将万用表量程旋钮调至"200k"欧姆挡

② 将万用表的红、黑表笔分别搭在场效应晶体管背部的两引脚处

保持万用表的量程不变

④ 将万用表表笔进行对调后，进行检测

图11-5 场效应晶体管的检测方法

经实际检测，场效应晶体管引脚间的阻值有几组趋近于0Ω，怀疑是该场效应晶体管击穿短路，更换同型号的场效应晶体管后，对电动自行车通电试机，结果表明故障排除。

11.1.2 电动自行车"飞车"故障检修案例

1 故障表现

一辆有刷直流电动自行车，出现"飞车"故障。

2 故障分析

引起电动自行车"飞车"故障的常见原因主要有转把损坏，或转把地线断路，或控制器损坏等。

在维修过程中，由于转把地线（黑色线）断线或转把地线插件接触不良导致的"飞车"故障比较常见。

3 故障检修

根据故障分析，可排查该电动自行车转把地线的连接情况。将电动自行车后车架支起，使后轮离地一段距离。

接通电动自行车的电源锁，未旋动转把时，用一个木棒轻轻敲打转把连接线，发现电动机时转时停，说明该电动自行车有时"飞车"，有时正常，怀疑转把地线连接不良。用万用表的蜂鸣挡检测转把引线中黑色线两端之间的阻值，检查引线有无断路情况。转把地线通断的检测方法如图11-6所示。

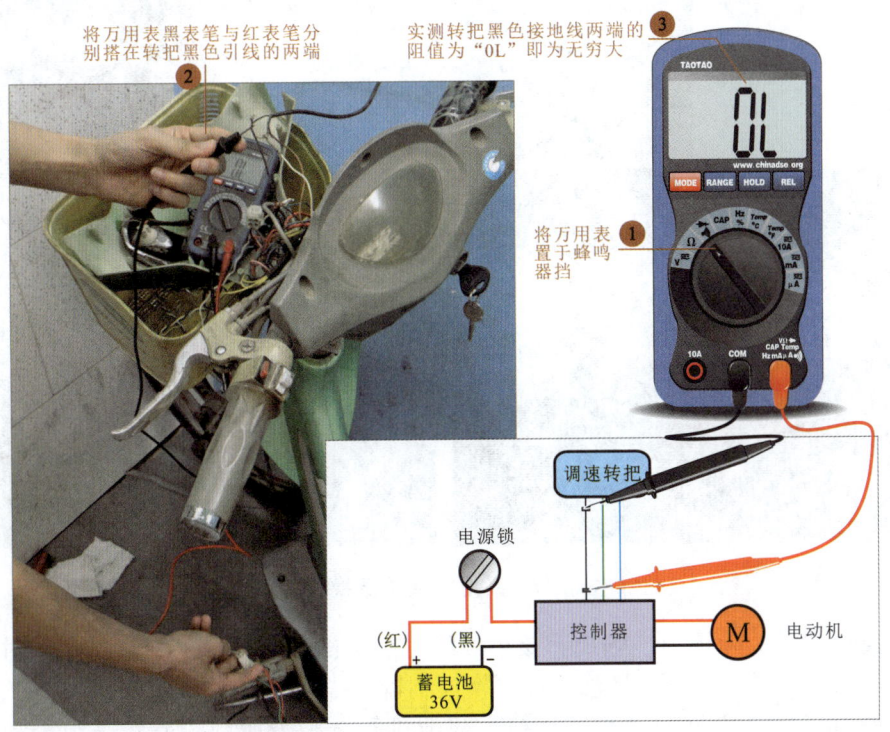

图11-6 转把地线通断的检测方法

经检测发现，转把地线断路，更换地线，或用一个带绝缘皮的铜线重新跑线，连接牢固后，通电试车，不在出现"飞车"现象，故障排除。

▶▶ 11.1.3 电动自行车加电不启动故障检修案例

① 故障表现

一辆48V无刷直流电动自行车，拧动电源锁通电后，旋动转把不起作用，电动机不启动、不运转。

② 故障分析

电动自行车通电后，旋动转把电动机不启动、不运转，多为电动机启动控制系统异常，重点检查与电动机启动控制相关的部件。故障原因有：（1）转把损坏；（2）控制器内MOS管损坏；（3）控制器内控制芯片损坏。可逐步进行检测，找到故障元件，排除故障即可。

③ 故障检修

根据故障分析，为了确认具体故障部位，可首先采用替换法对怀疑有故障部件进行替换。根据该类故障常见故障原因，首先排查转把故障。

如图11-7所示，采用替换法更换转把，排查转把故障。

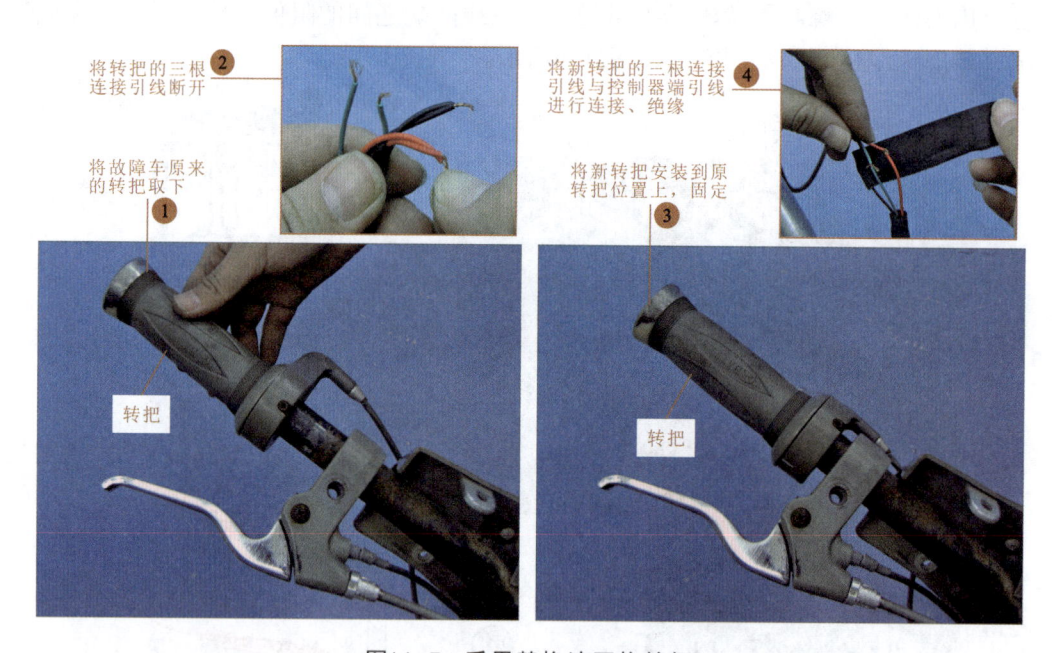

图11-7 采用替换法更换转把

更换转把后故障依旧，则说明该车故障可能是由控制器部分引起的，此时为进一步确认故障，同样可采用替换法整体更换控制器。

经检查发现，用好的控制器代换后故障排除，则表明故障确实是由控制器引起的，此时则可对替换下的控制器进行进一步检查和判断。

打开控制器外壳，用万用表检测控制器中的功率管判断其好坏，如图11-8所示。

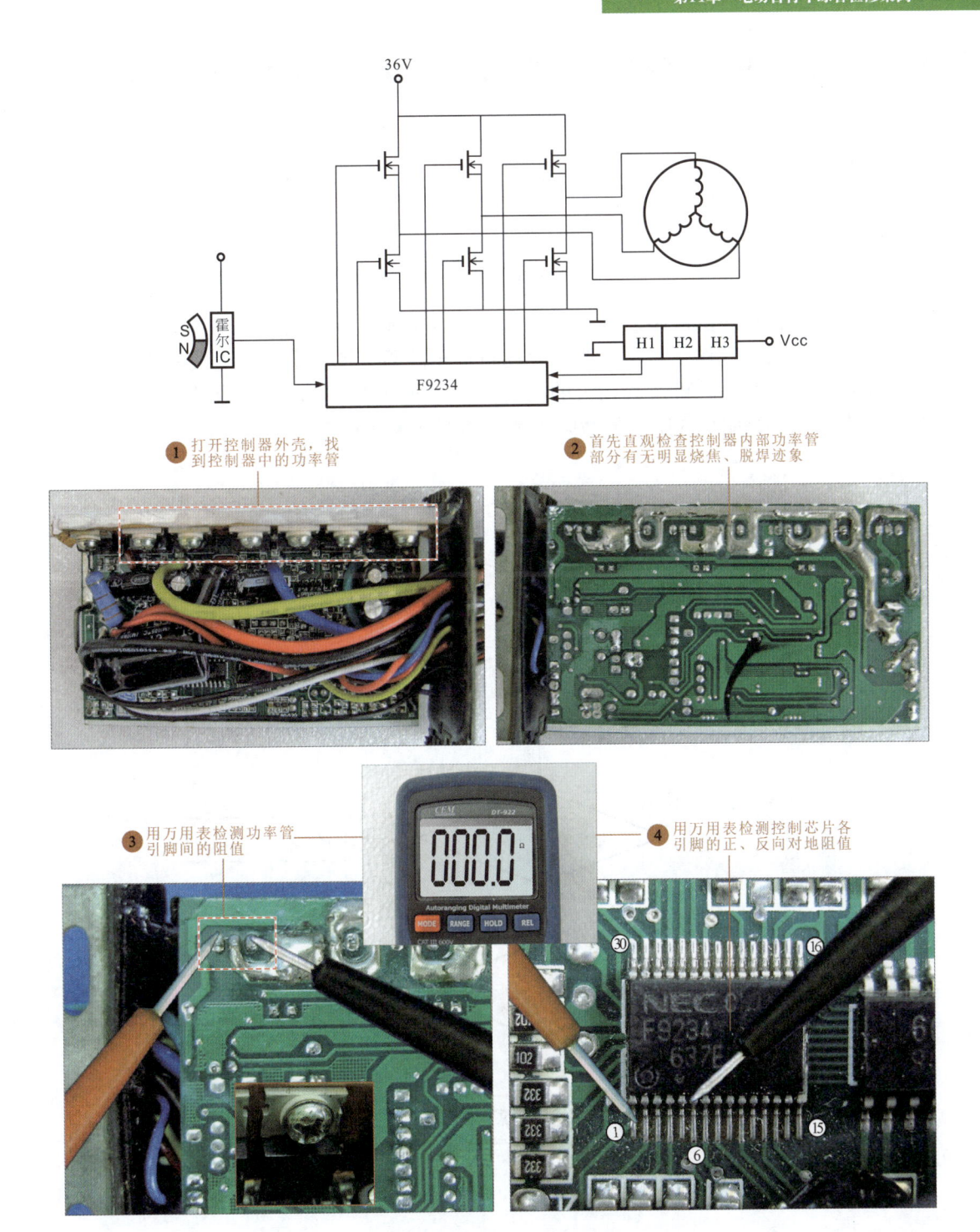

图11-8　功率管的检测方法

经检测发现，功率管两两引脚间的正、反向阻值均趋于零，表明该功率管已击穿损坏，更换相同规格的功率管。

同时发现，控制器中的控制芯片的各引脚阻值均与正常值相差较大，怀疑该芯片已损坏，用同型号芯片更换后，通电试车，电动自行车正常启动，故障排除。

▶▶ 11.1.4　电动自行车电源正常，电动机不转动故障检修案例

❶ 故障表现

一辆无刷直流电动自行车打开电源开关后，仪表盘显示蓄电池满电，喇叭和照明系统工作也正常，但旋转转把后电动机无任何反应，不转动。

❷ 故障分析

根据电动自行车的故障表现，对故障原因分析如下：电动自行车蓄电池供电正常且喇叭和照明系统工作正常，说明该电动自行车的蓄电池及电源供电线路均正常，而电动机不启动怀疑电动机及其相关的控制电路部分出现异常，应检查转把、闸把、控制器及电动机。按图11-9所示的故障检测流程对故障进行排查。

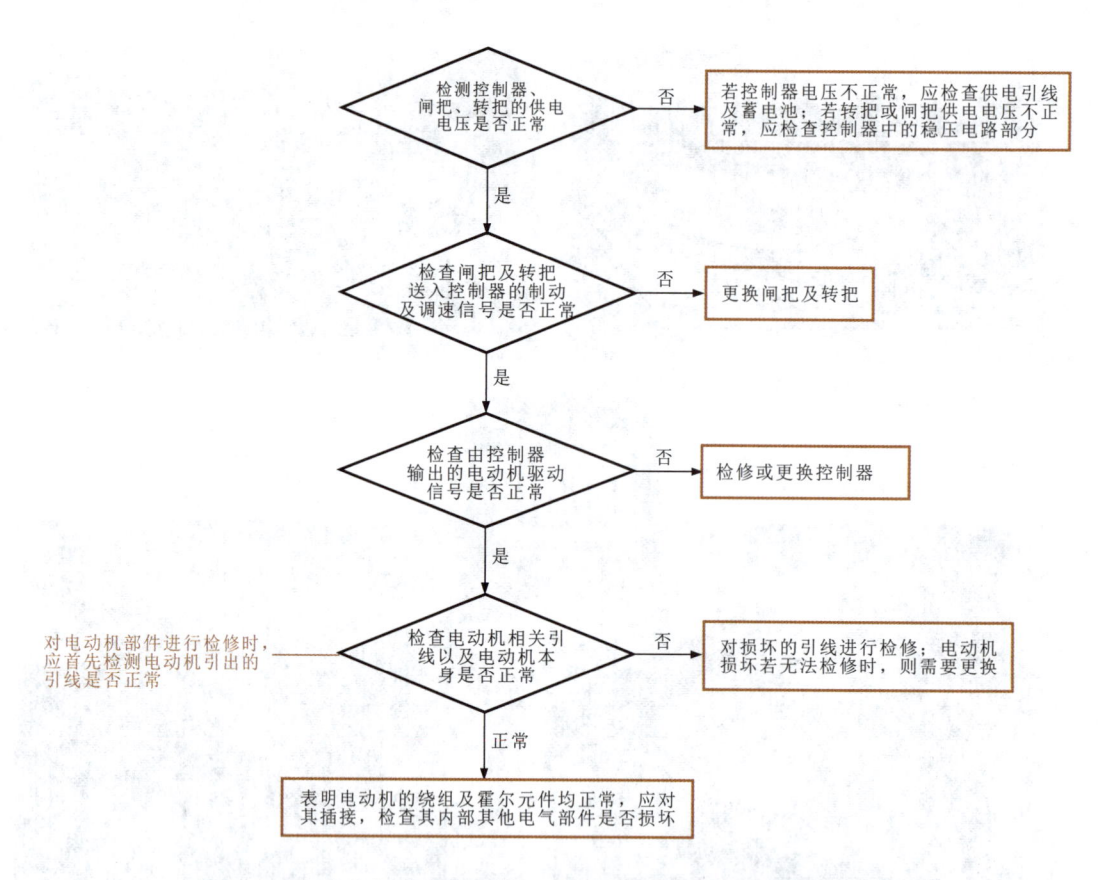

```
┌─────────────────────┐
│ 检测控制器、闸把、    │ ── 否 ──→ 若控制器电压不正常，应检查供电引线
│ 转把的供电电压是否正常 │           及蓄电池；若转把或闸把供电电压不正
└──────── 是 ─────────┘           常，应检查控制器中的稳压电路部分
          ↓
┌─────────────────────┐
│ 检查闸把及转把送入    │ ── 否 ──→ 更换闸把及转把
│ 控制器的制动及调速    │
│ 信号是否正常          │
└──────── 是 ─────────┘
          ↓
┌─────────────────────┐
│ 检查由控制器输出的    │ ── 否 ──→ 检修或更换控制器
│ 电动机驱动信号是否正常 │
└──────── 是 ─────────┘
          ↓
┌─────────────────────┐
│ 检查电动机相关引线    │ ── 否 ──→ 对损坏的引线进行检修；电动机
│ 以及电动机本身是否正常 │           损坏若无法检修时，则需要更换
└─────── 正常 ────────┘
          ↓
   表明电动机的绕组及霍尔元件均正常，应对
   其插接，检查其内部其他电气部件是否损坏
```

对电动机部件进行检修时，应首先检测电动机引出的引线是否正常

图11-9　电动自行车电源正常，电动机不转动的故障检修流程

由以上检修流程可知，对于该类故障进行检修时，一般可先在通电状态下检测控制器的供电电压，以及经控制器内部稳压后输送到闸把、转把的工作电压。

然后再用万用表分别检测闸把及转把送入控制器的制动及调速信号，若信号不正常，应对闸把和转把进行检修或更换；若信号正常，说明闸把及调速转把均正常，接下来可对控制器及电动机进行检测。通过检测，找到故障元件，排除故障。

❸ 故障检修

根据故障分析,为了确认具体故障部位,可首先对各部件的供电电压进行检测。按图11-10所示,使用万用表检测各功能部件的供电电压。

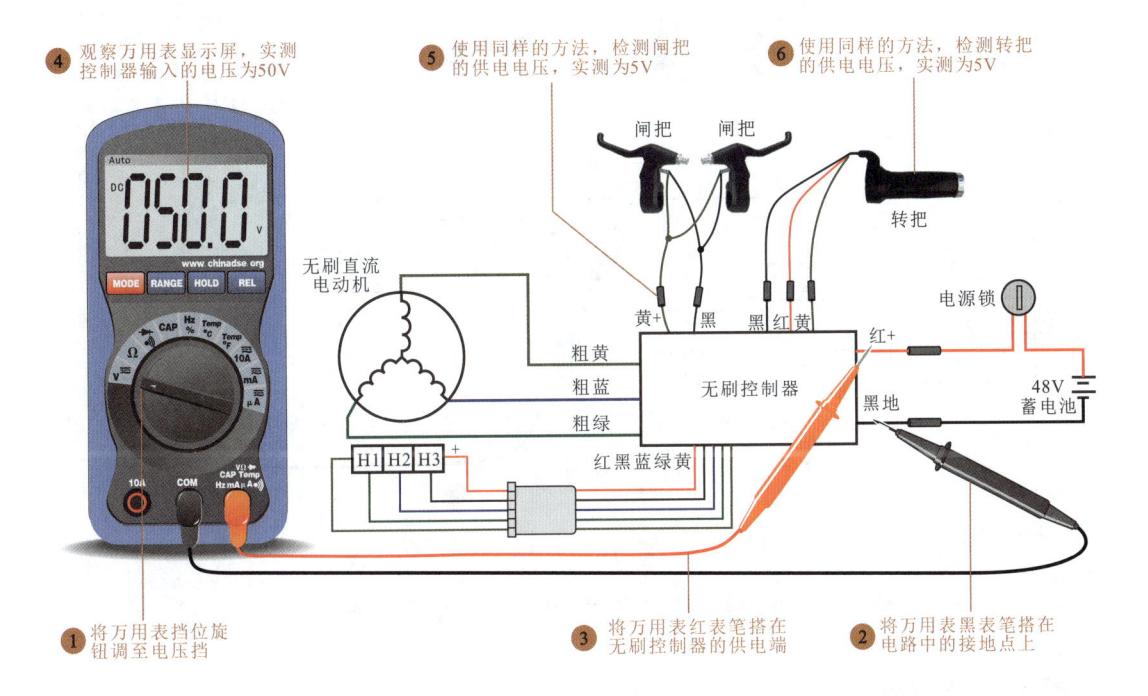

图11-10 各功能部件供电电压的检测方法

经检测发现,控制器的输入电压为50V,控制器输入到闸把、调速转把的电压均为5V,说明控制线路中的供电电压均正常,接下来,则需要检测转把和闸把在不同状态下输出的信号是否正常。

按图11-11所示,分别检测转把和闸把在不同状态下输出的信号是否正常。

经实际检测,反复握紧和松开闸把时,万用表可测得的闸把电压在0~5V之间变化;旋转转把时,万用表检测转把输送到控制器的信号线处的电压值在1.0~4.2V之间变化,由此可见闸把和转把输出信号也正常,此时,应对控制器输出的信号进行检测,判断控制器的性能是否良好。

按图11-12所示,使用万用表检测控制器送到电动机的信号是否正常。

经检测,旋转转把至最大速度时,万用表显示电压值均为4.2V,表明控制器也正常,由此可推断故障可能是由电动机本身故障引起的,此时为进一步确认故障,可使用万用表检测电动机是否正常。

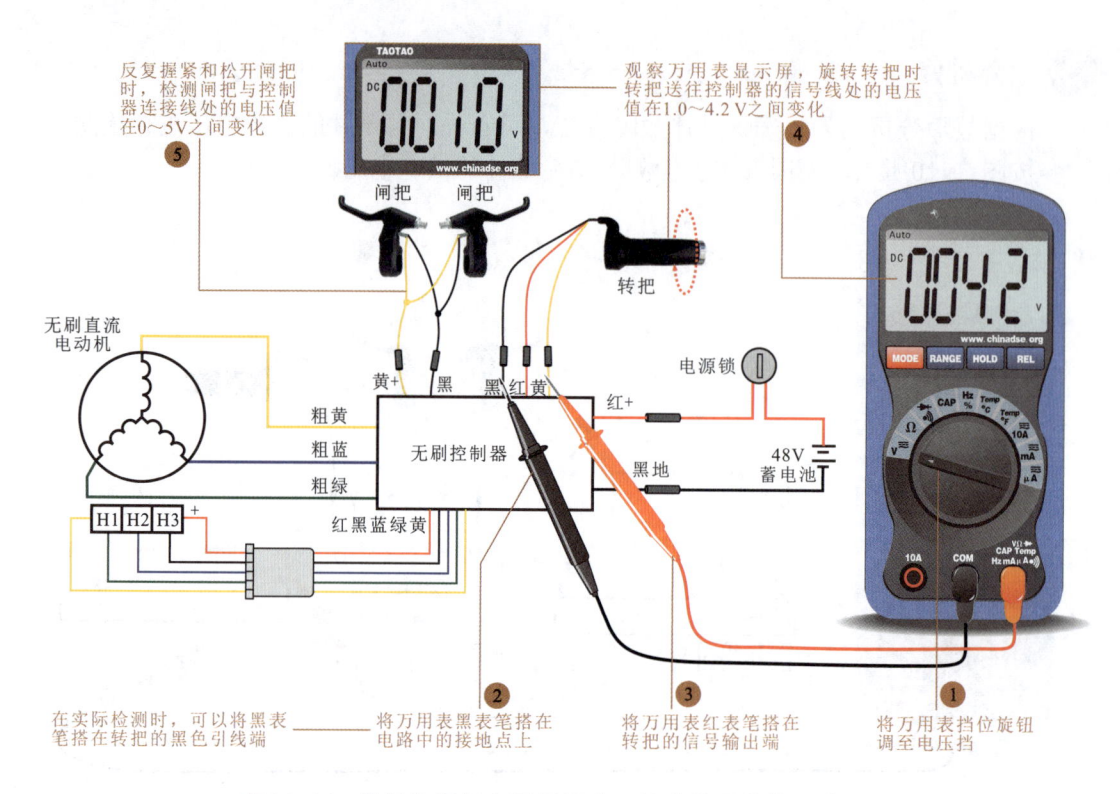

图11-11 转把和闸把在不同状态下输出信号的检测方法

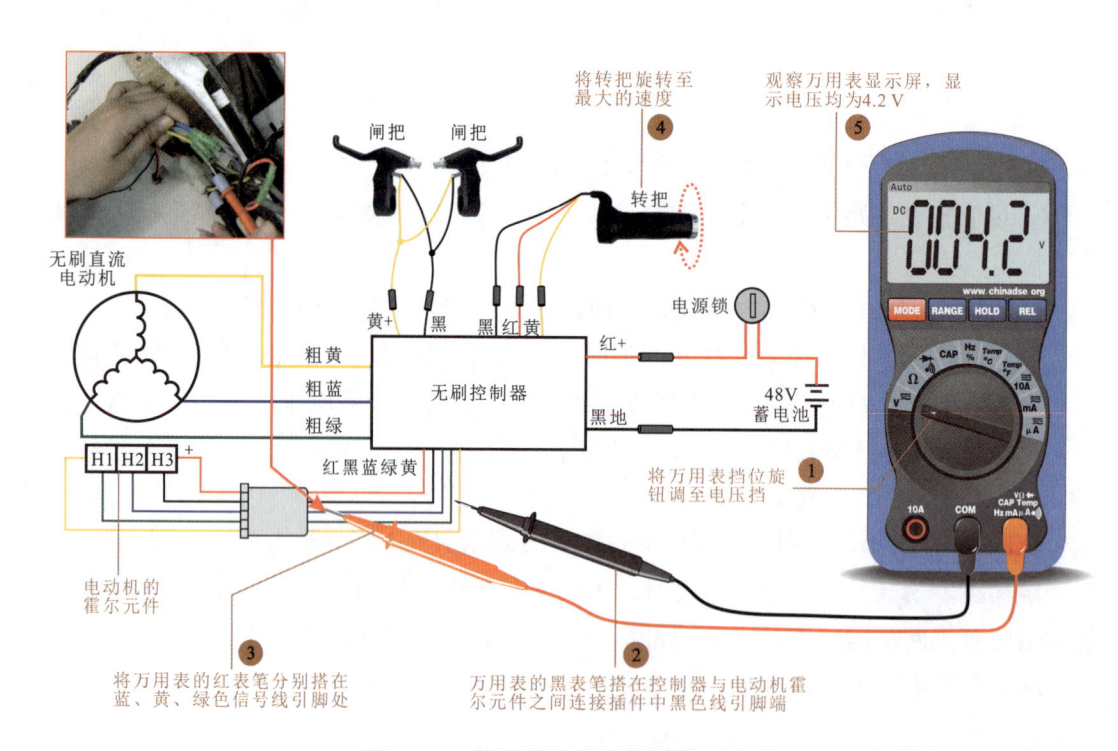

图11-12 控制器输出信号的检测方法

电动机的检测方法如图11-13所示。

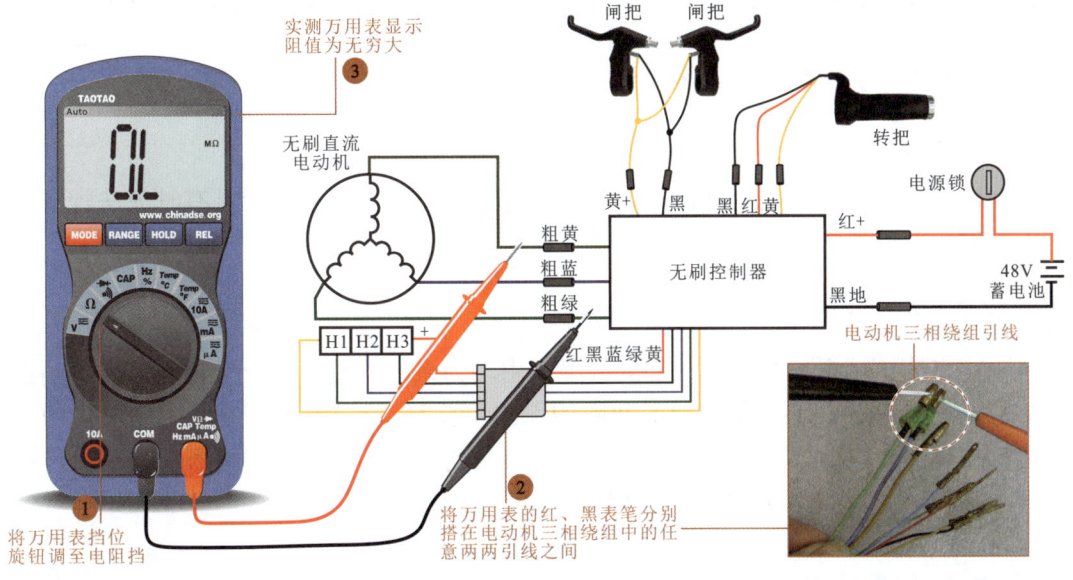

图11-13 电动机的检测方法

经检测可以看到，电动机中三相绕组的任意两两引线间的阻值都为无穷大，表明电动机绕组的中性点开焊或三相绕组的接线部分断开。根据维修经验，电动机中性点开焊的情况不易出现，由此可初步推断为电动机三相绕组的接点部分存在断路情况，可对连接引线进行检查，如图11-14所示。

图11-14 找到并排除损坏的连接引线

顺着电动机连接引线仔细检查发现，电动机三相绕组的引线都在电动机轴端处破损，而且有两根相线已经完全断开，将断开的引线重新接好，并分别将3根引线做绝缘处理，接好电动机与控制器间插件，通电试车，电动机转动，故障排除。

> 由于电动自行车中电动机的三相绕组及霍尔元件引线自定子上引出后，从其轴端处需要大约90°的弯度，所以该部件是一个比较容易断路的部件，在排除故障时可重点对该部件进行检查。

11.2 电动自行车骑行功能失常故障检修案例

11.2.1 无刷直流电动自行车行驶抖动故障检修案例

1 故障表现

一辆48V无刷直流电动自行车启动时车身有明显的抖动现象,且有时无法行车,动力系统出现异常。

2 故障分析

无刷直流电动自行车出现抖动的故障多由动力系统不良引起,应重点检查电动自行车的电动机部分。通常引起该类故障的原因主要有:(1)无刷直流电动机内的霍尔元件损坏;(2)电动机进水;(3)电动机轴承损坏;(4)控制器与电动机连接不良;(5)电动自行车后轮变形或辐条折断。

> 检修电动自行车该类故障时应先从外部部件入手,如先检查后轮、控制器与电动机连接引线等,若检查后还无法排除故障,再对电动机进行拆卸和检修,否则盲目拆卸电动机容易造成调整不良,引起磨损严重,缩短电动机的使用寿命。

3 故障检修

根据上述分析,对电动自行车该故障进行排查时首先检查外部部件状态,判断其正常与否。

按图11-15所示,检查电动自行车后轮轮毂、辐条是否有弯曲、折断。

图11-15 检查电动自行车后轮轮毂和辐条

经检查,电动自行后轮的轮毂、辐条均正常。按图11-16所示,检查控制器与电动机的连接引线。

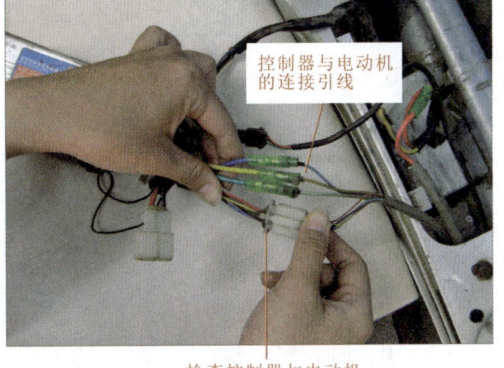

图11-16 中左图标注：控制器；找到控制器的安装位置，取出控制器
图11-16 中右图标注：控制器与电动机的连接引线；检查控制器与电动机连接引线的连接情况

图11-16　检查控制器与电动机的连接引线

经检查，控制器与电动机连接正常。接下来，重点检查电动机部分。按图11-17所示，拆解电动机，检查轴承部分。

图11-17 左图标注：电动机端盖；①检查电动机轴承——轴承有明显磨损迹象，且晃动时有"咯吱"噪声
图11-17 右图标注：②更换新的电动机轴承

图11-17　检查电动机轴承部分

经检查电动机轴承有轻微磨损情况，更换电动机轴承。在重装电动机之前，还需要对霍尔元件进行检测，若经检测某个霍尔元件损坏，则应更换该霍尔元件。

另外，还需要检查电动机转子有无锈蚀、受潮情况，若受潮则需要进行烘干处理，按图11-18所示。

图11-18 左图标注：电吹风；定子绕组；用电吹风吹干电动机定子
图11-18 右图标注：电吹风；转子；用电吹风吹干电动机转子

图11-18　用电吹风烘干电动机定子绕组及转子部分

▶▶ 11.2.2 电动自行车骑行动力不足故障检修案例

❶ 故障表现

一辆48V无刷直流电动自行车打开电源锁，转动转把，电动机转动无力，骑车试行时明显动力不足。

❷ 故障分析

该电动自行车属于典型动力不足故障，可能的故障原因有：（1）蓄电池电量不足；（2）电动自行车转把异常；（3）电动机故障。

> 根据检修电动自行车先电源后负载的原则，首先对蓄电池进行检测，若蓄电池电量在正常范围内，再对转把和电动机进行检测。

❸ 故障检修

根据上述故障分析，首先检查蓄电池电量和转把调速信号。用万用表检测蓄电池电压为51.8V，正常，转把信号端输出调速信号在1～4.2V，也正常，由此将故障锁定在电动自行车电动机上。

按图11-19所示，检测无刷直流电动机绕组间的阻值，判断绕组有无短路或断路故障。

图11-19 无刷直流电动机绕组的检测方法

经检测，该无刷直流电动机三相绕组两两间阻值均为0.4Ω，正常。接着，仍在接线端检测霍尔元件，判断霍尔元件的好坏。

检测霍尔元件信号线与接地线之间的阻值，如图11-20所示。

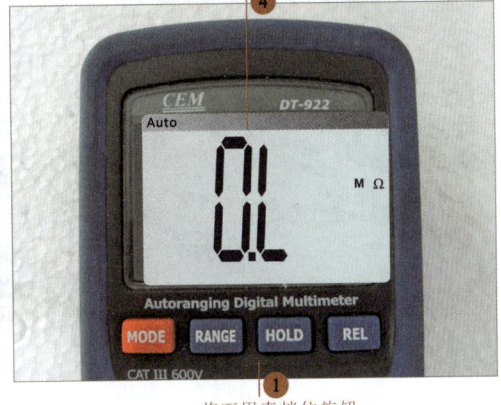

图11-20 检测霍尔元件信号线与接地线之间的阻值

检测发现，3个霍尔元件信号线与接地线间阻值均为无穷大。然而，3个霍尔元件同时损坏的可能性较小，怀疑霍尔元件引线有断路故障。

检查霍尔元件引线有无断路故障，如图11-21所示。

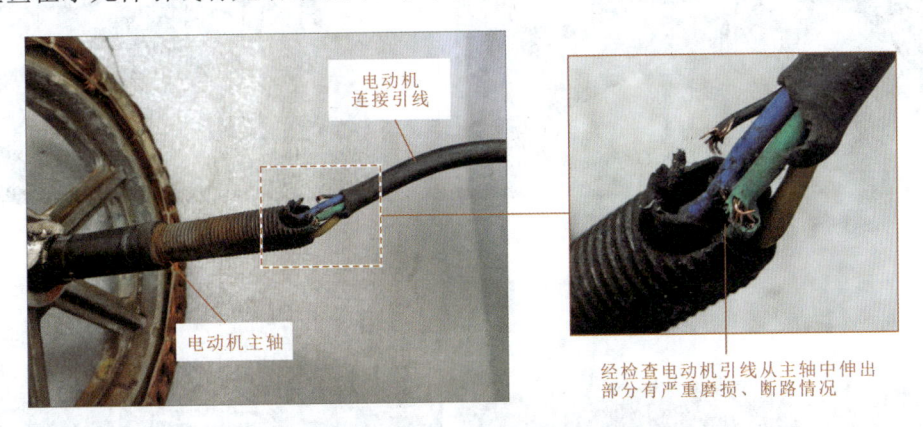

图11-21 检查霍尔元件引线有无断路故障

检查发现，在电动机主轴弯曲部分霍尔元件引线有明显断路情况，重新连接，做好绝缘后，再次检测发现，有2个霍尔元件信号线对地线阻值为24.37MΩ（自动量程式DT-922型数字万用表红表笔接黑色接地线，红表笔接信号线测得），另外1个霍尔元件阻值为无穷大，怀疑该霍尔元件损坏，导致无刷直流电动机缺相，转动无力。

按图11-22所示，拆解电动机，更换霍尔元件。

> 无刷直流电动机霍尔元件出现故障需要更换同型号的霍尔元件，且不论3个霍尔元件是否全部损坏，都需要同时更换。
> 更换霍尔元件时需要注意：更换霍尔元件安装方式应与原霍尔元件安装方式相同，即霍尔元件型号面向上，更换用的霍尔元件型号面也应向上，确保电动机相位角相同。

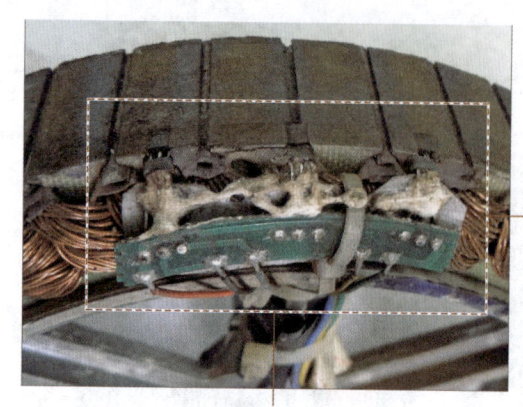

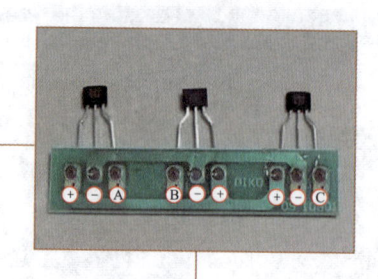

图11-22 拆解电动机，更换霍尔元件

无刷直流电动机的相位角是无刷直流电动机的相位代数角的简称，指无刷直流电动机各线圈在一个通电周期里线圈内部电流方向改变的角度。电动自行车无刷直流电动机常见的相位角有120°和60°两种。

霍尔元件安装的空间位置直接体现了无刷直流电动机的相位角类型，一般当3个霍尔元件均为有型号的一面向上安装时，该无刷直流电动机相位角为60°；若3个霍尔元件中间的一个型号面向下，两侧霍尔元件型号面向上，则该无刷直流电动机相位角为120°。

另外，在不对电动机进行拆解时，可通过电动机运转状态判断其相位角，即拔掉（断开）霍尔插头，然后打开电源锁，缓慢拧动转把，若电动机有动静则表示电动机为60°相位角电动机；若一点动静也没有则表示电动机为120°相位角电动机。

▶▶ 11.2.3　电动自行车起步困难故障检修案例

1 故障表现

一辆48V无刷直流电动自行车，在打开电源锁转动转把时电动机抖动、不转，用手拨动一下后轮，电动机能够启动运转，但转速明显偏低，行驶无力。

2 故障分析

该电动自行车属于明显动力不足故障，一般情况下，电动自行车动力不足主要有3个原因：蓄电池电量不足、控制器输出缺相、电动机霍尔缺相。

> 排查故障时，一般根据先电源后负载的原则进行排查，即先检查蓄电池电量是否充足，若蓄电池电量正常，再对控制器和电动机进行检查。

3 故障检修

根据上述故障分析，首先对蓄电池输出总电压进行检测，如图11-23所示。

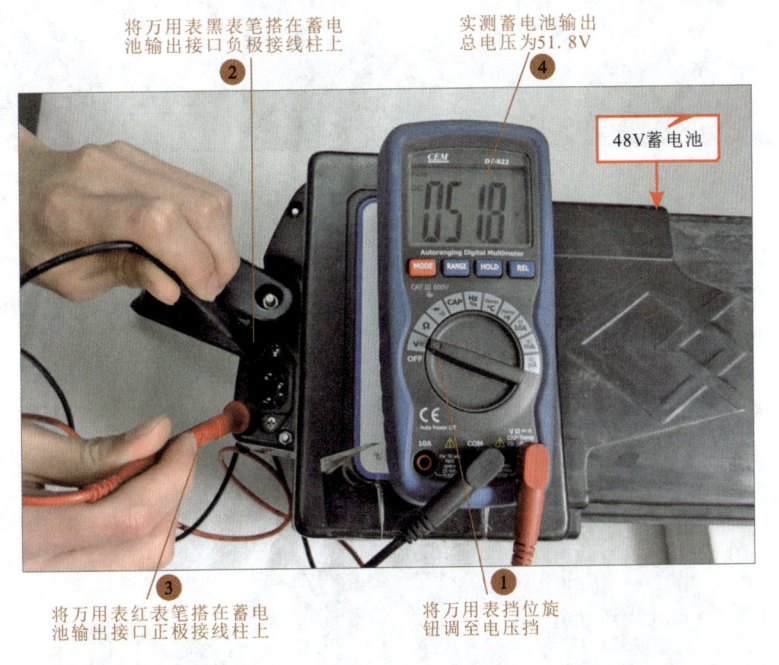

图11-23　检测蓄电池输出总电压

经检测发现，蓄电池输出总电压为51.8V，正常，排除蓄电池故障。接下来，逐一排查控制器和电动机。

如图11-24所示，用万用表检测电动机的霍尔元件，判断电动机有无缺相故障。

经检测可知，用万用表采用比较法检测电动机的3个霍尔元件，信号线与地线的阻值、信号线与供电线的阻值十分接近，说明电动机霍尔元件也正常。

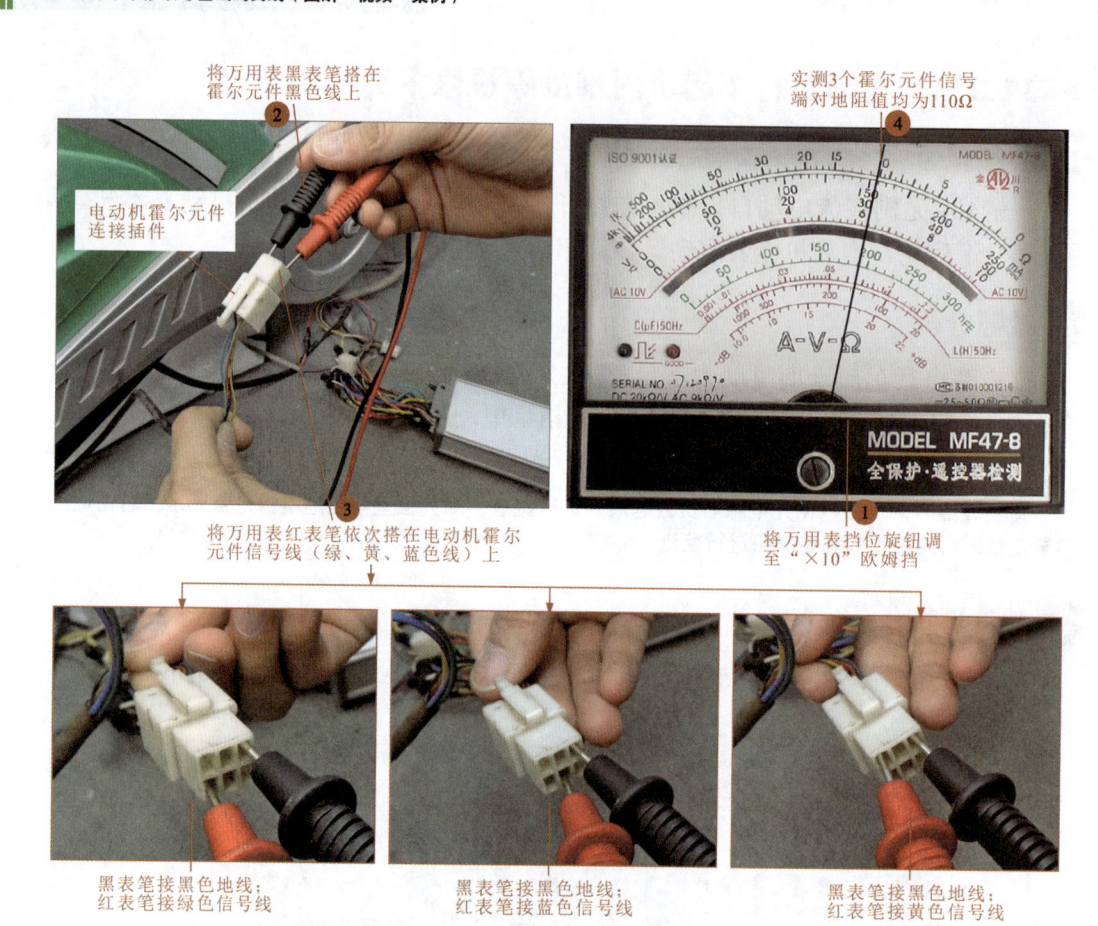

图11-24 用万用表检测霍尔元件

接着,应对控制器进行检测,排查控制器故障。转动车轮,同时用万用表检测控制器蓝、绿、黄三相线输出电压,具体操作方法如图11-25所示。

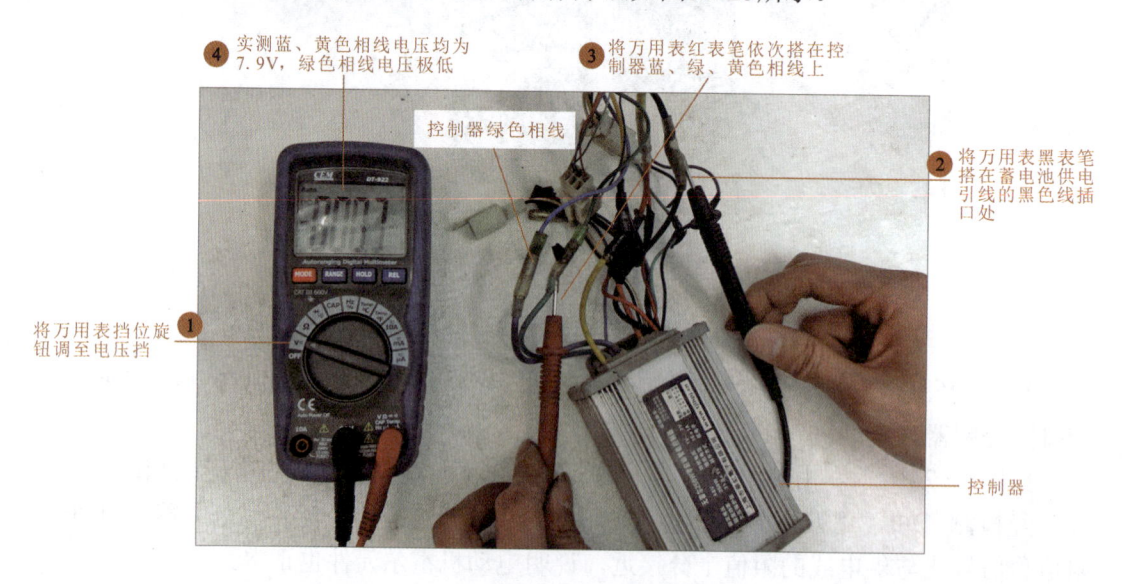

图11-25 检测控制器三相线输出电压

检查电动自行车控制器和电动机霍尔元件时，可使用电动自行车综合检测仪进行检测，将检测仪与待测部件引线连接，打开检测仪开关，若检测仪上指示灯亮，说明所测部件正常；若检测仪对应指示灯不亮，说明所测部件异常。

例如，检测控制器蓝、绿、黄三相线输出电压时，将综合测试仪与三相线连接，综合测试仪上三相线分别对应了三个指示灯，若三个指示灯均亮，说明控制器三相线输出正常；若其中一个灯不亮，则说明对应输出相线异常。

经检测发现，控制器绿色相线电压偏低，说明控制器此相线输出异常，怀疑控制器内部损坏。

此时，关闭电动自行车电源，将损坏的控制器拆卸，检查其铭牌可知，该损坏控制器参数为48 V/350W，选配一个电压和功率相同的无刷控制器进行更换，排除故障。

在更换控制器时应注意，除了选择电压、功率参数相同的控制器外，控制器刹车有效值也应相同，即若原控制器为低电平刹车有效，所更换用控制器也应为低电平刹车有效。若现有配件只有高电平刹车有效控制器，可以将该电平改为低电平刹车有效控制器，调整方法如图11-26所示。

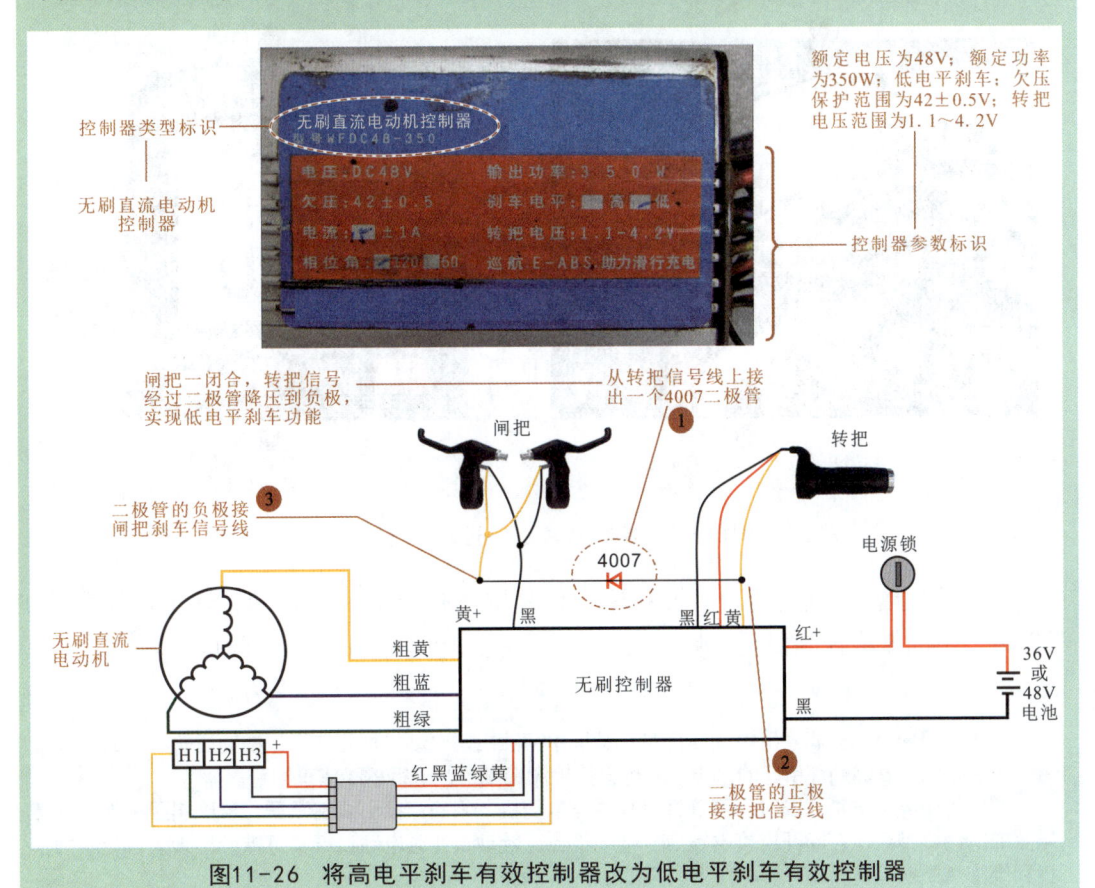

图11-26 将高电平刹车有效控制器改为低电平刹车有效控制器

▶▶ 11.2.4　电动自行车突然停止故障检修案例

1　故障表现

一辆无刷直流电动自行车在骑行中突然停止，下车检查发现电动机抱死，用手拨动车轮完全不转动，推行也不动。

2　故障分析

该故障属于突发性故障，蓄电池、转把损坏的概率较小，且即使蓄电池或转把损坏，也不会引起电动机抱死、推行也不动的故障。电动机不转且抱死，该类故障的原因一般多为控制器或电动机损坏，可通过简单操作进行排查。

3　故障检修

根据故障分析，首先排查故障出现在控制器还是电动机上。找到控制器，用万用表或电动自行车综合测试仪检测控制器输出信号，判断控制器是否正常。控制器输出信号的检测方法如图11-27所示。

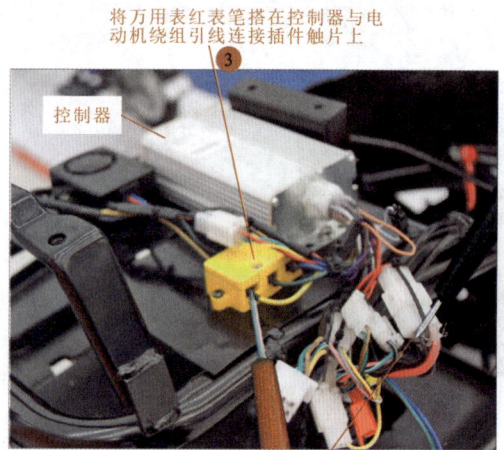

将万用表红表笔搭在控制器与电动机绕组引线连接插件触片上　③

实测两根引线有一定电压值，一根引线输出电压为0V　④

控制器

将万用表黑表笔搭在蓄电池负极引线（接地线）插件触片上　②

将万用表挡位旋钮调至电压挡　①

图11-27　控制器输出信号的检测方法

经检测发现，控制器输出的3相驱动信号中，有一相为0V，即无输出，怀疑控制器损坏，用同规格控制器更换后，通电试车，电动机运转正常，故障排除。

> 根据维修经验，无刷直流电动自行车在骑行中突然出现电动机抱死故障，推动后轮不转或特别沉重，大多是由控制器烧坏引起的，维修时可直接检测控制器，进行故障排查即可。
> 在骑行中突发这种故障时，可以将控制器与电动机之间的连接引线都断开，若确实因控制器损坏导致的电动机抱死，在断开连接引线后，电动机应可转动，此时电动自行车可推行，大大减轻阻力，找到维修点更换控制器即可。

● 11.3 电动自行车供电能力或充电异常故障检修案例

▶▶ 11.3.1 电动自行车蓄电池续航能力差故障检修案例

1 故障表现

电动自行车使用不到半年时间，行驶里程明显缩短，经检查发现蓄电池容量大幅下降。

2 故障分析

电动自行车使用时间较短，蓄电池仍属于新电池的范围，根据维修经验，其容量大幅下降的原因主要有三个方面：一是蓄电池本身质量差；二是使用不当，经常对蓄电池进行过充电或过放电引起蓄电池容量下降；三是控制器欠压保护不良，使蓄电池一直处于过放电状态。

一般情况下为了确保蓄电池正常充、放电和延长蓄电池的使用寿命，在负载状态下，当蓄电池放电使电压下降接近放电终止电压时，控制器中的电压取样电阻会检测到该信号，并将该信号送往仪表盘，使欠压指示灯亮起，提醒用户及时充电，实现对蓄电池的保护功能。

首先排查蓄电池因本身质量问题引起的容量下降，然后重点检查蓄电池的标配部件即充电器输出的电压是否存在过高或过低现象，引起蓄电池长期过充或欠充电，若上述均正常，则应检查控制器对蓄电池的欠压保护功能是否正常。

该电动自行车的控制电路如图11-28所示，可以看到该控制电路中的欠压保护电路主要是由LM339电压比较器中的G部分、取样电阻器R11、取样电阻器R12和可变电阻器RP1等部分构成的，应重点对LM339、取样电阻器R11、取样电阻器R12和RP1等部分进行检修和调整。

由图11-28可知，该电路中，蓄电池欠压保护电路主要是由LM339芯片G（电压欠压比较器）与其他元器件等进行控制，当蓄电池输出36V电压供电时，通过取样电阻器R11、可变电阻器RP1和取样电阻器R12的电压加载到G（电压欠压比较器）的8脚端；电压比较器的9脚为5V基准电压端，为比较器的同相输入端提供参考电压。

当蓄电池放电电压未达到31.5V时，经电阻器分压后，由分压点送入LM339芯片G（电压欠压比较器）8脚的电位高于9脚的电位（即8脚电压大于5V），由14脚输出低电平，PWM调制器正常工作，电动机正常运转。

当蓄电池不断地进行放电，电压达到或接近31.5V时，LM339芯片G（电压欠压比较器）的8脚电位低于9脚电位，于是由14脚输出高电平，通过二极管D3与电阻器R7使LM339芯片E（脉宽调制PWM）的6脚电位超过7脚的锯齿波脉冲幅度，由1脚输出低电平，使驱动电路中的晶体三极管VT1截止、晶体三极管VT2导通，使场效应晶体管VT3截止，电动机停止转动，实现欠压保护功能。通过调整可变电阻器RP1可以设置欠压保护电路的控制电压值。

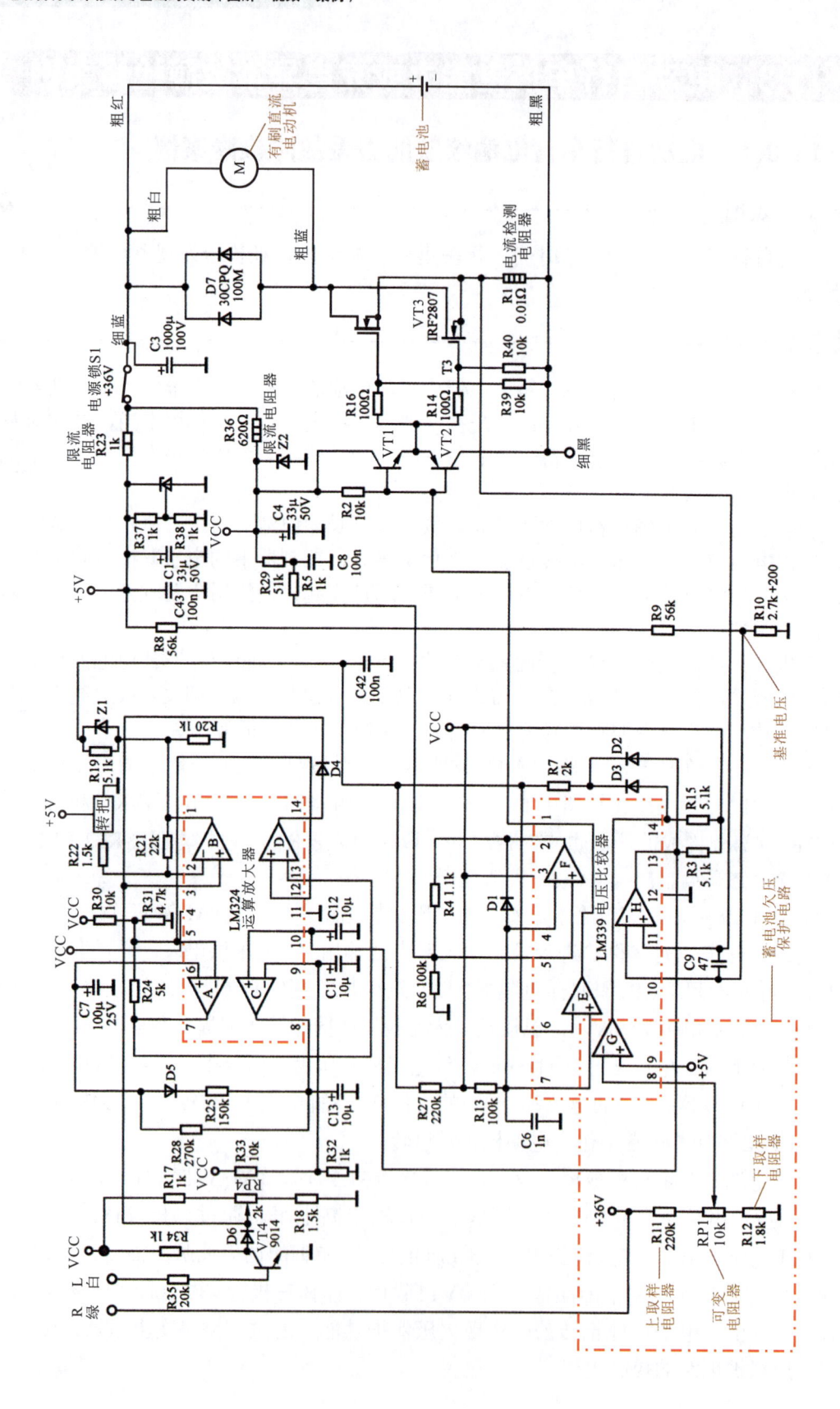

图11-28 故障电动自行车的控制器电路原理图

3 故障检修

通过检查蓄电池的标识信息了解到，该蓄电池为正规厂家生产，并有产品质量合格证，排除其本身质量的问题。

检测充电器输出电压，如图11-29所示。

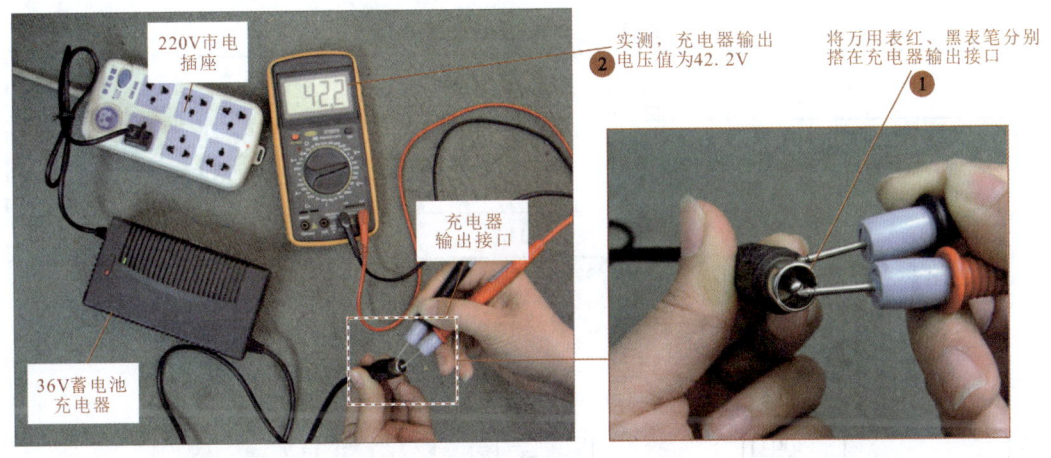

图11-29 检测充电器输出电压

经检测，充电器输出电压值为42.2V，表明充电器无过充或欠充现象。由此怀疑可能是由于控制器电路中的欠压保护电路欠压点过低，引起蓄电池损坏。此时不可盲目拆卸控制器，首先进行测试确认。可将蓄电池充满电后骑行，当电动自行车的欠压指示灯第2次亮起时，在电动自行车蓄电池输出电压接口处测量其正、负极间的电压值。

按图11-30所示，使用万用表检测蓄电池欠压时输出的电压值。

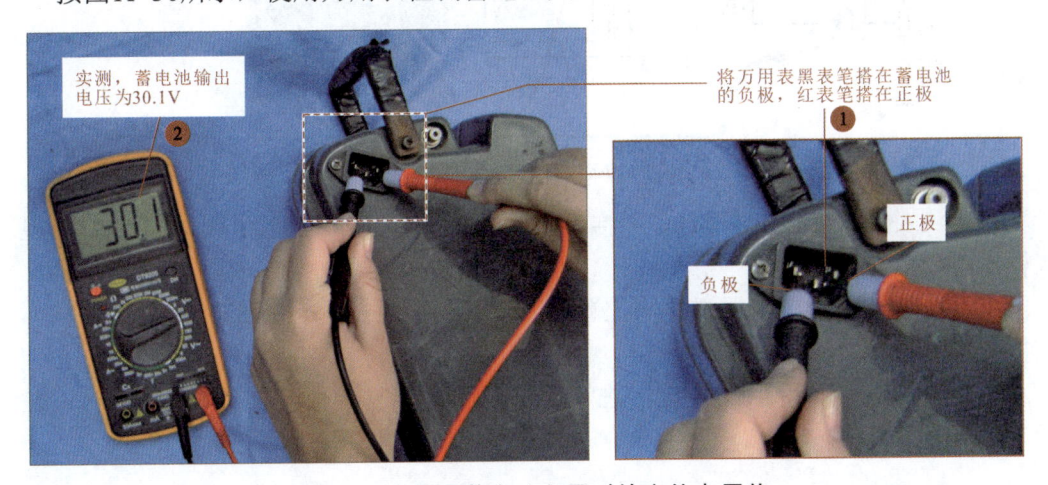

图11-30 检测蓄电池欠压时输出的电压值

实测在电动自行车显示仪表盘显示欠压状态时，蓄电池输出电压为30.1V，而正常情况下36V蓄电池的放电终止电压为31.5V，也就是说实测其欠压时的输出电压值，低于正常欠压保护数值31.5V，也就证实了前面的猜想，说明控制器的欠压点过低，应对控制器内部电路进行维修或调整。

判断充电器是否存在过充或欠充现象，需要将实际电压与蓄电池的额定电压和充电终止电压相比较，若实际输出电压在蓄电池的额定电压和充电终止电压范围内基本属于正常。另外，蓄电池的放电终止电压也是控制器对蓄电池进行欠压保护时的最低电压值，若控制器欠压点过低，会导致蓄电池电压下降至放电终止电压后仍继续放电，从而导致蓄电池过放电，引起蓄电池容量大幅下降。铅酸蓄电池各项参数见表11-1。

表11-1　铅酸蓄电池参数表

项目	单格铅酸蓄电池	单体铅酸蓄电池（含6格）	36 V铅酸蓄电池（含3块单体蓄电池）	48 V铅酸蓄电池（含4块单体蓄电池）
额定电压/V	2	12	36	48
放电终止电压/V	1.75	10.5	31.5	42
充电终止电压/V	2.45	14.7	44.1	58.8

使用万用表检测取样电阻器R11、取样电阻器R12是否正常，如图11-31所示。

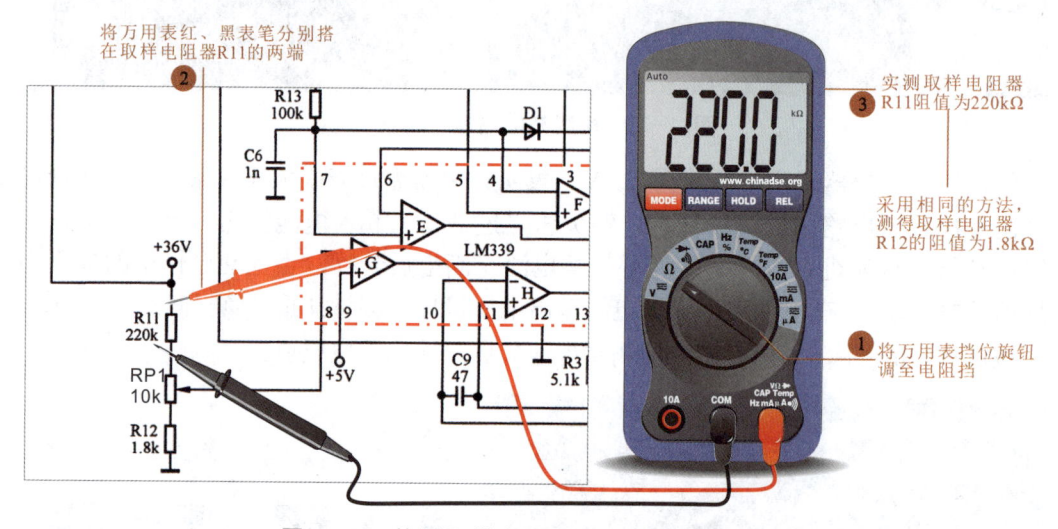

图11-31　检测取样电阻器R11、取样电阻器R12

经检测发现取样电阻器R11、取样电阻器R12的电阻值均接近于其标称阻值，说明取样电阻均正常。

接着，调整可变电阻器滑片的位置，并使其欠压点提升至31.5V或稍高于31.5V，使控制器欠压保护功能正常工作。

最后，对容量下降后的蓄电池进行放电或脉冲修复，使其容量恢复到85%以上后，即可装车使用。

控制器是电动自行车的控制核心，其主要作用有：驱动电动机旋转；在转把的控制下改变电动机的驱动电流，实现调速；在闸把的控制下切断输出电流，实现刹车控制；对蓄电池电压进行检测，在蓄电池存储的电压接近放电终止电压时，通过显示仪表显示电量不足，当蓄电池达到终止电压时，通过取样电阻将该信号送到比较器，由电路输出保护信号切断电流以保护蓄电池不至于过放电；过流保护，保护电动机的启动电流在正常范围内，若启动电流过大，切断电源起到保护作用。

▶▶ 11.3.2 电动自行车充电器不能浮充故障检修案例

① 故障表现

一个48V充电器,在对蓄电池充电时,输出电压过高,充电器不能进入浮充状态,一直充电。

② 故障分析

充电器输出电压过高是检修充电器时一个较普遍的故障,该类故障主要是由稳压控制电路异常引起的,重点检查输出电压取样电路和开关振荡电路。

在进行检修前,首先根据充电器电路原理图进行初步分析,找到基本的检测点,也可将电路图纸标识参数信息作为检修的依据,图11-32为充电器的电路原理图。

由图11-32可知,该充电电路的大体充电过程为:

交流220 V电压经互感滤波器T1、熔断器FU1后送入桥式整流电路VD1～VD4进行整流,输出约300 V直流电压,再经滤波电容C4滤波后,经启动电阻R4加到开关振荡集成电路IC1(UC3845)的7脚,为IC1提供启动电压。

同时,300 V直流电压经开关变压器T2的初级绕组L1加到开关晶体管VT2的漏极,开关晶体管的源极经R15、R16和继电器J的常见触点后接地,栅极受开关振荡集成电路IC1的6脚控制。

IC1的7脚接收到启动电压后,其内部的振荡器起振,IC1的6脚输出开关振荡信号,使开关晶体管VT2开始振荡,由此在开关变压器T2的初级绕组线圈中产生开关电流。

开关变压器T2的次级绕组L2输出的交流电压经VD5整流,三端稳压器IC3(7812)稳压,C8、C7滤波后,一路作为正反馈电压加到IC1的7脚,另一路加到光电耦合器IC4中,为光敏晶体管供电。

开关变压器T2的次级绕组L3输出开关脉冲信号,该交流信号经二极管VD6整流,C13、C14滤波后输出直流稳定的电压,为电动自行车的蓄电池充电。

除此之外,运算放大器IC5(LM339)及外围电路构成电压控制电路;光电耦合器IC4、误差检测电路IC6(TL431)、取样电阻器R27和取样电阻器R17等构成稳压电路;二极管VD7、三极管VT1及继电器J构成防蓄电池反接电路。

③ 故障检修

根据故障分析,首先对充电器电路中稳压电路部分的光电耦合器IC4、误差检测电路IC6及取样电路进行检测和排查,若该电路部分均正常则该故障可能是由开关振荡集成电路本身不良引起的。

取样电阻器R19阻值的检测方法如图11-33所示。

图11-32 充电器的电路原理图

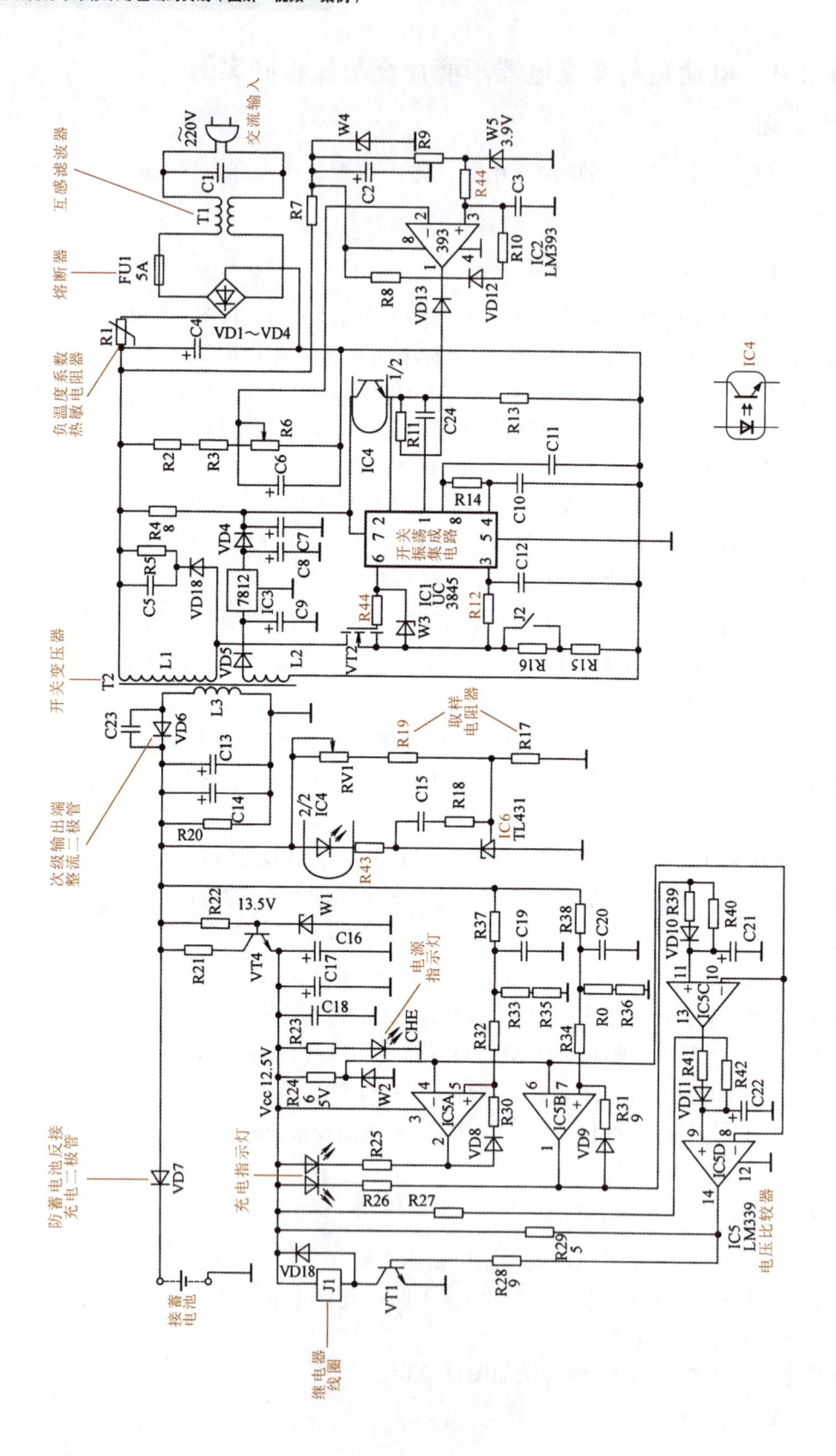

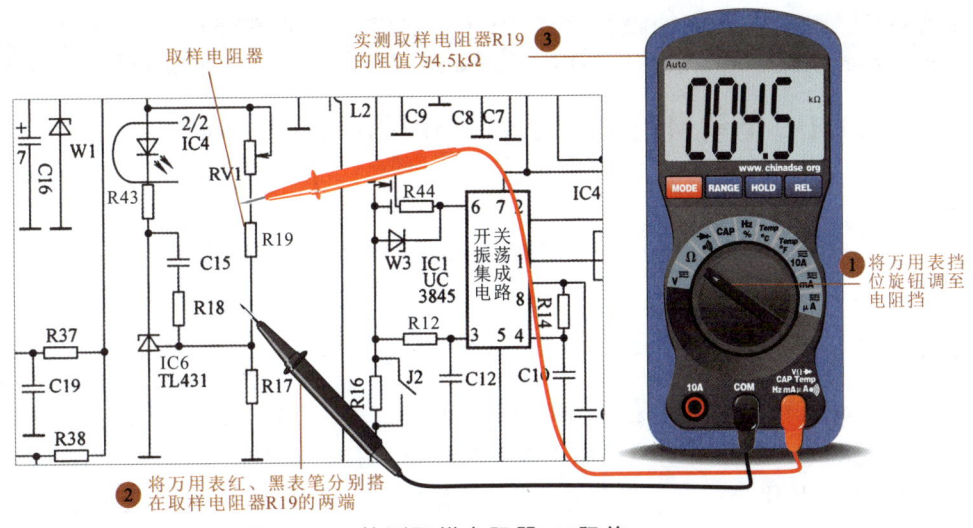

图11-33 检测取样电阻器R19阻值

经检测，取样电阻器R19阻值正常，接下来应对误差检测电路IC6进行检测。按图11-34所示，检测误差检测电路IC6。

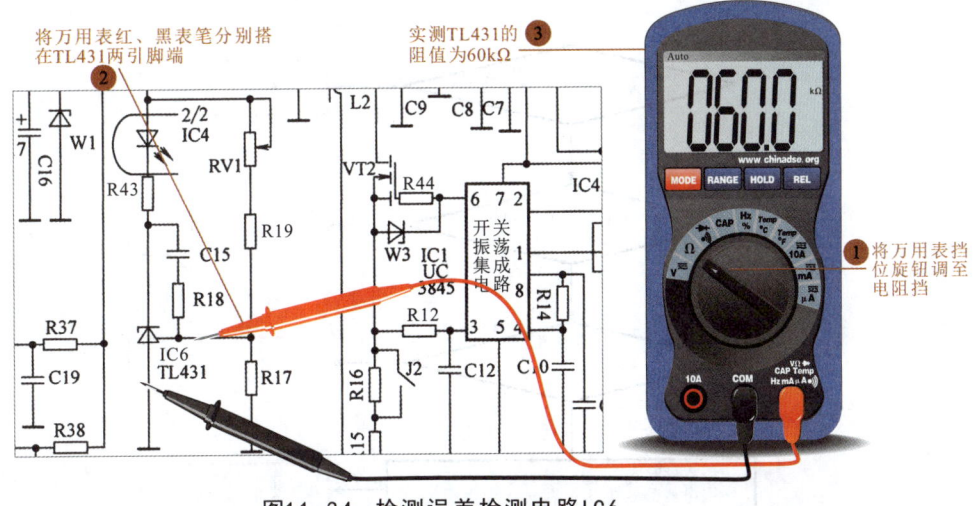

图11-34 检测误差检测电路IC6

经检测TL431引脚间阻值有异常，但由于受外围器件影响，不可直接判断为该器件损坏，一般对于误差检测电路，较多采用替换法进行检测，即用性能良好的TL431进行替换后，检查充电器输出电压是否仍过高。采用替换法检查TL431阻值正常，根据电路原理图连接关系，怀疑可能是光电耦合器IC4、电阻器R43或开关振荡集成电路IC1有故障。经检测上述器件均正常，怀疑IC1性能不良，更换IC1（UC3845）集成电路后，通电测试，故障排除。

值得注意的是，通电检测充电器时，应将熔断器取下，然后在熔断器座上串联一个40~100W的灯泡，实现限流保护。而且，还可根据灯泡发光状态，初步判断充电器是否正常工作。一般情况下，若灯泡发光强度很高与直接接在220V时亮度相差不大，则表明电路中存在严重的短路故障。

11.4 电动自行车部分功能失灵故障检修案例

11.4.1 电动自行车照明灯暗淡故障检修案例

1 故障表现

电动自行车夜间行驶时，电动自行车强劲有力，打开照明开关，前大灯、夜行灯和仪表盘等照明灯暗淡。

2 故障分析

该电动自行车使用的是48V蓄电池，通过转换器将48V电压变换为12V，向信号和照明系统供电。该车照明电路用电器为供电端，控制开关在接地端。引起照明灯暗淡的原因有以下几个：（1）蓄电池电量降低；（2）线路某处有较大的接触电阻；（3）转换器（旧款电动自行车中为照明系统供电的稳压器件）损坏或用电器额定电压与电源不匹配；（4）照明灯额定电压过高。按图11-35所示的故障检修流程对照明灯暗淡故障进行排查。

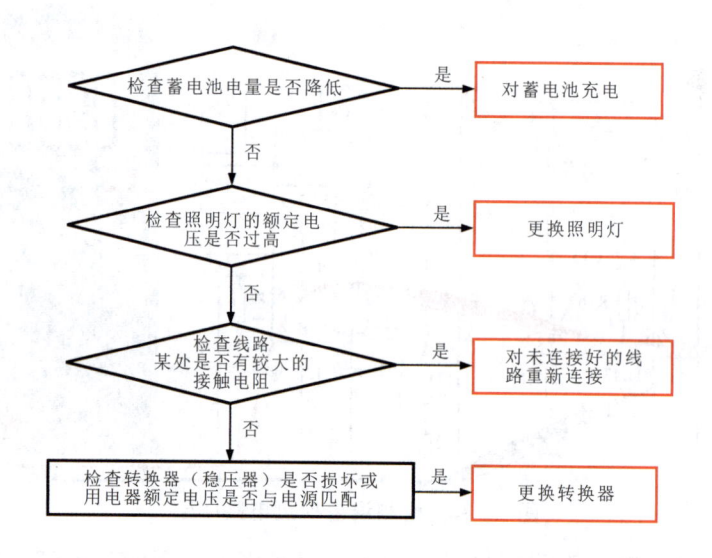

图11-35 电动自行车照明灯暗淡故障检修流程

3 故障检修

根据上述故障分析，为了确认具体故障部位，遵循先外后内、先简单后复杂的检修顺序，首先检查蓄电池电量是否正常。打开电源开关，转动转把，电动自行车可正常行驶，则表明蓄电池电量充足。接着拆开电动自行车照明系统挡板，检测转换器的输出电压。在正常情况下，转换器输出12V电压为照明系统供电。空负荷状态下，转换器输出电压约为13.8V，接入照明灯等负载后，该处电压应不低于12.5V，否则会导致照明灯偏暗或不亮。

如图11-36所示，使用数字万用表检测照明灯灯座处的电压。实测空负荷时电压值为12.24V，加入灯泡后，电压值变为11.22V。

① 拆下照明灯灯泡，空负荷状态下，检测转换器输出的电压值为12.24V

② 安装照明灯灯泡，加负荷状态下，检测转换器输出的电压值为11.22V

转换器与照明灯连接的插件

图11-36 检测照明系统换向器输出电压

根据检测结果可知，该电动自行车照明系统转换器的输出电压低于正常值，怀疑转换器异常，采用替换法更换转换器后，全车信号、照明灯正常发光，故障排除。

▶▶ 11.4.2　电动自行车巡航功能失常故障检修案例

❶ 故障表现

一辆电动自行车在动力骑行时，按下巡航功能钮，无法定速。

> 目前，很多电动自行车都带有巡航功能，巡航功能控制按钮安装在转把上，当骑行时达到一定速度，并且想在该速度下匀速骑行时，可按下转把上的巡航功能控制按钮，即使握住转把的手松开，也能够以当前速度行驶，直到按下刹车或再次旋动转把时解除巡航功能。

❷ 故障分析

电动自行车能正常行驶，说明其蓄电池供电正常，在电动自行车骑行过程中按下巡航功能控制按钮时，无法定速，说明故障出在巡航控制按钮和巡航功能引线或连接插件上。

❸ 故障检修

根据上述故障分析，按照检测的流程先对巡航功能控制按钮进行检测。
巡航功能控制按钮检测方法如图11-37所示。

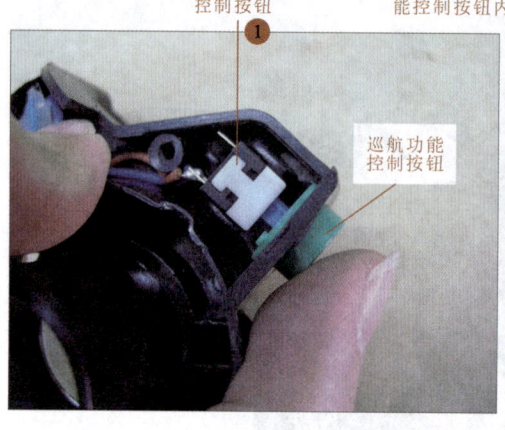

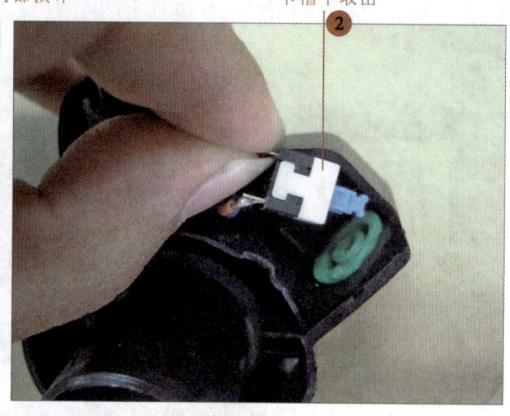

图11-37 检测巡航功能控制按钮

经检测怀疑巡航功能控制按钮内部损坏，可以采用替换法来排查巡航功能控制按钮故障，如图11-38所示。

图11-38 用替换法更换和检查巡航功能控制按钮

更换电动自行车的巡航功能控制按钮后，打开电源锁，接通电源后电动自行车正常行驶，并且可以实现定速，故障排除。

值得注意的是，有些电动自行车转把上未设置巡航功能控制按钮，该类电动车一般具有自动巡航功能，即当旋动调速手柄至一定速度后，保持该速度30s左右不变，电动自行车便自动锁定以当前速度行驶，即使松开转把手柄也能保持当前速度，直到握下闸把断电或再次旋动转把调整速度时解除锁定。

▶▶ 11.4.3 电动自行车喇叭不响故障检修案例

❶ 故障表现

一辆电动自行车在正常行驶过程中，按动其喇叭（扬声器）开关，没有任何反应，但是其他功能均能正常使用。

❷ 故障分析

图11-39为电动自行车的整机接线图。由图可知，电动自行车其他功能均正常，按动喇叭开关没有任何反应，说明故障发生在与喇叭直接相关的部件。

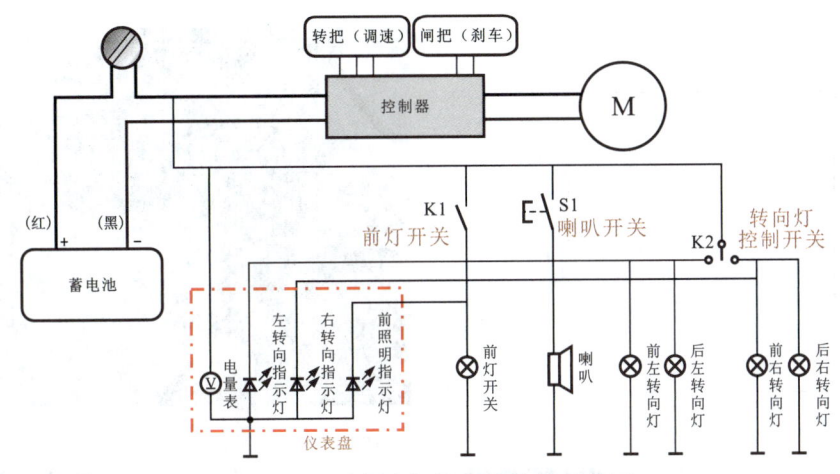

图11-39 电动自行车的整机接线图

电动自行车喇叭由蓄电池直接供电并由按钮开关S1控制，因此，当电动自行车的喇叭不出声时，首先应检查蓄电池的电量是否充足，根据故障现象可知，电动自行车能正常行驶，说明其蓄电池供电正常。由于电动自行车喇叭的相关电路比较简单，在检修时，应重点检测喇叭开关和喇叭本身是否出现故障。

❸ 故障检修

根据故障分析，需要检查喇叭开关是否失灵，若开关没有故障，很可能是喇叭本身出现了故障，应对其更换。

首先，借助万用表检测喇叭开关，判断开关是否正常，如图11-40所示。

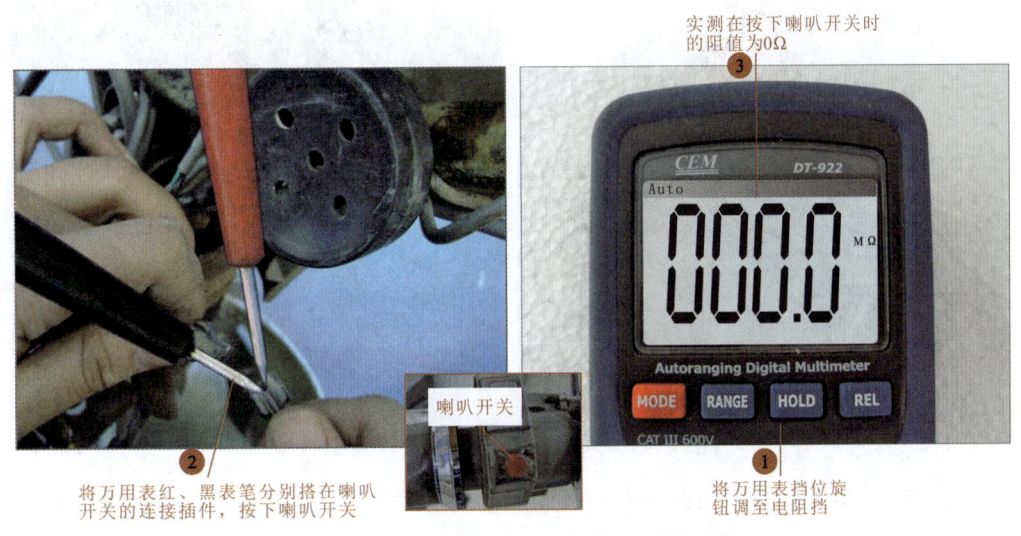

图11-40 检测喇叭开关在按下时的阻值

经检测，当按下喇叭开关后，其两引线之间的阻值为0Ω，表明喇叭开关本身正常，根据排除法，可以排除故障原因不是蓄电池的供电电路和喇叭开关的问题，很可能是喇叭本身出现了故障，可以采用替换法排查喇叭故障。

喇叭的更换操作，如图11-41所示。

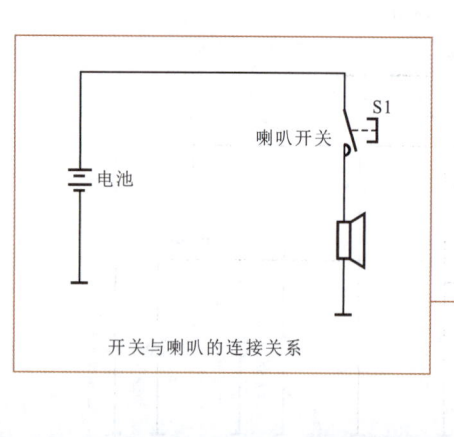

① 将喇叭与开关的连接插件拔下

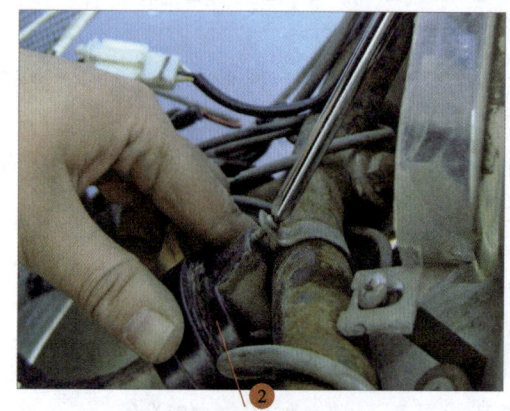

② 将固定喇叭的固定螺丝取下

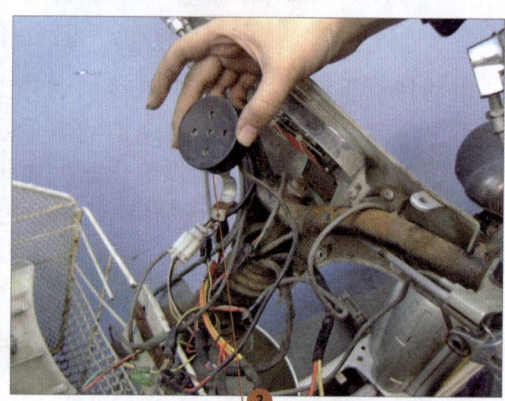

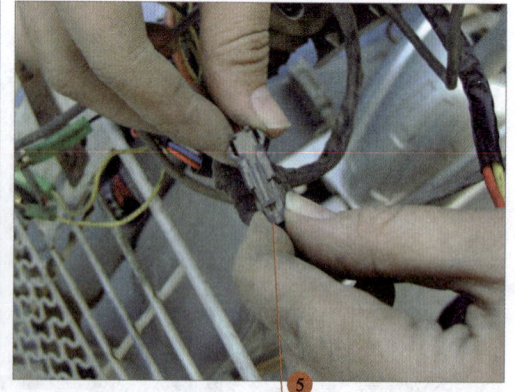

③ 将喇叭取下

④ 更换新喇叭

⑤ 插紧固定插头

图11-41 采用替换法更换和检查喇叭

经检测，将怀疑损坏的电动自行车的喇叭更换后，打开电源锁，再次按下喇叭开关时，故障排除。